新原道

第二辑

主　编
陈　明　朱汉民　张宝明

大象出版社

图书在版编目(CIP)数据

新原道.第二辑/陈明,朱汉民,张宝明主编.—郑州:大象出版社,2004.8

ISBN 7-5347-3478-9

Ⅰ.新... Ⅱ.①陈...②朱...③张... Ⅲ.传统文化—中国—文集 Ⅳ.G122-53

中国版本图书馆CIP数据核字(2004)第072082号

责任编辑 吴韶明

责任校对 石建平 王海燕

封面设计 秘金通

出版发行 大象出版社(郑州市经七路25号 邮政编码450002)

网　　址 www.daxiang.cn

制　　版 河南大象出版技术服务有限公司

印　　刷 河南第二新华印刷厂

版　　次 2004年9月第1版 2004年9月第1次印刷

开　　本 787×1092 1/16

印　　张 18

字　　数 354千字

印　　数 1—2 000

定　　价 28.80元

若发现印、装质量问题,影响阅读,请与承印厂联系调换。

印厂地址 郑州市商城路231号

邮政编码 450000 电话 (0371)6202901

本 辑 作 者

王瑞昌　首都经济贸易大学人文学院副教授　哲学博士
蒋　庆　阳明精舍山长
丁为祥　陕西师范大学哲学系教授　哲学博士
陈　明　中国社科院宗教所副研究员　哲学博士
赵汀阳　中国社科院哲学所研究员
高全喜　中国社科院研究生院教授　哲学博士
张旭东　美国纽约大学东亚系副教授　文学博士
方光华　西北大学文博学院教授　史学博士
张新民　贵州大学人文学院教授
韩秉芳　中国社科院宗教所研究员
张　岩　北京市艺术研究所研究员
尹晓宁　大连出版社编辑
韩　星　陕西师范大学人文学院副教授　史学博士
黄应全　首都师范大学中文系副教授　哲学博士
王心竹　中国政法大学人文学院讲师　哲学博士
秋　风　九鼎公共事务研究所研究员　历史学硕士
陈海虹　中国人民大学哲学系博士研究生
陈壁生　中山大学哲学系硕士研究生
范亚峰　《法学研究》编辑　法学博士
刘海波　中国人民大学国际关系学院教师　政治学博士
申自强　河南少年先锋学校国学启蒙馆顾问

目　录

思想探索

学术与学术史

争鸣与商榷

研究生论坛

随笔与杂感

民间儒学

旧文新刊

李慎之先生试论

□王瑞昌

李慎之先生去世了。一时间，许多有心之士相继著文发论，缅怀其人格形象，激扬其精神风骨，平章其学术思想，并由之反思中国的历史和现实，拟议中国走向世界、走向未来的道路。李先生的去世，在民间思想界、学术界激起了一场不算太小的冲击波。本人在此期间比较集中地拜读了李先生的诸多宏辞伟论和一些他个人的行实资料，掩卷之际，不禁为其大气磅礴的人格形象所感染，为其家国天下的情怀而扼腕，为其睿智的思想和犀利的笔锋而触动。不必讳言，与此同时，对他的一些思想观点，私心未安不敢盲目苟同者也颇为不少。李先生走了，但是他念兹在兹的问题仍在。他是个有典型意义的思想家，认识、研究和评析李先生其人其学，与认识和把握中国的命运息息相关。因此，本人不揣浅陋，写下此文，谈谈自己拜读李先生诸文后的感想，同时也作为对李先生的追思。

一、中国文化哺育熏陶出的士大夫

李先生去世后，有学者在缅怀文章中称李先生为具有中国"士大夫精神"的思想家，是位中国的"士大夫"。据说李先生生前也曾自称"士大夫"。读罢李先生的行实资料，本人觉得，就其人格风范、气度襟怀、志趣向度、情感体验等"生命实存"方面看，李先生身上的确散发着传统中国的"士大夫精神"，委实是当代中国的一位"士大夫"。

士和大夫在周代乃有官位者之称，其后随着孔孟之教在人心及社会的浸滋日深，兼用为有德望、有识见、有学养者之称，且以德、识、学而言者日渐重于以官阶职位而言者。士和大夫合而成一词，用以指称中国文化中的精英分子，其意蕴与孔子所言"君子"，孟子所言“大人”、“大丈夫”等相差无多。对中国社会及其制度影响至深且巨的儒学讲“学而优则仕”，故传统中国社会中之居官有位者大多为德、识、学方面出类拔萃的士大夫。

欲认定李慎之先生具有“士大夫精神”，是当代的“士大夫”，有必要对中国社会所谓“士大夫”及其代表的“士大夫精神”作一分疏，有一清晰的认识，而后考察李先生其人，看其是否体现或在何种程度上体现了传统中国的“士大夫精神”。

通观中国历史上的“士大夫”群体，可以看出此类人格大体具有如下特征：

第一，士大夫是有德者。古来之士大夫皆特重“德”，他们自觉到人之所以为人不在圆颅方趾之形，饮食男女之性，而在真诚恻怛之情，居仁由义之心。士大夫不一定是道德哲学家，对德性生命之形上根据未必下过穷极微渺的极深研几工夫；对具体的道德原则和规范，也未必在学理上做过细入毫末的思辨分析。但是，他们对德性生命有自觉，是古昔相传的社会公认之德目的忠实的服习者、认真的践履者。重道义，轻利欲；尚品操，薄苟偷。敬以直内，义以方外。明通而公，襟怀洒然。无偏无党，坦坦荡荡。他们践履道德，虽未必能进入“与天地合其德，与日月合其明，与四时合其序，与鬼神合其吉凶”之圣、神之域，但是“心广体胖”的“德气”总是不会没有的。“德”是构成“士大夫”的必要条件。少廉寡耻，纵欲败度，巧言令色，胁肩谄笑，此等人不论其官位如何之高，权势如何之重，都是不配称“士大夫”的。

第二，士大夫重礼教。“道德”乃人内在之质性，“礼教”乃显于外之法度规矩，节文度数，也是人之所以为人而不为禽者之“人文”。两者互为表里，相须为用。《诗》曰：“相鼠有皮，人而无仪。人而无仪，不死何为？”孔子云：“君子博学于文，约之以礼。”又曰：“不学礼，无以立。”故古来作为有德者之士大夫必然要以礼约身，循礼而行，并以礼教训子弟、教家人，以礼教规亲朋、劝好友，使之化行于社会群体，以期收到敦人伦、淳风俗之功效。所不同者，只是礼教之具体内容会因古今生活方式之嬗变、殊方异域情事之不一而有所因改损益而已。中国乃礼教之国，礼教之内容至大至广，大至国家典章制度，小如个人之出处进退辞受取与以至日常生活之洒扫应对饮食起居，皆有“礼”行乎其间。士大夫于此无有不三致其意者！士大夫因以礼约身，故为人畏而重，和而乐。望之俨然而不可犯，及与之交接，则又和似春风，有其特有的人格魅力。

第三，士大夫是有学养有识见者。明末清初的士大夫顾亭林以“博学于文，行己有耻”八个大字自勖教人，这实际上也是士大夫之准绳。前所论道德礼教，为“行己有耻”之属，学识则大致属“博学于文”之列。士大夫近于现在所谓“知识分子”。虽然宋儒陆象山说过“虽目不识丁，也得堂堂正正做个人”之类的话，但是，作为一个士大夫，不仅要有德，而且也需要有相当的学养和识见。士大夫都是读书人，他们渴求知识，关心文教，往往明天文，察地理，通古今，广见闻，博闻强记，满腹经纶。虽然士大夫勤读书，有丰富的知识，但并非死读书之学究，更不是今所谓一般的专家学者。士大夫不仅有知识,更有"识见"。有识见表现为能从杂多的知识中看出更高的原理原则,从中获得某种综合性的、整体性的把握,以之丰富自己的智慧。有识见还表现在能透过事物之表层,绕过枝节,透及事物之深层底蕴,把握住其根荄大本,达到某种深度的认识。识见比学养更难得。因为"学"只是一种求知的努力,有如北齐颜之推所说:"钝学累功,不妨精熟。"只要肯努力,达到"精熟"的地步,成为专攻一艺之专家,不是太难;只要泛观博览,俯仰掇拾,成为博学多闻的杂家,也颇易就。故士大夫之可重不仅在于有学养,更在于有识见。由于士大夫有学养有识见,故议政发策,常能独具慧眼,深中肯綮。剖判事理,多能烛察表里,切其款要。因此,士大夫之意见言论多能受到大众的重视和信赖。

第四,士大夫有强烈的入世精神和淑世情怀。士大夫不是功利主义者,不是孳孳于个人成功、猎取名利角逐权势的人。但是,由于他们怀有民胞物与之情,关心民瘼,抱有治国平天下的理想,所以皆愿在政治上有所作为,在社会上有所建树。屈原"长太息以掩涕兮,哀民生之多艰",陈子昂"念天地之悠悠,独怆然而涕下",杜甫"致君尧舜上,再使风俗淳",范仲淹"先天下之忧而忧,后天下之乐而乐",东林诸子"家事国事天下事事事关心",顾炎武"天下兴亡,匹夫与有责焉"等等都是士大夫忧国忧民忧天下的淑世情怀的写照,表达了他们拯斯民于水火,广济苍生的宏志悲愿。因此,士大夫一般情况下愿意出仕任职,为国家社会尽力。而且,由于其德才学识出类拔萃,多数情况下也能居有一定的官阶职位。不过由于他们守正不阿,正气凛然,严出处进退之节,不苟偷诡随,不趋炎附势,当政治黑暗之时,也甘愿被贬受黜,或自动离职,或干脆不求仕进,退居林下。在野或修道讲学,或泽被乡里,或以清议影响时政。总之,"可以仕则仕,可以止则止",以守正自处、尽其天职为律身之则。

不言而喻,士大夫是儒教中人物。

现在看李慎之先生。当然,由于李先生生活活动于传统政治社会架构解体,"礼崩乐坏",反传统声浪甚嚣尘上、震天动地之20世纪,即使想成为典型的"士大夫",也未必能遂其所愿。不过,由于传统士大夫的流风余韵并未彻底灰飞烟灭,在他成长时期的20世纪上半叶的中国社会,尤其多有留存,尚有一些如李先生的老师陈寅恪这样的老辈仪型可以观摩师法,所以李先生尚能有所承续,受其沾溉。从上述传统中国士大夫的四方面的特征来看李先生其人,可以看出,李先生虽不必为典型的"士大夫",但如此称之,"虽不中,不远矣"。

李先生身上具有上述士大夫的第三、第四两个特征是再明显不过了。喜欢读书,学问博洽,闻见丰富。不论是中国古书,或是异域典籍,皆深嗜之。而且不仅"好学",还能"深思"。目光犀利,见解相当深透,有常人所不具的识力。他拒绝评职称,不愿以专家学者自居,这其中也许不无自谦之意,但恐怕主要是为了孤标高韵,表示自己是具有"通识"的贤者,而非以一才一艺自鸣矜高的"一曲之士"。从他的论著言论看,李先生是可以当得起学富识深的"通人"之称的。

李先生客厅有悬联曰:"已知诸相皆非相,欲待无情还有情。"这是典型的士大夫淑世情怀。李先生早年投身革命,中岁居官尽职的同时,直言极谏,指陈时政。晚年更是老当益壮,为生民之福祉,民族之盛衰,社稷之命运,天下之前途安危而辗转反侧,大声疾呼。他曾对部下说:"真正的'知识分子',应当是那些关注人类命运的人,比如我。"①李先生具有强烈的"以天下为己任"的入世精神和淑世情怀,这一点在他的一生,特别是晚年,表现得再突出不过。

毫无疑问,李先生是位有"德"者,而且他的"德"大体上还是孔孟所提倡的那些基本道德。人称"他非常非常讲良心,对那些有恩于他的人,他一辈子记在心里,即使明知其人有所不善,也是嘴下留情"②。他对朋友一片古道热肠,友人落难,他潸然泪下,曾手提蓝布包到友人所居破寒窑中送上自己的中山装。③ 对后学晚辈,关心呵护,和蔼可亲,并乐于诱掖栽培。其友人评论说:"慎之先生的做人理念既包含中国士大夫的'仁和恕',又包含英国绅士风度。"④

至于中国传统的礼教,因为李先生主张重新回到"五四"启蒙,当然要反之。但是,礼教根本上是反不掉的。礼教的具体内容需要因时损益,但是,从原则上讲,礼教是不能反的。不可能认为礼教天生就是"吃人"的,应当去之净尽而后快! 包括鲁迅、胡适在内的这些"五四"健将在立身处世方面也不能彻底"摆脱"礼教,成为"赤裸裸"的"自然人"。李先生待人处世也不能彻底"摆脱"礼教,甚至比当代其他人表现得还远为明显,而且李先生对"礼"还有某种程度的自觉意识。有人在回顾李先生为人风貌时说:"他是讲究礼节的,记得他嘲讽过一位鼓吹传统文化的青年学士给他打电话,'有时间找你聊聊'。他说我们小时候都是肃立在父母一边的,连起码礼节都不知道的人谈何传统文化! 他说过,李鸿章倘若活过来,恐怕已不认识中国人了。"⑤一晚辈学者来拜访时,李先生还对其礼数有所挑剔,说他"你举止基本合格"。论者谓李先生有一颗关怀平民的心,而他的旨趣和境界却是贵族式的、士大夫式的。⑥ 重礼教正是"贵族"、"士大夫"的重要特征之一。礼教范围至广,虽然我们在李先生身上所能看到的非常有限,但可以看出礼教的精神在他骨子里还是去不掉的。

李先生不无自豪地称自己是"中国最后一位士大夫",从以上所论看,可谓大

---

① 赵梅:《细节中的教诲——怀念李慎之老师》,《李慎之先生纪念诗文》,思想评论网(http://www.sinoliberal.net,凡以下所引纪念文章均出此处)。

② 华贻芳:《痛悼慎之》。

③ 参见戴煌:《永念慎之兄》。

④ 奚瑞森:《良知和道义的勇气》。

⑤ 李郁:《悼念李慎之先生》。

⑥ 参见盛洪:《最后一个士大夫》。

体名实相符。李先生特别说自己是“最后一位”,虽未必恰当,但是这更能说明他对已往的士大夫是有继承性的,与古来的士大夫精神是一脉相承、息息相通的。关于李先生,尚有“道义英雄”、“知识分子的良心”、“纯粹的知识分子”、“精神贵族”、“真正的理想主义者”,乃至“名士气节”、“硕儒典范”等等说法,这些说法都可涵盖在“士大夫”这一名下。

“士大夫”是饱蘸浓染着中国文化特色的人格,是中国文化尤其是传统儒教所哺育熏陶出的精英。有论者说:“不管承认与否,先生身上所流淌的传统文化血脉显而易见。”①孔子“三军可夺帅,匹夫不可夺志”,孟子“我善养吾浩然之气”,“富贵不能淫,贫贱不能移,威武不能屈”,乃至王阳明的“无声无臭独知时”等儒家思想,他不仅常言之,而且也构成了他的真正的精神支柱。② 如更具体论之,李先生属于儒者中的“狂者”人格,与孟子以下心学中人物之气味很接近。值得一提的是,不仅李先生的人格是儒者型的,而且他的某些观点也与儒学观点一脉相承。如他相信灵魂是不死的,并具体论之曰:“宇宙是永远进化的过程,而人是宇宙之心,人贵为宇宙之心。人心与天心是相通的。所以,人的进化也应该是无止境的自我完善与自我实现的过程。此为天道,亦为人道。人的生命就是源于宇宙的大生命而为宇宙进化过程中的最高产物。人就不但是宇宙的产物,而且是宇宙进化的推进者,甚至是宇宙意志的执行者了。”在他看来,这还是中国文化或中国哲学的最高精神。③ 此等看法与孟子“尽心知性知天”,《中庸》“赞天地之化育”乃至陆象山“吾心即是宇宙,宇宙便是吾心”等“天人合一”思想是非常接近的。(只是依儒家理论,人心不在进化之列。唐君毅先生曾对此有论说)

李先生是中国文化尤其是儒家文化哺育熏陶出的人物。他出身于传统知识分子家庭,一直对研究中国传统文化怀有兴趣,对中国文学哲学有相当深的造诣,曾一度“迷于新儒学”④,自称“半个新儒家”⑤。他关心中国传统道德的继承和发扬,对“先辈仪型”一往情深,⑥因此他之成为一位当今的“士大夫”,绝非偶然。

---

① 冷眉:《面对慎之先生的愧疚》。

② 李先生友人林孟熹在《自许高才老更刚——忆慎之》中提及李先生曾把王阳明的此句诗悬作书斋之横匾。阳明原句中作“独知时”,林在文中引作“独识时”。本文据阳明原句。

③ 李郁:《悼念李慎之先生》。

④ 何方:《悼慎之》。

⑤ 许良英:《痛悼挚友、同志李慎之先生》。

⑥ 李慎之:《做学问首先要做人——匡亚明先生印象》。《李慎之文集》,思想评论网(以下所引李先生文章均出此处)。

二、激而横决 去此取彼

“士大夫”是中华文化孕育滋养出的精英人物，可以说是中华文化的代表者、体现者和托命者。李慎之先生既是中国士大夫式的人物，按常理他应是中国文化的坚定的护持者。但是，我们都知道，李先生，特别是晚年的李先生，从其发言著论看，几乎是个中国文化的彻底否定者，西方文化的全盘拥抱者。何以会如此呢？其中的原因可能比较复杂，但最根本原因当是“文革”极权政治的强烈刺激和切肤之痛。

李先生在“新启蒙”的影响下，青年时代参加了革命运动，新中国建立后，成为一名高官。他对在急风骤雨般的政治运动中人民所受到的苦难，默而识之，戚戚于心。并且他本人曾被打成异端分子，对现实之状况有刻骨铭心的感知，到晚年更是“大彻大悟”。因为西方的自由主义政治思想对极权专制抨击最力，于是就对症下药地拥抱上了这种西方思想。其结果自然是：回到“五四”，重新点燃启蒙的火炬，高扬民主、科学、自由、法治、个人主义、个性解放等等西方主流价值，重新发现胡适、陈独秀，“现代化就是美国化”，等等。由于自由民主等实际上是西方文化中的产物，中国传统中没有这些，就把本民族传统文化一言以蔽之曰“专制主义”，视其为现实政治状况的母体而施以不遗余力的挞伐。

李先生曾自称：“我的文章影响最大的是《风雨苍黄五十年》，但真正有所贡献的是《中国的文化传统和传统文化——兼论中国的专制主义》。”①的确，这两文可说是李先生最具影响力的文章。前文表达了李先生对几十年来的政治现实的痛切感受和愤懑之情。后文所表达的反传统思想则是此种痛切感受和愤懑之情所催化出来的产物。其间有一定的逻辑联系。在李先生眼中，中国的实际状况不是突然刮起来的“黑旋风”，而是渊源有自。它来自秦始皇以来延续达两千余年之久的“皇权主义”专制文化，有其源远流长的历史文化根源。在李先生看来，这种现实中目击而遇的景象不啻为传统文化发展之极致、所达到之顶峰，是两千余年来中国专制文化的集大成者。

李先生又是富有世界眼光的人。一生不仅读中国书，也同时博览西方文籍。国门封闭几十年而重开之后有机会周游西方诸大国，对西方近代自由思想、民主政治、开放社会知之颇深。如此，李先生所处的时代际遇，与“五四”人物所处时代际遇，有很大程度的可比性。因此，对“五四”思想自然产生强烈共鸣。这样一来，号召回归“五四”，重新点燃启蒙火炬，反传统，慕西化，就可以说是顺理成章的了。在李先生那里，和在其“五四”先驱那里一样，西方与东方犹如平面几何学上的两

---

① 段跃：《永远的尊严——痛悼李慎之先生》。

个对顶角，尖锐对立；如冰炭水火，此消彼长，必不相容。而西方是代表着人类社会发展的光明前途，是世界潮流之所向，是人类进步的康庄大道。中国文化则是黑暗蒙昧专制奴役的渊薮，不可疗治。中国要有救，只有去此取彼这一条路！

李先生的人格精神是中国传统士大夫式的，其“身上所流淌的传统文化血脉显而易见”，因此，在心灵深处，他对传统文化不可能全无认同，甚至一度称自己是“半个新儒家”。但是，由于对现实之状况感受太深，受现实刺激太烈，所以最后还是不顾一切，义无反顾地拥抱西方近代以来的自由主义文化。李先生的友人在悼念文章中的一段话，颇能披露一丝李先生的心迹：

> 他（李慎之）有一阵竟对新儒学着了迷，时常与我谈起一些有关问题。对此我坚决反对，认定儒学不论新旧，都是中国现代化道路上的障碍。后来我要在纪念李一氓的文章中借题发挥，批一下儒学，并征求他的意见。他来函不但表示支持，还作了点反思。他在信中写道：“大概六七年前，李一氓曾给上海的蔡尚思写过一封信，反对新儒学与说传统文化好的人，认为不能从‘五四’倒退。我当时也有点迷于新儒学（主要是我那时认为，‘文革’破四旧反传统是‘五四’的延续，是反传统过了头的表现，因此有此思想）。但是后来发现有些人是打着最最革命的旗号，复辟最最反动的传统。‘五四’精神对中国不是不够，而是没有扎根。因此幡然悔悟，力主发扬‘五四’精神，重视启蒙，因此有近年来的一些文章。”①

可见，在李先生看来，“文革”时期的不堪回首之状是最最反动的传统的复辟，要反专制，就得把或新或旧的儒学牺牲掉。这里很有激而横决的意思。

李先生是中国文化哺育滋养出来的“士大夫”，现在他又转身痛斥自己的母体文化，是否不可思议？并非如此。人的精神生命有不同层次。李先生身上流淌着中国文化的血液，从生命实存、情感体验，立身行事的风范及人格气质上讲，他是中国精英文化、儒者风范的体现者。但是，这可能是精神生命中的潜在层面，犹如心理学上的潜意识。由于“身在此山中”，其本人对左右着其行止举动的潜在的生命存在层面不一定能达到通明透彻的自觉。这种情况与一个作家能创作出很优秀的作品，但同时未必一定能对其作品的美学意蕴、所属风格流派作出深入的分析、形成自觉的认识有类似之处。李先生自称是“中国最后一位士大夫”，这是某种程度的“自觉”。他很可能只是从“心系天下，关心民瘼”这一较抽象而宽泛的层面认定自己是“士大夫”的，没有自觉到他这样的士大夫是与中国文化有内在的血肉联系，不可分离的。只是觉得“士大夫”就是通泛的仁人志士，中国有之，西方文化传统乃至任何文化传统中皆可有之。所以李先生未必深切地意识到深入到他骨髓血脉中的中国士大夫精神正是中国母体文化遗传给他的东西。

---

① 何方：《悼慎之》。

李先生向往西方自由主义思想，这则是他精神生命的外层、表层，即言说的、自觉的层面。他目击政治现实，意识到自由主义是救治现实之弊的药石，因此而且仅仅因此而呼喊号召、高谈阔论自由主义。民主可以克专制，自由可以克极权，个人主义可以克铁板一块的集体主义，法治可以克长官意志。这些显而易见，黑白分明，所以他就信心而行、义无反顾地为民主自由个人主义和法治扛旗领军，勇猛前驱。若从其生命实存上看，他未必是个自由主义者。

自由主义诚如某些当代中国自由主义者所言，是一种"低调论证"——"卑之，无甚高论"。但是李先生是很喜欢"高论"的。他指责"中国最没出息的是大学生，年纪轻轻就想着吃喝玩乐升官发财"①，并经常痛斥当今社会道德沦丧。如果是自由主义者，对此则应是出言很谨慎的，甚至应该三缄其口才是。李先生无疑是位理想主义者，是个生活清贫的精神贵族。希慕大同社会，高言全球价值一体化，此也与安于现实，只求个人之自由和福利以及最终以个人福利为约化对象的公共福利，不作"抬望眼，仰天长啸，壮怀激烈"之状的自由主义者的姿态气味相左。自由主义者多为价值多元论者，李先生则认为"自由主义是最好的，最具普遍性的价值"。自由主义在哲学上多承续休谟以来的经验主义不可知论，或用美国学者墨子刻的术语说，是"悲观主义认识论者"（epistemological pessimist）。李先生不是哲学家，也很少表达他的哲学观点，但从他的言说方式及崇尚"无声无臭独知时"来看，判其为"乐观主义认识论者"要比判其为"悲观主义认识论者"稳妥得多。

李先生生命的里层、深层是中国"士大夫精神"，其生命的表层、外层是"自由主义"之言说。里外未能一致，有所错位。所以，一方面他身上流淌着中国文化的血液，另方面又反对中国文化，向慕西方自由主义。这也是一种"做人"与"做学问"的不一致，并非不可思议。

李先生身为中国"士大夫"而挞伐中国文化不遗余力，向慕西方自由主义惟恐不至其极，这不仅不是不可思议，而且从更高层面上看，从某种意义上讲还有其一定的逻辑联系。可以说，他呼喊自由主义是他"哀民生之多艰"、"以天下为己任"的士大夫精神的表现。这毋宁说也是一种"中体西用"，只是李先生未能对此有明澈之自觉罢了。张之洞一代的洋务派之所以要"洋"，是出于忧国忧民、保教保种之士大夫精神；康、梁言西学兴西政，也是出于忧国忧民、保种保教之士大夫精神；孙中山之"三民主义"中，"民族主义"据其首，而整体而言，"三民主义就是救国主义"②，也与士大夫精神关系甚密。甚至胡适、鲁迅这样的"五四"人物，也不是无家国意识、民族意识，以自由民主安身立命的抽象的"世界公民"。他们身上也流

---

① 孙大午：《珍贵的史料，不息的强音——再一次痛悼李慎之先生》。

② 孙中山：《三民主义十六讲》第一讲，孙中山研究学会孟庆鹏编《孙中山文集》上册，第60～61页，团结出版社，1997。

淌着中国文化的血液，甚至可说是“民族魂”。他们终生为中国之崛起而殚精竭虑，其动力之源未必不是来自中国之士大夫精神；他们安身立命之本，未必不根植于中国文化所提供之精神价值之中。对李慎之先生亦可作如是观。张之洞、康梁是自觉的“中体西用”论者和实践者，胡、鲁以及李先生，则是不自觉的“中体西用”论之实质性的表现者。面对急风骤雨般的政治运动，蒿目言不由衷的社会，意识到“国将不国”，“民将不民”，于是，作为数千年来的文化基因而浸润于其血脉骨髓的士大夫精神被刺激、被激活，开始苏醒并发生作用了。自由主义思想可以救国救民，可以落实“治国平天下”的理想，舍此而奚择焉！这就是在李先生及其“五四”先驱身上实际表现出的逻辑性。他们反中国文化，其动力实际上源于中国文化之折射。其号呼西方自由民主，实际上为的是民族及民族文化之复兴与壮大，为吾族吾国巍然屹立于世界民族之林而不败。李先生曾表示：“孔颜孟荀、程朱陆王的思想，只有在中国彻底清除了专制主义之后，才能大放异彩。正像基督教只有在革掉了教会与教皇的专横腐败以后发扬光大一样。”①很明显，民主自由在他那里，某种程度上是一种“手段”。这一点也许是李先生与那些不读中国书，对中国文化毫无体认，中无所守，略无民族意识和自觉，一味追逐西风，废弃国界族界，高论抽象的自由民主之普世价值的自由主义者的根本区别之所在。伊拉克战争爆发，李先生在病榻上密切观察着，但始终慎之又慎，直至驾鹤而去，也未曾轻易表态。此与那些漂浮无根的自由主义者的姿态颇不相同。这就是因为他有民族主义、爱国主义情怀和士大夫精神在起着无形的平衡作用。

李先生身上流淌着中国文化的血液，虽然对此他没有通明洞达的自觉，只是在较大的程度上作为潜在的、默运的动源在影响着他的思考和行为，但是有时这些潜在的文化动源也难免会程度不等地浮现到自觉的意识层面一些，成为他言说的方式和内容。与此同时，在现实的强烈刺激下，李先生又自觉地以在中国弘扬西方自由主义思想为职志。两种谱系相异的思想文化在他心中的不同层面，此起彼伏地、此强彼弱地、或自觉或不自觉地在他心灵中搅和着起作用。因此，即使在自觉的言说层面，他的思想也显现出许多矛盾之处。

关于中国文化，李先生有所谓“传统文化”与“文化传统”之分。据他的解说，“文化传统”显然是贯穿于杂多的“传统文化”之中的一以贯之之“道”。那么这个“道”是什么呢？是专制主义——“中国的文化传统可以一言以蔽之曰‘专制主义’”。这实际上等于把中国文化判了死刑。关于中国哲学，李先生也认为它是专制主义的帮凶：“一部中国哲学史或者中国思想史怎么样也脱不了专制主义统治一切的模式。”②这是一种说法。同时，李先生又有另一种说法。他说：“作为一个

① 李慎之：《中国文化传统与现代化——兼论中国的专制主义》。
② 李慎之：《中国文化传统与现代化——兼论中国的专制主义》。

中国人，我原则上相信，作为中国文化的核心的中国哲学，能够给当今中国的文化危机和全球的文化危机开出一条最好的解救的道路来。”①“作为一个中国人，我天然地认为中国哲学最符合未来的全球价值，比如‘道’的概念就比‘神’的概念更好。”②这两种说法之间的矛盾是显而易见的。作为自由主义的“领军人物”，李先生坚持认为“人人都有追求自己的快乐和幸福的自由……在各种价值中，自由是最有价值的一种价值”③。但同时他又责问国人道：“难道我们真的已经把列圣先贤教导我们的把社会责任置于个人利益之上的道德规范践履躬行，‘无丝毫亏欠’了吗？”④

细读李先生的文章，可以发觉他的许多结论经不起推敲，前后不一乃至龃龉之处相当多。李先生也承认，他不是个严谨的学者，因此，在这方面我们不必锱铢较量。不过仔细研究他的诸种论说，包括那些不无矛盾的论说，也有一根若隐若现的红线，一种逻辑性，贯穿其中。那就是：当面对眼前的政治现实时，多讲中国文化、儒学的不是；当面对国际社会或谈论全球化问题时，则经常提到中国文化、中国古圣先贤的长处。当面对“上面”的政治制度时，多讲自由主义、个人主义的重大价值；当面对“下面”道德败坏的社会、斯文扫地的世风时，很少提起个人主义、自由主义，而不时提起道德理想、传统美德。当论说世界性的“病态社会”、生态危机时，提起中国哲学、“道”甚至“天人合一”；痛斥20世纪中国发生的“文化大革命”等摧残人性的运动时，则殃及中国哲学，直至文天祥式的民族精神。贯穿其中的红线无疑是爱国主义、士大夫情怀。把握住这条红线，李先生的种种看似不可理解的论说都可迎刃而解了。这进一步印证了这一点：李先生继承“五四”前贤反传统促民主是基于现实刺激，未必是真正的反传统者，也未必是真正的自由主义者。反传统也好，号呼西方式的自由民主也好，都不外乎是传统士大夫精神之曲折而复杂的表现。简单地说，李先生是因为激而横决，而去此取彼。

三、李先生的“五四”迷思

李慎之先生因现实政治的刺激而折向自由主义，因折向自由主义而回归“五四”，重新点燃启蒙的火炬。他认为“‘五四’先贤的思想倾向就是三百年来早已成为世界思想主流正脉的自由主义和个人主义”⑤。

---

① 李慎之：《全球化与中国文化》。
② 袁伟时：《从顾准到李慎之》。
③ 李慎之：《自由主义传统在中国的发轫与复兴》。
④ 李慎之：《全球化与中国文化》。
⑤ 李慎之：《重新点燃启蒙的火炬——〈中国启蒙文粹〉序》。

由于李先生心中有一团愤懑之气窝于心窝，所以很难平心静气地考察事实真相、研核义理。很多情况下是用鼓动性的言论作出简单而武断的结论，其激急之状与“五四”人物如出一辙。

（一）对传统政治未能出之以公正平和的态度

以嗤之以鼻的态度说中国文化一言以蔽之曰“专制主义”，这是李先生有名的论断之一。实际上此说问题多多。

首先，这种态度缺乏历史眼光，是以目下的状况责难历史，是以今人的观念非难先人。诚如钱穆先生所言，我们“不该单凭我们当前的时代意见来一笔抹杀历史，认为从有历史以来，便不该有一个皇帝，皇帝总是要不得，一切历史上的政治制度，只要有了一个皇帝，便是坏政治。这正如一个壮年人，不要睡摇篮，便认为睡摇篮是要不得的事。但在婴孩期，让他睡摇篮，未必要不得”①。自由人权思想及代议民主制度是近代西方产物，也有其历史性。此前的漫长历史中，君主政体是世界各民族普遍存在的权力结构形式。这是与古代人的思想观念、经济科技发展状况及整体情实相适应的政体，可以说是适宜的政体。因此，不可动辄指斥。应该开阔心胸，以历史的眼光对待之。先人也有权利与今人平等地享有人的尊严，今人不可轻率地以倨傲的姿态数落先人。而且，自由主义政治是历史产物，它是否就是完美的、终极的和永恒的“理想国”，也很难说。后之视今，犹今之视昔。现代人的观念也未必就是终极真理，不会被后来人的观念取而代之。

第二，这种态度缺乏实践的眼光，是以抽象的西方政治学上的定义、概念裁割中国历史上的政治现实，而未充分顾及丰富复杂的实情和古人的实际感受。柏克说：“政治理性乃是一种计算原则——以道德上的眼光，而不是以形而上学或数学上的思维方式，对真正的道德量度进行加、减、乘、除运算。”又说：“只有没有理性的人才会用抽象的定义和普遍的概念来支配自己”，“在道德或政治问题上，不能用理性证明任何普遍性的东西，道德或政治事务不接纳任何形而上学的抽象。处理道德问题的方式不像处理数学问题那样采取推理的方式，道德问题要比数学问题广泛深邃得多，故处理道德问题时允许例外，并且要求根据实际情况随时进行修正”②。柏克的这些话实在很有洞见。看见中国历史上的政治有一个君主，而君主的权力又没有受到成文法上的硬性限制和制约，满足了“专制”概念的内涵和外延，因此就下结论说传统政治统统是“专制主义”。看见中国人没有自由民权观念，有忠孝观念，满足了“奴役”概念的内涵和外延，因此便说传统中国政治是清一

---

① 钱穆：《中国历代政治得失·前言》，三联书店，2001。

② 埃德蒙·柏克：《自由与传统——柏克政治论文选》，蒋庆、王瑞昌、王天成译，商务印书馆，2001。

色“奴隶主义”。① 专制主义和奴隶主义都是可恶的,因此中国传统政治一无是处。任你文天祥有多么伟大的民族精神,但因为你是专制主义下的忠君爱国,不符合自由民主的概念——对不起,那就不足挂齿!② 这种思路正是柏克所说的以形而上学的或数学上的抽象的思维方式来看待政治问题。

第三,由于李先生用抽象的概念来比量传统中国政治,因而看不到其“善”的一面。柏克说:“判断人类幸福或痛苦的依据是人类的感受和情绪,而不是关于他们权利的任何理论。因此,幸福和痛苦就是立法者的行动涉及到人民时应该遵循的标准。这一准则将自然而然、不可避免地引导我们面对一个民族的独特的情况,引导我们了解人民的想法、爱好、习惯和一切使生活千差万别、各具特色的环境条件。”③可以说,中国历代政治制度大抵是切合中国民族的特性和特殊环境、基于中国民族的福祉而生长出来的。钱穆先生说:“其实中国历史上以往一切制度传统,只要已经沿袭到一百两百年的,也何尝不与当时人事相配合,又何尝是专出于一二人之私心,全可用专制黑暗四字来抹杀?”④李先生从抽象的权利理论出发,将中国政治定性为“专制主义”后,看中国政治似乎从里到外,从上到下,满目漆黑。如果从“真正的道德量度”来衡量中国的政治实情,它未必像李先生想像的那样漆黑。中国的皇帝之权虽无宪法上的明文限制,但并不是全无制约的。明代之前,宰相制度实际上把皇室与政府分开了,这是一种重要制约。其他如天人感应观念、仁政思想、皇室遗规、史官传统、谏官之制、士夫清议乃至疆土之广、丁口之众以及技术之落后,无不构成对权力中心的制约因素。虽然此等制约性质上是“软性的”,但未始不可起到“以柔克刚”之效。中国自汉代起即以一定的标准实行公开的选举考试制度来选拔官吏,使民间人才、平民百姓都有机会进入政府,其上下互动之渠道相当通畅。而进入政府者多为饱读诗书的士大夫、知识分子。历代中国政府,既非贵族专权,也非武人专政,更非商贾把持,因而政府之非理性成分、粗暴成分相对减少,开明、文明程度相当之高。钱穆先生说传统中国政府是“崇尚文治的政府”、“士人政府”,这不是凭空捏造。就地方而言,有乡治之尚德主义,乡绅、族长对地方事务有相当影响,使百姓能在相当程度上安居乐业。中国百姓虽无《权利法案》之类的保障,但实际上享有法律之外的“天然”自由。都说中国人是一盘散沙,换个角度看,何尝不是自由!而且除清代外,百姓还享有相当大的言论自由。稍加思

---

① 李慎之先生在《中国文化传统与现代化》中说:“所谓专制主义,只是用一个名词来说。它也可以一分为二地说,那就是在上的一方面是专制主义,而在下的一方面是奴隶主义。”

② 李慎之先生在《中国文化传统与现代化》一文中痛斥中国专制主义时,也殃及文天祥的忠君爱国精神。

③ 埃德蒙·柏克:《自由与传统——柏克政治论文选》,第305页。

④ 钱穆:《中国历代政治得失·序》。

量就可明白，如果中国几千年来的政治纯粹是黑帮统治的“黑社会”，中国人怎么有可能繁衍成占有如此辽阔地域的、生息出如此之众员数的、孕育出如此灿烂文化和创造出如此辉煌文明的中华民族？甚至从丝竹管弦、说唱弹词、蹴毬击剑、摴蒱博弈、双陆象棋这些玩意儿上也可见中国人并不总是在阴森森的专制阴霾中苟延残喘地活命的！

（二）未能洞识纲常名教之深义

李先生对中国文化中的纲常礼教的深义未能深入把握，接着“五四”人物“吃人的礼教”之说对之攻伐不遗余力，多有未当。

如果戴上自由主义之有色眼镜来看，纲常名教束缚个人自由，忽视个人权利，的确通身是病，了无可取，应去之净尽而后快。但是，如果放开眼孔，以思想史的眼光、哲学和伦理学上的眼光视之，就能触及其精义，发现未尝不可将其推陈出新，“化腐朽为神奇”。

陈寅恪在《王观堂先生挽词并序》中说：“吾中国文化之定义具于《白虎通》三纲六纪之说，其意义为抽象理想最高之境，犹希腊柏拉图所谓 Idea 者。若以君臣之纲言之，君为李煜亦期之以刘秀；以朋友之纪言之，友为郦寄亦待之以鲍叔。其所殉之道，与所成之仁，均为抽象理想之通性，而非具体之一人一事。”李先生极其服膺其师陈寅恪，认为其师如此把握中国文化，非常精辟，常引而称之。但是李先生引用其师之言与其师之用意正相反对。李先生引此言是为批判中国文化，他在三纲六纪中看到的是彻头彻尾的要不得的专制和奴役，而陈先生提到三纲六纪则是为称扬中华文化，这从挽词中赞扬王国维“一死从容殉大伦”等语中可以再明显不过地看出。李先生对三纲的理解实非“青出于蓝”之见，其眼光远不及“寅恪师”的高远、深邃。

贺麟先生撰有《五伦观念的新检讨》一文，对“三纲”作了如理合度的衡定。贺麟先生认为，“三纲”说成于西汉，它是从孔孟的“五伦”说发展而来的。“三纲”说是“五伦”说的合乎逻辑的“最高最后”发展，是“五伦”观念的核心。“三纲”说比“五伦”说“来得深刻而有力量”。“五伦”观念反映出的是交互之爱，是一种相对关系，进展为“三纲”，则成为绝对之爱，是一种绝对无待的关系。“五伦”的关系是自然的、社会的、相对的。在此情形下，假如君不尽君道，则臣自然就会不尽臣道，也无尽臣道的义务：“君之视臣如土芥，则臣视君如寇仇。”父子、夫妻关系亦复如是。这样一来，只要社会上常有不君之君，不父之父，不夫之夫，则臣弑君，子不孝父，妇不尽妇道之事，无论事实上还是理论上，皆可以发生。因为这些人伦关系都是相对的、游移的、无常的。如此则政治关系、人伦关系、社会基础仍不会稳定，变乱随时可以发生。“三纲”说要求一方绝对遵守其分位，实行单方面的爱，履行单方面的义务，这样即可避免人伦陷入相互的循环报复、讨价还价的不稳定关系中。贺先生还指出，自“三纲”说兴起之后，“五常”作为“五常伦”解之意义渐被取消，作为“五常德”解之意义渐次通行。“五常伦”之说不能维持人与人之间的长久关系,因为人是有生死离合的,人的品行是万有不齐的。而“五常德”之说则是维持理想上的长久关系的规范。不论对方的生死离合,不管对方的智愚贤不肖,我总是绝对守我自己的分位,履行我自己的常德,尽我自己应尽的单方面的义务。不随环境而改变,不随对方而转移。这样,人伦基础稳定,社会基础稳定。常德是行为所止之极限,相当于柏拉图的理念或范型,也就是康德所讲的人应不顾一切经验中的偶然情况而加以绝对遵守奉行的道德律或绝对律令。也就是说,“三纲”说将人对人的关系转变为人对理、人对分位、人对常德的单方面的绝对关系。说君为臣纲,是说君这个“共相”、君之“理”是为臣这个职位的纲纪。说君不仁臣不可以不忠,就是说为臣者或居于臣的职分的人,须尊重君之理,君之名,亦即是忠于事,忠于自己的职分的意思。完全是对名分、对理念的尽忠,不是做哪个暴君的奴隶。

贺麟先生认为,这一最为今人所诟病的旧礼教“三纲”说,不仅有与如柏拉图的思想、康德的思想这样的西方正宗的高深的伦理思想相符合的地方,而且有与西方向前进展向外扩充的近代精神相符合的地方。如,西洋近代浪漫主义者之爱女子,即是竭尽其单方面的爱,纵为女子所弃,而爱亦不稍衰(与“三纲”的不同只是男女易位而已)。又如西方近代革命家之忠于主义,对于人民竭尽其片面的宣传启导之责,虽遭政府迫害,群众反对,而不失其素志。又如西方基督教徒近代的传教,之所以能普及寰宇,也是因为许多传教士能忠于其信仰,竭尽其单方面的义务,以播扬教义。虽一再遭异教异族人的杀害,而不渝其志,不改其度。“三纲”说的本质是注重纯道德,是尽职守、忠分位的坚毅精神。如果说“三纲”说有弊端,是“弊”在其形式,即将其律法化、他律化了,而不是出于自由意志,和真情之不容已。

因此,贺麟先生说:“由五伦到三纲,即是由自然的人世间的道德进展为神圣不可侵犯的有宗教意味的礼教。由一学派的学说,进展为规范全国全民族的共同信条。三纲精蕴真义的纯理论基础,可以说只有极少数儒家的思想家、政治家才有所发挥表现,而三纲说在礼教方面的权威,三纲说的躯壳,曾桎梏人心,束缚个性,妨碍进步,达数千年之久。但这也怪不得三纲说本身,因为三纲说是五伦观念的必然的发展,曾尽了它历史的使命。现在已不是消极地破坏攻击三纲说的死躯壳的时候,而是积极地把握住三纲说的真义,加以新的解释与发挥,以建设新的行为规范和准则的时期了。”①

贺麟先生对“三纲”说的衡定确为公正之论。李先生对以“三纲”说为中心的纲常名教予以简单的否定,实在是未明其精义深义使然。“三纲”等礼教,虽然因律法化、他律化而有其弊端,但是其过未必大于其功。它保持了国家和社会的稳定、长治久安,对中华民族灿烂悠久文明之形成,亦有功焉。

---

① 贺麟此文载《文化与人生》,商务印书馆,1988。

对国家的忠诚是任何国家都必须解决的问题，即使是发达的民主国家，也仍然需要解决此一问题。李先生说中国“历来所说的名教、礼教、礼法”都是意识形态，这不错。但是，为解决对国家的忠诚问题，这种意识形态是不可或缺的。关于此，新近出版的蒋庆的《政治儒学》一书在引述西方学者 Herbert Waltzer 研究结果的基础上，对意识形态问题作了精辟论述。书中指出：意识形态是一套将既存或构想的社会解释和辩护为人所喜好的政治秩序并为之提供行动策略的政治信仰体系，是每一个时代人类政治群体生活所必须具备的思想架构。因为，任何政治权力和统治秩序都必须具有合法性，人们才会自愿服从，任何纯任暴力的强权统治都不会合理合法。也即是说，必须把统治变成权利、把服从变成义务，政治权力与政治秩序才能合理合法。否则，政治权力与统治秩序缺乏合理合法的权威，人们不出于义务自觉服从，社会必丧失共认的凝聚力，随时都处在动乱崩溃的危机之中，人类有秩序的政治生活将不可能。而能完成此一任务，为人类提供合理合法政治秩序的只有意识形态，故意识形态是维系人类社会群体生活所必需的观念形式，并非只有负面价值，而亦有其正面功能。可以说，任何伟大的思想都是具有某种正面意识形态功能的思想，只要坚守最高价值理想与未来希望作为社会政治批判与自我批判的终极原点，不断自我反省克服思想学说的变质与异化，防止思想学说沦为无批判能力的、为现存体制与既得利益辩护服务的纯粹的意识形态，意识形态就是人类社会所必需的可欲的观念体系，不可否定。①

中国是个广土众民的有组织的伟大国家，需要一个伟大的有组织的意识形态为其奠定基础。既然以“三纲”为中心的礼教能够适时地起到此功用，尽管有这样那样的弊端，就不能简单否定。

中世纪的西方也有西方式的礼教，如骑士制度、教会制度、僧侣式教育等等。它在西方同样有着伟大而优美的实际功用。对此，柏克有极其透彻而精彩的论述。他认为礼俗是“令人愉快的缘饰”、“不可或缺的精神添加剂”。它使权力变得温和，使服从出于自愿，使生活的各种不同色调显得和谐，并通过潜移默化，把对私人交际起着美化和调剂作用的情感输入政治。柏克指出：“在骑士精神陶冶下，即使是暴戾，也能激人奋发；随其所之，皆成高贵。就算是恶意，也会因为脱去了一切粗鄙而减去一半的丑陋。”“古代封建社会的效忠精神和骑士精神不仅使国王们免于恐惧，同时也使国王和臣民双方都免受暴政的侵扰。如果这种精神在人们的头脑中真的灭绝了，杀戮和剥夺财产这样的手段就会被启用，并企图用它们来防范可能出现的阴谋和行动，一系列严酷血腥的信条也会因此而派上用场……出于策略，国

① 参见蒋庆：《政治儒学》，第 115 页，三联书店，2003。

王们将成为暴君;出于原则,臣民们将成为造反者。"①

虽然柏克是就西方中世纪的礼俗而论的,但很大程度上也适用于中国的礼教。李先生小视礼教,认为"儒家的作用不过是替法家冷酷无情的专制主义为之'节文',为之'缘饰',使之增加一点'仁义',罩上一层'温情脉脉的面纱'而已"②,这恐怕是没有认识到,通过礼教,儒家也可以在很大程度上把仁义浸入政治机体之内部,甚至使其成为血脉!

西方民主政治之所以能比较正常地运转,恐怕很大程度上得益于自古以来宗教礼俗的无声无形的浸润。自由主义主张的民主政治奠定至今已三百余年,而传统的宗教礼俗之式微则日甚一日。近百年来,西方社会病态日呈,及至今日,危机四伏,前途暗淡。③ 无疑,这在很大程度上就是因为传统精神的日渐失坠。要挽救西方政治和社会的垮塌和散解,恐怕需要对传统精神有所自觉,从中汲取元气。

百年来的中国,政治动荡,社会纷乱,生态瓦解,生活失序,斯文扫地,价值沦丧,人心无所安止,这很大程度上也当归因于传统精神的日趋灰飞烟灭和礼教风纪的荡然无存。现在不论就中国而言,还是就西方而言,实在不是攻击礼教的时候,而是汲取传统礼教中之精义以滋养现在政治和社会制度的时候了。李先生把自由主义视为世界大潮,把民主政治视为万国所趋的惟一康庄大道,要中国美国化,其中得失,实难卜测。

(三)误在"文革"与传统政治文化之间画等号

把"文革"中的极权政治归咎于中国传统文化,等而视之,这是李先生又一很值得商榷的论断。中国传统文化是非常尊重人性的。传统政治制度背后的理念是敬天保民,以德服人,以礼乐燮理社会,以仁义披风天下。"文革"极权政治背后的理念则是抽象理性,斗争哲学,阶级专政,是冷冰冰非情感的。传统政治尊重历史连续性,注重礼俗,崇尚家庭伦理,礼敬先朝遗规,具有很大的经验性、有机性。极权政治则是出于理性的、几何学性整齐划一的构划、设计。这些根本理念上的不同,决定了极权政治与传统政治绝对不可以相提并论。传统的精英文化、微言大义经清朝政权数百年摧残之后,几乎飘零殆尽,社会上所泛滥流行者乃江湖山寨等各种灰色文化(柳诒徵《论中国近世之病源》一文颇有道及)。如果说"文革"与传统有什么关联,那就是与此类灰色文化有关联。诚然,理学家讲"存天理去人欲",但

---

① 详参埃德蒙·柏克:《自由与传统——柏克政治论文选》,第262~267页。按:此段数千言论礼俗与政治之文字不啻为柏克最辉煌的言论,至少是其中之一。萨缪尔森之经典性的《经济学》引此中柏克之言为序幕,然用意不同。

② 李慎之:《中国文化传统与现代化——兼论中国的专制主义》。

③ 观李慎之先生本人的《二十一世纪的忧思》一文,即可见一斑。

与当代的“斗私批修”之义理背景、实际用意完全不同。① “存天理去人欲”是个人修养上的事，是人性的、人文的，是以变化气质而提升人生境界为鹄的的，并不是把它作为政治纲领要在社会上以全民动员性的、运动性的、大批判的、残酷无情的形式强力推行。在政治上，包括理学家在内的历代儒者所主张的始终是“富之教之”，使人民能仰事俯育，养生送死而无憾。其意义相当于基督教的消弭原罪，净化灵魂，拯救自我；是宗教性的、精神性的。“斗私批修”则完全是非人性的、政治性的，是为极权服务的，有很强的功利色彩；是扼杀人性，摧残个人乃至全体人民之人格尊严的，毫无宗教意义上的精神性。望文生义地将其与以提升人之尊严和主体意识的个人修养性的“存天理去人欲”等而同之，失之牵强附会。儒者虽怀有大同理想，但深知其实现需切于人情，顺乎世运，待夫历史之机缘，不可躐等而强推蛮行之。儒者之历史观是否极泰来，即济未济，沉降起伏，往复无端。不是一往无前，升而不降，后必优先。因此儒者并不视大同为历史车轮必然要滚到的所之之地，也因此从来没有为提前进入“大同社会”而在社会上制造出荒唐的人间闹剧。此外，传统政治尽管是君主制，不无专制成分，但根本不是“极权”性的专制，而且有些专制还可能是相当开明之专制。极权政治是20世纪的产物，与专制并不等同。在前者，不仅人们的行为受政治监控，而且思想观念、内在情感也受政治监控。不仅公共生活受制于政府，而且家庭生活、人伦常情、社会交往，无不受制于政府政策。是“从摇篮到坟墓”里里外外、大大小小、方方面面的政治化、国家化。这种“极权”性在传统社会是极少见的，也是不会从传统中滋生出来的。换个角度看，说“文革”是“极权专制”，勿宁称其为“极端民主”更贴切，因为人民都有参与集体事务、参与政治之平等权利和伯林所谓“积极自由”。当然，广大工农兵是被“发动”起来的，其行动被“四人帮”利用了。但是，无论如何，广大工农的所作所为终究是自愿的，起码从形式上看是自己积极参加的。由于集体和工农联盟决定一切，权力无限，因而个人就成了一颗颗小小的螺丝钉，被死死拧在国家机器上，再无自由活动的余地，极权由是而生。

贡斯当对古代人的自由和现代人的自由所作之比较，对我们理解“文革”和全民民主很有启发意义。全民民主，某种意义上有类于古代雅典和斯巴达的民主。其特性之一是人民都享有“积极而持续地参与集体权力”之自由，“个人在公共事务中几乎永远是主权者”。但是，他们“在所有私人关系中却是奴隶”。② 此种病

---

① 关于理学家此一规训之本义，本人在《陈确评传》第九章中有详细剖析（南京大学出版社，2002），拙文《陈乾初思想的心学定位》（《中国哲学史》2002年第3期）中也已论之，此不赘言。

② 贡斯当：《古代人的自由与现代人的自由之比较》，李强译，载《自由与社群》，三联书店，1998。

症在“文革”极权政治中发展到极致,而中国传统政治则与之无涉。这种病症是由于精英文化衰竭,中气不足,“内虚”严重之际,某种外来学说乘机“外侵”而酿成的。文化传统不同的其他民族国家,在这种学说影响下也曾感染上同样的病症,就很能说明问题。

(四)迷信并不完全可靠的德、赛两先生

李先生迷信科学、自由和民主,也值得检讨。科学有其巨大价值,此不待言。但是,诚如科学家、科学史家李约瑟所言:“我们应知科学的有限性,人类的乐土是不能单靠科学去赢得的。”①但是,“五四”以来,唯科学主义在学术思想界和社会上广为流行,不少学者对“赛先生”的崇拜达到了宗教性的“执迷”程度。② 应该说,李先生对科学带来的问题是有认识的,觉察到时至今日,“科学发生了可以将人类的命运推入不测的深渊的变数”③。但是,他又宣称:“我相信:科学技术还会继续发展,最后仍然能给人以力量来解决它自己造成的问题。”④胡适曾说:“我们也许不轻易信仰上帝的万能了,我们却信仰科学的方法是万能的,人的将来是不可限量的。”⑤李先生与其前辈之见如出一辙,不无盲目的“科学迷信”之嫌。

现代社会性问题,全球性的问题,有科学至上观念引起的,也有自由至上思想引起的。李先生认定“在各种价值中,自由是最有价值的价值”,“自由主义是最好的,最具普遍性的价值”。附和自由主义信条:“人人都有追求自己的快乐和幸福的自由,都有发展自己的创造性的自由,只要不损害他人的自由。”⑥但是自由具有“形式性”,即自由地选择、不受制约之状态。至于选择什么,活动之具体内容,则不在考虑之列。如此,人在追求自己的快乐、发展自己的创造性时,如果侵害到了人类整体的利益和尊严,侵害到了后代人的利益,侵害到了其他生物的生存权利,侵犯到了“天德”、良知,如何办?社会不能是集合体中的个人为追求其私利而从事的博弈的结果、状态,整个社会不能成为自由交易的市场,不能是谋私的合伙组织。柏克即说,虽然社会可说是一种契约,但是,“不可把国家与胡椒、咖啡、白布、烟草或其他类似的无关紧要的商品交易中的合伙协议等量齐观”。因为,“它并非仅仅是为暂时的、转瞬即逝的粗陋的动物性存在服务的合伙协议。它是为一切学

① 金耀基:《科学、社会与人文——记与李约瑟先生的一次谈话》,载氏著《大学之理念》,三联书店,2001。

② 关此可参郭颖颐《中国现代思想中的唯科学主义》一书,雷颐译,江苏人民出版社,1995。

③ 李慎之:《海阔天空乱扯谈》。

④ 李慎之:《全球化与中国文化》。

⑤ 见胡适《我们对于西洋近代文明的态度》一文,转引自郭颖颐《中国现代思想中的唯科学主义》。

⑥ 均见李慎之:《自由主义传统在中国的发轫与复兴》。

术而订立的协议，为一切艺术而订立的协议，为每一德性、一切完美而订立的协议”。不仅如此，“由于历经多代人的努力也不能实现此种协议所设立的目标，因而，此种协议不仅仅是现在活着的人之间的协议，而且是现在活着的人、已故去的人和将出生的人之间的协议。组成每个特定国家的每一契约仅是组成永恒社会的伟大原初契约中的一个条款。它把低层世界与高层世界、可见世界与不可见世界联系起来”。① 如果把个人自由树为政治之最高目标，“善”、“美”等高层世界就难保安然无恙，先人的精神财富就难保存续传承，后来人的利益也可能面临威胁。虽然李先生说“自由主义还意味着人必须自尊、自强、自律、自省”②，但是自由主义做不到这些。而且按自由主义自身之理念，人们也无须如此。甚至可以说，自由主义与“必须自尊、自强、自律、自省”之主张是内在矛盾着的。李先生不是赞成哈维尔以道德、良心为政治的出发点和归宿点，称道他对“每一个人对万事万物的责任”的强调吗？如此，就不能把个人自由视为政治之最高理念。

对“德先生”也不可毫无保留地崇拜。近代民主制度是一种以自由的市场经济、个人主义为依托的政体形式，它能克服专制极权，是其优长。但是民主政治本质上是一种“市场政治”、“广告政治”，即完全迎合民众需要之政治。此种政体下，社会之德性成分和“精神性”无以保障，社会可能因此而蜕变为极端世俗化和庸俗化的、极端功利和短视的社会。李先生曾引美国前总统尼克松的话说：“虽然我们在物质上是富有的，但是我们在精神上是贫穷的。”③而这种社会性的精神贫穷很可能就与民主制度有一定渊源。整个社会之精神贫穷并不是无关痛痒的问题，它会殃及社会、政治，并最终祸及人的福祉乃至生存。

以上所论李先生之见，大都与“五四”人物的思想一脉相承，可谓之为“五四迷思”。与“五四”人物稍有不同的是，李先生有时又很强调道德问题，常常讲些褒扬传统价值的话，甚至还为中国之所以为中国的“中国性”（chineseness）或中国之文化自性（cultural identity）之失落而慨叹不已。④ 其中既有时代因素，也有个人因素，即可能是李先生身上的士大夫品格比有些“五四”人物更为明显使然。遗憾的是李先生在考虑重建政治秩序问题时，总是忘记中国的文化自性，两眼只盯着西方。实际上，这是很片面的。在重塑中国政治制度过程中，当然需要借镜西方，不能抱着满腔狭隘的民族情绪盲目排外，故步自封。但是，万不可蔑弃我们的自性，对传统文化、传统政治智慧必须予以足够而充分的重视。倘李先生在天之灵能接受此见，则与其士大夫人格精神表里如一，弥合无间矣！末学不禁虔敬祷之！

---

① 埃德蒙·柏克：《自由与传统——柏克政治论文选》，第64~65页。

② 李慎之：《自由主义传统在中国的发轫与复兴》。

③ 李慎之：《全球化与中国文化》，引美国《新选择》月刊1994年5月号。

④ 参见李慎之《全球化与中国文化》、《通才博识　铁骨冰心》等文。

心学散论

□蒋　庆

圣人入世担当以情不以理

当代人之人生观，常以“理”为其入世担当做事之依据，如言：为民众服务，为完善社会，为国家效力，为拯救世道云云。此“为”即入世担当之“理”也。此种人生观，“所为”是家国天下，“能为”是“我”；“所为”不是目的，“能为”则是目的，如时人常言：完善社会之同时完善自我，为立德立功立言进入社会人群行道做事。如此，自我是目的，社会人群则是手段；以整个社会人群作为完善自我之手段，其“所为”之“理”说得再响亮圆融，其“能为”之“我”乃天下之大私也；验之于史，彰彰明矣。世人不察，依“所为”之“理”立德立功立言，以为据此可成就光辉美大之生命，殊不知只落得个意必固我之小我，究可哀也。圣人则不然。圣人之生命意义与存在价值不放入社会人群中寻求，圣人之为圣人，未进入社会人群前已是圣人，圣人不待社会人群而为圣人也。夫子天纵之圣，尧舜性之，圣人与天合德，法尔如是，率性任真，性道自足，不假外求，所谓自诚明者也。以今语言之，圣人之生命价值存在于自家生命内部，其生命意义本自具足，不待进入社会人群为其谋取福利而获得生命之意义与价值也；即圣人不以社会人群为手段，以自我为目的来完善自己之人格也。圣人无所假借，无所依凭，无思无欲，从容中道，当下是一光辉美大之生命也。圣人如此之无待自足，不以社会人群为完善自我之手段，其生命真乃廓然大公，物来顺应之无私无执者也。然则，圣人本可在自家无待自足之生命中优游涵泳，乐道自适，何故栖栖遑遑，颠沛造次，必欲进入社会人群救人救世，虽万死而不辞耶？此非“理”可喻也，惟“情”而已矣。此“情”，乃非斯人之与而谁与之情，乃不忍与鸟兽同群之情，乃民胞物与之情，乃天地万物一体之情，此“情”即孔门所谓“仁”也。圣人心体光明，寂然太极，含藏万德，圆满具足，此圣人之所以为圣人也。然圣人之所以为圣人，又不仅此。圣人在世，不忍天下滔滔，生民涂炭；不忍逸居无教，不修德讲学；不忍礼崩乐坏，学绝道丧；不忍王道陵夷，邪暴横行。其不忍也，扩而充之，有因山陵崩颓者，有因鸟兽哀鸣者，有因草木摧折者，有因瓦石毁坏者；其寂然不动之心体，以此不忍之情感之，遂通天下也。故圣人入世担当，非“理”该如此，乃“情”之不容已也。夫子知其不可为而为，关“理”何事？乃“情”使然。是故此“情”一动，天地以分，乾坤以序，文教以立，万化以成。若无此“情”，心物不通，人我永隔，天塞地闭，生机澌灭，故知“情”由“诚”出，“情”乃天地万化之几也。若问圣人何以能入世担当以情不以理，圣人无我无欲，心普万物而无心，情顺万物而无情，故能不为我殉物，不成己役人，即不以社会人群为实现自己生命价值之手段也。当今之世，圣学不明，士人入世，则曰“为某云云”。是故吾人入世担当之际，不可不慎思明辨，否则毫厘之差，足使吾人落入鬼窟魔计，非但不能使吾人成己成物，反使吾人害人害物又害己也。故圣人入世担当以情不以理之深义，吾人须深参之，常参之也。

以出世之精神作入世之担当

所谓出世精神，有天下而不与也，尧舜事业如浮云过太虚也，毋意必固我也，与点而无可无不可也。一言以蔽之，无我无欲无思无执者也。其核心：生命之道吾性自足，不假外求，故能超拔凡俗，壁立千仞，出离世法，不着浮尘，以达超越洒脱之心境也。吾人处世，须有出世之精神方可作入世之担当，何以故？世间杂染不净故，多欲不善故，恶习增上故，名利熏习故。纵有圣人，气质难化；百年为邦，善世鲜遇。故世间法尔是一争名场，夺利地，酒色财气翻腾其中，名利权势鼓荡其内。人居其间，如坐胶漆盆，如入铁围网，虽有心出离，难奈千百年杂染熏烙，辗转增上，习以为常，不思奋飞，客气僭为人之性而不自知也。是故大心之士，发仁心悲情入世担当，必先具出世精神，方能入世不为世间污染败坏，是谓能真担当也。以今语喻之，出世精神，犹今医家所谓抗体也，免疫力也。生命有此抗体免疫力，入于病疫场中必不罹染，无入而不自得也。是故儒家之正心诚意、慎独研几、致知复性、归寂证体与夫养吾浩然之气不动心，正所谓内圣工夫，出世精神之法门也。若吾人能以此出世精神修出戒体定力，铸就金刚不坏身，入世做事行道则能出污不染，出腐不沾，鸢飞鱼跃，飞龙在天，利欲场无非作圣地也，吾又何乐而不为耶？若问如何修成出世精神，周子有言，圣人无欲也。

有意学圣学圣亦私

儒家心性之学，即学为圣人之学。圣人者，证成心性者也。以今语言之，圣人者，实现生命之意义与价值者也。故先儒教人每谓必立为圣之志，必希贤希圣希天而立人极。欲使吾人发心起信，先儒尝方便言说：人人可以为尧舜，个个心中有仲尼；肯定圣人可立学而至，当下圆成。儒家为圣之学，乃于人性本然之善充分肯认，使吾人生命摆脱卑污幽暗走向崇高光明，故为圣之学，乃儒学中最有价值者，吾人若不甘自家生命卑污幽暗，当发心起信学为圣人也。然学圣人，不可执为“学圣欲”，若学圣执为欲，此学圣之欲乃天下最大之私欲，以学圣之欲仰之高、执之坚，他欲未有过之者也。是故有意学圣之“意”，私执也；必为圣人之“必”，固我也。然则，学圣果何学耶？圣人所以为圣人，在无私无欲无执无我。故吾人须在淡泊中学圣，在无着中立极，以平常心证道，以无我心成性。夫如是，则庶几圣可学极可立也。此意难言，诸君善会。二曲谓“有意为善，为善亦私”，余转其语曰：有意学圣，学圣亦私也。

道由人显圣证

道，生命之真理也；人显圣证，生命真理由圣贤人格见证，不关语言事也。儒家所谓道，古圣先贤真体实悟宇宙人生究极之理，古德所言冥符真极、悟入实地是也。圣贤实证生命之道，其究极处，语言道断，心行路绝，故依名相言说，不可窥圣人生命之道于万一，况其究竟乎！然则，圣人生命之道究如何显现耶？或曰吾人如何窥见圣人生命之道并信其为真耶？圣人生命之道不由语言显现，语言只圣人生命之道之折射、摹本、影像，不可执为究竟。何以故？以语言有两可性、悖反性、时序性、境遇性，因而有局限性故。若信语言绝对为真，何故千百年解释圣道之言汗牛充栋？若执圣人之言寻觅圣人之道，真所谓得筌而忘鱼也。故吾知其不可，非但不可，亦碍吾人谋道起信。是故圣人之道不由语言文字显现，而由圣人人格见证，即由圣人之整个活生生之存在见证也。吾人须先信圣人人格为真，然后圣人所言才真，乃知圣人之道不我诳也。若吾人不信圣人人格为真，则一切从何说起耶？由人格显现生命真理，因生命真理非理性所能知解，须信念方可悟入。若吾人于圣人人格信得及，始可于圣人之言信得及，终则能坚信圣人之道绝对为真矣。据此，圣人之道起于语言之真，语言之真起于人格之真也。故依儒家心学，立志起信为见道证真第一法门，若吾人信不及圣人人格，则与儒家生命之道无缘矣。当今之世，士人扰于西学，以自我为中心，以理性为鹄的。由前者，不信圣人人格而信区区小我；由后者，穷尽分解思辨之能事不知发心起信为何物矣。夫如是，今之士人不信圣人人格，不知圣人之道，何谈生命真理，存在意义？其不能安身立命，见道证真，固其宜矣！然亦可哀也已！虽然，今之士人若一念觉悟，回心向道，信圣人人格为真，信圣人人格见证生命之道，再由圣人之言悟入生命真理，如是道可见真可证，身可安命可立，成德成圣，知性知天，此乐何极！如此简易工夫，吾人又何乐而不为耶？

名节者道之藩篱

白沙子曰:名节者,道之藩篱。藩篱者,立身之大防,卫道之干城,所以严守道之高洁纯莹,力免道之污蚀腐败者也。士人欲立身守道,必自名节始。名节一坏,道即不足观矣。是故名节,为士人第一生命,士人谋道践道,舍名节而莫由,自古未有名节坏而道足观者。何以故?士人以身担道践道故。身为担道践道之体,名节一坏,此体即坏,坏体岂能担善道?非则不能,且足败坏之矣。是故道尊而身尊,身尊而体贵,体贵而名节所以立也。然身以道为尊为贵,持守名节非所以尊身贵身,所以尊道贵道也。近世以降,此义不存。士人不知有名节可守,道由是不足观矣。非则道不足观,名节大坏,道亦大坏矣。余每思及此,反观内省,无不汗颜自愧,愿告同道中人:先立名节,后谈圣道。吾虽不材,敢与同道诸君共勉之也。

无累心境洒脱人生

世人不知,以儒家为兢兢于责任义务者,其实不然。儒家之人生,乃大解脱之人生,大自在之人生,无欲无我无执无缚之人生。儒家虽言克己复礼,据德依仁,然此克复据依,非所以束缚吾人生命者,乃所以成就吾人生命者。儒家处世之心境:有天下而不与,富贵于我如浮云,人不知而不愠,朝闻道而夕死可,与点鼓琴贫而乐,尧舜事业太虚云,与夫以天爵爵人爵,以义荣荣执荣,此在在标明天下、功业、富贵、名誉、生死、地位、权势不足以累其心。其心不足累,则世间成败利钝、穷通得失、夭寿祸福、名利地位不足以动其心矣。此心不累不动,则生命自有洒脱气象,夫子风乎舞雩咏而归,孟子善养浩然之气,与夫宋明儒寻孔颜之乐,其人格发为光风霁月,是其明证也。阳明子尝谓儒释道上半截不异,是其心境无执无累不异也,其下半截则不能不异。儒家所尽世间之责任义务,乃吾生当尽之责任义务而无所逃于天地间者,是儒家不为世间之责任义务所累也。此较之释道,执空执无,累寂累虚,真俗二判,是真能无执无累者也,是真能洒脱人生者也。是故儒家之兢兢于责任义务,正惟其无执无累所在。古今儒者能于世间尽性立命,修齐治平,裁成万物,践其天责,又能超脱无缚,自在无碍,遗世独立,一切世味不入于心,其生命如鸢飞鱼跃,云龙风虎,活泼泼地,洒脱脱地,真人生之大法乐也,孰云儒学非至道也哉!

当下承担道在是矣

当今士人,自称经现代性洗礼之自由知识分子。所谓现代性,启蒙心态也,多元主义也,理性精神也,价值中立也。凡与之讨论问题,则滔滔辨析,娓娓论说,引证铺陈,横竖有理。若扣其本,问其道,则曰:我即是我,我无家无派,我只代表我自己。仿佛其为超越时空之天外来客,其思想情感与历史文化天道性理全然无关。现代知识分子天上天下,惟我独尊,然其骨子里则不敢承担历史文化与天道性理,实自小自卑。须知,吾人之生于斯世,有历史承传、文化身份、学术立场、道德追求、宗教关怀,吾人之思想依于此,情感发于此,吾人之思想情感则有本有源,故吾人始能以一己之身承担全幅历史文化与天道性理。如是吾人之生命方能厚重有本,方能载道践道,方能刚健挺立,方能天德流行,吾人亦始敢自信"道在是矣"。若夫一个光秃秃之自我,无承传无身份无立场无信仰,如此之现代性不敢承担天道性理,又岂敢担当历史文化?此乃当今启蒙知识分子之通病。当今知识分子所言虽多,所辩虽力,然只是观点、意见、私言、知识,与"道"了无关涉。呜呼!道术之裂,未有甚于今日者!悲乎,道之不明也久矣!何时能打破当今知识分子现代性之牢笼,直下承担天道性理而敢言"道在是矣",是吾道之幸也。吾将翘首以待。

五百年必有王者兴

当今之世能否再出圣人,现代知识分子断然否定之,以为当今之世崇尚平等、理性、民主,圣人人格与此时代精神不符,故当今之世不能再出圣人,即便阳明式内外打通之大贤亦不能出。此种"圣贤不再出"之论,乃当今中国知识分子"五四启蒙心态"之产物,因圣贤人格之神圣性、崇高性与典范性,与启蒙精神之平等性、平面性与大众性不符。此固当代中国知识分子之主观心态,然客观研究"现代性"之西儒马克斯·韦伯亦认为当今之世"圣贤不再出"。韦伯谓现代性之世界乃一世俗化之世界,"世俗化"之特征即"除魅",而"除魅"之世界不再出"奇理斯马"式人物,故韦伯断言"除魅"之时代是"没有先知的时代"。现代世界不再出"奇理斯马"式之先知圣贤,神圣之人格力量便不能引导人类走出工具理性一偏发展之歧途,即不能凭"魅力"打破"理性化铁笼"而使人类重获自由。更有甚者,以复兴儒学自任之当代新儒家某些学者,亦认为现代是多元分工之专业化时代,儒学研究已是一种"专业",与研究其他"专业"无异,故现代只能出"儒学从业员"、"儒学教授"或"儒学专家","圣贤"则可望不可即矣。由此以观,当今世界果"圣贤不再出"乎?启蒙精神之平等性、平面性与大众性果一统天下乎?若依启蒙知识分子、社会学家与儒学从业员,只合如此;然依真正儒家,绝非如此!儒家不信形式之平等性、齐一之平面性与平庸之大众性,更不信历史中"理性化铁笼"成为人类宿命,亦不会将自己视为"专家"、"学者"、"从业员"。儒家所信是"道","道"即宇宙人生之究极真理,儒者乃此"道"之体悟者、承担者、践履者与证成者,而非世俗狭隘分工之"教授者"、"研究者"与"从业者"。儒家相信人能弘道非道弘人,相信人虽禀承天命但亦可自作天命,儒家非不见人类业障深重难返,然儒家坚信人之良知只可暂蔽不可永灭。若人一念觉悟，回心向道，存其天理之知，复其良知之明，即可当下消解启蒙心态，化除自我尊大，打破“理性化铁笼”，廓清“现代性业障”，立地成道，直登圣域。是故儒家相信良知当下呈现者，圣人也。人人皆有良知，人人良知皆可呈现，故人人皆可成圣人也。现代人之最大病痛，即对良知信不及；对良知信不及，即对圣贤信不及；对圣贤信不及，即谓“圣贤不再出”也。若当下觉悟，发大心起大信，对良知信得及，则圣人即在你我心中，即在当今世上也。是故儒家所谓圣贤者，韦伯所谓“奇理斯马”式神圣人格也。现代世界必“复魅”者，复此神圣人格也。此神圣人格出，圣贤事业成，人类历史方有希望也。孟子言五百年必有王者兴，阳明子没至今四百八十年矣，吾深信圣王将兴矣，孟子之言将验矣，儒学将盛矣，吾将祷而待矣。

佛性与良知

今人自许心胸开放，谓世界各大宗教虽形式有异，本源则同。吾友何光沪先生所喻“条条道路通罗马”是也。此“三教合一”之论，古亦有之。然此论汗漫笼统，似是而非，最能动人，亦最能惑人。道之不同，自古皆然；毫厘之差，谬以千里；非所明道，徒增纷扰，是故好学深思之士，不可不慎思明辨也。今以佛性良知为例，馀可类知。夫佛性良知，“三教合一”论者以为大道同源，本无区别，其区别乃众生之差别心，非佛之平等智也。然若深研佛儒，入其堂奥，则知佛性是佛性，良知是良知，本自各异，不可强同，所有推比掺和皆不得其典要，不足为凭也。何以故？佛性无生，良知生生；佛性寂而无感，良知寂而感通天下；佛性还灭入无余涅槃，良知创生而裁成天地；佛性无善无恶无是无非，良知无善无恶无是无非又时时知善知恶知是知非；佛性归寂不动如明镜止水，良知性觉如鸢飞鱼跃是活机活水；佛性是“有”为法界真心根器所依，良知是“易”为万化所出变动不居；佛性是涅槃性海无明风动情识浪滚而起惑，良知是万物一体之仁不容已入世担当而以情。由是以观，佛性良知断然不同，此不同是源不同，源不同必流不同，流不同必教不同，教不同则儒释所以异也。世间未有流异而源同者，未有道异而教同者，故当今世界各大宗教于本源处之不同亦应作如是观。

生死焦虑与历史文化焦虑

人处世间，见草木枯荣，有情无常，一切有为法如梦幻泡影，遂生出离解脱之想，此乃生死焦虑。此生死焦虑源自人自然生命之焦虑，乃自然生命中之固有现象，法尔如是也。生是生命之光长照，拥有整个世界，存在一片光明真实，故生最能引起吾人欣喜渴求；死乃生命之光熄灭，丧失整个世界，眼前一片黑暗虚无，俗云人死如灯灭，故死最能怖人动人，最能引起吾人焦虑。佛教依此立教，以出离生死为道本，故佛教最能在自然生命之生死上怖人动人，引人入教。是故佛教之焦虑，生死焦虑也；佛教所欲解决者，生死问题也。诚然，生死问题，是吾人生命中之根本问题；生死焦虑，是吾人生命中之最大焦虑，吾人不可不直面之，解决之，超越之，化解之，以求吾自然生命之安。然吾人能依佛教胜义化解自然生命中之生死焦虑，仍不能化解生命中之其他焦虑；亦即是说，压迫吾人心灵使吾人不安者，除自然生命之生死外，尚有非出于自然生命者。此种焦虑，吾名之曰历史文化之焦虑。吾人须知，人与动物不同，动物为纯自然之存在，动物无历史文化；人非纯自然之存在，人有历史文化。人是历史文化之产物，故人之生命是一历史文化之生命，人之自然生命亦因之打上历史文化之烙印，具有历史文化之性质。人生于历史文化中，其焦虑有因历史文化而起者，故曰历史文化之焦虑。如孔子忧德不修学不讲、忧礼崩乐坏名不正言不顺、忧春秋王道缺王路废世间无公道仁义，孟子忧诸侯不行仁政霸道横行杀人盈野民若倒悬、忧吾人放心不返天爵不求逐物丧己不能尽心知性知天以实现生命之意义与价值，与夫阳明子忧辞章考据训诂功利之习以为性障蔽吾人良知而使吾人丧失天地万物一体之仁；此“忧”即是因历史文化而起者，故曰历史文化之焦虑。而所谓生死，亦有因历史文化而起非因自然生命而起者，如孔门所言舍生取义杀身成仁，朝闻道夕死可矣，仁为己任死而后已，皆因历史文化而起非关自然生命者。故吾人自然生命之生死，即历史文化中生命之生死；吾人生死之焦虑，即历史文化中之生死焦虑，吾人未有与历史文化无关之动物式生死焦虑也。吾人生于世，除欲化解自然生命之生死焦虑外，更欲化解历史文化之焦虑。此焦虑不化解，此历史文化存在之心不安。何以故？人之存在乃历史文化之存在故。是故化解历史文化之焦虑是吾人作为历史文化存在之第一要务，《易》所谓忧患意识者忧患此也。儒家缘此立教，其学可谓化解历史文化焦虑之学也；生死焦虑寓于历史文化焦虑之中，其学亦可谓化解历史文化中生死焦虑之学也。佛家只化解自然生命之生死焦虑，不化解历史文化中之生死焦虑，故佛家等人类于动物，降生民为众生。依此，人若无历史文化，与蝼蚁何别？人又何贵之有？佛家是出世法，出离历史文化焦虑之法也，故宜如是。儒家则不然，儒家是出世入世打通之法，能将生死焦虑与历史文化焦虑以“中和之道”解决之，故能化解吾人生于历史文化中必有之历史文化焦虑，佛家则不能化解此焦虑，是儒家真能为入世解脱之大乘法也。自古大儒多由佛转儒，以佛不能化解历史文化焦虑儒能化解之也。此佛儒之大较，读者诸君可不究心也哉！

无意为仁为仁亦公

二曲言有意为善为善亦私，程子言博爱非仁，心斋言至道自然，故儒家之言为善践仁,非意之也,乃情之不容已也。意之即夫子所谓意必固我,佛家所谓执也,今语言之即强烈之自我实现欲与占有欲,而非心之本体也。夫心之本体,虚灵不昧,寂然不动,未与物接时,无善无恶而含藏万德,无必无我而孕摄化机,湛然空明之体,着不得一毫人欲;当其接物时,心之不忍而积为悲,情之不已而发为仁,然此悲此仁非由人欲中出,而由心体中出,所谓感而遂通天下之故也。由心体中出,心体无意必固我,仁亦无意必固我,故仁始能廓然大公,物来顺应,普天下而无心,顺万物而无情,无丝毫自我实现欲与占有欲也。反观世间所谓爱,虽亦有感人处,然不由心体中出,多意必固我,执至极端,乃转为恨,更流为残暴狠毒,此无他,以爱与恨实无别,皆源自人之自我实现欲与占有欲也。爱之欲不能实现,恨之欲随之兴矣。法国大革命之博爱所导致之恨与残暴狠毒,是其明证也。至于耶教之爱,乃为实现上帝旨意而爱,并赖爱之物此爱始能存在,故耶教之爱亦多表现为强烈之欲,即多意必固我也。若无上帝旨意与爱之对象,此爱即不复存,此于耶教乃不可思议者也。因上帝旨意永存永在,爱亦永存永在,无爱之对象时亦复如是,是执爱为永远之欲有意而爱也。有意而爱,虽爱亦私也。儒家则不然,其为仁则无意必固我,其发情则顺天下万物,无爱时心归寂体而性足,有爱时心体无欲而大公,是儒家将仁置于内在心体而无待,非若耶教置于外在爱欲而有待也。是故依儒家,无意为仁,为仁亦公也。

以内命之自由超越外命之限制

儒家之言命,有自外言之者,有自内言之者:自外言之者,谓之外命,畏天命之命、生死有命之命、修身以俟命之命是也;自内言之者,谓之内命,不知命无以为君子之命、尽性立命之命、天命之谓性之命是也。外命乃人生大限,人不得而知之,故畏之俟之,以其能限制吾人生命之自主自在自立自由也。如成败利钝、穷通得失、夭寿祸福、富贵贫贱、生老病死,正所谓外命者也。吾人既不知其所自,又不知其所以,故畏之怖之,惶惶不可终日,畏怖之甚,算命所由兴也。外命非但世人不知,圣人亦有所不知,夫子之畏天命、颜渊死哀呼天丧予是也。至夫内命,乃人生之自由,人可知之率之尽之立之,能以一己之力悟之证之修之践之,以实现自我存在之价值,上达光辉美大之生命也。如吾人欲为君子,欲为大人,欲明明德止至善,欲尽心知性知天,欲希贤希圣立人极,欲致良知以达天地万物一体之仁,皆不关外命事,是尽其在我我能实现之者。故内命能使吾人生命打破外在限制,得大自由者也。然则,外命内命关系究如何耶?依儒家,人固可察微知著,研几穷变,《易》由是其作也;然外命乃人生大限,终不可尽知,吾人欲求此心之安,必求内命而不求外命,吾人当修内命以待外命之至也。所谓修内命,实现生命之意义与价值也。至于外命之成败利钝、穷通得失、夭寿祸福、富贵贫贱皆不动我心;心不动,成利通得寿福富贵之来则不喜，败钝穷失夭祸贫贱之至而心安。何以故？内命已立善命之来何喜之有？善命已成恶命之至何所不安？此即孟子“夭寿不贰，修身以俟之，所以立命”之旨也。（夭寿不贰，不忧不喜心安不动也；修身以俟，俟外命也；所以立命，立内命也）是故君子不算命，修身俟命而已矣。命来之，则安之，所谓大人之不动心也已。由此观之，儒家以内命之自由超越外命之限制，最能挺立人之自主精神，故儒家之学，自作主宰之学也。

谋道之人须无待而兴

古之人谋道第一，谋食次之。必欲了却自家身心性命，为此生觅个安顿处，方可安心谋食。今之人谋食第一，谋道无之，终日在利欲浪中翻滚，甘之如饴而无出离之日也。此即现代性之世俗化，落入日常生活即物质至上主义。今之人染之既久，习之安然，视之自然，已积为人类共业流转牵引而不可拔也。然人之生命意义，在道不在食，人禽之辨端在此，故今之人须扪心自问，翻然猛醒，回心向道，重觅生路，方可不负此生。在此人禽道口、生死关头，吾人不可彷徨，不可躲避，不可自馁，不可夹杂，须以全幅生命顶上去，斩断命根，大死一番，脱胎换骨，方可灵根再发，死里获生。如此大死大活，吾人须具豪杰气概，狂者精神，超拔凡俗，直捣命源。夫如是，须抛却一切俗念尘想，利害得失，赤裸裸，血淋淋，直下地狱探宝，死不甘休，方可打破漆桶，顿见光明，了却自家性命也。是故谋道事业，在古人多能之，在今则须待豪杰之士，诚可悲也。虽然，吾信人之良知不死，灵觉终明，只一念觉悟，人人可无待而兴，当下为吾道中之大豪杰也。如是，则吾德不孤，吾道不坠，吾学以传也。龙溪子云：先做豪杰，再做圣贤。诚哉斯言！诚哉斯言！

修身以俟命

孟子曰：夭寿不贰，修身以俟之，所以立命也。夭寿者，莫为而为，莫致而致者也，所谓天命是矣。其为天命，则必至无疑，故君子知其莫能去，乃修身以俟之；以其修身以俟，纵夭命亦顺受其正；顺受其正，夭命亦正命也。夭命正，夭斯不夭矣。夭不夭，人斯能立人命而改天命矣。如是，则人命在我不在天矣，人可超天限而入无待矣。虽曰俟天之命，实则立人之命，故立命乃立德性之命，以转质碍之命也。是故，君子处命，夭不惧，寿不喜，惟修身上达是务，安心俟命而已矣。正所谓存吾顺事没吾宁矣，善吾身所以善吾死也，君子息焉也已。贵贱、贫富、穷达、逆顺、祸福、成败、得失、荣辱，应作如是观。

儒家血缘亲情与仁爱观念的形成理路

□丁为祥

在世界各大思想谱系中，儒家以其即哲学即宗教、即世俗即超越构成了一种极为典型的特色。这一特色一方面决定其在普遍与特殊、世俗与超越之间双向地“即是”，但也往往使其容易遭到双向的否弃。比如从宗教的角度看，基督教要人皈依上帝，佛教要人斩断尘缘，儒教则要人孝敬父母、泛爱亲仁，这自然显得不够宗教的格；如果从哲学的角度看，黑格尔说孔子的《论语》“所讲的是一种常识道德……是毫无出色之点的东西”①，冯友兰著《中国哲学史》，也主要是将中国历史上“可以西洋所谓哲学名之者，选出而叙述之”②，显然，从哲学的角度权衡，儒学似乎也不大够哲学的条件。本来，这双向的“不合格”可能正是中国文化的特色所在，但在西方一元视角之下，却难免使国人产生“事事不如人”的心理，所以 20 世纪不仅有“打倒孔家店”的“五四”，有与传统“彻底决裂”的“文革”，还有专为“农业文明”唱挽歌的《河殇》……这种种运动、思潮无不表现着国人急切地甩脱历史包袱以获得承认的心理。但当这一切都成为过去却仍然没有获得相应的认可时，国人就必须再从自己的历史中找原因，于是终于发现，原来这一切都决定于儒家的血缘亲情观念。正是儒家对血缘亲情的重视，使它作为宗教显得不那么够格，作为哲学又显得不那么纯正；更为重要的是，当中国大力推行法治而社会上又出现了有法不依甚至腐败蔓延时，人们又发现，所谓有法不依与腐败的蔓延实际上都源于儒家对血缘亲情的执著，所以就有了对儒家血缘亲情观念的分析与批

① 黑格尔：《哲学史讲演录》，第 1 卷第 119 页，商务印书馆，1959。

② 冯友兰：《中国哲学史》，第 1 页，中华书局，1964。

判。

从血缘亲情的角度批评儒家，其视角虽不一定新但却确实具有较新的意义。这一方面是因为“五四”一起始就以个性解放的方式批判了血缘亲情，而血缘亲情也就立马灰头土脸；同时也可能是因为“五四”的精英们还生活于血缘亲情之中，所以并没有对其穷追猛打，致使它一直残存下来，成为今天批判的对象，而这一批判，恰恰是中国社会迈向更大的进步——进入民主与法治社会之前奏。另一方面，由于血缘亲情对儒家具有“本原根据”——初始出发点的意义，因而对血缘亲情观念的批判，也就是对儒学从根源上进行清算，这对于中国社会之弃旧图新，当然具有不可估量的意义。但是，诚如前述，既然血缘亲情对儒家具有“本原根据”的意义，那么首要的一个问题便是：为什么儒家如此重视血缘亲情？其重视血缘亲情的根据又是什么？只有先搞清这些问题，然后才能谈到血缘亲情在古代及现当代社会的正、负面作用以及如何才能克服其负面的影响等等。持着这样一种思路，本文将着重考察儒家为什么会形成重视血缘亲情的思想，其血缘亲情的特定内涵及其特殊的血缘亲情与普遍主义的仁爱观念之间的内在关联，总之，也就是从具体而又特殊的血缘亲情到超越而又普遍的仁爱观念、仁爱理想的形成理路。

一、“我”的发现及其不同的取向

熟悉古汉语的人不难发现这样一个现象：在古代典籍中，凡是与第一人称有关的代词一般都不直接称“我”，而是称为“己”（与人相对）、“吾”、“予”、“余”（自称）等等。但古汉语中并非没有“我”，也并非不出现“我”字。在古汉语中，凡出现“我”字且也确实指谓自我的地方，往往都为否定性的含义，如《论语·子罕》的“毋固，毋我”，《庄子·齐物论》的“丧其耦”、“吾丧我”等等，尤其是孟子的“杨子取为我，拔一毛而利天下，不为也”①，明确提示这里的“我”是指私我或由私我所具有的感性粘连而言，所以“意”、“必”、“固”、“我”才成为儒家人性修养所要排除的四种主要毛病。当然，古汉语中关于“我”字也有肯定性的用法，但那恰恰不是指感性的“自我”，而是指“我方”、“我师”、“我国”等大我，如《左传·庄公十年》的“齐师伐我”，再比如现代人还在运用的“还我河山”、“毁我长城”、“壮我军威”等等，这种肯定性的“我”其实都不是指具体的我，而是指“大我”，是“我”之外延的正面放大。不过，古籍中也有仅仅指自我而言的，且既不带肯定也不带否定的意味，如“樊迟御。子告之曰：‘孟孙问孝于我，我对曰，无违’”②。这里的“我”就仅仅指此在的我而言，且明显是指具体而感性的自我。从这些例子可以看出，在古汉语中，

① 《孟子·尽心上》。
② 《论语·为政》。

"我"是具有形下意味之感性粘连的人称，当这种粘连仅仅局限于私我(小我)而为不正当时，其含义就是否定性的；当这种粘连为正当(如孟子所谓"我固有之"而有待扩充的"善端")时，其含义虽是肯定的，但这种"我"恰恰具有非私我性，而是指凡人一同的"大我"、"真我"；而当这种"我"既不带肯定又不带否定性含义时，就仅仅指具体而感性的所谓肉身我。这说明，古人似乎在故意避免小我、私我的一面，而刻意提倡大我、公我一面，现代汉语中的"无我"、"忘我"等褒义性称谓，正是这一传统的历史延续。当然，这并不是说古人就大公无私，而是说古人对"我"的否定性用法及其对私我的刻意回避，说明其很早就看到了"我"之有私、有欲与感性粘连的一面。

对"我"的这一认识，其实并不仅仅属于儒家，而是古人对人的共识。比如与孔子同时稍长的老子就看到了这一点，所以他忧心忡忡地写道："吾所以有大患者，为吾有身，及吾无身，吾有何患？"①显然，在老子看来，吾之"有身"(这里的"身"即指肉身我)正是人生祸患的根源；如果我能完全做到无身无我，那么，还有什么祸患能够及于我，有什么喜怒能够加于身呢？这就形成了所谓隐者的取向——以远离社会、远离嗜欲的方式全性保真。到了庄子，就对"我之有身"发出了深深的悲叹："一受其成形，不亡以待尽，与物相刃相靡，其行尽如驰而莫之能止，不亦悲乎！"②这里的"与物相刃相靡"，正指肉身我而言，所以《庄子》中就有"罔两"与"景"(影子)的对话，也就有了以"丧我"为祈向的"心斋"与"坐忘"③。这说明，道家是将人之有"我"视为人生痛苦的根源，也是以尽量摆脱"我"作为人生修养的方向的。

儒家当然也看到了人的"有我"现象，并且也知道"我"是人生一切毁罪荣辱的根源，但它又和道家(隐者)采取了完全不同的取向。比如，当孔子受到楚狂接舆的嘲笑，又受到长沮、桀溺的讽刺时，他深深地感叹说：

> 鸟兽不可与同群，吾非斯人之徒与而谁与？天下有道，丘不与易也。④

在这里，一个"鸟兽不可与同群"断然否定了山林隐逸的选择，意即山林虽好，虽然可以免除人生的烦恼，毕竟是鸟兽聚集之地，而人则是不可以混同于鸟兽的。所以，接着就有"吾非斯人之徒与而谁与"的感慨，意即我们既然生而为人，那么除了直面人生、正视人生的烦恼以及由"我"生而具有的种种偏私以尽量克服之外，还能有什么选择呢？而对儒家来说，正是人生的烦恼以及"我"生而具有的偏私，才

---

① 《道德经》第十三章。

② 《庄子·齐物论》。

③ 庄子的"心斋"、"坐忘"并不是要摆脱"肉身我"，而恰恰是要摆脱"我"对"肉身"的忧思，这正是对老子所谓"吾有身"之"大患"进一步思考的结果。

④ 《论语·微子》。

构成其入世的真正动因。所以孔子以稍带自嘲的口气剖白道:“天下有道,丘不与易也。”意即如果这人伦世界已经尽善尽美,我孔子何必要席不暇暖而栖栖遑遑地周游天下呢?

显然,无论是对“我”之有偏私还是对当时人伦失范(天下无道)的看法,儒道两家都并无根本的不同——楚狂接舆“凤兮凤兮！何德之衰”的感慨与“已而已而！今之从政者殆而”①的劝戒都证明了这一点。但是,如何面对这有偏私的“我”与“无道”的人伦世界,儒道两家却显然是“道不同,不相为谋”②。道家视入世拯救为“劳神明”之举,且认为在这种江河日下的时代也根本不可能拯救,因而采取了隔岸观火之避世逍遥的取向;而儒家则采取了积极的态度,并以责无旁贷之心扑进人生的火海。在儒家看来,如果这世界已经尽善尽美,那儒家恰恰也就没有存在的必要了;正是现存世界的不善、不美、不如人愿,才构成了儒家积极入世的主要动因。很明显,正是这一抉择,划开了儒道两家,也划开了儒家与所有以出世为指向的宗教之间的界限。所以,如果说儒家因其执著于人伦世教而不满足宗教的条件,那么,这正是儒家的自我选择与自我定位。

其实,儒家并不创始于孔子,儒家的人生态度也并非就由孔子的这一抉择而定。周公“一餐三吐其哺”、“一沐三握其发”本身就已经是明确的儒家态度。但周公毕竟有“摄政”之位,本身就负有治理天下的重任;而对孔子来说,处于春秋这样一种乱世,又无“师”、“保”之位,完全以“士”这种普通知识分子的身份作出这样的抉择,这就具有了非同凡响的意义。它实际上等于是孔子“人之为人”的宣言:我们既生而为人(这是我们所无法选择的),也就只能以人道的方式介入人伦、规整人世;除此之外,我们别无选择。显然,对人生的这种态度,正是后来大乘佛教所谓的“我不入地狱谁入地狱”的精神。

与世界各大思想谱系相比,这固然是一种背反的取向——儒学也因此而不具有出世宗教的品格,但儒家的这一选择与这种拯救激情,却与各大宗教具有同样的情怀、同样的价值。而且,因为孔子已经看到了“人而不仁”与“国将不国”的现实,看到了天下“滔滔”的趋势,但他却抱着“知我者其天”③的心理,以“知其不可而为之”④的精神,将自己的全部担当指向人伦世界。这就是所谓“造次必于是,颠沛必于是”⑤,也就是一种“求亡子于道路”、“救父兄于断崖”(王阳明语)的精神。与世界各大宗教相比,这就成为一种以人伦为指向、以入世为特色的人文宗教。这样一

① 《论语·微子》。
② 《论语·卫灵公》。
③ 《论语·宪问》。
④ 《论语·宪问》。
⑤ 《论语·里仁》。

种宗教,也就必然使其全部理想、全部担当全然以此岸为期,并全部落实于此在的人伦世教中。所以,正是对“我”及其偏蔽的发现,对人之为人的规范与对天下无道之思以救之,决定了儒家“掉背孤行”的选择,也决定了其入世的根本指向。

二、儒家血缘亲情的基本视角

当儒家形成其入世、救世的指向时,它所面临的全部问题就是人的问题,而其所要解决的首要问题也就是人之有我的问题。因为正是人之有我、人之偏私,才构成天下无道的根本原因,所以如何解决人之有我、如何使人能从“我”之生而具有的偏蔽中走出才是拯救世界的首要问题。当然,由于儒家从来就生活于此岸世界,也从来没有所谓超世的身份预设,这就迫使它不得不将此岸的人伦世界划分出不同的层次,以形成梳理、范导人伦世界的基本坐标。所谓“形而上者谓之道,形而下者谓之器”①就是一种基本的划分;而现实与理想、世俗与超越则分别代表这两个不同层面的指向与特色。由于这两个层面同时并存并统一于此在世界,因而其相互之间并不是泾渭分明的关系,而是互渗互证、互相促进而又互为实现条件的关系。从儒家将其救世的指向落实于现实的人生来看,人无疑是其关注的焦点,而人又首先是一种血缘肉身的存在——都是父母所生、天地所养,这虽然属于形下的层面,但对儒家来说,正像其对人伦世界的无条件肯定一样,它也必然要肯定此血缘肉身。因为这正是人伦社会得以存在的首要前提;而对个体来说,血缘关系的存在以及与血缘亲情的共在,也恰恰是我们每一个人自身得以存在的先决条件。所以,儒家由对人伦世界的肯定必然要走向肯定人的血缘关系与血缘亲情。

从儒家人伦关怀的这一指向可以看出,它确实表现出了不同于其他思想谱系的特色。就当时的中国来说,能够与儒家比肩的只有道家,但道家只将人看做造化的产物,庄子所谓的“大块载我以形,劳我以生”②,正是以人为造化之产物的表现。所以,在道家的视野中,人只是自然的产儿,人的血缘亲情绝对不进入道家的视域——庄子以“鼓盆而歌”为其妻送终,正是对血缘关系的一种嘲弄。进一步看,由于道家看到了太多的人生负面,尤其看到“我”往往成为人生负面(祸患)的根源,所以对于人伦社会,它总是抱冷眼旁观的态度;对个体与生俱来的“我”则极力摆脱,实在无法摆脱,就以“心斋”、“坐忘”的方式以达到“面若槁木、心若死灰”之“吾丧我”状态。儒家则正好相反,对于现存世界,它不是冷眼旁观,自我逍遥,而是将自己的全部心血、全部精神用来改造、提升现存世界,并由对现存世界的关爱与肯定进而肯定人的血缘亲情。在儒家看来,人固然是自然的产儿,但从最切近的

---

① 《周易·系辞上》。

② 《庄子·大宗师》。

关系看,人首先是血缘关系的产物,血缘关系不仅决定着人的生理基础,而由血缘关系所派生的血缘亲情也是最基本的人伦关系。从生成论的角度看,正是血缘关系与血缘亲情现实地决定着人的存在,也决定着人之为人的特征。显然,这种对血缘亲情的肯定既由儒家对人伦社会的肯定而来,同时又是儒家现实的人伦之爱得以落实的基本出发点。

进一步看,儒家之所以要肯定血缘亲情,更主要的原因还在于,对现实的人来说,血缘亲情不仅具有先在性,而且具有任何个体都无法选择的性质,所以说,儒家对血缘亲情的肯定,实际上也就是对我们人生而具有而又无可选择之实然条件的一种尊重。具体到个体来说,肯定血缘亲情,也就是肯定每一个人都是父母所生,都对父母有着他人所无法替代的深厚情感——这也是人之天性的自然流露。尊重这种情感,也就一定程度上承认人是有我的;而承认人之有我,不仅是对现实的一种尊重,同时也是改变现实、提升人伦社会的一个基本前提。因为儒家并没有世外的身份预设,没有"他力"的期待,因而能够救世者,也就只能是现实的人之自救。所以说,对儒家而言,血缘关系与血缘亲情不仅是人伦之始,而且也是人之自我拯救、自我实现的初始出发点。反过来看,由血缘所必然关涉的"亲",不仅是"我"的生命之根,是"我"之所以为我的前提条件,而且也是"我"成为一个主体之人时最首先要面对的一个"他人";而如何对待这一"他人",也将成为"我"如何面对整个人伦世界的基本出发点。正是从这一角度看,血缘亲情对儒家才具有了"本原根据"的意义。

不过,正像儒家对现实世界并非全部肯定一样,其对血缘亲情也绝不是全盘肯定的态度。道理很简单,因为儒家之所以坚持入世,正是以现实的"天下无道"为前提的;其之所以要积极地入世,也正是为了规范、调整"无道"的现实世界,以使"无道"成为"有道"。从这一点出发,其对血缘亲情自然也不可能全盘肯定,而必然存在着进一步规范、提高的意蕴。因为孔子说得很明确:"天下有道,丘不与易也。"因而如果说儒家对血缘亲情是全盘肯定的,那自然也就"不与易也"——用不着积极地入世了。所以,儒家积极的入世态度同时也反证着其对人伦世界范导、拨正的关怀。只有这样,才有拯救的可能;也只有这样,才能谈得到拯救。从这个角度看,儒家对血缘亲情的肯定正是从其对现实世界的肯定出发的;而血缘亲情在儒家思想中的地位,也就如其现实关怀一样,虽然具有"本原根据"或初始出发点的意义,却既不具有超越的地位,也不具有绝对的价值与力量。

那么,这超越而又绝对的力量来自哪里呢?这就来自儒家视野中的另一维——超越的一维。正是这超越的一维构成了儒家权衡、裁正现实世界的基本坐标。比如说,儒道两家都看到了当时"人而不仁"的现象,而其之所以得出这一结论的依据与标准,则来自超越的一维;是以超越的依据与标准来权衡、照察现实的人伦社会,才会得出"人而不仁"的结论的。自然,这超越的一维无疑也是在现实世界中形成的，是关于现存世界的一种理想，但当它形成并作为超现实的理想出现时，对现存世界而言，也就构成了一种超越的依据与标准。这一标准，正是儒家对现存世界进行权衡批评、范导提高的基本坐标。所以，如果说儒家的人生理想是其来有自的，那么，从具体的形成上说，它也就来自现实的人生，是从现实的人生中形成从而又反过来以超越的形式作为批评、裁正现实人生的依据与标准的。不过，如果从更为根本的角度看，那么，作为儒家人生理想的超越性标准，其根本依据，则可以说就来自冥冥而苍苍并作为永恒、超越之代表的天，是天道的表现或天之所命，所谓"有所受也"、"天之所予"以及"大德必受命"等等，就是指禀承于天的最高使命而言；而孔子之所以将道之兴废的最后希望上寄于天①，正是从天对人生之最终依据与最高主宰而言的。因此，对于儒家超越的视角及其依据和标准，也就可以说是"既受于人"——形成于现实的人生，"且受于天"——禀受于超绝的天命与天道。儒家的二维视角以及由之形成的双重（并非二元）世界，也就是在这种天与人以及天道与人道的互渗互证中形成且表现出来的。

所以，对于人之有我、人之有血缘亲情以及所谓感性的粘连等等，儒家虽然承认、尊重，却并不是一味肯定的。之所以如此，就根源于儒家的双重视角，因为儒家并不仅仅是从人的角度看人，而且更从天的角度看人；"天人合一"、"天命难违"之所以成为儒家贯通古今的一贯观念，就在于其始终保留着这一超越的视角。反过来说，如果儒家仅仅是就人论人、就血缘论血缘，那儒学也就诚如黑格尔所批评的只是一种"常识的道德"，而儒家事实上也就只能成为被孔子斥为"德之贼也"的"乡愿"②了。当然，对儒家超越的天、天命与天道，人们可能会说这实际上都是人所塑造出来的，但是，有没有全然离开人的超越呢？而全然脱离人的超越是否又全然是由人来断定的？如果人能够断定超越就一定是非人的、外在的，那么这有没有与其所断定的人之本性的悖谬之嫌？而完全由人来断定超越就一定是非人的，这是否又存在着"人"的独断之嫌？所以，在儒家所谓的"人"身上，恰恰表现着双重色彩；而孟子所谓的"大人"、"天民"以及"尽心则知性知天"的论断，也恰恰为人生指出了一条由此及彼、由现实到理想的超越上达之路。

但是，这一上达只能起步于现实，起步于此在的人生。而一旦转向此在的人生，儒家的人生理想也就必须从现实的角度作出落实、作出安排。这样，儒家的双重视角也就必须从现实的角度探寻其统一之道。

① "道之将行也与，命也；道之将废也与，命也。"——《论语·宪问》。

② 《论语·阳货》。

三、从礼到仁：儒家双重视角的现实统一

从现存的历史典籍来看，儒家对人生第一个范导性的观念是"礼"，即为周公所创设又为孔子所维护的"礼乐"制度。其实，"礼"并非创始于周代，从孔子对三代之礼之递相"损益"的总结来看，"礼"实际上是夏商周三代调整人伦关系的共法，这与其社会之血缘宗法的组织形式也是一致的。但由于自西周起始确立"嫡长子"继承制，又由于殷周之际"敬天保民"观念的形成，因而形成于西周的礼乐制度事实上也就是三代之礼的一种集成与总结；而人们之所以将"制礼作乐"与周公相联系，也说明周公在礼乐制度方面确实起到了承前启后与创制垂法的作用。所以，只要说到礼，总是与西周的礼乐制度联系在一起的。

"礼"到底是什么？现代人一般习惯于将"礼"理解为一种与血缘宗法相适应的政治等级制度，所谓"君君、臣臣、父父、子子"①，正是现代人对礼的一种基本的诠释与取义。"礼"当然有这一含义，但又不仅仅是这一含义；如果礼仅仅是这层含义，那它也就只能成为一种脱离人之生存现实而又一味要人服从的外在框架了。实际上，礼的根本依据在于人，是人的一种基本的内在需求，所以《礼记》说："礼者，因人之情而为之节文，以为民坊者也。"②意即"礼"首先是因人的内在需求而创设的外化"节文"。从这一点出发，"礼"首先是生活于血缘宗法社会中每一个人之基本的"职分"，这一职分包括从具体的视听言动、举手投足到一般待人接物之具体的程式，以及由此程式所体现的权利与义务等等，所以《礼记》又说"若无礼则手足无所措，耳目无所加，进退揖让无所制"③；孔子也从相反的方面总结说："恭而无礼则劳，慎而无礼则葸，勇而无礼则乱，直而无礼则绞。"④显然，"礼"首先是人从视听言动到衣食住行方方面面行为规范的总合，离开了礼，社会就会陷于失序状态；而个体则难免陷于所谓"手足无所措"的地步。所以，孔子不仅以"克己复礼为仁"，而且教导颜回要"非礼勿视，非礼勿听，非礼勿言，非礼勿动"⑤，并以此作为"天下归仁"的基本前提；而在父子之间，孔子也以"不学礼，无以立"⑥作为对伯鱼的基本家训。

由人情之内在需求（职分）推而广之，礼便成为一种普遍的人伦规范，从而也

---

① 《论语·颜渊》。
② 《礼记·坊记》。
③ 《礼记·仲尼燕居》。
④ 《论语·泰伯》。
⑤ 《论语·颜渊》。
⑥ 《论语·季氏》。

就具有了广泛的社会意义。所以《礼记》引孔子的话说:“明乎郊社之义,尝禘之礼,治国其如指诸掌而已乎!是故,以之居处有礼,故长幼辨也;以之闺门之内有礼,故三族和也;以之朝廷有礼,故官爵序也;以之田猎有礼,故戎事闲也;以之军旅有礼,故武功成也。”①显然,这就将“礼”这种人伦规范推及于社会的一切方面,成为人生方方面面的行为准则。礼在社会制度层面上的含义,就是这样由己及人、由个体到群体推而广之式地形成的。所以《礼记》又说“夫礼者所以定亲疏,决嫌疑,别同异,明是非也”②,言下之意,礼是含括人生一切方面的,因而自然也包含着“君君、臣臣、父父、子子”等社会等级方面的含义。但从本质上看,礼只有首先具有人情方面的内在需求与内在依据,然后才能具有人伦规范与社会等级方面的含义。所以,也可以说礼是依据于人情之内在需求而推及于社会生活之方方面面的,是从人情之内在需求出发来梳理、范导整个社会的。这也就是所谓以人道待人——“以其人之道还治其人之身”。

但是,由于礼毕竟要落实到社会层面,并要借助一定的节仪来实现,因而又必然面临着一种形式化的结局。一旦割断了礼与人的内在关联而使其仅仅成为一种形式,它也就必然会成为一种外在的力量迫使人就范;而礼所具有的等级规定及其所代表的不同的利益层次又促使人不断地僭越,这就形成了“礼崩乐坏”的局面。孔子所处的春秋正是这样一个时代。孔子对礼无疑是一种维护的态度,从其对伯鱼“不学礼,无以立”的教诲与开示颜回的“一日克己复礼,天下归仁焉”的理想来看,他是从个体与社会两个层面展开对周礼的挽救的。但在人生实践中,孔子一方面发现:“礼云礼云,玉帛云乎哉?乐云乐云,钟鼓云乎哉?”③就是说,礼并不仅仅在于其外在的形式——礼之理念、心态其实可以脱离其具体的表现形式;另一方面,他又深刻地认识到:“人而不仁,如礼何?人而不仁,如乐何?”④就是说,如果没有“仁”作为其内在的依据,仅仅外在的礼乐形式其实是不足以规范人的。这样,孔子就由以“仁”挽救礼、补充礼最后取代了礼,从而使“仁”从贯彻礼之心理基础一跃而成为礼之更为内在、更为根本的依据。这就导致了从“礼”到“仁”的递进与过渡。

“仁”是什么?在《论语》中,“仁”是孔子谈论得最多但含义又最不明确的一个概念。一方面,“仁”最贴近现实的人生,“仁远乎哉?我欲仁,斯仁至矣”⑤;但另一方面,“仁”似乎又是最难达到的,连颜回也不过是“三月不违仁,其余则日月

---

① 《礼记·仲尼燕居》。
② 《礼记·曲礼》。
③ 《论语·阳货》。
④ 《论语·八佾》。
⑤ 《论语·述而》。

至焉而已矣”①,至于他自己,孔子则明确表示:“若仁与圣,则吾岂敢?”②“仁”的这一特点使其在发端与全面实现之间存在着很大的张力,也使仁在具体运用中表现出很大的灵活性。那么,究竟什么是仁呢?按儒家的一般理解,“仁”也就是人的最高本质或人生修养的最高境界,诚如后来《中庸》所说的“仁者人也”。但就具体表现而言,“仁”也就存在于从日常的“泛爱”、“亲仁”一直到“博施于民而能济众”的过程中。如:

弟子入则孝,出则弟,谨而信,泛爱众,而亲仁。行有余力,则以学文。③

君子务本,本立而道生。孝弟也者,其为仁之本与。④

夫仁者,己欲立而立人,己欲达而达人。能近取譬,可谓仁之方也已。⑤

在这里,“孝弟”之所以是“仁之本”,正表明“仁”是从此在、从我之当下做起的,而为仁的第一步,也就恰恰要从对血缘人伦的“孝弟”做起。这既是“近取譬”,是“仁之方”,也是为“仁之本”。由此出发,从“泛爱”、“亲仁”一直达到“己欲立而立人,己欲达而达人”,也就是由我之具体的当下直接推及于人伦群体、推至家国天下。为仁之难以及孔子之不轻易以仁许人,可能正在于“仁”的这一根本指向上。

不过,“仁”的全面实现固然很难,其发端却不过是一点“不忍”的恻隐之心,孟子就明确地说:“恻隐之心,仁之端也”⑥,可见“仁”的一切节目时序,其实都由对恻隐之心的扩充而来;另一方面,仁的这一本质也更典型地表现在孔子对“不仁”的批评中:

宰我问:“三年之丧,期已久矣。君子三年不为礼,礼必坏;三年不为乐,乐必崩。旧谷既没,新谷既升,钻燧改火,期可已矣。”

子曰:“食夫稻,衣夫锦,于女安乎?”

曰:“安!”

“女安则为之。夫君子之居丧,食旨不甘,闻乐不乐,居处不安,故不为也。今女安,则为之。”

宰我出。子曰:“予之不仁也!子生三年,然后免于父母之怀。夫三年之丧,天下之通丧也。予也有三年之爱于其父母乎?”⑦

在这一段对话中,孔子对礼的执著、对礼之心理基础的揭示以及对宰我“不仁”的批评集中到了一起。一方面,孔子所以要坚持三年之丧(礼),是因为“子生三年,

① 《论语·雍也》。
② 《论语·述而》。
③ 《论语·学而》。
④ 《论语·学而》。
⑤ 《论语·雍也》。
⑥ 《孟子·公孙丑上》。
⑦ 《论语·阳货》。

然后免于父母之怀”；而孔子之所以认为人不能不如此，则是因为人之居丧，往往“食旨不甘，闻乐不乐，居处不安”，这就以君子之“不甘”、“不乐”与“不安”，明确地揭示了三年之丧的心理基础(仁)。至于宰我提出的“期年”之丧，由于其毫无“不忍”、“不安”之情，所以只能是“不仁”。显然，对礼而言，仁就是它的主体依据与心理基础；而对不仁者来说，有无“不安”、“不忍”之心则是其仁还是不仁的根本分界。所以，对礼而言，仁不过是其不得不如此的一种心理依据；而就仁之发端来说，实际上也只是一种“不忍”、“不安”的情怀。在这里，孔子正是以这种“不忍”、“不安”的情怀，来挽救礼、支撑礼从而也取代礼，并试图由此规整家国天下乃至整个人伦社会的。

在从礼到仁的这一演进中，孔子始终是从现实的人出发的，“孝弟”、“忠恕”、“爱人”以及“三年之丧”等等，也都是人日常生活不可或缺的情怀。孔子由此释礼，为礼提供了人所不能无的心理基础，从而将礼植于人之为人的基础上，并以“仁”置换、取代了礼。作为仁的表现，“孝弟”、“忠恕”、“爱人”等等虽然都是人之常情，且也存在于伦常日用的范围，但倘若真能以孝弟之心对天下之父老，以忠恕之心对天下之路人，而以爱人之心对天下之鳏寡孤独，却是难乎其难的。而在孔子的思想中，“仁”却必须以后者为实现条件。这也许就是《论语》虽以“孝弟”为“仁之本”，孔子却很少以仁许人的原因。所以子思说：“君子之道，费而隐。夫妇之愚，可以与知焉；及其至也，虽圣人亦有所不知焉。夫妇之不肖，可以能行焉，及其至也，虽圣人亦有所不能焉。”①显然，孔子正是从夫妇之“与知”、“能行”出发，为人生提出了一种“虽圣人亦有所不能”的追求指向。仁之所以成为儒家的最高范畴，成为志士仁人追求的最高目标，可能就在于这一点。

在从礼到仁这一演变中，儒家无不是从人之最基本的现实条件与伦常情怀出发的，但及其至也，却必须以“天下一家，中国一人”为期。这样，儒家就由对人之现实条件与伦常情感的肯定，明确地提出了超越小我、超越家国天下的指向。显然，这是一条从现实到理想、从此在到彼岸的人生实现之路；而儒家的双重视角，也只有在这一具体的人生实现之路上，才能得到其圆满的统一。

四、兼爱与为我：杨墨的双向夹击

当儒家以孝弟为本，大力推行仁爱之说以实现其修齐治平的理想时，却遭到了墨家的尖锐批评。在墨家看来，由于儒家承认人是有我的，因而其所有的思想也总是从“我”出发的，所谓“泛爱众而亲仁”、所谓“天下一家，中国一人”，实际上也就是以我划界，并且最后也只能停留于“亲其亲”的范围。原因很简单，只要承认人

① 《礼记·中庸》。

是有我的，那么这种以“我”为圆心的仁爱之说最后就不能不停留于“亲亲”的范围。

为了纠正儒家的这一“偏失”，墨家提出了“兼爱”的主张。在墨家看来，天下所以不治，皆源于人们只知自爱而不相爱：“父自爱也，不爱子，故亏子而自利；兄自爱也，不爱弟，故亏弟而自利；君自爱也，不爱臣，故亏臣而自利。是何也？皆起不相爱。”①显然，在谋求人与人相爱这一点上，墨家与儒家是完全一致的；但由于儒家的爱是从我出发、由己及人的，因而反倒被墨家视为人人自利而不相爱的根源。所以，与儒家的亲亲之爱相反，墨家则提出了人与人“兼相爱”的主张：“若使天下兼相爱，爱人若爱其身，犹有不孝者乎？视父兄与君若其身，恶施不孝？犹有不慈者乎？视子弟与臣若其身，恶施不慈？……故视人室若其室，谁窃？视人身若其身，谁贼？……视人家若其家，谁乱？视人国若其国，谁攻？故大夫之相乱家，诸侯之相攻国者亡有。若使天下兼相爱，国与国不相攻，家与家不相乱，盗贼亡有，君臣父子皆能孝慈，若此则天下治。”②很明显，墨家的兼爱正是为了对治儒家在人之有我基础上的亲亲之爱，或者说是对亲亲之爱的一种补救或置换主张。

但是，当墨家以兼爱——对所有的人一视同仁地爱——来取代儒家的亲亲之爱时，其爱之行为的发出者——爱的主体基础——却存在着落空的危险。因为爱作为一种行为，必然要以一定的主体为先在依据，也必然要以一定的主体作为行为的发出者与担当者，而墨家的兼爱则要求“视人身若其身”，这就抹杀了人我、主客之别，使我与人、主与客完全处于平列的地位。如果我们承认这种爱的真实性，那么在其指向上，就已经没有人我之别，视人若己与视己若人完全等值，人与我已经处于完全不分且也无须分别的地步；如果我们承认人是无法摆脱我且也不可能完全做到彻底地无我，那么，这种对所有人一视同仁的兼爱事实上也就无法真正实现。但是，从墨家团体“摩顶放踵”、“自苦为极”以至于“死不旋踵”的实践来看，它是真正践履且也努力实践其兼爱原则的。这样一来，作为人的生命主体以及人生义务担当者的“我”，就处于落空的状态，所以庄子批评说：“以此教人，恐不爱人；以此自行，固不爱己。……使人忧，使人悲，其行难为也，恐其不可以为圣人之道。反天下之心，天下不堪，墨子虽独能任，奈天下何！”③所谓“恐不爱人”、“固不爱己”都是就墨家兼爱主张使主体完全落空之无我性质而言的。所以孟子也评价说：“杨氏为我，是无君也；墨氏兼爱，是无父也。无父无君，是禽兽也。”④在这里，所谓“无父”，就是指墨家因其兼爱主张而必然使其对父亲与对路人持同一态度，

① 《墨子·兼爱上》。
② 《墨子·兼爱上》。
③ 《庄子·天下》。
④ 《孟子·滕文公下》。

这既可以说是对父亲像路人一样，也可以说是对路人像父亲一样；而无论是前者还是后者，父亲与路人就都处于一种全无差别的地步，所以孟子直斥其为“无父”。显然，关于墨家兼爱主张的无我性质，儒道两家的看法是完全一致的。

正因为墨家的兼爱必须以无我为前提，因而它虽然毫不利己，专门爱人，却必然导致对主体自身的忽略。其兼爱说固然对主体预付了人己同一的分量，但在人我天然有别的条件下，这却只能是一种“固不爱己”。因为己之所以成为己，就在于它是以人我之别为前提的，也以人我之别为实现条件，而墨家的视人如己或视己若人，恰恰抹杀了己之为己的基本特征，所以，它也必然面临着被纠偏的命运。

出发于道家的杨朱，正是从这一角度展开对墨家的纠偏与批判的。道家认为，“贵以身为天下若可寄天下，爱以身为天下若可托天下”①，就是说，只有爱己、贵己如天下者，才可寄托天下的重任，像墨家这种“固不爱己”的思想主张，怎么能承当起治理（关爱）天下的重任呢？意即一个连自己都不爱的人，天下人何以能期望得到他的关爱呢？所以，为了凸显墨家思想的偏失，杨朱特意以“为我”标宗，提出了“贵己重生”的主张：

> 杨子取为我，拔一毛而利天下，不为也。②
>
> 今吾生之为我有而利我亦大矣。论其贵贱，爵为天子不足以比焉；论其轻重，富有天下不可以易之；论其安危，一曙失之终身不复得。③
>
> 今有人于此义，不入危城，不处军旅，不以天下大利易其胫一毛。④

在杨朱的上述主张中，其核心主要在于为我。因为无论是“贵己”还是“重生”，实际上都是围绕作为个体血肉之躯的“我”展开的。显然，与墨家毫不利己、专门爱人的“兼爱”相比，这无疑是针锋相对的观点。因为在墨家的思想中，“我”与人是没有任何差别的，因而爱路人与自爱也没有任何区别，但在杨朱的思想中，“我”则成了一切价值的源头，整个天下都不足以与“我”之“一毛”相比。这就将墨家视域中全心全意要爱的“人”转向并集中于此在的“我”。很明显，杨朱未必就真的是所谓自私自利，也未必就真的要一味地“惟我是从”，实际上，杨朱不过是故意通过这种对“我”之价值的彰显与放大，以反衬墨家的自我缺失之病。

正由于杨朱的这一指向，因而在当时极大地吸引了思想界的注意，一时成为“杨墨之辨”或“杨墨之是非”。实际上，杨朱的思想是代表道家对儒墨两家的人伦关怀进行表态。因为道家的旨趣本来在于避世逍遥，人伦世教本身也并不在其关注的范围，但当儒墨两家因人伦之爱而发生激烈的争论时，它才不得不以冷眼旁

① 《道德经》第十三章。

② 《孟子·尽心上》。

③ 《吕氏春秋·本生》。

④ 《韩非子·显学》。

观、冷讽热嘲的方式提出“为我”的主张，意即儒墨两家尤其是墨家的兼爱已经沦丧了自我，所以要全心全意地“为我”，以提起对主体自身——我之为我的关注。

虽然杨朱的“为我”只具有纠偏的性质，但对于儒家的现实关怀与人伦之爱而言，道墨两家的不同主张却起到了双向夹击的作用。就儒家的人伦之爱来说，它本来是在承认人之有我的前提下，由己及人、由个体而家国天下式地一线贯通，这本来是既有对“我”的承认，又有对“我”之超越与提升的，但由于道墨两家的不同指向，使它不得不面临分裂的格局。一方面，墨家要人全心全意地爱人，因而指责儒家有亲亲之嫌；而道家则要人一心一意地为我，所以又批评儒墨两家存在着沦丧自我的可能。这样，儒家己与人、个体与家国天下之间的一体关系，就面临着被撕裂的命运：一方全然聚焦于人与家国天下，但却遗失了自我；一方全心全意地集中于“我”，但又抛弃了家国天下之怀。儒家的人伦关怀，就这样被道墨两家的不同指向裂解了。所以，如何弥合“为我”与“兼爱”之间的张力，就成为孔子的后继者——孟子的主要任务。

五、执中有权：孟子的双向统一

到了孟子，儒家终于赢得了一个挑战与机遇并存的时代。当时的情况，一方面是“秦用商鞅，楚魏用吴起，齐用孙子、田忌，天下方务于合纵连衡，以攻伐为贤”，而孟子则像当年的孔子一样，“游事齐宣王，宣王不能用。适梁，梁惠王不果所言，则见以为迂远而阔于事情”①；而另一方面，从思想界来看，当时的情况则是“杨朱、墨翟之言盈天下，天下之言，不归杨，则归墨”②。由于孟子一生落落寡和，难用于政，因而反倒促使他将自己的精力主要用于儒家理论的建树。孟子之后，儒家的理论规模基本确立；而儒家人生哲学在形上方面的建构以及形上与形下统一的格局，也基本上臻于完备。

从思想脉络上看，孟子的最大问题就是如何解决由杨墨两家所撕裂的儒家人伦关怀之两端，并从形上的高度统而一之。由于当时的格局是“杨朱、墨翟之言盈天下”，“逃墨必归于杨”③，因而孟子自我设定的使命也就是“距杨墨，放淫辞，邪说者不得作”④。这也就是所谓“能言距杨墨者，圣人之徒也”⑤。

孟子将如何“距杨墨”呢？先从墨家来看，由于墨家是以反对儒家的孝弟、亲

---

① 《史记·孟子荀卿列传》。
② 《孟子·滕文公下》。
③ 《孟子·尽心下》。
④ 《孟子·滕文公下》。
⑤ 《孟子·滕文公下》。

亲之爱崛起的，所以倡导对天下人一视同仁地兼爱。孟子从不反对其对天下人的爱，也不否认墨家兼爱意愿的真诚性，但孟子却认为这种兼爱主张最后必然导致“无父”，为什么呢？在孟子看来，人之有我、有亲，是人得以生、得以长乃至人之为人的先决条件，要人完全无我地爱人，除非彻底否定自我、否定自我的主体地位；否则，人就无法真正地做到无我，自然也不可能全心全意地兼爱世人。假如人能够真正做到无我，那么，当一个人对其父亲与路人完全予以相同的爱时，这到底是对父亲像路人一样呢还是对路人像父亲一样？由于墨家的兼爱是作为对儒家亲亲之爱的补救措施提出的，其重心也落在凡人一同的“兼”字上，因而必须预设这一结局。也正是在这一意义上，墨家陷入了“无父”——对父亲与路人陷入了全无差别的地步。

这里涉及到两个问题：第一，人能不能做到完全无我？第二，人能不能对自己的父亲与路人施以完全相同的爱？在孟子看来，人不可能完全无我，因为无我不仅是对人自身生命与主体地位的抹杀，而且也必然导致从根本上对人类社会乃至人的现实关怀的否定——人之存在、人之有我，正是其人伦关怀得以存在的先决条件；倘若人人无我，那么，这种本质上对人的关爱又将何以成立呢？假设人能够做到完全无我，其兼爱又将如何实现呢？对此，墨者夷子曾设计了一种“爱无差等，施由亲始”①的实践原则，既解释其曾“厚葬其亲”一事，又试图含括、说明其爱之有我的现象。对于这一解释，孟子立即提出如下反驳：“夫夷子信以为人之亲其兄之子为若亲其邻之赤子乎？”②意即夷子能否真正对其邻之子与其兄之子施以完全相同的爱，并指出夷子的这一说法实际上已经陷入了“二本”。就是说，当他坚持“爱无差等”时，他是从完全无我的立场出发的——其兼爱说也必须以无我为前提，否则，就无法做到真正的“兼”；而当他坚持“施由亲始”时，则又陷入了从我出发、由我做起，这就完全以有我为前提了。这样，如果他坚持“爱无差等”，那就无法说明其何以要“施由亲始”——有“亲”有“始”正是有我的人格化表现；如果他认为对人的爱必须“施由亲始”，那他事实上也就无法真正地做到“爱无差等”，因为所谓“施由亲始”，正是对“爱无差等”之兼爱及其前提（无我）的一种根本否定。显然，无论是从前提还是结论上看，墨家的兼爱观都是难以成立的。

如果说墨家的兼爱实际上主要是坚持对人纯粹而又彻底的爱，孟子其实并不反对这一点，他所坚持的只是爱必须要有一个入手、一个出发点；而儒家之所以坚持有我、承认亲亲，也正是由于这一原因。所以，孟子不仅批评墨家陷入了“二本”，而且还从儒家亲亲之爱的角度，具体说明了这种爱的形成及其心理基础。他举例说：“盖上世尝有不葬其亲者，其亲死，则举而委之于壑。他日过之，狐狸食

---

① 《孟子·滕文公上》。

② 《孟子·滕文公上》。

之，蝇蚋姑嘬之。其颡有泚，睨而不视。夫泚也，非为人泚，中心达于面目，盖归反蘽梩而掩之。掩之诚是也，则孝子仁人之掩其亲，亦必有道矣。”①显然，这种由“中心达于面目”的“泚”，就是一种不安、不忍的情怀，这正是儒家血缘亲情与人伦之爱的发端。所谓爱亲本性，就是这样表现出来的；而所谓“老吾老，以及人之老；幼吾幼，以及人之幼”②以及“亲亲而仁民，仁民而爱物”③，事实上也就是在不断地扩充这种恻隐之心与不忍之情中形成的。

由此看来，儒家并不反对墨家的对人之爱，其所坚持的仅仅在于这种爱的有我性，或者说必须是从“我”出发、由“我”做起的。其与墨家的分歧，说到底也就集中在其爱是有我还是无我上。由于墨家坚持无亲疏、无差别地兼爱，因而势必要将其主体推到完全无我的地步去；而儒家则认为爱必然是有我的，并坚持从我出发，由己及人、由近及远地指向所谓天地万物一体之仁。这就是孟子所谓“二本”与“一本”的区别，也就是有根之爱与无根之爱的区别。

既然儒墨之爱的区别主要在于有我还是无我，那么儒家又将如何区别于道家的杨朱呢？因为儒家既然强调爱必须是有我并且也是从我出发的，那杨朱一心一意地为我何以又被指责为“无君”呢？这就涉及到儒道两家在人生态度上的分歧。正如前述，对于人伦世界，儒道两家分别采取了“入世”与“避世”的不同态度，因而对人之有我也采取了“肯定”与“否定”的不同处置方式。那么，杨朱何以会集中于“我”并以“为我”标宗呢？其实，这既有历史的原因，也存在着思想发展的内在逻辑。从历史的角度看，当儒墨两家因亲亲与兼爱发生“儒墨之是非”时，这一由爱的出发点之争自然也就迫使道家表态，因而可以说杨朱是受儒墨两家的裹挟而不得不对人生关爱的指向进行表态；又由于墨家倡导兼爱，全然无我，这就使杨朱不得不集中于为我。从思想发展的逻辑来看，当道家急于摆脱“我”而事实上又有所不能时，它避世逍遥的指向也就不得不反过来以玩弄的方式来自我陶醉——“为我”也就在这一意义上成了它的目标；而后来庄子“面若槁木、心若死灰”的“吾丧我”，正是为了摆脱“我”对“有身”的忧思，也正是为了真正的“为我”。而在当时，对于这一无法消解的“我”，无论是老子的急于摆脱还是杨朱的自我陶醉，其感性的自适与逍遥却是一贯的。不过，从一致性的角度看，虽然儒道两家都承认人不能无我，但杨朱所陶醉的“我”却并不等同于儒家的“我”，其所谓“我”实际上仅仅是小我或肉身我，而由此所形成的爱也仅仅是感性的私爱，所以孟子批评说：

> 人之于身也，兼所爱。兼所爱，则兼所养也。无尺寸之肤不爱焉，则无尺寸之肤不养也。所以考其善不善者，岂有他哉？于己取之而已矣。体有贵贱，

---

① 《孟子·滕文公上》。
② 《孟子·梁惠王上》。
③ 《孟子·尽心上》。

> 有小大。无以小害大,无以贱害贵。养其小者为小人,养其大者为大人。……养其一指而失其肩背,而不知也,则为狼疾人也。饮食之人,则人贱之矣,为其养小而失大也。①

显然,孟子这里的小人大人说以及“养小而失大”的批评,正是针对杨朱所陶醉的感性自适的“小我”而发的。

但是,由于杨朱的“为我”首先在于反讽墨家的自我缺失之病,未必就仅仅陶醉于感性的小体,孟子为何断定其必然会陷于“无君”呢?这又涉及到儒道两家如何看待“我”的问题。杨朱处处强调“为我”、“利我”、“贵贱”、“富有”以及“一毛”等等,说明其“我”正停留于感性的层面;而其与墨家“摩顶放踵”、“自苦为极”的背反也限定其“我”只能停留于感性的层面,这样,他的“为我”就只能是一种感性的自适之道。对于这种感性的为我与感性的自适,孟子除了“从其小体为小人”外,并无直接的批判。不过,我们可以从孟子对齐宣王“好勇”、“好乐”、“好货”、“好色”之有待提高的“肯定”中看出孟子的批判意识。对于齐宣王之“好勇”,孟子劝他效法武王“一怒而安天下之民”;对于其“好乐”,孟子又劝他“与民同乐”;对其“好货”,孟子劝他“与百姓同之”;而对其“好色”,孟子则劝他要以“内无怨女,外无旷夫”为前提,并同样要“与百姓同之”。而在这所有的“好”中,孟子都劝他要以“与百姓同之”为前提,使齐宣王不得不“顾左右而言他”,因为他并不能“与百姓同好”,而仅仅限于私我之好,这正是孟子批评杨朱“无君”——无有家国天下之怀的根本原因;至于孟子对齐宣王“独乐乐,与人乐乐,孰乐?……与少乐乐,与众乐乐,孰乐?”②的设问,自然也可以看做是杨朱与儒家在“为我”上分歧的表现。因为杨朱的我,正是感性的私我;其所谓贵己重生,也不过是私我的感性自适。所以,虽然儒道两家都表现出有我的一面,却又是两种根本不同的我,这就是孔子所谓的“道不同,不相为谋”。

这样,孟子就既因其不同的“爱”批评了墨家,又由其不同的“我”而批评了道家,所以说对道墨两家,孟子总体上是采取了双向批判的态度。但是,儒家对道墨两家同时也可以说是双向认可、双向继承的:它既认同道家的为我,又不局限于私我或肉身我,而是必须指向“与百姓同好”之大我,这就使其“我”具有了家国天下之怀——其“乐以天下,忧以天下”③的情怀也必然使其只有在“与百姓同好”的基础上才能真正地为我;另一方面,它也可以认同墨家纯粹而又彻底的爱,但它的爱却既不陷于无我、无根,也不是无远近亲疏的完全一同之爱,而是从我出发、由己及人,以至于“亲亲而仁民,仁民而爱物”,并由此形成其万物一体的宇宙情怀。所

---

① 《孟子·告子上》。
② 《孟子·梁惠王下》。
③ 《孟子·梁惠王下》。

以，孟子事实上是以对道墨两家的双谴双取，完成了对儒家人伦之爱的梳理与论证。

那么，孟子究竟凭什么对道墨两家双谴双取而又能双向地统一呢？对此，孟子主要是通过“执中有权”来实现的，他借评点杨墨的方式说：

> 杨子取为我，拔一毛而利天下，不为也。墨子兼爱，摩顶放踵利天下，为之。子莫执中。执中为近之。执中无权，犹执一也。所恶执一者，为其贼道也，举一而废百也。①

在这一点评中，杨朱的“为我”与墨子的“兼爱”正可以说是儒家人伦之爱的两端，作为极端，自然有陷于一偏之过；而力求在两端之间“执中”的子莫，虽比前二者“近之”，但“执中无权，犹执一也”，意即无有“权”的分辨，所谓的“执中”实际上就极有可能仍然陷于“执一”。这就提出了“中”与“权”的关系问题。所谓“中”，是相对于杨墨两家而言，而对儒家来说，实际上也就是“经”——所谓超越的原则或不变的常道，在这里，也就是人伦之爱的普遍性与永恒性；所谓“权”，则是具体的权衡、分辨之智，在这里，也就是依据亲疏远近而表现出的各种具体而有差别的爱的实现方式；而所谓“执中有权”，也就是经与权、普遍性与特殊性之具体统一的思想。这样，在儒道墨三家之对比关系中，儒家就既能以恻隐之心对待所有的人——这就是所谓超越而普遍的仁爱理想；但在具体的实施中，它又能够既不陷于不分远近亲疏之一味地兼爱，也不陷于自私自利而一味地为我，而是从“我”出发、由己及人以至于“亲亲而仁民，仁民而爱物”。与此同时，儒家超越的人伦之爱、形上的价值理想，也就落实在从“我”出发、由己及人之具体而又有分寸的权衡分辨之智中；而儒家出发于血缘亲情的仁爱理想，也就在孟子对杨墨两家双谴双取的批判、改造与继承、超越的统一中形成了。

---

① 《孟子·尽心上》。

“以义为利”:制度本身的伦理原则
——《大学》新读之三

□陈　明

在对“治国平天下”的疏解中引出的“絜矩之道”概念,从一般意义上讲是“己所不欲,勿施于人”;对于执政者来说,则是“民之所好,好之;民之所恶,恶之”。由此而展开的对于君权与天命、君主与民众、制度与社会诸关系的讨论计七百余字,占《大学》总篇幅的三分之一。其基本观点为“得众则得国,失众则失国”和“国不以利为利,以义为利也”。①

众所周知,随着“小邦周”对“大国殷”军事上的胜利,中国社会关于政权与天命的观念意识发生了著名的由命定论到命正论的转变。② 从商人的“我生有命在天”到周人的“皇天无亲,惟德是辅”,无疑是政治文明的历史性进步。因为在统治者之血缘与社会的关系跟统治者之德性与社会的关系这二者之间有着根本性质上的不同——前者是命定论的神学政治话语,后者是命正论的道德政治话语,理论的重心则从“天”转移到了“人”。虽然这里的“德”仍只是一个人格意义上的概念,但德性之内涵意蕴与标准判断的社会属性,逻辑上意味着判定政权统治是否合法的尺度已在很大程度上转移到了社会手中。“‘惟命不于常’,善则得之,不善则失之”、“得众则得国,失众则失国”表明,《大学》既是这一内涵丰富意义深远之人文传统的继承者,也是这一传统的超越者。

---

① 由于宋儒心性论诠释进路的影响,儒家这一十分重要的政治学思想被长期忽视甚至曲解。

② 所谓命定论,简单地说就是指天命是基于某种血缘而与某一政权结构相维系,换言之,某一政权结构是因为某种血缘的缘故而从“天”获得其合法性(“命”)。所谓命正论,简单地说就是指天命是基于某种德性而与某一政权结构相维系,换言之,某一政权结构是因为某种德性的缘故而从“天”获得其合法性(“命”)。

这种超越体现在:一、在政治与社会的关系维度里,将“得命”的问题推进转换为“得众”的问题;二、将政治的内涵由君主的问题转换为政府(制度与权力)的问题。三、在这一基础上,“得国”、“失国”成为“得命”(合法)的标志与实质。如果说“皇天无亲,惟德是辅”这一命题潜藏着巨大的理论可能性和丰富性(因为执政者在向“皇天”寻求超验力量庇佑支持的时候,必须面向社会这个真实对象,而在处理这一关系的过程中,政治与政治学的一切问题都会深刻地显露出来),那么,这几点超越转换则是打开释放这种可能性和丰富性的起点。在这样的架构里,“德”虽然仍是关键环节,但其意蕴重心已开始从一种伦理道德向一种政治道德过渡,向某种政治义务或责任伦理趋近。与此相应,制度及其正义的问题,则被历史性地推到了致思的中心位置。

一、义者宜祭之仪也

显然,“国不以利为利,以义为利也”的义是支撑理解这一命题之意义的关键词。如果说这里的国是指作为 state 和 government 意义上的国家及其行政运作,“利”是指或抽象或具体的社会性“功用”、个体性“财货”,那么,“义”又该作何理解?它只是一般所谓的道德原则吗?它与“利”究竟是什么关系?与“国”及整个社会是什么关系?“以义为利”作为儒家的政治哲学命题,其理论和现实的意义究竟为何?

《说文·我部》:“義,己之威仪也。从我羊。”段玉裁《说文解字注》云:“義之本训,为礼容各得其宜。”朱骏声《说文通训定声》“经传多以仪为之”可为佐证。杨树达进一步说明了义为仪之本字,其义为“礼容”,云:“羊盖假为像,说文八篇上人部云,像,象也,从人,从象,亦声,读若养。故字变为样,今通言人之样子是也。像读若养,养从羊声,故制義字者假羊为像,然则文从我羊。实言我像,我像即今言我样,故以己之威仪立训矣。”据此可知,作为“義”的本字,“仪”所述指的是符合某种规范要求的形容举止。析言之,它具有主观和客观两方面的蕴涵:根据某一原则建立的角色系统;认同遵循这一角色系统的人(及其相关活动)。

在事神致福这一基本的意义上,礼与祭相通,事实上祭是礼的核心部分。如果这些文字学家的诠释进路大致可以成立,那么,要将义字所记录积淀的历史文化内涵阐发出来,帮助我们加深对作为制度之伦理原则的“以义为利”的理解,第一步的工作应该就是,确定“義”最初所指涉的究竟应该是早期社会中哪一种类型祭祀活动之中的“礼容”。虽说“礼仪三百,威仪三千”,但作为社会生活主干且具有制度意义,同时对历史进程持续发挥影响作用的重要之“礼”,应该基本都是见诸载籍的。《清史稿》卷八十二记有祭礼 12 种,涉及对象 16 大类,分为三等。属于第一等的是天地、社稷、太庙、祈谷等。义作为与仁并举的中国文化结构中的中坚性概念，其萌芽必定以民族生命和生活的深层结构为其温床。如果其本字为礼容之仪，则我们可以合乎逻辑地推定，其所从属的祭祀活动应该在下列文献中找到。

《周礼·大宗伯》：

大宗伯之职，掌建邦之天神、人鬼、地祇之礼，以佐王建保邦国。

以吉礼事邦国之鬼、神、祇。以禋祀祀昊天上帝；以实柴祀日、月、星、辰；以槱燎祀司中、司命、飌师、雨师。以血祭祭社稷、五祀、五岳；以狸沈祭山林川泽，以疈辜祭四方百物。以肆献祼享先王，以馈食享先王，以祠春享先王，以禴夏享先王，以尝秋享先王，以烝冬享先王。

以凶礼哀邦国之忧……以宾礼亲邦国……以军礼同邦国……以凶嘉礼亲万民……

《周礼·大祝》：

大祝掌六祝之辞，以事鬼、神、祇，祈福祥，求永贞。……

掌国事：国有大故、天灾，弥祀社稷，祷祠；大师，宜于社，造于祖，设军社，类上帝；国将有事于四望及军归，献于社，则前祝；大会同，造于庙，宜于社；遇大山川，则用事焉，反行，舍奠。建邦国，先告后土，用牲币，禁督逆祀命者，颁祭号于邦国都鄙。

《礼记·王制》：

天子将出，类乎上帝，宜乎社，造乎祢。诸侯将出，宜乎社，造乎祢。……

天子将出征，类乎上帝，宜乎社，造乎祢，祃于所征之地；受命于祖，受成于学，出征执有罪，反释奠于学，以讯馘告。

我国古先民的祭祀文化是从“万物有灵论”的原始思维和信仰传统中演绎脱胎而来。① 其特点首先表现在崇拜对象的多样性上——三段引文足资证明；其次则表现在其对神格的理解以及人神沟通方式的朴素性或曰经验想像性上。如：(1)认为天神在上，祭天之法就是“燔柴于泰坛”——烟上扬，能将表示自己虔敬的祭物之腥臭和祈愿传递过去；认为地神在地底，祭地之法便是“瘗埋于泰折”——血下渗，能将表示自己虔敬的祭物之腥臭和祈愿传递过去。其他在天在地诸神之祭类此。(2)跟《周礼·大司乐》所载“以祀天神”、“以祭地祇”、“以享先祖”一样，《周礼·大宗伯》“以肆献祼享先王……”的贾公彦疏云“对天言祀、地言祭，宗庙言享”。祭、祀与享的区别，简言之就在供品的生与熟。《说文》：“祀，祭无已也。从示，巳声”；“祭，祭祀也。从示，以手持肉”；享则“象进熟物形”，与烹、亨通用。《谷梁传·定公十一年》：“生曰脤，熟曰燔”；《周礼·大宗伯》：“以脤燔之礼，亲兄弟之国。”贾疏：“脤是社稷之肉；燔是宗庙之肉。”此可由宗庙六祭皆云享可得而

① 参见张光直：《中国青铜时代》，三联书店，1999。

证。又《礼记·祭法》郑玄注:“凡鬼者,荐而不祭”,“荐”就是只进熟食。① 为什么? 天、地属自然神,宗庙之主则是人鬼——二者进食方式被经验性地想像出具有生熟的不同。某种程度上我们可以说,多神信仰固然使得我们今天的研究在具体节目上变得非常困难,但对神格理解以及人神沟通方式的这种朴素性或曰经验想像性,却决定了其基本逻辑与人间生活的一致性。换言之,其数虽难陈,其义却并非玄不可测。

从祭祀对象、祭祀方式、祭祀目的和祭祀类别诸方面入手,应可收提纲挈领之效。祭祀对象:天神、地祇、人鬼。祭祀方式:用牲之生熟、用酒之浓淡及重臭味、重血腥、重肥鲜等等。祭祀目的:表达情感(思慕、怀柔)、祈求福佑(求丰年、求战胜)、驱灾御祸等等(当然,这一切常常混合在一块,只是偏重不同)。祭祀类别:主要是常规的依时而祭与非常规的因事而祭。至于政治等级对“祭法”的影响,主要在“尊者事尊,卑者事卑”之类的外在形式上(如“天子祭天地,诸侯祭社稷,大夫祭五祀”等),礼数虽异而理义并无不同,宗教学意义不受影响。

义(義)是会意字,上羊下我。《说文·我部》:“我,古杀字。”李孝定《甲骨文字集释》:“契文‘我’象兵器之形,以其柲似戈故与戈同,非从戈也。”更多的文字学家倾向于认为该兵器是戉。② 吴其昌说:“(戉)本义既为斧钺之象形,斧钺可以刑牲,故引申之义为刑牲。”唐兰先生认为,戉“谓割牲以祭也”。祭必用杀,杀必用牲。从我(戉、杀)羊,作威仪解,故不妨从羊讲起。

《中庸》:“序事,所以辨贤也。”孔疏:“祭祀之事,司徒奉牛,司马奉羊,宗伯供鸡。”从《周礼》所载职官看,祭祀所用之牲牛、羊、豕、鸡、犬,除豕(司空职亡失载。或者豕性野,入牢圈养较为困难?)外都有专人执掌。鸡、犬所用俱为较小或较不重要的祭祀活动(“鸡人”的主要职守似乎还是因鸡有司晨之巧而于祭祀之日夜呼告时)。“牛人”、“羊人”则分别系于“大司徒”与“大司马”两大官职系统。《周礼》“牛人”之职:“掌养国之公牛,以待国之政令。凡祭祀,供其享牛、求牛,以授职人而刍之。”大司徒之职:“祀五帝,奉牛牲,羞其肆。享先王,亦如之。”贾疏:“不言祭地者,祭地之礼与天同。”由此可知,祭天、祭祖和祭地,主要是以牛为牲。“羊人”之职:“掌羊牲。凡祭祀,饰羔。祭祀,割羊牲,登其首。……凡沈辜、侯禳、衅、积,供羊牲。”祭天、祭祖和祭地之外,重要并且以羊为主要用牲的祭祀是什么? 社稷,或者说,在社坛开展实施的一些祭祀。《墨子·明鬼》载二齐人争讼不决,庄公乃令其共出一羊,“盟齐之神社”,“刭羊而漉其血”于社主。《太玄·聚次四》:“牵羊示于丛社,执圭信其左股。测曰:牵羊于丛,不足荣也。”凡此种种无不表明羊与

① 参见詹鄞鑫:《神灵与祭祀》,第173页,江苏古籍出版社,1992。又《谷梁传·桓公八年》范宁集解:无牲而祭曰荐。

② 参见林沄:《说“戚”与“我”》,载《古文字研究》第十七辑。

社之间渊源久远。《礼记·王制》:"天子社稷皆太牢,诸侯社稷皆少牢。"少牢即羊。诸侯的出现应是逻辑地先于天子的,因为政治权力系统也只能是先简单后复杂地自下而上生长。

《诗·小雅·甫田》:"以我齐明,与我牺羊,以社以方。我田既臧,农夫之庆。"郑玄笺注云:"以挈齐丰盛,与我纯色之羊,秋祭社与四方。""秋报社稷"是"国人毕作"的盛大庆典,所用祭品就是"牺"——毛色纯一的羊。这种民间性、生产性习俗应该是根植于历史传统之中的,并构成后来制度化章程的依据。甲骨档案中与社相联系的祭祀,应该是军事性、官方性的,同样用羊。当然,"我",或者说戊,与羊结合成"義"的时候,应该是杀气腾腾的。甲骨材料"俎羊"、"五小羊俎"①中的俎,就是盛放牲体的礼器。俎与宜原为一字,甲骨文、金文"皆象肉在俎上之形"。容庚先生认为,"宜"或"俎"是一种杀礼。② 祭本来就有"杀"之义。杀什么?可能性最大的就是羊。《王力古汉语字典》谓宜、谊、义三字同声同韵,宜、谊同音。《说文》:"宜,所安也。"又谊,人之所宜也。音近义通,是同源字;在典籍中,谊、义本可通用。《礼记·中庸》、《尔雅·释天》均谓:"义者,宜也。"

我们也许可以进一步将这个"源"跟与军事和社关系紧密的宜祭勾连起来。《书·泰誓》:"类于上帝,宜于冢土。"孔传:"祭社曰宜。"《礼记·王制》:"天子将出,类乎上帝,宜乎社,造乎祢。诸侯将出,宜乎社,造乎祢。……天子将出征,类乎上帝,宜乎社,造乎祢,祃于所征之地"。郑注:"类、宜、造皆祭名,其礼亡。"孔疏:"宜乎社者,此巡行方事诛杀封割,应载社主也。"《尔雅·释天》:"起大事,动大众,必先有事乎社而后出,谓之宜。"孙炎注云:"求见使佑也。"邢昺疏:"兵凶战危,虑有负败,祭之以求其福宜,故谓之宜。"出是动武兴兵,故须郑重其事,宜的适合、适宜之词义,应即基于此——由祭以求宜到既祭为宜。《曾子问》里说"诸侯适天子",就只是"告于祖、奠于祢"而不"宜于社",因为这不是战争军事。这一军礼的意义有迹可寻:《左传·定公四年》"君以军行,祓社衅鼓";传云:"师出,先事祓祷于社,谓之宜社。于是杀牲,以血涂鼓鼙,为衅鼓。"此外大概还有衅社主、军器等,基本的内容不外严军法、振士气诸誓师活动的一般议程。

宜祭的主角一为大祝小祝,另一为司马。《左传·定公四年》谓"祝,社稷之常隶",但其职责是奉社主以从。郑注《小宗伯》谓:(军祭)"盖司马之官实典焉。"《书·牧誓》正义亦谓:"司马主兵,治军旅之誓戒。"就"義"字而言,羊人职隶司马之属,钺更是司马督军之器。《司马法》:"夏执玄戉,殷执白戚……所以示不进者,

---

① 刘桓:《甲骨征史》"卜辞社稷说",黑龙江教育出版社,2002。按:文章涉及的牛牲,多与燎搭配,估计所祭祀者为"四方"——它们与稷高度相关。换言之,社在这里的意义主要是作为一个场所而非一位神灵。

② 参见庞朴先生《稂莠集》中的有关考证,上海人民出版社,1988。

审察斩杀之。"《左传·襄公三年》载，晋侯之弟扬干"乱行于曲梁"，中军司马魏绛即"用钺""戮其仆……晋侯以其能"。宜祭"出为治兵，尚威武也"。除开"帅执事莅，衅主及军器"是司马的本分，其威仪在班师庆典中也隐约可睹："左执律，右秉钺以先，恺乐献于社。"——"律所以听军声，钺所以为将威也。"①考虑到《牧誓》中是周武王自己"杖黄钺，秉白旄"，我们或许应将《周礼》中的规定和描述划归一个职官业已细化的较晚时段。但是，俎、宜、"義"等所属之礼的军事性质却应该是确定而一贯的。——祭祀先王、先公的太庙氛围基调与此完全不同："太庙之内敬矣！……洞洞乎其敬也，属属乎其忠也，勿勿乎其欲其享之也。"②

下面，我们就借助其所依托的军事和社神这两个古先民世界中极为重要的生活元素或事件，对"以义为利"的义作进一步的阐释。

二、公共性：义务、名义与正义

论者谓："宗教神灵之事，吾土习以祖、社两祀为中心"③。这当然是不错的，因为《礼记·祭义》和《周礼·小宗伯》都说"国之神位，右社稷而左宗庙"。但是，社的历史文化内涵究竟如何？这个其所以然似乎并未得到很透彻的分析与说明。自古礼学家就曾为社是不是与天相对的地，或者是不是人鬼（句龙）发生争论。今天主流的观点倾向于将其理解为自然神。在我看来，社虽然在不同情境下被当成不同面目的神灵祭拜，但在根本上，其性质以及在现实中呈现出的意义并不是这两类神灵可以涵摄诠解，因为它是地缘认同符号、领土象征标志和地缘保护者的综合，包含有浓重的文化、社会和政治的元素或色彩。正是在这样的脉络里，我们说"以义为利"是政治制度本身的伦理原则。当然，也只有在这样的脉络里，作为政治制度本身的伦理原则，"以义为利"才能得到有力充分的阐发。

社与稷自古并举共祭。论者将其概括为常规之祭和非常之祭两类："周代的常规社祀每年凡三次：仲春祈谷、仲秋报谢、孟冬大祭，地址在公社。非常之祭无数，凡遇兵寇入侵、疫疠水旱等则遍祀社稷山川之神以祈祷消弭灾祸；凡军战誓师、杀有罪、献俘馘，也祭于社。"④大而化之，如果将常规之祭和非常之祭的区分看成是农事性的稷祭与军事性的社祭的区别，应该是虽不中亦不远。地生百物，故稷某种程度上可视为社的附属性存在。基于这样一种结构关系，社的自然属性或功能得以淡化，社会属性或功能则得以充分凸显展开：作为土地，它的意义主要不再体

① 《周礼·大司马》。

② 《礼记·礼器》。

③ 姜亮夫：《古史学论文集·示社形义说》，上海古籍出版社，1996。

④ 詹鄞鑫：《神灵与祭祀》，第320页。

现在其与所生之百物的关系上,而体现在其与生活于其上的人群的关系上。

在主流理论框架里,作为文明标志的国家是以地缘关系组织对血缘关系组织的取代而告成立的。恩格斯对克利斯梯尼打破和改造雅典社会结构中残存血缘亲族组织改革的议论①,梅因关于社会的进步乃是一个“从身份到契约”之转变的论断②,说的都是这个意思。但正如张光直所指出的,中国社会的进程是连续的。换言之,非血缘组织的“国”由血缘组织的“家”发展而来,家国同源,君权来自父权。但是,指出这一点,对我们的问题来说仅仅意味着研究的开始:来自父权的君权自不会全等于父权,那么,这一嬗变的过程如何?新生的义项何在?二者关系怎样?这些问题重大复杂,③基于本文论题,姑仅从社会结构层面对作为最早地缘性组织的社稍作讨论。我们认为,以社为中心构成的祭祀圈(指共同奉祀某一主神的民众所居住之地域。以社为中心的祭祀圈意味着一种基于地域的相互关系)乃是最早的地缘性组织,自然,公共权力最初的表现形态,亦当于此中寻觅。

杨希枚先生曾系列撰文“考订姓、氏二词古义,指出二者分别指称先秦社会的姓族(clan or gens)和氏族(political-local group)组织;前者系具血缘世系关系的亲族集团(kinship group),后者系邦国或采邑之类的政治区域性集团”。④ 换言之,氏族是包含两个以上姓族的地缘性组织集团(当然,诸姓族间并非平行关系),属于政治单位。《诗·绵》注疏中的一些材料颇可与此印证发明。如《书传略说》载:

> 狄人将攻。大王亶甫召耆老而问焉,曰:“狄人何欲?”耆老对曰:“欲得菽粟财货。”大王亶甫曰:“与之。”每与,狄人至不止。大王亶甫属耆老而问焉,曰:“狄人又何欲乎?”耆老对曰:“又欲土地。”大王亶甫曰:“与之。”耆老曰:“君不为社稷乎?”大王亶甫曰:“社稷,所以为民也,不可以所为民亡民也。”耆老对曰:“君纵不为社稷,不为宗庙乎?”大王亶甫曰:“宗庙,吾私也,不可以私害民。”遂杖策而去。过梁山,邑岐山。周人束脩奔而从之者三千乘,一止而成三千户之邑。

从这里我们首先可以看到:(1)建立周朝之前,尚在戎狄间奔走的周人乃是一个由姬姓主导,同时包含多个姓族的氏族(political-local group)组织集团;⑤(2)在这一氏族组织集团内,宗庙和社稷对应于“私”(一姓)与“公”(百姓),分别是从事宗族

① 《马克思恩格斯选集》,第四卷第113页,人民出版社,1972。

② 梅因:《古代法》,第五章,商务印书馆,1986。

③ 王国维在《殷周制度论》中所提“君统宗统相统一”的论断基本上是成立的,但三代王道政治权力却是由宗庙和社稷两大枢纽支撑并进行运作的。笔者《从王道到霸道——儒家三代叙事及其合法性研究》对这些问题有比较充分的讨论。

④ 氏著《先秦文化史论集》,中国社会科学出版社,1995。

⑤ 《史记·周本纪》谓公刘“修后稷之业……百姓从而归保焉”。事实上,这也是上古各方国的一般结构。

事务和公共事务的场所即权力中枢，是其利益、原则和组织的象征；（3）大王具有宗族长老和政治首领的双重身份，尊重“公”的利益、原则而不以“私”害“公”，是其作为政治首领取得统治合法性的关键。《礼记·祭法》：“王为群姓立社，曰大社。王自立为社，曰王社。诸侯为百姓立社，曰国社。诸侯自为立社，曰侯社。”王社何在？书传无文。但从孔疏引崔氏语云“王社在籍田，王自所祭，以供粢盛”、唐礼部尚书祝钦明谓“缘田为社，曰王社、侯社”，似可推测社祭之创本为农事。

国之大事，惟祀与戎。据《逸周书·世俘篇》：禹之时天下万国，汤之时诸侯三千，武王伐纣时憝国九十九、服国六百五十二；到战国，角逐天下的已只剩齐、楚、燕、韩、赵、魏、秦所谓七雄了。《韩非子·爱臣》从君主角度说出了战争对旧结构的冲击性：“战胜，则大臣尊。益地，则私封立”；“诸侯之博大，天子之害也。群臣之太富，君主之败也。”可见，战争不仅主导着社会结构的演进，简直就是历史进程本身。“公社所遭遇的困难，只是由于其他公社所引起。战争，成为一种重要的共同任务。这就是为什么家族公社最初是按军事方式组织成的……这是公社存在的条件之一。”①在这样的背景下，作为军事竞争单位的“氏族”内部的整合协调不仅具有生产的意义，也具有生存的意义，其他勿论，将敌人打败乃是彼此间最大最急迫的共同利益。氏族内部各姓族之间的联系当然是多维复合的，但这根安全纽带却无疑是其最基本最重要的一种。“人们联合成为国家和置身于政府之下的重大的和主要目的，是保护他们的财产。”②洛克契约论的猜想，在义理上与公共权力在中国历史中的起源完全吻合。

可以说，正是在军事这个跨血缘的公共事务中，王为百姓所建之大社作为地域认同象征体的意义被强化放大。说战争的特质和需要孕育催生了这一切固然不错，但更为值得关注的是战争的结果。它所导致的社会结构自身的变化，使公共领域不断拓展扩大，从而对义这一新的组织机制和原则形成广泛而强烈的社会需求。③ 如果说王社逐渐湮没无闻是因为王室事务与籍田亲耕的旨趣日趋疏淡，那么大社的影响越来越大、地位越来越高则是因为其作为地缘认同符号、领土象征标

---

① 参见马克思《资本主义生产以前各形态》。

② 《政府论》（下），第77页，叶启芳等译，商务印书馆，1964。

③ 今人从四个方面理解战争对社会组织的作用：一、产生了因战功而出名的氏族或部落首领，他们获得了远高于一般人的社会地位，成为共同体各级的核心；二、原先不明显的财富分化因战争而不断拉大差距；三、产生了因战败而归入的依附氏族或部落；四、这种战争过程的副产品，便是血缘通婚范围的扩大，不同部落之间的通婚长远地产生了血缘的混和，产生了新的部族。详参王家范《中国历史通论》，第31页，华东师范大学出版社，2000。尽管有“王事唯农是务”的说法，但“废兴、存亡皆兵之由也”，其政治上的意义不能与战争相比。

志和地缘保护者诸公共性品格在现实进程中的意义越来越浓。① 可以说,一般意义上属于国家的政治诸因素,在中国乃是从于社神问军事的宜祭发其端绪并由此分蘖生长成形的。《慎子》曰:"礼从俗,政从上。"其意义是,两种制度模式的权力中心一在下,一在上;其发生起点,一为自然成形,一为人力建构。《字汇》"政,以法正民曰政;以道诲民曰教"的说法可以印证这两点。

但是,"以法正民"并不是政之起始义。《说文》:"政,从正,从攴。"而正与征通,攴义为扑,均属军事。(《逸周书·作雒》:"作师旅,临卫政殷。"《大戴礼记·用兵》:"诸侯力政,不朝于天子。"《书·立政》:"周公作立政。"王引之述闻:"政与正同。正,长也。立正,谓建立长官也。"《商颂·玄鸟》:"古帝命武汤,正域彼四方。"《明鬼》:"天下失义,诸侯力正。"《仪礼·射礼》:"为政请射。"郑注:"为政,谓司马也。")从军事里萌生的"政",其原则(义或宜)是两条:尚贤和尚公。尚贤是用人原则,为选拔优秀的将帅;尚公是行政原则,为整合不同的姓族(《礼记·文王世子》:"内朝以齿,明父子也;外朝以官,体异姓也";"仁者爱人,政者官贤")。义在这样的语境里,就个体言,它意味着一种对社会的理性责任(义务)。《礼记·礼运》:"国有患,君死社稷谓之义。"如孟子以"亲亲"言"仁"、以"敬长"言"义"。《唐虞之道》类似:"爱亲忘贤,仁而未义也。尊贤遗亲,义而未仁也。"《语丛一》更显豁:"仁生于人,义生于道。或生于内,或生于外。"就社会言,它意味着一套角色体系、准则法度(名义)。如《礼记·表记》:"仁者,天下之表也;义者,天下之制也。"《荀子·疆国》:"夫义者,内节于人而外节于万物者也;上安于主而下调于民者也。"《淮南子·齐俗》:"义者所以合君臣父子兄弟夫妻朋友之际也。"而作为此二者的根据,它意味着一种抽象的、作为"之所以为法"的原则(正义)。《礼记·礼运》:"先王修礼以达义";《左传·成公二年》:"礼以行义,义以生利,利以平民,政之大节也。"《淮南子·缪称》谓:"义者,比于人心而合于众适者也。"——再没有比这更贴切于 justice 这一概念的翻译与定义了。

《大学》中"国不以利为利,以义为利也"的义,即是指作为"之所以为法"的原则的正义。它的意思是说,政府或执政者应该以制度的正义性及其实现作为最大的社会福祉来追求和维护。

---

① 直至发展出作为中央王朝对地域和诸侯行使统辖权之象征的五色土社坛以及巡狩制度等。详参《白虎通》卷三及其注疏。另一方面,社作为农业神的功能逐步向谷神稷移卸。请注意今天在北京仍然可见的先农坛、天坛与五色土即社坛的位置布局。

三、义与仪、义与利

“义”的义务、名义(规则)①和正义三个义项并不是同时产生形成的。它们是历史演进的产物,记录反映着各社会成员集团的组织关系和利益诉求。正如 justice 一词在希腊早期的文献中主要是用于人的行为,义务之义当然是最基本也最早出现的。作为某种超越其个体意义的社会责任,它意味着对自己的某种约束,“弗径情而行”。“国有患,君死社稷”就是典型例子。当一个一个的样子(“仪”或“威仪”)相对固定化、习俗化为具有分工性质的名义及规则,制度的意义就形成了。虽然“仪”的后面无疑从来就有某种“义”在,但由仪分离出义,或义从仪中分离而出,值得关注的并不只是人们思维水平的提高,更有现实中制度或规则运行出现的某种变化、异化,即仪对义的背离——用现代政治学语汇表述就是,“公共权力”不再公共性使用。由此激起人们对作为制度的精神原则即正义的强调,当然是顺理成章的。事实上,先王时代“仪”与“义”的和谐统一一直是现实政治运作过程中的主流性价值观。所以,这种强调和自觉主要表现为根据先王之道对现实中制度或规则运行状况进行批评调整,使之重归统一的努力和期望。

让我们回到历史的脉络里尝试求证。

作为正义的义可以理解为特定条件下得到公众认可的利益关系结构或状态。《尚书·洪范》说:“无偏无陂,遵王之义;无有作好,遵王之道,无有作恶,遵王之路。无偏无党,王道荡荡;无党无偏,王道平平;无反无侧,王道正直。”义、道、路这里是近义词。王道之所以为王道,某种意义上就在于它的正义性,“无偏无党”、“无反无侧”。在由儒家学者编撰的典籍中,虞、夏、商、周的制度结构在正义性方面基本上是得到认可的。诸子对于古史谱系(起始终结及主要事件)有极大的共识,差异只在对人物事件及其思想性格的解释。作为儒家对立面的法家,也不得不承认“上古竞于道德”②。“竞于道德”,不是“大道之行,天下为公”又是什么?③《荀子·大略》:“上重义,则民义克利;上重利,则民利克义”,而“义克利者为治世,利克义者为乱世”。早期社会里的“上”,应该不只是一个人格概念,同时也是一个制度的、政治的概念。如果不对儒家说的这样一个王道时期作本质主义的理解,那么我们可以说,它述指的乃是一个以正义为运作轴心的政治(权力)结构,或政治结构围绕正义运作的状态。

---

① T. W. 舒尔茨将制度定义为一种行为规则,这些规则涉及社会、政治及经济行为。从这种功能性定义中,我们可以看到规则和制度在很大程度上同义,切合礼、义等在历史上的作用。

② 《韩非子·五蠹》。

③ 笔者《唐虞之道》对此曾作讨论。《中国哲学》第二十辑,辽宁教育出版社。

儒家政治学说基本的立场、材料和灵感都来自这个阶段的政治实践。王夫之“法备于三王,道著于孔子”表述的正是这种关系。而在“三王”与“孔子”之间也并非空白一片,虽然现实政治的运作与王道的政治传统渐行渐远,但其价值理念依然为许多政治家所持守。从《左传》、《国语》的记载中我们可以清楚地看到这一切。那些政治家在提到这一传统的时候,多以“闻之”、“夫……”为句式特点,①表明这些理念被用作具有当然之正当性的推理和评价的大前提。他们的共识是:“先王之法志,德义之府也;德义,生民之本也。”②我们不妨根据相关材料,对“三王之法”中义与利之关系的状况(或原则)做一个基本的考察。

夫王人者,将导利而布之上下者也。③

夫义所以生利也,祥所以事神也,仁所以保民也。不义则利不阜,不祥则福不降,不仁则民不至。古之明王不失此三德者,故能光有天下而和宁百姓,令闻不忘。④

利而不义,其利淫矣。……言义必及利。⑤

吾闻事君者从其义,不阿其惑……民之有君以治义也。义以生利,利以丰民。⑥

克(里克,晋大夫)闻之:夫义者利之足也……废义则利不立。(足,基础也)⑦

义以导利,利以阜姓。⑧

《诗》、《书》,义之府也;《礼》、《乐》,德之则也;德、义,利之本也。⑨

礼以行义,信以守礼,刑以正邪。⑩

---

① 这一句式下的内容通常为三个层次:一、作为经验总结或价值判断的陈述;二、现实事件及对策;三、该事件对策与前一命题的关系(相符或相背,从而表达出自己赞成或反对的态度)。如《左传·僖公十年》:“臣闻之:‘神不歆非类,民不祀非族。’君祀无乃殄乎?且民何罪?失刑、乏祀,君其图之!”又《国语·周语上》:“夫兵戢而时动,动则威,观则玩,玩则无震。是故……先王之于民也,懋正其德而厚其性,阜其财求而利其器用,明利害之乡,以文修之,使务利而避害,怀德而畏威,故能保世以滋大。”

② 《国语·晋语四》。

③ 《国语·周语上》。

④ 《国语·周语中》。

⑤ 《国语·周语下》。

⑥ 《国语·晋语一》。

⑦ 《国语·晋语二》。

⑧ 《国语·晋语四》。

⑨ 《左传·僖公二十七年》。

⑩ 《左传·僖公二十八年》。

不义,神、人弗助。①

名以出信,信以守器,器以藏礼。礼以行义,义以生利,利以平民,政之大节也。②

德以施惠,刑以正邪,祥以事神,义以建利,礼以顺时,信以守物。③

利,义之和也。④

邾文公卜迁于绎。史曰:"利于民而不利于君。"邾子曰:"苟利于民,孤之利也。天生民而树之君,以利之也。民既利矣,孤必与焉。"左右曰:"命可长也,君何弗为?"邾子曰:"命在养民。死之短长,时也。民苟利矣,迁也,吉莫如之!"遂迁于绎。五月,邾文公卒。君子曰:"知命。"(君子是依据传统价值做出"知命"的肯定判断)⑤

此外:

义,利也。⑥

义者,善政也。⑦

这么多引文,我想强调的只是:一、这里的义不是抽象的理念,而是具有效率、效用的规则、制度。二、这里的利,是公众之利。⑧ 因此,这里的利与义是统一的。由此不难看出,虽然存在所谓"夏道尊命、殷人尊神、周人尊礼"的不同历史特征,但在反映其王道政治本质的义利关系上,其共同之处是义与利的统一。正如荀子早已发现了的,决定"治世"还是"乱世"的"义克利"或"利克义"的关键在于"上",即君主。⑨ 当然这并不取决于君主个人的一念之转(儒家有意无意地把问题的本质往人格方面诠解),而是有着历史条件的硬约束。它的背景则是国家与社会的二元和谐统一,或者说,国家组织系统尚未从社会组织系统中彻底分离出来。⑩ 虽然将所属集团之利益最大化的冲动根植于人性,但只有在其能量足以对现存权益

---

① 《左传·成公一年》。

② 《左传·成公二年》。

③ 《左传·成公十六年》。

④ 《左传·襄公八年》。

⑤ 《左传·文公十六年》。

⑥ 《墨子·经说上》。

⑦ 《墨子·天志中》。

⑧ 时代越早,个体对群体的归属性就越强,其个体与群体在利益关系上也就越趋同一。学承远古的墨家直接以义为利,可能的解释是,那时的个体尚基本从属于群体,因而无所谓个体利益。

⑨ 人格不等于秩序。但在社会权力的起点,选择一位领袖即意味着选择一种秩序。领袖人格与权力类型的相关性,可以从韦伯对所谓神魅型、传统型、法理型权力概念的论述得到佐证。

⑩ 请参笔者《唐虞之道》。

分配系统进行改造之时,该冲动才有可能顺当实现。或许是为了将社会反弹尽可能降低(这样的行为在他人眼中自然地被视作不义),在秦灭六国前的相当长时段内,强势集团虽行动与义相违逆,口头上却不得不假仁假义地对王道传统表现出一定程度的敬意。

相对于西方文明,中国文明发展的道路是连续性的。在社会结构层面,它意味着由亲属制度发展而来的宗法制度由于没有受到如古希腊商品经济以及大规模人口流动带来的冲击洗礼,依然是社会存在的基础架构。因此,由围绕社稷展开的军事、农事诸公共性活动所形成的义的制度原则,一直没有条件遵循其内在逻辑充分展开,进而实体化为自成一体的制度体系,而是被收摄于由宗庙发端的仁的礼治制度体系之内,作为其功能性补充形态而存在。① 徐复观先生说:"在基本的意义上,伯叔甥舅的观念重于君臣的观念。"②述指的正是这样一种情状。因此,义作为仪的制度蕴含后来主要是由礼这一具体的制度名称或概念承担,义则被理解为仪之应然(原则或精神)。

《左传·昭公二十五年》载,赵简子问子大叔揖让周旋之礼,子大叔回答说:"是仪也,非礼也。"《正义》"礼是仪之心,仪是礼之貌。行礼必为仪,为仪未是礼"很好地说明了礼与仪的区分。它的后面,则是义与利的紧张——公利与私利的紧张。前文业已表明,义并非抽象的道德原则,而是各方利益的集合与均衡,故与义紧张的利,只能是私利。③ 论者指出:"春秋时利的社会内容主要指私利,并且主要是指新兴势力和私家大夫的个体利益,所以有'专利'、'蕴利'、'委利'等许多说法。"④春秋无义战。因为新兴的强势集团要打破以贵族与贵族之间、邦国与邦国之间、贵族与平民之间力量相对均衡为基础的权力/利益分配结构,而这与大王亶甫时代在政治、军事和价值诸层面上的情形是完全不一样的。《国语·晋语一》:"昔者之伐也,兴百姓以为百姓也,是以民能欣之,故莫不尽忠竭劳以致死也。今君起百姓以自封也,民外不得其利,而内恶其贪,则上下即有判矣。"《左传·僖公二十七年》:"晋楚无信久矣,事利而已。"所谓的新兴地主阶级集团以自己的利益为轴心改变旧的利益分配结构,争取新的制度安排,就是这里描述的义与利紧张、

① 《礼记·礼器》:"一献质,三献文,五献察,七献神。"正义引熊氏语:"献与衣服,从神之尊卑。其余处尊者,以其有功,与地同类,故进之在上。从国中之神,莫贵于社稷之类,直以功见尊,其实卑也。以是地别神,故不为尊也。"对义的制度化阐述论证直到荀子才得到独立而充分的展开。但出于称霸的需要,秦政所选择的却是其有术无道的门人弟子韩非、李斯的思想。详参《从王道到霸道——儒家三代叙事及其合法性研究》。

② 徐复观:《两汉思想史》卷一,学生书局,1980。

③ 《史记·鲁周公世家》太史公曰:"庆父及叔牙闵公之际,何其乱也!隐桓之事;襄仲杀適立庶;三家北面为臣,亲攻昭公,昭公以奔。至其揖让之礼则从矣,而行事何其戾也?"

④ 黄伟合:《从西周到春秋义利思想的发展轨迹》,《学术月刊》1990 年第一期。

仪与礼分离的社会背景。

平民百姓对这一制度改变的冲动与过程(现实中表现为社会的动荡与危机)并不欢迎认同,"起百姓以自封"无疑是将私(一姓之利)置诸公(众姓之利)上。思想家们对制度之正义性的探讨,也正是为着重建二者间的统一,为社会及其制度向常态的回归提供理论的准备和支持。义的正义这一义项即是在这样的意识中逐步萌生发育起来。不难预见,在这样的意识中逐步萌生发育起来的正义概念其内容首先必然是各方认可接受(宜:适当)的利益关系、结构(义者利之和)。变化是理论上的:逻辑上先于制度而抽象化、理念化——据此,制度得以创生、发育;价值上绝对正当而道德化、神圣化——据此,制度得以规范、调整。

心能制义曰度。①

礼以行义,义以生利,利以平民,政之大节也。②

义以出礼,礼以体政,政以正民。③

民之有君,以治义也。④

行义以达其道。⑤

礼之所尊,尊其义也。失其义,陈其数,祝史之事也。知其义而敬守之,天子之所以治天下也。⑥

……仁者,义之本也。……礼也者义之实也。……礼虽先王未之有,可以义起也。⑦

仁生于人,义生于道。或生于内,或生于外。⑧

义者,谓各处其宜也。礼者,因人之情,缘义之理,而为之节文者也。⑨

法生于义,义生于众适,众适合于人心;此治之要也。⑩

不妨用西方政治哲学的经典理论对引文中的思想加以总结:正义是一种善,一

---

① 《左传·昭公二十八年》。
② 《左传·成公二年》。
③ 《左传·桓公二年》。
④ 《国语·晋语》。
⑤ 《论语·季氏》。
⑥ 《礼记·郊特牲》。
⑦ 《礼记·礼运》。
⑧ 《语丛一》。
⑨ 《管子·心术上》。
⑩ 《淮南子·主术》。

种符合共识的制度,"以公共利益为依归"①;它是一个历史性概念,即具有情境性。② 需要强调的是,其发生脉络全然内在于中国古代社会的进程,而不是某种抽象思辨的产物。"先王之法志,德义之府也;德义,生民之本也。能敦笃者,不忘百姓也。"某种意义上,它们不过是将义明确贞定为公众之利,用另一种概念和思维对王道政制之义利统一论的重申与阐释,即由早期的"义以生利"(义之制度意味较重,故利为公众抽象之利)发展转换为"义者利之和"(义之正义意味较重,故利为各具体之利)。③ 跟孔子的"君子喻于义,小人喻于利"一样,它表达的是对制度以及执政者行为之"私利"化、"专利"化趋势的否定。

四、私与公、义与仁

明确了由"义以生利"到"义者利之和"的发展脉络及其意蕴内涵,再来看"国不以利为利,以义为利也",应该能使我们对《大学》获得一种全新的理解。因为从这里可以看到:一、这一命题的政治学语境;二、其与王道政治及其传统的联系;三、儒家政治理论对于制度之正义原则的坚持。前面的文字至少应该足以证明第一点,这里再对第二、三点做些综合补充。

本质上讲,相冲突的只能是利益而不会是什么观念。《春秋繁露·玉英》:"凡人之性,莫不善义,然而不能义者,利败之也。"明白了"义者利之和"的道理,就可以清楚知道义利紧张乃肇端于一姓之利与众姓之利二者间的博弈,而与所谓百姓的道德修养、义与利的逻辑关系无甚干系。问题的关键则在于居于强势的"新兴地主阶级"在一姓之江山与百姓之福祉间做出了"专适天下以从己"的选择。解铃还须系铃人。面对这样的追求,文化是无能为力的。它表述的正义,在社会整体利益的协调与均衡中确立和实现自己的利益("比于人心,合于众适"),只是一种应然的理想,反映的是弱势者民间的愿望。当然,它指向的是统治集团。

> 君民者岂以陵民?社稷是主。④
>
> 哀公曰:敢问何如可谓贤人矣?孔子对曰:所谓贤人者,好恶与民同情,取舍与民同统,行中矩绳而不伤于本,言足法于天下而不害于其身,躬为匹夫而愿富,贵为诸侯而无财。如此则可谓贤人矣。⑤

---

① 亚里士多德:《政治学》,第148页,吴寿彭译,商务印书馆,1965。

② "正义具有一张普洛斯似的脸,变化无常,随时可呈现不同形状,并且具有极不相同的面貌。"[美]博登海默:《法理学》,第238页,邓正来译,华夏出版社,1987。

③ 这里说"义以生利"与"义者利之和"的时代先后,是一种基于思想发展逻辑的理论推断。具体的历史分析这里无法展开。

④ 《左传·襄公二十五年》。

⑤ 《大戴礼记·哀公问五义》。

(周公曰:)利而勿利也。(注:"务在利民,勿自利也")①

绝民用以实王府,犹塞源而为潢汙也,其竭无日矣。(韦注:善政藏于民)②

为仁与为国不同。为仁者,爱亲之谓仁。为国者,利国之谓仁。故长民者无亲,众以为以亲。苟利众而百姓和,岂能惮君?以众故不敢爱亲,众况厚之,彼将恶始而美终。③

臣闻之:爱亲明贤,政之干也。……国君无亲,以国为亲。④

天子不言多少,诸侯不言利害,大夫不言得失,士不通货财。有国之君不息牛羊,错质之臣不息鸡豚,冢卿不修币,大夫不为场园,从士以上皆羞利而不与民争业,乐分施而耻积藏。⑤

"务在利民,勿自利也"和"为仁者,爱亲之谓仁。为国者,利国之谓仁。故长民者无亲,众以为以亲"这两句最能体现王道政治的精神,最能体现儒家对于公共权力的态度。《大学》在大段引用孟献子"畜马乘,不察于鸡豚;伐冰之家,不畜牛羊;百乘之家,不畜聚敛之臣。与其有聚敛之臣,宁有盗臣"的话后,接着说"国不以利为利,以义为利也。长国家而务财用者,必自小人矣"意思同样如此。⑥ 因为"盗臣"侵害的对象是个别利益,"长国家而务财用"的"聚敛之臣"侵害的则是制度本身的正义性。如何防止这种侵害?孔子说是"好恶与民同情,取舍与民同统,行中矩绳而不伤于本,言足法于天下而不害于其身,躬为匹夫而愿富,贵为诸侯而无财。"《礼记·哀公问》则更简洁直接:"与民同利。"

仁有广、狭二义。广义的仁主要是哲学意义上的,表现为孟子处抽象程度较高的恻隐之心和推己及人的"博爱";狭义的仁是政治学意义上的,与礼或义相对,指"导之以德,齐之以礼"的教化施治。在广义的意义上,仁是义的基础。在狭义的意义上,仁与义各有所施各有所长也各有所偏,二者是并协互补的关系。

《礼记·中庸》:"人者仁也,亲亲为大。义者宜也,尊贤为大。""亲亲为大",是宗庙系统的价值原则;"尊贤为大",则是社稷系统的价值原则。如果君主以亲亲的名义对百姓的家庭进行剥夺,是否正当呢?回答是否定的。在一般意识中,这

---

① 《左传·桓公六年》。

② 《国语·周语》。

③ 《国语·晋语一》。

④ 《国语·晋语四》。

⑤ 《荀子·大略》。

⑥ 有论者根据这里与荀子的某些论述相同,而谓《大学》是荀学(如冯友兰氏撰有《〈大学〉为荀学说》。《三松堂学术文集》,北京大学出版社,1984)。实际它们同本于一个与仁同样源远流长的义的传统(且不说《大学》之思想时代上先于荀子)。

似乎会对君主产生一个民与亲的轻重次序问题。其实不然。诚然,"周道亲亲"①,但分封制下,贵族共和,天下皆其亲("同姓为兄弟,异姓为甥舅")。即便如此,大王亶甫之时,对公私关系已有自觉把握。春秋以降,孔子由孝悌升华萃取出仁,更已成为具有普遍性和抽象性的原则,而不再只是局限于一家一姓之爱的朴素情感。对统治者来说,这一原则要求其从恻隐之心出发推己及人,"以其所爱及其所不爱"。② 换言之,衡量君主的尺度不是如普通人一般能不能表现出狭义的仁,而是能不能由爱亲提升为爱百姓,以广义的仁作为施政的基础,确保公共权力的公共性使用——仁政的本质在此。所以《中庸》说:"夫政也者,蒲卢也。"正义云:"蒲卢取桑虫之子以为己子。善为政者,化养他民,以为己民,若蒲卢然也。"同样的道理也见于与孔孟约略同时的柏拉图笔下:"建立这个国家的目标并不是为了某一个阶级的单独突出的幸福,而是为了全体公民的最大幸福。我们认为在一个这样的城邦里最有可能找到正义。"③

《左传·桓公六年》:"所谓道,忠于民而信于神也。上思利民,忠也。"《大学》说:"《诗》云:'乐只君子,民之父母。'民之所好好之,民之所恶恶之,此之谓民之父母。"《诗经》、《左传》是两个年代不同的传统。在《大学》里二者得到综合:思路是《诗经》的"爱民如子",诠释却是从利益角度展开。④ 从"为国者,利国之谓仁"可以看出,这一由诉诸情感到诉诸理性的转换,更应视为文化理念的自觉和明晰、丰富和深化。⑤ 基于对仁的广义理解,我们可以说儒家强调"教"对"政"的优位,强调仁的至上,主要是为了确保政制的正义性。如此,则儒家对政与刑的怀疑,自不能也不应简单化地理解为对尚贤、法治等效率原则的否定。准确地说,它是出于对这一原则脱离价值基础之滥用的忧虑。反之亦然:孔子对周公之制作的崇敬,对季氏之僭越的不满,与其说是出于对礼乐制度本身的热爱和崇奉,不如说是出于对礼乐制度所蕴涵的制度正义性的珍视,以及现实政治结构与过程中正义性丧失的痛惜。

虽然没有充分地展开,这篇儒家最为重要的政治哲学文献却包含有两个致思维度:从君主个体性展开的心性/伦理学话语系统;从社会公共性展开的制度/政治学话语系统。不同的思路必然导致不同的政治方略,从而表现出以仁或义为特色

① 《礼记·表记》。

② 详参《孟子·尽心下》。

③ 柏拉图:《理想国》,第133页,商务印书馆,1986。

④ "民之所好好之,民之所恶恶之"不是民本主义。"民为邦本"主要是一个国家结构概念,而它却主要是一条政治运行原则。它或许不全等于西方和现代意义上的民主概念,但其追求政治正义的精神却是相通的,对于今天民主制度的建设来说,它无疑是一种支持力量。

⑤ "国君无亲,以国为亲"稍嫌偏颇,忽略了仁与义在另一层面上的联结。这与晋国的社会特点有关。

的施政特色。在“格物致知”、“修齐治平”之后，《大学》对“国不以利为利，以义为利也”详加申述，说明孔门七十子后学处尽管在致思措意上存在深浅侧重的不同，却仍维持着某种平衡。①

仁者人也，道者义也。厚于仁者薄于义，亲而不尊。厚于义者薄于仁，尊而不亲。……使民，有父之尊，有母之亲，如此而后可谓民之父母矣。

母，亲而不尊；父，尊而不亲。水之于民也，亲而不尊；火，尊而不亲……②

春作夏长，仁也。秋敛冬藏，义也。仁近于乐，义近于礼。礼者天地之别也；乐者天地之和也。……先王之道，礼乐可谓盛矣！③

“使民，有父之尊，有母之亲”，即亲亲之仁的原则与尊尊之义的原则并重。“礼义立则贵贱等矣；乐文同则上下和矣。仁以爱之，礼以正之，民治行矣。”④这里需要补充的应该是：教与政、礼与乐、仁与义等问题之所以成为《大学》乃至儒家政治哲学的基本概念和价值，从历史的角度说当然是与古代政治结构存在宗庙和社稷两个组织系统密切相关。但从逻辑的角度说，这一结构二重性本身也是基于人类生活是社会性与自然性的统一的内在特征。由此生发出公平（爱、仁）与效率（礼、义）这两种价值原则和组织系统，乃是十分正常的。因为对于人类生存发展来说，这二者是最基本的需要。⑤ 虽然深知“徒善不足以为政，徒法不能以自行”，但由于时代课题不同，孟子的政治学是以宗庙原则为中心，主要从仁入手进行人格设计；荀子的政治学是以社稷原则为重点，从义入手从事制度建设。⑥

古典的政治哲学里，伦理和政治是紧密联系在一起的，认为伦理是政治的基础和目标，政治本身应该具有伦理价值。中西概莫能外。如果因为这种联系我们就将儒家的王道学说狭隘地伦理学化，显然是荒唐的。可悲的是，宋儒及其传人对《大学》的解读正是如此。⑦ 也许因为社会环境的不同，《四书章句集注》在历史上

---

① 《大学》“君子不出家而成教于国”的说法显然只适用于宗法社会的初级阶段。

② 《礼记·表记》。

③ 《礼记·乐记》。

④ 《礼记·乐记》。

⑤ 儒学对此二者分别主于公共生活领域和私人生活领域有着清醒意识。《礼记·丧服四制》：“恩者仁也；礼者义也。门内之治，恩掩义；门外之治，义断恩。”另参郭店简《六德》及《大戴礼记·本命》。

⑥ 由此形成的同异之论，笔者将另文探讨。

⑦ 秦灭六国，霸道体制确立。儒者现实中能做的只能是批判与调整，力争在霸道中注入王道价值因素。虽然负道而行，其与政治的连接日趋脆弱淡远，与宗君合一到霸王道杂之相对应，周公到孔、孟、荀到董仲舒到程朱、陆王，儒学的议题渐次由礼乐转换为仁义，仁义转换为心性……

儒学政治理念在西魏北周曾由苏绰、卢辩有过短暂而精彩的实践。参拙著《儒学的历史文化功能》之《西魏北周的胡汉融合与关陇文化的精神》。

发生的作用是巨大且积极的,已成为文化传统的有机组成部分。但是,他们无视其与孔子、《礼记》以及整个王道传统的内在关联,从一己之知识、信仰出发以偏赅全,对于我们今天的工作来说,影响却是负面的,有必要加以澄清。

朱子《与延平李先生书》说:"义利之说,乃儒者第一义。"这如果是从政治哲学层面立说,正确。反之则大可商榷。从《大学》可清楚看出,所谓的义利之辩,实际是公利与私利之争,其所关涉的表面似是伦理学意义上利益与道德的关系问题,实际则是政治学意义上权力(制度)与正义的关系问题。

《尚书·大禹谟》的"众非元后,何戴①? 后非众,无与守邦"很好地说明了"首领与臣民间是一种双向式的权利和义务的关系"②。冷兵器时代,战斗力等于兵员乘以数量,故"仁者无敌","上古竞于道德"。大王亶甫的言行表明,古贤王对围绕庙堂展开的姓族事务与围绕社稷展开的氏族事务及其原则的区分是清醒而自觉的。《大学》通过"以义为利"对这一王道传统进行阐发,表达的既有对现实中不义政制的批判,也有对理想中正义政制的追求。

① 戴,《说文》解作"分物得增益也"。孔疏解为"奉戴",误。
② 《新制度经济学》,第270页,商务印书馆,1996。

认同与文化自身认同

□赵汀阳

一、问题的背景和结构

Identity 最早是个哲学和逻辑问题(在哲学和逻辑里就译成“同一性”),虽然重要但是并不特别显眼,或者说并不为人们所热切关心,这是因为事物的同一性看上去是“明摆着的”(evident),似乎没有什么值得担心的地方。逻辑里关于同一性的表述则是著名的“三大规律”中的同一律。在逻辑三大规律中,排中律受到许多质疑,甚至矛盾律也并非绝无疑问,但是同一律却始终众望所归。① 只有在把 identity 落实为人或者文化的身份时,这个问题才有些异样。

最普遍的身份现象是作为一种社会制度意义上的身份。身份意味着社会等级、权力、利益和责任。在社会中每个人都有许多身份,其中有一些是在“什么是什么”这一事实判断形式中成立的,如父亲、儿子、官员、警察和小偷;还有一些是在“什么被说成是什么”这一价值判断形式中被认定的,如好人、坏人、吝啬鬼、变态者等等。特别值得注意的是,身份的社会制度往往有着价值偏好,于是可以让某种本来以事实判断形式成立的身份同时意味着某种在价值判断形式中成立的身份,比如说西方曾经有“黑人 = 低等人”这样的意识。这种在理论上非法的转换可以成为某些人拥有获利特权或者某些人被迫害和歧视的理由。著名的身份对比例子有古代的“奴隶/贵族”、美国的“黑人/白人”和中国的“城市居民/农民”等等。现代社会的出现是对传统等级社会中的身份进行“身份解构”(de-identity),表现为对各种价值判断形式中的身份的怀疑和拒绝。关于价值判断通过伪装成“知识”而导致歧视的问题,

① 三值逻辑和多值逻辑都质疑排中律;而辩证逻辑则欢迎矛盾律,但没有一种逻辑能够反对同一律。

福柯有过经典的分析，他揭示了社会如何产生关于精神病人的知识从而定义了精神病人的身份。① 在身份解构背后的理想是要把人还原为平等身份的"同样的人"，或者说是把具体的人抽象化，使得人人只剩下共同的、普遍的抽象人面目。所有人都是这个"抽象人"的可任意代入的变元，这正是人人平等原则的哲学基础（例如"在法律上人人平等"和"人人拥有同等的人权"）。这种对具体价值身份的解构是逐步进行的，开始的时候解放的是受封建贵族压迫的平民（如法国大革命），后来又解放奴隶（如林肯的解放黑奴），还解放妇女，如此等等，各种明显的奴隶都解放了之后，现在人们在后现代态度的指导下正在解放同性恋和艾滋病人以及一切自己觉得受到身份歧视的人。

如果引入时间的维度，还可以发现一个人并没有一个固定身份，"我是谁"至少可以划分为"我过去是谁"、"我现在是谁"和"我将来是谁"。当人们采取本质主义的态度来理解人，那么就会以"过去是谁"为准来理解一个人，因为本质被假定为"一贯如此"。本质主义或多或少具有"出身论"的一般思维结构，因此为所有试图改变命运的人所痛恨。以"将来是谁"为准，则是典型的现代主义思维。人们在设想未来时，除非已经失败得无可救药，总是把自己幻想得更伟大，总是希望梦想成真。这种思维方式在推崇白手起家英雄的美国尤其受到欢迎。从心理学上说，不仅积极的人，而且自卑者和妄想者都喜欢这种以未来和理想来定义自己身份的思维。不过萨特曾经尖刻地批评了这种幻想，按照他的存在主义观念，人不是别的，他的实际生活是什么，他就是什么，如果用没有兑现的梦想来说明一个人，那么只能是对他的否定性的说明，只能说明他不是什么。因此，"这样的思维对于一无成就的人来说的确不是安慰"②。不过我们将会讨论到这种最重要的身份认同方式。"现在是谁"的模式是现实主义的，看来能够经得起萨特式的批评。也许可以说这是经济学态度的或者博弈论态度的身份意识。尽管这种身份意识是相对最真实的，但是却与文化自身认同这一时代焦点问题关系不是很大，而文化自身认同与"过去是谁"和"将来是谁"则密切相关。经济学态度过于现实主义而不可能自寻烦恼地卷入那些无谓的痛苦，所以经济学不能用来思考心灵、情感、希望和理想，可是情感、希望和理想（即使不切实际）却是人类生活尤其是文化和精神的无法回避的问题。

精神分析学曾经创造性地把 identity 变成一个心理危机问题（在心理学里被很好地译成"自我认同"），特别是 Erikson1968 年《Identity：青年与危机》一书使得自我认同成为日常生活中的一个驰名问题。这种关于自我认同的理论相信每人都有对身份的自觉意识、对人格统一性的追求以及对某种人生或社会理想的趋同。这

① 福柯：《疯癫与文明》，三联书店，1999。

② 萨特：*Existentialism and Humanism*, tr. Mairet, London, 1948, p.42.

种自我认同是在青年时期形成的,因此青年时期会出现严重的自我认同危机,如果不能成功地明确自己是什么人、自己生活的目的以及如何对待他人这样几个基本意识,就会导致“角色混乱”和随之而来的各种人生失败。① 进一步还可以发现似乎人人都有自我认同的危机。当然,这个论点很容易成立,因为在社会中几乎人人都有某方面或某种程度的自己不愿意承认和接受的失败或失意,因此这一发现其实平淡无奇,而且似乎只有在现代社会里这种心理危机才显得比较突出,大概因为现代社会的竞争性使人们对成功和失败更加敏感。

Identity 问题远远不仅是个关于事物和人的身份问题,它在更大规模的事情(例如国家和文化)上甚至是个更严重的问题。在国家和文化层面上的 identity 问题(自身认同),也自古有之。从古代的“异教徒”、“正统和异端”、“华夷之辨”到现代的“阶级意识”、“东方和西方”、“资本主义和社会主义”,诸如此类,人们自己按照偏好和想像划分着各种集体,论证各自的精神优越性和利益根据。与对属于社会等级制度的身份的“身份解构”运动有所不同,现代社会并没有准备解构文化身份,相反,文化身份正在得到强化。或许可以说,正是由于社会地位身份的解构使得文化身份的意义更为突出,因为社会平等使各种人群有权利宣称自己拥有不可还原、不可替代的文化身份。这种文化意义上的自身认同又另有一种形式,它既不是事实判断形式(没有人愿意正确认识自己)也不是社会制度认定的价值判断形式(没有人愿意接受他人或社会评价),而是一种特殊的价值判断形式,即“自己把自己说成是什么”。但是要把自己说成什么什么,并非一件容易的事情。

可以说,文化自身认同从来都是人们行动理由中的一个重要变量。不过传统意义上的文化自身认同虽然导致许多严重冲突,但却总是被明确界定了的,冲突各方都可以把对方定义为含义清楚的异端,因此,传统的文化自身认同只是一个利益冲突的实践性问题,而不是一个思想性问题。文化自身认同在全球化和后殖民状态下变成一个时代的核心问题,其中一个原因就是文化自身认同变得含义不清,它不仅产生实践冲突,而且导致思想混乱,有时各方似乎不知道为何而冲突,也不知道为了获得什么。在今天,文化自身认同就好像是一面没有标志的旗帜,在指引着人们进行各种斗争。如果隐喻地把集体“集合地”看做是个体,那么这是典型的心理学意义上的“自身认同危机”。人们今天在文化上找不着北,恰如个人在生活中找不着北。文化的心理混乱导致了文化的自身认同危机。尽管文化的自身认同从来没有像现在这样混乱,但是“我们每天都可以听到要求自身认同的呼声,各个国家、地区、教派、民族和团体都在标榜自身认同,同时又宣称它受到威胁,为了拯救自身认同而宣布了近乎圣战的战争”②。

---

① 参见 Erikson: *Identity: Youth and Crisis*. New York, 1968。

② Marc Fumaroli:《我是他人》,《第欧根尼》,No. 29. 1999。

二、Identity 问题的哲学分析

在 identity 这个概念作为文化自身认同而成为当代核心问题之一之前，它首先是个逻辑/哲学问题，所谓“同一性”问题。虽然传统哲学的同一性问题与今天的文化自身认同问题非常不同，但它们之间仍然有着重要的联系。

希腊人已经有关于同一性的观念，亚里士多德讨论到，有时候两个或更多的名称指的是在同样时间地点的同样特征的东西，那么它们是同一个东西。一个事物的同一性特别表达在它的定义中，定义表达的就是一个东西“是其所是”的特性。后来逻辑中的同一律（表达为 p if p 或者 p then p）表明，承认事物的同一性是我们能够讨论任何事情的前提。说一个事物是自身同一的，它就必须能够经历所有可能的变化而仍然保持其同样的惟一性（the sameness in its singleness）。思路与众不同的赫拉克利特最早发现一个事物如何能够保持同一性竟然是个难题（例如是否能够两次踏进“同一条河”），尽管这样的思想显示了智慧的深度，但在实际生活中却可能是有害的，它鼓励人们钻牛角尖。亚里士多德的发现可能更有意义，他已经看到，“种类意义上的同一性”和“数量意义上的特殊同一性”有些区别，①前者可以是两个或更多有着同样本质的东西，后者则只能是惟一的一个东西。

显然，通过可描述的性质来确定一个东西是某种东西比较简单。曾经有个哲学家说到，如果某个东西长得完全像鸭子，叫得像鸭子，各种习性都像鸭子，那么它就是只鸭子（当然，这样是不是就确定了本质，是有讨论余地的）。表达为惟一性的同一性则严格得多，以今天的克隆为例子，两只在技术上无失误而克隆出来的羊应该有着同样的本质，但是不能说它们是同一只羊。看来，“完全一样”也仍然有些含糊。关于同一性的通常标准定义是莱布尼茨式定义：如果属于某个东西的所有性质都属于另一个东西，或者说，以一个代替另一个而不改变任何命题的真值，则它们是同一的。② 这个定义相当好了，但是它只能证明两个东西逻辑全等，就像两个等边等角的三角形，在现实中相当于克隆或同模版产品，却还不是最极端的自身同一性。小孩“索赔原物”的游戏最生动地说明了问题：一个小孩的一粒糖被别人吃掉了，别人赔他许多同样的糖，他不要，他只要“原来那粒被吃掉了的糖”。这并不能理解为无理耍赖，人人都可以理解到“那粒特别的糖”所身负的情感意义和分量，被偷吃掉的不仅是糖，而且还是某种找不回来的情感和感觉。所以小孩会有无法补偿的心痛。情感负担使得那些本来一样的东西又不一样了。

可见，最严格意义上的同一性的约束条件比“同样本质”要多出来那么一点东

① 参见亚里士多德：*Topics*，103a8－9。

② 参见威廉·涅尔和玛莎·涅尔：《逻辑学的发展》，第 438 页，商务印书馆，1995。

西，它不仅要求有形而上学上的本质或逻辑意义的全等，还要有存在论上的惟一性，也就是它还必须表现为“个体”（an individual）。个体的本来意思是“不可分者”，即某个东西不可再分，否则就不再是这个东西。这种表现为惟一性的同一性于是具有着自身封闭性（与他者绝对区分开来），也就具有了自身的绝对性，惟一性、自身封闭、绝对性是连续成立的。即使在本质以及其他性质上都与另一个东西一模一样（克隆或复制），它仍然只能是它自己，而不是另一个东西，它具有绝对的不可替代性——但也许会有很少的某些东西在这个问题存在着疑义，例如纸币，除了序列号码，两张同样面值的纸币当然是一模一样地制造出来的，并且完全可以互相替代，因为它们的全部功能是一样的，而且人们对它们的需要或预期也完全一样，当它们进行互相替换时不会有任何损失，于是我们确实看不出它们有什么不同，也不会拒绝互相替换。当然，我们在逻辑上可以想像有个怪人声称他非要丢掉了的那张纸币不可，而不要同样面值的另一张纸币，但我们一定会认为他不太正常，是在无理取闹。丢了的纸币和被吃掉的糖并不能相提并论，因为被吃掉的糖对于那个小孩有着“重要的”心理价值和经验。

那种存在论意义上的惟一性——特别当我们谈论的是作为个体的人——至少表现为经验和利益的惟一性。比如说，你和我的手以同样规模同样部位同样力量被划破了，但是我仍然不能有你的那个在时间和空间上仅仅属于你的痛，尽管估计是同样的痛。或者假如你和我是克隆兄弟，连思想和经验都一模一样，可是你的财产显然不是我的财产，你的权利显然不是我的权利。个体所拥有的存在论惟一性是考虑利益和权力的基本单位，而且不存在更基本的计算单位，许多重要的概念如产权、主权、分配、自由、平等、民主等等都以个体概念为基础才得以定义、解释或暗喻地生成。后来人们谈论的国家、民族、群体和文化的自身认同（同一性），虽然不是在谈论作为最小单位的个体，但是却与个体的惟一性有着映射的（mapping）意义关系。

个体作为某人时，他的存在论惟一性更多地或更基本地落实在他的身体性存在上（body），尽管在身体的基础上更突出地表现为人们喜欢说的“心灵”（mind）或“自我”。“自我”多少是个暧昧的概念，它的哲学表述是 ego，而 ego 总落实为 cogito（我思），由于 cogito 被认为是任何心灵的表现，因此就几乎是任何心灵的普遍本质，如胡塞尔关于心灵结构的概括性表达“ego cogito cogitatum（我思我之所思）”。这样，虽然 ego 也往往被作为心理学的概念使用，但它的哲学底色使得它更多地具有普遍性而不是特殊性，因为 ego 的思想性很强。心理学以及社会科学里喜欢用的另一个自我概念是 the self（自己），这个表达似乎更能够容纳身体性，它把心灵和身体统一具体地考虑在一起。

不管人们更习惯于使用哪一个表述，有一点是至关重要的：身体性的惟一性是个体自身认同的真正根据，而思想性的自我只有在以身体性的惟一性作为根据时才能够连带地具有惟一性。心灵和思想当然有着个性，但心灵或思想在本质上是公共性的，它的来源和所表达的东西都是公共可理解并且可分享的。如果自我要独自占有某种思想的话，除非这种思想能够成为私人的，但是严格意义上的私人思想是非常可疑的，因为缺乏专门用来表达私人思想的语言（维特根斯坦曾经令人信服地论证了私人语言不可能因此私人思想其实也是不可能的①）。与身体紧密相关的私人性却不成问题，我们可以替别人感到难过或者为别人感到高兴，但并不能真的拥有别人的感觉，所以感觉的确是私人的；另一方面，思想在本质上不仅可以被分享而且还要求被分享——这一点极其重要，如果不被分享，思想就几乎没有价值，至多是自娱。这说明思想不是一个需要去占有的对象，相反，它是需要派送出去的东西。而身体性的利益（人们所追求的各种实际利益包括心理利益在内归根结底都落实在身体的存在论惟一性上）是需要私人占有的，是不能随便出让的。这样就意味着，个体的特殊性虽然表现在心灵和身体两方面，但是引起冲突的所有问题最后都落实在身体所能够占有的东西上——心灵就其本身而言没有冲突。身体意味着生命和生命的限度，不能表现为身体享受（包括物质享受和心理享受）的东西并不需要争夺。如果思想变成需要争夺的对象，只有当思想的发明权、使用权和生产权能够带来实际利益，而利益最终是属于身体的。

思想虽然是公共性的，但却是一种非常特殊的公共资源，它的一些性质甚至与一般意义上的公共资源恰好相反。由于任何一个人对某种公共资源的使用不能排除其他人对这种公共资源的使用，因此必定会导致所谓“公共资源的悲剧问题”，例如没有被干预和管理的公共渔场因为“租金消散”很快就无鱼可捕。但是如果说思想是一种公共资源，它的性质恰好相反，一种思想越是被公共地开采和使用，它的利用价值就越大，越被集体开采，它的储量就越多（解释者和批评者越多，它就不断得到补充和发展），这种思想的权力就越大，它就控制着更多的人的心灵和行为。假如一种思想成功地成为普遍思想，那么它就相当于垄断企业，它通过成为支配性的话语体系而控制一切。可以说，思想成为公共资源不但不是悲剧，而且反而是“公共资源的凯旋”。思想的相关物如语言、宗教和文化都具有同样的性质。（当然，这里讨论的思想不包括技术性知识，特别是特殊配方知识，甚至也不包括自然科学知识，但是包括一切人文知识。科学和人文知识的一个重要区别是人文知识从根本上说是以价值观为基础的社会/生活理解。由于技术性知识本身不包含价值观，因此不一定越公共化就对知识主人越有利。可以考虑专利制度问题）

显然，假如思想、语言、宗教和文化这些东西不与以身体性或实体性为限度的生命存在结合在一起，就不会构成问题，因为当思想和文化脱离了与某种特定生命存在的配合关系，就等于脱离了任何利害关系。在那种情况下，各种地方性的知

① 参见 Wittgenstein：*Philosophical Investigations*, Oxford, 1958, pp. 234 – 315。

识、思想和文化的汇合和统一不仅必定满足一般意义上的帕累托改进,而且必定形成互惠的帕累托改进,亨廷顿式的文明冲突就不会出现,而福山式的历史终结则会成为全球化福音。可是为什么作为文化的普遍增长的互惠的帕累托改进是不可能的,就在于思想和文化是甚至比经济和政治更深刻的支配性力量,因此它是与某种特定存在的利益密切相关的最重要的问题。思想和文化越成为公共资源就越成功,就越用之不竭,就越能够产生收益。这可以视为思考文化自身认同问题必须考虑的一条基本原理。

三、他者问题

自我认同是个体的一个心理需要,它表明自己是什么。不过这种通常的表述其实不够准确。一块石头,比如说一块最大最漂亮的钻石,当然有着区别于所有石头的性质,但是它没有必要有自我认同,它只不过"是什么什么样"就是了。人意识到"自己是什么什么样",这表面上看同样是个存在论表述,但是由于这个存在论表述已经同时是个反思性的描述,或者说是对自己的表述(the reflexive description or the representation of the self),因此问题就复杂化了。给出一个人的基因编码,就足以描述他的"惟一性",但是没有人会满足于把基因编码之类的准确描述看做是关于他"是什么什么样"的表述,比如说,基因编码表明某人智力平庸、体能低下等等,没有人愿意相信这样的身份界定。显然,自我认同只是采用了事实描述的形式——因为这样可以显得好像无可置疑,显得是科学的和公正的表述,尤其是在进行自我表扬的时候。比如说"我是最善良最……的人"——这其实是伪装成客观陈述的主观表述,就是说,自我认同是个把自己理想化的表述,它已经由表达"是什么"的知识论断定暗中演变成表达"想是什么"或者"相信是什么"的价值预期。因此,自我认同是一个自诩的预定预制身份(自我认同在本质上都是自我表扬,但偶尔也会有情景性的自我贬低,比如说为了逃避承担责任或者为了减轻心理负担或者为自己的失败辩护)。

如果世界上只存在一个人,那么根本不需要自我认同(这就像只存在一个人时根本不需要产权界定)。尽管"我是谁"这样的问题似乎是个深刻的问题,但在世界只有一个人自己的情况下想像"我是什么什么样"未免过于愚蠢,完全没有意义。人只有需要区别于他人才有必要给自己定位,而且,自己的定位只有以他人为条件和参照才成为可能。进一步说,由于自我认同是价值判断,因此,在一个由至少两人组成的社会里,由于存在着各种权利和权力的界定、分配和攀比,自我认同才是有意义的。自我认同不是自己一个人单纯的心理游戏,而是一种广义的"产权"追求和界定(可以联想到张五常所说的"如果交易成本为零,就可以忽略产权的界定"①)。假如在一个没有价值判断的社会里(这实际上不存在),尽管所有的自然差异都存在,但是人们会觉得一切都无所谓,人们不在乎谁更聪明、谁更漂亮、谁做得更多以及谁应该获得更多等等,那么,自我认同也是没有意义的。这类似于在现实中我们不会这样标榜自己:"我可是住在地球上的人"(不住地球你又能住哪里呢?)或者"我可是能够使用语言的人"(显然我们没有必要跟动物炫耀),因为这些事情是不值一提的。但是可以考虑这样的说法:"我可是使用英语的人",这就有些不太一样了,其中暗含许多有意义的价值判断(英语是世界上的普遍语言、占优语言,据说还能"改变一生"……)。

自我认同语句是伪装成陈述语句的价值语句,这一点应该是普遍而明显的事实。表面上看,界定差异的语句是客观陈述:X 区别于 Y,因为 X 有如此这般的性质。即使在这种语句中所陈述的事情不是自我表扬而是事实,仍然有可能包含价值判断。考虑两个所指"相同"的表达:"一直未婚的男人"和"老光棍",或者"残疾人"和"物理上受到挑战的人",如此等等,这显然不像说到"启明星"和"长庚星"那样是价值中立的。按照逻辑分析的意义理论,尽管它们的含义(senses)不同,但所指(references)相同,如此而已。但是含义显然需要更进一步的分析,语言是有感情因此是有表情的,有感情有表情就与利益有关,就能够帮助人也能够伤害人。② 语言是为社会生活的需要而产生出来的,而不是为了客观地描述事实而设计出来的。当抽象地说到"X 和 Y 有着关系 R",这似乎不会产生什么价值问题,但是当具体地代入为"自己(self)和他者(the other)有着关系 R",就会出现价值问题。可以明确,自我认同是在"自己和他者的关系"格式中出现的为了维护自己利益和权利所进行的价值论证或资格论证。

作为个人的自我认同虽然在心理学中仍然是一个重要问题,但是它已经不再是一个标志着时代而被特别关注的问题。现在人们更关心的是以某种集体为思考单位的自身认同问题。可以注意到,由于以个体为不可分的思考单位到以集体为不可分的思考单位之间存在着可以类比或类推的关系,因此,所有关于个体的自我认同问题都几乎"映射地"实现为关于集体的自身认同问题,所有关于个体的自我认同命题也都隐喻地实现为关于集体的自身认同命题。那些被作为思考单位的"集体",根据人们的具体需要和兴趣而可以是文化、国家、民族、共同体、宗教、派别、阶级、组织、地区、企业等等利益/理念集团。不管是哪一种集体,我们都可以把它看做是个"利益/理念"集团。其中利益包括通常所说的各种物质经济利益以及各种权利和权力;理念则包括价值观、信仰以及生活方式和所有偏好。理念方面其

① 张五常:《经济解释》,第 442 页,商务印书馆,2000。

② 日常语言学派虽然是分析哲学的发展形式,但它突破了逻辑分析或语义分析的工作框架,它把语言理解为行为,因此导致了"语用学转向"。

实可以也理解为精神和心理利益,它也是人们一旦认定了就非要不可的东西,因为它提供了精神和心理所需要的享受和信心。

或许这样一个关于自身认同的定义是合适的:给定他者的存在,自身认同是一种自私认同,它表现为对自身所有利益(物质的和心理的)以及各种权利(即所有方面的产权和观念的推广权)的主观预期,而且这种主观预期总是表达为一个价值优越的文化资格论证。正如前面分析的,自身认同表面上采取的是"如其所是"(to be as it is)的表达形式,但这其实不是兴趣所在,它实质上是"如其所求"(want to be as it is expected),并且,这个"如其所求"又同时在价值资格上被论证为"所求即应得"(the expected is ought to be the deserved)。满足这样一个结构的自身认同就是一种认真的自身认同,否则是不当真的。

集体的自身认同非常容易(如果不说是必然的话)形成排他性情感,因为人们对自己所属集体的表述总是建立在他们对其他集体的特性描述之上。各个民族对其他民族,各个国家的人对其他国家的人,各个地方的人对其他地方的人的气质、性格和民俗都有着各种俗套的、并无充分证据的偏见(心理学的说法是"刻板印象"),比如说,德国人永远机械地遵守纪律,法国人永远陷入轻浮爱情,犹太人永远吝啬和狡诈,中国人永远喜欢两可之辞,如此等等,而与此作对比就比较容易给自己安排一个相对好的价值定位。其中值得注意的是,人们并不是发现了他者有那样那样的特点,同时发现自己有这样这样的特点,而且通过比较而发现这些特点碰巧在事实上形成对比,而是在并不存在着这样碰巧的事实对比的情况下,主要根据对他者的印象而"逻辑地"(其实就是按照思想的对比偏好)去推论出(其实是想像出)自己有什么样的相反特点。关于自己的定位不是通过比较而是通过想像和推论,这是形成自身认同的关键。

上述的那种生活性的偏见并不用很当真,也无伤大雅,虽然总有些丑化,但不失为有趣的故事。然而关于他者的政治性和文化性偏见则是非常认真的,不再是故事,而是伪造的历史,它甚至在形成自身的政治和文化原则上有着很大的促成作用。最典型的"对比型推论"就是"西方/东方"的概念。萨伊德的《东方学》揭示了"西方"这个概念的关键性含义都是对照着想像出来的"东方"特点而建构出来的,东方是西方的"最深切最经常出现的他者形象之一……帮助规定了欧洲或西方的意义,即与其对照的形象、思想、性格和经历"①。东方学是人类学中最有意味的研究。人类学虽然也研究其他广大的落后和边缘地区,但是其他地区(例如非洲或南太平洋的原始部落)从许多一般的文化指标来看,总是相当轻而易举地就被"证明"为文明水平落后、文化结构单调、文化层次和内容简单贫乏等等。但不幸的是,"东方"的情况却复杂得多,因为东方无论怎样理解都有着高水平的文化,

① 参见萨伊德:《东方学》绪论,三联书店,1999。

而且其精神内容复杂细腻而深刻，甚至有西方所没有的许多思想发现，于是很难简单地说成是落后的。于是东方就必须被变相地想像成另一种特殊意义上的落后文化，它虽然很美（东方美是西方所需要的一个美学景观），但是美而坏——它是神秘主义的、思维混乱的、异端的、道德上邪恶的、社会专制的、反对一切进步价值（科学、民主和个人自由）的、不讲公正和效率的等等。西方现代知识体系中关于世界和历史的各种肯定性和否定性的"对比性"话语都是在这种对比性语法中产生的，除了西方和东方，还有进步和落后、发展和欠发展、普遍主义和特殊风格、现代和传统、科学和神秘主义、民主和专制、开放和封闭、理性和非理性，诸如此类。

在很长的时间里，人类学是一门不太科学（比较多的主观判断和不客观的暗示）的知识学科，但在近数十年来就变得或显得比较科学了，比如说格尔兹以客观"浓描"方式（thick description）去生产的"地方性知识"①。不过，不管人类学作为一种学科现在是否已经建立了知识自身的合法性，人类学都仍然更应该被看做是西方解释他者的一种普遍态度，尽管今天的人类学已经显得友好得多，但它至少暗中还保留有两个基本意识：（1）把西方文化看做是世界上惟一具有普遍描述能力的知识体系，它能够描述所有的东西包括不属于它的东西，而其他文化却没有这样强的描述能力，就是说，西方文化既能够生产它自己的地方知识，又能够生产世界性的普遍知识，而其他文化大概只能生产自己的地方知识；（2）西方文化有着自身反思、自我表述的思想结构和知识能力。而其他文化，即使那些充满魅力、美不胜收的高水平文化（例如中国文化），也没有能力进行自身反思和自我表述。简单地说就是，西方文化被认为既能够解释他者又能够解释自身，所以是普遍的知识体系；其他文化既不足以解释他者又不能自我反思，因此是特殊的或地方的知识体系。人类学这种关于他者的表述同时也构成了对他者的否定。

这种文化资格论证包含着一些相当复杂的问题。假如采取相对主义或多元论观点，那么文化资格论证就完全不能成立。但是我们不应该轻易地欢迎相对主义和多元论，因为它们有可能更加危险，而需要去考察相对主义和多元论的基本假设是否合理。

有一个假设是这样的：每种文化都有着它自己的并且仅仅属于它自己的文化语法，因此各种文化在思想上不可通约。这个假设其实与私人主义（个人主观主义）的假设是一致的，即我的心灵和你的心灵肯定在根本层面上是不同的，你不能代替我什么，反之亦然。但是这样的辩护相当含糊，我们有理由要求知道到底什么东西是绝对不能比较的。思想的技术层面（逻辑和方法论）看来是普遍可理解的。事实表明，世界上不存在某种无法被理解的逻辑。于是，"我思"（cogito）具有普遍

① 参见格尔兹：《文化的解释》，上海人民出版社，1999；《地方性知识》，中央编译出版社，2000。

品格;思想的内容方面则比较复杂一点,“所思”(cogitatum)总要包括能够在语言中说出来的普遍内容,按照胡塞尔的论证,所思的纯粹思想含义(noematic sinn)既然总能够在语言(logos)中表达出来,那么它就是普遍的,因为语言的本性是普遍的,否则说出来的东西是无意义的(维特根斯坦的反私人语言论证提供了这个论点的最好论证)。我们不能忽视语言的普遍性的逻辑品格和事实品格,就是说,从任何一种语言的逻辑潜力来说,它总是能够被普遍理解的。如果一种语言是他者的语言,那么,只要通过充分地学习这种语言甚至学习他人的整个“生活形式”(维特根斯坦指出学习一种语言就是学习一种生活方式),就必定能够学得地道;另一方面,所必然能够学会的那些在逻辑意义上的普遍内容却不一定是我们都能够同意的,因此我们在逻辑上能够理解所有东西,但是在事实上可能会反对某些东西。语言和生活是同一的,我们能够学会他人的生活(这是逻辑潜力上的普遍性),但是不一定同意他人的生活(事实上反对某种普遍性)。我的论点是,任何一种生活形式和知识体系都具有普遍的逻辑性,但又都是地方性存在。在不同的文化或知识体系之间不存在着所谓的“理解”难题(如果不计学习成本),只存在着“接受”的难题(西方哲学从解释学到交往理论都过于强调所谓的互相理解的困难,而真正的问题其实是互相接受的困难①)。如果有不可比的东西,那它一定不是思想方面的,而是价值方面的。而价值的不可比正是相对主义和多元论的另一假设。

相对主义和多元论的另一个假设是这样的:每种文化自己的文化语法是自身完满的,即它就其自身而言是无缺陷的(所谓缺陷都是他者的观点制造出来的),因此一种文化语法的完满性并不能用来批评另一种文化的完满性,因为完满都是“同样好的”,说一种完满比另一种完满更完满在逻辑上是荒谬的,就像不能说一个标准圆比一个标准三角形更完满(当然,你自己可以有偏好,比如说你觉得标准圆比标准三角形在美学上更完美)。因此,各种文化和知识体系之间不存在着价值的可比性。价值性的不可通约显然比较有道理,尽管没有严格的论证可以证明不同的价值体系同样好,但是也没有普遍必然的理由可以论证某种价值体系必然更好——显然,如果我们提出某种价值标准来论证什么是更好的,这只不过是把难题转移到下一个论证,而那个更进一步的价值标准同样需要论证,这样的无穷倒推论证不会有结果,除非独裁地规定到某一步就是最终的价值标准,并且不许讨论,这样显然不公正。

可以看出,“想的不一样”和“要的不一样”是两种完全不同的通约问题。“众思一致”(minds)是可能的,而“众心一致”(hearts)则非常可疑。所以经济学回避

---

① 一直到哈贝马斯都还在强调“理解”问题,他相信只有对话的条件是理想的,那么总能够最后达成共同结果(agreement)。我曾经试图向他证明“理解”虽然是个实践困难,却不是个理论困难,更重要的问题是“接受”。参见我的论文《理解和接受》,《跨文化对话》,No. 9,2002。

这个问题，它直接就承认各人的效用和偏好是不可比较的。阿罗定理甚至证明了，试图通过民主选举或民主投票来在不同的偏好之间实现公正合理的社会或集体的公共选择是不可能的——民主地得出某种结果是可能的，但这个结果不可能是公正的。① 或者温和地说，民主不是对公正的保证，公正和民主没有必然关系。民主和公正一致性的破产使得不同价值观的合作更加渺茫。如果说不同价值观的冲突在一个社会内部都是个难以克服的问题，那么在国际上、在不同文化之间就更是难题，甚至即使我们只好凑合依靠民主这种有着严重缺陷的社会选择形式，在目前也还不可能发展出一种能够将就使用的“全球民主”②，可见在文化之间和国家之间还不存在任何有效避免冲突的公共选择形式。我们不得不承认亨廷顿关于文明的冲突的论点是一个不能回避的见识。

根据以上分析可以看出，所有文化和知识体系就其思想内容来说都是能够被普遍地理解的，但是在价值观上却无法互相认同。但这并不等于支持了相对主义和多元论。事实上，我们只能承认相对性和多元性是个价值事实，不管有没有相对主义和多元论，相对性和多元性就已经是事实，而不是个论点。但是知识论意义上的相对主义和多元论则是神话。承认存在着多元的事实不等于鼓吹强化多元的倾向。相对主义和多元论在理解相对性和多元性的事实上有着严重的误解。相对性和多元性的事实仅仅意味着：存在着某种知识体系，它被局限于对某个地方进行表述，而还没有成为普遍的表述。而它并不意味着：存在着某种知识体系，它永远只能是关于某个地方的特殊表述而永远不可能具有普遍意义。

从效果上说，相对主义和多元论是对普遍主义的一种拒绝合作的因而是错误的反抗。把各种文化和知识体系说成是特殊的因此不能合作，这样并不能解决任何问题，而文化之间的合作就像人之间的合作一样是不可避免的。进一步说，知识论意义上的相对主义和多元论看上去几乎是普遍主义的一个阴谋，因为假如某种文化自己单方面承认自己在知识论能力仅仅是特殊的和地方语境的，那么，这反而证明了它自己确实没有自身反思能力。显然，不能表述他者也就不能正确表述自身，所以，不能作为一种普遍表述，也就没有反思能力。这个问题其实与日常生活中的个人特殊性辩护是同构的，如果一个人声称自己有一些如此这般“特殊的”价值或观念以至于不可能被他人所“真正理解”，这样的“孤独”和苦闷除了证明他自己的在世失败以外并不能证明任何别的价值。同样，如果一种文化自己鼓吹相对

① 参见 Arrow：*Social Choice and Individual Values*, Yale Univ. Pr, 1951。

② 在一个社会内部的民主都存在着不可克服的难题，更不用说在国际问题上，比如说在联合国的投票中，在人们直观中被认为是违心的、缺德的、落井下石的那种“策略选举”或“不真诚选举”却是完全符合程序公正的，因而被认为是合理的。被利诱甚至仅仅是为了避免强者的故意伤害都可以使得小国永远不会真诚地参与选举。

主义,那么只不过证明了它没有把自己普遍化的信心和能力。因此,普遍主义者会喜欢相对主义者和多元论者,因为对于普遍主义来说,相对主义和多元论是有趣的然而是没有挑战能力的挑战者,普遍主义真正反对的是别的普遍主义。

如果说在相对主义或多元论背后确实可以有个有意义的问题的话,这个问题也绝不是一个类似追求"自我价值"这样虚幻的问题,而是一个为存在和利益而斗争的实实在在的策略问题(随便一说,除了能够归结为私人幸福的东西以外,根本也不存在什么自我价值,如果有,也同样是人生失败的证明。除了私人幸福,人的价值都是社会价值)。就是说,如果要从正面去理解相对主义和多元论,那么必须把它看做是一种为争取平等和公正作斗争的策略,它是在自己处于弱势时所采取的对权威的"不合作"策略。只有这样理解才是有积极意义的。不过我愿意强调,相对主义和多元论还是太消极了,其实还可以找到更好的策略,这就是:对普遍主义进行改造或重新解释,使得原来的单面普遍主义变成互相普遍主义(reciprocal universalism)。"互相普遍主义"可以理解为这样几个基本信念:一、拒绝单方面专门推广某种文化和知识体系的那种普遍主义;二、各种文化和知识体系同样都具有值得推广并且必须被推广的普遍价值,即如果你有要求被普遍化的东西,那么就必须承认我要求被普遍化的东西;三、在某种程度上和某种方面上互相接受他者的文化价值是保持人类文化的总体生态平衡的必要条件。

问题远没有解决。我们知道,在他人问题(以个人为单位)和他者问题(以共同体为单位)之间存在着难点的同构性,但是他者问题更深刻,难度也更大。在建构一种自身认同时,他者是个必不可少的参考系,而且他者在原则上只能是个被贬损的对象,否则不利于自身认同的积极建构。这样的偏向必定加深不同文化或价值体系原来就已经很深了的鸿沟。但是还必须考虑这样一种特殊的情景,当他者非常强大,并且被解释为理想榜样,那么就非常可能会出现对他者的过分美化,同时也就会对自己进行过度反思,从而形成一种爱恨交加的自身认同。例如中国在上世纪初的五四运动和新文化运动以及在后来的80年代,曾经两度出现后来被戏称为"逆向民族主义"(王小东语)的自身认同,即通过"自由的和奴隶的"、"进步的和保守的"、"蓝色文明和黄色文明"、"洋和土"、"现代化和传统"等等比较,把各种积极的、成功的、深刻的文化性质都归属给西方文化,而把所有丑陋的性质留给自己,从而形成一种自我折磨的自身认同。这样自我贬损的自身认同并非不爱自己的家园,而是给自己一个痛苦以至绝望的定位。鲁迅在这一自我折磨的自身认同传统中最为典型地表现了其中的爱恨交织。这个定位方式在意图上可能是希望通过自我折磨的激励能够带来人们彻底的觉醒,从而走向真正的进步和发展。但是这种呐喊在实践上并不像所期望的那么成功。至少对于更为强悍的民族主义者来说,那种自我折磨的批判远不如革命有力、有意义,在"白纸"上画出"最新最美的"图画意味着对自身彻底的重新定位和重新创造。

那种自我折磨的批判之所以不成功可能是因为有特殊的历史危机。比如像李泽厚相信的那样，中国在寻求一条属于自己的现代化道路时总是遇到“启蒙与救亡”的两难，而且往往是救亡压倒启蒙，理由是救亡是救急。① 但如果从思想危机的层面上去理解，则似乎可以更深入地发现，凡是这类在物质方面处于劣势的文明在面对现代化挑战时都会遇到这个类型的思想危机——这已经成为一个普遍模式而不仅是中国问题——而其中的思想危机逻辑是这样的：首先，一方面自己有着伟大精神传统，因此相信自己有优秀的精神能力；另一方面，由于物质方面的明显失败，于是只好相信原来的精神传统是错误的，结果，对自己的信心就只剩下对能力的抽象信心。进而，既然西方是成功的，那么要成功就无非是把自己变成西方，因此，在现代化语境中，东方文化的自身认同就变成了“让自己也变成西方”或者说“让自己扮演他者”这样一种悖论性的自身认同，虽然它确实表达了自强的想像，可是这种自强却又是以否定自己为前提的。这里存在着一个存在论和知识论之间的鸿沟，正如前面分析到的，自我认同的存在论支持非常重要，尽管自我认同总是一种或多或少言过其实的想像（想像自己是什么、希望自己是什么、相信自己是什么），但是，如果自己的存在论状况根本无法承担关于自己的知识论想像，那么可能会遇到痛苦的失败。这类似于一个胖子想像自己是瘦子，但是事实上不是，而且也变不成。明明是自己的那个状况却被认为“不应该是自己的”，关于自己的定位其实是个他人。这是在希望理想能够向着现实靠拢，但是正如 Isaac Deutscher 所说的“由于现实并不往理想靠拢，两者之间出现的那道沟比先前窄是窄了，但却深了许多”②。

这样的自身认同既然在实质上是认同他者，那么这种自身认同的成功就反过来依赖着他者的允许和承认，如果得不到作为榜样的他者的承认，就还是失败。不幸的是，这种东方式的自身认同却得不到西方这个他者的承认，因为它恰恰不符合西方关于东方的东方学想像，西方不愿意东方变成西方，西方需要东方总是东方那样的景观。东方想获得一个不属于自己的身份，而西方不承认那可以是东方的身份。东方式的变换身份的要求和想像典型地表现在要求对传统进行所谓“创造性的转换”或者“转换的创造”之类的想法上。所谓“转换”主要是以地方性传统资源作为原材料，以西方知识体系作为生产标准，然后把地方传统按照西方标准改写成现代西方知识，比如说去论证从中国传统中能够“开出”西方的民主、自由等等价值观念。假如这种“转换”是可以成立的，那么就似乎证明了“东方变西方”的变性手术的合理性。在这种奇特的自身认同中可以看到与阿德勒的“自卑与自尊”的

① 李泽厚：《中国现代思想史》，第 1 ~ 49 页，东方出版社，1987。

② 转引自夸特罗其和奈仁：《法国 1968：终结的开始》，第 133 页，三联书店，2001。

混合情结模式的相似性。① 欲望和幻想可能使人们宁愿忽视这种“转换”的明显无理之处，比如说，假定我们的目标只不过就是开出西方的文化，那么又何必去把无比艰苦的事情再做一遍而不接受现成的西方文化？另外，我们又怎么知道传统资源碰巧就是能够转换成西方文化的好材料，假如其实是不合适的材料呢？再说，我们又怎么能够断定对西方的模仿是好的？

与激进的五四运动和“八五新潮”相比，可能作为最开始的现代化反应的“中体西用”模式反而是比较稳健的自身定位。今天人们似乎又回到了这一定位上，今天的“中国特色”道路基本上是中体西用的新版本，即在价值观和思想上谋求中国的方式和根据，在技术和经济方面采用西方方式。简单地说就是谋求中国精神和西方物质。当然这个新版本显然要开放得多，特别是在思想领域也默认了中国思想和西方思想的双重并列权威。这个当代的中国自身认同模式虽然没有严重的内在思想性悖论，但是仍然存在着实践上的严重困难，其中一个重要的危机是，维持着“中国特色”的东西几乎仅仅是中国古代的东西，而现当代中国经验的创造性却连自己都不敢承认，结果使得支持着“中国”这一概念的思想含义只是遥远地在回顾中存在着。

上面我们以中国概念为例子所试图说明的是，在现代化语境中，东方以及第三世界试图为自己塑造某个符合现代化标准的自身认同的困境。作为一种并非必要然而有趣的对比，我愿意提及过去西方曾经有过的东方迷恋。如艾柯谈到的：“欧洲确是以一种‘崇洋’的方式看待过中国。这里‘崇洋’指一种文化态度，在这种态度下，一切来自遥远异域文明的陌生、不同、不一般的事物都显得美丽诱人。自17世纪到19世纪早期，整个欧洲都痴迷于这种异国风味，尤其是所谓‘汉风’，欧洲艺术在某个时期几乎变成中国式的②。”欧洲过去对中国可能确实有过巨大的兴趣，但是这种兴趣看来主要是美学意义上的，这就决定了西方的中国迷恋与东方的西方崇拜的根本不同。由于让西方佩服的中国文化只是其“美丽诱人”的方面，因此所影响的就只是艺术（也许还有设计风格和其他某些趣味性的生活细节）。美学方面显然是生活和社会中相对次要的方面，至多是“锦上添花”中的“花”，只有当有了作为基础的“锦”才是有意义的。西方社会和生活中的决定性方面，思想体系、价值观、宗教和社会制度，并没有接受中国或者其他东方社会的影响。西方守护着自己那些在生活中起决定性作用的思想和制度，这与它对东方的美学化并且仅仅是美学化形成一种互相配合的作用。“美学化并且仅仅美学化”使得东方变成一个非常单薄的形象，只不过是“浪漫之地，充满珍奇异物，难以忘怀的风景，千

---

① 参见阿德勒：《生活的科学》，三联书店，1987；《自卑与超越》，作家出版社，1986。

② 见乐黛云编：《独角兽与龙》，第2页，北京大学出版社，1995。

载难逢的经历”,结果“东方过去不是(现在仍然不是)一个自由思想和行动的主体”①。就像一段著名的歌剧唱段那样:在深山里有数不清的宝石,在海洋里有数不清的珍珠,印度有许多奇迹……单纯的美学化是一种遮蔽别的更重要的性质的技巧。

尤其自19世纪以来西方在全球获得全面的胜利,西方的异邦经验就更加不可能是正面的了。尽管在西方的异邦经验中也存在着某些正面经验,正如霍布斯鲍姆提醒的:西方的异邦经验并不能像后殖民理论那样把它一概“简单贬为对非欧洲文化的傲慢毁谤”,可是他所举出来的例子仍然是艺术方面的,比如西方的前卫艺术非常欢迎来自异邦艺术的启发,“无疑,它们的‘原始风味’是它们的主要吸引力”②。西方对东方艺术方面的兴趣至今如此,③但是除了艺术,似乎很难找到关于东方的正面经验,可以说极其罕见,④尤其没有关于东方思想或制度的正式学术承认(这里“正式学术承认”指的是把某种思想看做是普遍思想来加以研究,而不是看做某个地方的特殊文化现象去理解。例如莱布尼茨关于《易经》的分析是纯粹学术的,而大多数汉学是人类学式的)。显然,在不撼动自身文化根基的情况下去崇拜他者,当然不会产生自身认同危机或精神危机,反而能够使精神更丰富。东方的自身认同危机就在于它为了迎合现代世界的生存环境而不得不在文化根基处即观念体系和制度体制方面进行西方化的改革,这恐怕不能和欧洲过去对东方的兴趣混为一谈。

这样就不难理解为什么他者问题(the other-ness)在今天突出地成为哲学、政治学、伦理学和人类学以及文化理论的核心问题。在古典思想里,他者概念并不是一个严重的问题,因为它被理解得太清楚——在知识论上,他者与我“思同此理”,都同样是“我思”的表现;在价值观上,他者与我“其心必异”,互相被认为是异端。但是在今天,人们意识到了我与他者的互动的复杂关系,自己和他者都不再是明确的概念了。因为自己和他者都只能在变化着的关系(对话、交往、混合)中获得重新定位和重新调整,就是说,不可以再把自己看做是不动点或者常数。

---

① 萨伊德:《东方学》绪论。

② 霍布斯鲍姆:《帝国的年代》,第93页,江苏人民出版社,1999。

③ 中国的当代艺术尽管现代化了,但仍然有着迷人的地方性和政治差异,因此在西方仍然能够获得成功,例如蔡国强、方力钧、徐冰、高行健、张元等人的作品都是近10年里在西方获得成功的。

④ 例如关于中国,在思想和制度这些真正决定性的方面,我们就很难找到西方的正面经验。莱布尼茨由《易经》而盛赞中国最早发现二进制算术和思维方式,并且把这个分析以正式的学术承认方式写进论文,这可能算是难得的例外。见 Explication de L'arthmetique binaire, quise sent des seuls caracteres 0 et 1, avec des remarques sur son ulilite, et sur ce quelle dcnne Le sens des anciennes figures chinoises Fchy,1703。

四、异端模式和天下模式

从传统上说,他者问题最容易表达为以宗教分歧为底色的异端模式。宗教分歧当然是以基督教、伊斯兰教和犹太教之间的分歧和冲突最为典型,甚至我们有理由猜想,假如没有它们之间由于特定历史原因导致的冲突,今天人类思想方式中也许就不会有"异端"这样一个思维模式。或者假定它们所统治的地区相隔甚远,其精神资源又毫无联系,那么,即使后来相遇时仍然发生了严重冲突,也不一定就会形成作为一个思维模式的异端模式。文化和社会之间的差异只是个普通事实,它可能会导致互相冲突和毁灭,但不必然;它也可能导致互相吸引和接受,但也不必然,这都要看具体情况。例如古代欧洲从埃及和巴比伦那里吸收了许多智慧,古代中国也从佛教中获得许多思想,这些文化相遇的情况都没有导致异端模式。

不幸的是,基督教、犹太教和伊斯兰教有着许多共同的思想渊源——就它们的最原始根源而言,按照阮炜的说法,"它们都结构性地禀有'叙利亚文明'要素"①——于是就出现解释学问题(当然在解释的背后总是有利益问题),而非常尖锐的解释分歧就会产生异端认定。一般来说,如果我们把某种事情说成"如此这般",而别人把它说成"别样那般",并且仅此而已,这并不足以形成异端认定,因为大多数人在真理的问题上并不像哲学家那么喜欢较真,话不投机就算了,犯不着拼命。比如说假定有人非要认为世界的本质是精神而不是物质,或者坚持认为人类起源于300万年前而不是250万年前,如此等等,大多数人不会为此较真以至耿耿于怀,因为这些事情即使重要也不至于要命,答案不管是什么样的,人们都只会觉得有趣。一般地说,人们对生活的兴趣远远大于对真理的兴趣,人们甚至有可能放弃真理,但却很难放弃与自己利益密切相关的价值观。因此,能够形成异端认定的充分条件是:给定我们把某种事情说成如此这般,而他们把事情说成别样那般,并且,这件事情是我们和他们都非常挂怀关切的,它涉及人们的生活意义,那么,对这件事情的异样解释就是不可容忍的异端了。

由于特定历史背景使得基督教、犹太教和伊斯兰教共享某些精神资源,它们就必须把他者定义为异端以保护自身的利益。而在历史中偶然形成的这种异端思维逐渐固定下来成为一个既定的异端模式,它开始只是被滥用到各种教派和解释的传统之间,在现代以来则进一步扩大地发展为——或者说普遍化地发展为——理解其他文化的一个典型的解释学前见。正如前面谈论到的,除了在艺术这个非常自由浪漫的领域或美学方面,其他文化的其他方面都非常可能被异端化地理解,尽管像中国文化这样的文化其实与西方文化毫无共同渊源,根本谈不上是它的"异

---

① 阮炜:《历史化内的叙利亚文明》,《读书》,2002/8。

端”,但也会被纳入异端模式去解释。这说明异端模式已经变成一个普遍的理解模式。相反,典型的异端模式在中国文化中几乎不存在,一个重要的原因是宗教在中国历史上没有取得文化中的最高地位,因此不存在一种被盲目地假定为高于思想而必须支配思想的东西。宗教是惟一能够使人放弃思想志趣的迷幻形式,思想是艰苦的,而据说高于思想的信仰能够使人再也不用想什么,因此,宗教是心智的愉快堕落,而心智的堕落使人可以在宗教的名义下进行所有的罪恶。有趣的是,正因为中国缺乏宗教,所以在西方来看是难以理解进而难以接受的,因此是一种特殊的异端。中国学者跟随西方抱怨中国缺乏宗教者也不乏其人,却很少有人去思考中国思想是如何得以避免(而不是如何缺乏)宗教这一心智陷阱的这样的问题。事实上正因为中国缺乏宗教才能够避免与其他文化产生不共戴天的冲突。

可以说,典型的异端模式总是以宗教认同为基础的。基于宗教标准的文化自身认同至少强调了三种东西:

首先是绝对性。承认神使得绝对性由单纯的概念变成存在,由知识论的一种想像性追求变成了存在论的一个“现实”,而绝对性的现实化使绝对性具有了强大的精神和情感力量,具有了精神和情感力量的绝对概念就成为了无条件地加以寄托的信念,把精神和情感赋予某种信念就等于把整个生活托付给这个信念,一旦整个生活都托付给某种信念,人们就不再有怀疑它的积极性,由于这个信念已经成为生活的支柱,怀疑它就等于完全否定自己以及自己的生活,这样做的成本无穷大而收益无穷小,当然没有积极性。因此,信念借助精神和情感的力量超越了思想。我们知道,在思想中不能被怀疑的东西少之又少,可能除了逻辑命题,并没有什么不能怀疑,而逻辑命题等于什么都没有说,①因此不是真正的思想,所以没有一种思想能够赢得绝对性地位。只有宗教信念才能做到这一点。宗教信念和绝对性的结合是经过了一个技术水平很高的转换才达到的,中世纪的神学家们为此费了许多力气,主要是利用希腊知识论的方法:既然要寻找知识,就是要找到真理,而真理需要存在的保证,上帝指的就是最大最根本的存在,所以关于上帝的观念就是最根本的真理甚至是全部真理,因为其他真理无非是最根本的真理的各种表现。当明确了上帝作为思想的根本任务,虽然思想不可以停止——因为上帝是永远思考不完的,但是除了上帝,别的事情已经基本上不用思想了。这样就等于说,关于上帝的思想反对其他一切思想,于是思想在性质上就发生了根本变化,只允许思考一样东西的思想就变成了信仰,不再是思想了。由此可以理解奥古斯丁的“由相信而理

① 逻辑命题是重言式(维特根斯坦语),它们只不过表达了命题之间的抽象的真值的传递,并无实际内容。也正因为它没有实际内容,所以能够是绝对真理。凡是有具体内容的命题,或者由于所能够表达的经验的有限性而永远是有可能被证伪的(波普尔语);或者由于涉及价值观而永远不可能得到众心一致的认同。

解”原则了。

其次是有限性。信奉什么样的教条和什么样的诠释需要斩钉截铁的选择,需要明确的“边界”。在西方思想传统中,“有限性”是个重要指标,希腊人就已经相信,完美的东西必须是有限的,因为如果不是有限的,那么就不能把所有意料不到的非常可能是坏的东西排除在外,就难免不完美。在这个思想背景下,划清界限就成了保证完美的必要措施。由此又可以理解西方一丝不苟地界定各种事情的热情,概念、个人权利、财产、国家边界等等都同样以“划清界限”的思维模式来理解。有限性或界限也是原教旨主义的哲学根据。在原则上说,一种宗教如果是彻底的,那么它就必须是原教旨主义(尽管出于策略考虑,许多宗教或教派并不如此宣称),否则不但在逻辑上说不通,而且在实践上会失去保护自身不被解构的能力。

还有就是普遍主义。这是由上述的绝对性原则和有限性原则共同支持下的结果。既然某种信仰既被认为是“绝对的”同时又是“有限的”,那么就逻辑地意味着存在着一些在它之外而又不合乎它的理想的观念体系,或者,存在着某些不属于这种信仰的其他信念并且它们是不可容忍的,于是,进一步就必然得出,那种被赋予绝对性品格的特定信仰有理由和有资格推广为普遍的信仰,而其他“在外的”信念必须被禁止——假如有可能做到的话。这里不难发现原教旨主义和普遍主义其实是暗中统一的,即原教旨主义总是要求被普遍化,同时普遍主义要加以普遍化的总是某种原教旨主义。这样就不难理解为什么一种在逻辑上满足严格彻底的宗教要求的信仰总要把其他信念定义为异端。异端的存在不仅使某种信仰的普遍扩张具有合理性,而且能唤起人们更大的热情、正义感和责任感,显然,人们喜欢做侵犯这样的坏事,假如找到了冠冕堂皇的理由使侵犯显得像好事,那做起来就更有热情了。

异端模式意味着这样一种资格论证的思维模式:把自己与他者严格区分开来,对精神进行划界;认定自己是特殊的并且是优越的;最后,自己的特殊性由于有被假定的优越性,因此有资格被普遍化,有资格代替或统治其他特殊的他者。其中的核心就是由“特殊”到“普遍”的资格论证。

在自身认同这个问题上,中国的思想传统确实显示出特殊性,它不具有异端模式(当然是因为没有宗教来形成强大的激励)。“中国”这个概念在地域上和在文化思想上从来都有着某种程度的模糊性,它没有明确边界,所以它具有人们经常提到的中国文化那种能够消化一切的融合能力,尤其是,我们自己对没有边界并不觉得难受。所谓模糊性从另一角度看就是开放性。不过这种开放性并非没有节制——否则中国文化就不会在现代被认为是“保守的”(尽管当年新文化运动和西化运动的倡导者们在批评中国文化的保守性时难免夸大其词)。中国式的开放性似乎可以说是一种“有弹性的开放性”,即它像任何其他文化一样都会有某种保守主义(保守主义是任何一种文化的必要机制,它可以维持文化核心传统的必要稳定性),但它永远有着商量的余地,因此它可以接受某些异己的思想观念,尽管往往是部分接受或者是改造了的接受,其中典型的手法也许可以称作"文化改制"(reculturing),就是让外来的文化按照本土的需要去生长,使外来文化能够"变生为熟"而达到"转世而生"——比较有逻辑地说就是能够为另一个可能世界开发进入本土可能世界的可通达性(accessibility)——从而既为本土文化注入新的活力,又不至于破坏本土文化内在结构的平衡。这种"文化改制"由一系列不破坏原先基本结构的有限改变所构成,这些有限的改变一方面是在不断增加文化的新含义,另一方面是在不断地解构外来的原本含义。其基本的转换方式大概可以描述为:假设本地文化为 C,C 可以开放地接受所有与 C 相容的文化因素 c1, c2, c3……假如某个新的外来因素是 w1,那么 C + w1 是可能的,当且仅当 w1 能够被变成 c1, c2, c3 等中的一个新因素 cn 比如说 c4。而成功地把 w1 转换为 c4 又使得 C 具有了新的能力去接受更多的新因素。最典型的例子是佛教和马克思主义的移植成功。其他如西方的当代学术、当代艺术和生活方式以至社会制度也正在成功地被"移植/解构"(移植并且同时被解构)。①

这种让外来文化本土化(localization)的成功基于一组非常的条件,这就是,这种本土文化必须是一种无明确边界的或有兼容能力的文化精神,并且,它的表述系统(即它的自然语言)必须具有无限丰富和自由的重新组合能力。由于一些在历史学上还难以解释清楚的原因,中国文化碰巧具有这样两个特点。关于后者,众所周知,中国的语言在语言能力上与众不同,它在构词能力上可以说几乎是有着无限可能的,因此具有极大表现力,这里说的不是中国语言更优美(不可能有这样的价值断言,因为不可比),而是说它的构词能力由于享有自由,而能够达到表现力的最大化,因此,几乎没有什么不能够进入中国表述系统的概念,几乎任何外来的概念在中国语言中都可以和谐生长而不会格格不入。这决不是说,所有外来概念都能够准确无误地被翻译,显然并非如此,②但是我们在此讨论的根本不是翻译问题,而是文化的转化能力。使一种外来的概念能够"转世"而获得新生并且在本土文化中找到合法位置,即使其翻译并不准确,就已经是对于外来文化的成功移植了。语言是文化思想的土地,重要的不是所种的东西能够保持原样,而是什么都可以种并且成活。在此没有必要过多地讨论语言问题,但是有一点是值得注意的:中国语言是一块具有极强兼容能力的"文化土地",它在基本精神上与中国文化整体

① 有一个以小见大的例子:现在至少中国城市接受了圣诞节作为一个节日,但是人们根本不理会圣诞节原本的含义和情感分量,人们解构掉原来的宗教背景而把它基本上当作是一个美丽的聚会或烛光晚会之类的欢乐机会。

② 事实上有一些西方概念一直都不能够非常准确地被翻译,例如"being"、"Da-sein"、"logos"、"discipline"等等,但这并不妨碍关于这些概念的"错误"翻译成功地成为中国概念体系中的合法概念。

的精神原则是同构的,它的性质可以使我们隐喻地理解中国关于“世界”、“文化”、“地域”的观念。

传统中国关于世界、文化、地域和界限的理解集中地表现在“天下”这一根本性的概念中。“天下”是个纯粹中国式的概念,虽然在某些方面类似于“帝国”的概念,或者说与帝国这一概念有密切关系,它表达了中国关于帝国的独特理解和解释。中国式的帝国和西方所谓的 empire 在许多表面形式上确乎是共同的,应该都属于“帝国”这一政治/社会/文化制度,然而却有着一些极其重要的区别,尤其与现代意义上的西方帝国则有着更大的差别。“天下”是中国对世界的政治/社会/文化制度的哲学构想。它看起来几乎是最早的“全球化”概念,尽管有着一个我们在后面要讨论到的根本区别。

在西方,自从罗马帝国以来,帝国就开始成为一种制度和一种思想。即使在西罗马帝国崩溃之后,后来所谓的神圣罗马帝国尽管不再有帝国那样的宏大面目,但仍然继承了罗马帝国的称号,这更表明了对帝国这个制度的认同。而皇帝与教皇的合作又进一步创造并明确了它的自身认同——这一创作极其重要——即把罗马帝国和基督教的概念都看做是“世界性的”(类似于今天的“全球化”),并且这两者是同一个世界的本质的两个方面,正如戚国淦所比喻的,这两个基本的方面被塑造为不可分的“灵魂和肉体”的关系。① 这已经相当完整地定义了帝国概念,既有了思想又是制度。

帝国的疆土从来都是不确定的。传统帝国至多能够确定自己的中心,却不能确定它的边界,因为帝国的成功程度取决于它的军事实力。帝国政府从来没有在思想上有关于帝国明确边界的预期,即从来没有想好要征服“到什么什么地方就够了”,而宁愿把边界或明或暗地想像为开放性的。传统帝国即使没有一统天下的明确想像(事实上没有一个帝国有过这样的实际能力,不管是罗马帝国还是蒙古帝国或者大清帝国),恐怕也都不会拒绝这样的愿望。传统帝国的实际边界是随着实力的变化而变化的。更准确地说,传统帝国本来就没有严格的“边界”(border)而只有边陲(frontier),即一个模糊的、帝国影响力渐渐弱化而消于无形的地带。这个边陲不仅是政治、军事和经济力量的边陲,而且也是文化力量的边陲。帝国为了保持是个帝国就必须保持是个超级力量。

不过,中国古代帝国从来就与西方帝国有所不同,它似乎更相信文化的力量。当然,无论怎样,中国古代帝国也必须依靠强大的军事力量来保证它的存在和发展,但是它在精神气质上不是侵略性的。如果说中国古代帝国同样得到了扩张的话,这些扩张主要来自防守性战争的胜利所带来的额外成果(如汉唐对北方游牧民族的防卫性战争的胜利确实导致了边疆的扩展),而在后来更大面积的扩张则

① 参见布赖斯《神圣罗马帝国》中文版序言,商务印书馆,1998。

更是偶然的所得，是继承了入主中原的扩张性蒙古和清帝国的遗产。中国主流的思想包括儒家道家再加上佛家，都对侵略和战争非常不感兴趣。中国帝国的骄傲更多表现在自身文化地位上而不是在版图上，它把自以为作为核心的文化传统当成是描述帝国的最重要根据。中国传统帝国的标志是它的“文化引力”，它具有一种“星系形态”。对于传统帝国来说，它或许在实际上会对尚未纳入帝国控制（尤其是文化控制）的其他地区（所谓“化外”之地）有某种程度的陌生感或歧视，但却没有自觉和明确的理论意识要把其他地方看做是异端性的。在理论上说，万邦都一视同仁地属于“天下”，一个地区还没有进入“引力场”，并不意味着它是在天下之外的。中国以“天下”这一概念去理解的“帝国”是个最大的地理概念，尽管这个“天下”始终是理论上的存在，而没有真的形成事实上的“天下/帝国”，但它在理论上有着极其重要的意义，它是人类文化中惟一超越了自身认同的政治单位。“天下”可以被定义，但不是自身认同。它是个意味着彻底的“世界体系”的文化/制度概念，也是一个最重要的哲学观念。

“天下/帝国”是一个在今天非常值得研究的哲学概念。中国传统帝国认定帝国的范围是“莫非王土”的“天下”，在地理学的意义上它相当于整个世界，凡是在天之下的土地都在理论上属于“天下/帝国”。不过，这个“世界”更确切地说是个关于世界的文化地理学视界（horizon），作为世界的“天下”是有扩展性的，它随着视界的扩大而扩大。视界所及便属天下，它永远比力所能及的地域要大。蔡邕曰“天子无外，以天下为家”①，司马迁亦曰“天子以四海为家”②。天下是至大无边了，大到“无外”。忽必烈也觉得只有“大元”这样的称号才能配得上他那几乎是天下的帝国，大元意味着大到不能再大。这样以整个世界作为政治单位的帝国在逻辑上根本不是一个“国”。国必须是“在世界中”的给定范围（中国所谓“国”，最早仅仅指都城，稍后又把都城的郊区也算在内，远处土地就不是“国”而是“野”了。大概在春秋战国时才开始把整个统治地区的“域”称为国③）。

在西方思想里没有“天下”这个哲学观念，这是中国式的天下帝国与西方强权帝国的原则性差别。尤其需要强调的是，“天下一家”看起来与“全球化”相似，但在其含义（内涵）上却非常不同。对于全球化来说，世界的统一不管在理论上还是在实际上都是个未完成的概念，因此在帝国之外的地区就是要被征服的对象，全球各地的一致性原则是通过征服而强行创造出来的“齐一”；而对于天下理论来说，尽管在实际上世界远远没有一统，但是在理论上它被假定为已经完成了的概念，是

---

① 蔡邕：《独断》。

② 司马迁：《史记·高祖本纪》。

③ “国”古时作“或”，意谓在所统治的土地之上建城而以兵戈守之者曰国。参见白钢：《中国政治制度通史》第1卷，人民出版社，1996。

一个本来就完整的世界，是先验的一家。这一点是最关键的："天下"是个关于世界政治或全球政治的先验概念。于是，天下万邦只有差异而没有必要划分出异端。由于强权帝国用来思考世界的概念是一个关于世界未完成状态的概念，因此，世界其实并不是"用于思考的概念"而是"被思考的概念"，即不是观念性的，而是对象性的，真正的思想单位是"本地"（local），是"此地"，其中并不包括"彼处"，所以，西方的世界观的底牌仍然是地方观，它是以西方这个"地方"去看待世界，而不是从作为整体的"世界"去看待所有地方。正好相反，天下帝国的眼光是世界性的，既然世界已经是个完成的整体存在，那么理所当然从"世界"去看待各个地方。只有天下帝国拥有超越了地方观的世界观。正是天下帝国的这种世界概念先行的思维模式决定天下帝国的价值和情感偏好，由此很容易理解为什么绝大多数中国思想家都把天下的"合"、"和"和"治"看做是头等大事和最重要的问题，并且坚决反对"分"和"乱"，因为世界有着给定的完整性，"合和"就是不再需要理由的先验原则，所有"地方"都以"合和"为先决条件才能够保持给定的完整性，所以，没有一种地方观（无论是宗教还是知识）可以有正当理由通过推广自身而侵略、吞并和取消其他地方观。本来这种以天下为思维尺度的问题体系和理解方式是对所有事情都具有合法性的思想模式，以全观缺，当然好过以偏赅全。但是中国人却在近百年来被现代观念歪曲了自己的思维，把反对侵略、以守为本说成是懦弱，把天下之心说成傲慢幻想。

决定天下所属的天命被认为是一个独立于任何政治实体和宗教组织的自主性原则。天命只助有道者，不管是谁（即不考虑特定身份）。"有道"是拥有天下的惟一合法辩护。有道与获得天下民心是同一的。"天下"这个中国概念自古以来就有着双重含义，它不仅指天下之地（"下土"），而且指天下之民心（"天视自我民视；天听自我民听"、"民之所欲，天必从之"①）。于是"天下"概念具有一种内在的哲学关系：天子受命于天而在理论上拥有天下之地，而拥有天下之地的意义实际上又在于拥有人民（"得乎丘民而为天子"②），因此，民心的向背成为是否真的拥有天命的惟一确证（evidence），就是说，天命只有在被民心所承认时，才由理论上所声称的变成实践上被确证的。其中有个"确证而后存在"（to be is to be evidenced）的哲学原则。如果某个王朝失道了，别的政治集团就有理由"革命"（如"汤武革命"），而且不限于中原民族。尽管中原民族会对自身多有偏心（这是人之常情），但终究是非常开放的。

天下观逻辑地注定了中国文化的开放性原则。历史上诸多外族多次入主中原，从五胡到契丹、女真和蒙古。其中蒙古和清朝是典型的成败例子，很能说明问

① 《尚书·泰誓》。

② 《孟子·尽心下》。

题。蒙古采取的是强权帝国模式,武功虽前无古人后无来者,但它的强硬压迫和敌对态度完全违背"天下原则",因此失道而亡。清朝则因为有道,便相当顺利地获得人民的认同。其实早在清兵入关之前,后金帝就已经明白这一点并且以天下理论作为革命辩护,他在《后金檄明万历皇帝文》中声称:"天地之间,上至人类下至昆虫,天生天养之也,是你南朝之养之乎?……万物之天至公无私,不以南朝为大国容情而仍责其不公……天命归之遂有天下,天惟论其德……只论事之是非公断。"①这番道理也是后来人民承认清朝统治的理由。当然中国并非没有狭隘民族主义意识(自私之心人皆有之),然而狭隘民族主义、狭隘文化意识形态等在中国的思维结构里并不是根本性的原则,甚至不是思想理论的组成部分,而只是与具体利益联系在一起时的自然情感。其实,说到中国古代的"民族主义",是很有些疑点的。中国民族向来血统混杂,南北朝后更融入诸多北方民族,所以并没有西方意义上的民族主义(以民族主义原则为本而立民族国家乃西方模式,并非中国之发明)。与其说中国的民族主义,还不如说是地方主义(一种比较广义的乡土认同),中国对自己的土地有着超乎寻常的感情。这种地方主义才是中原人民保家卫国的真正动力。如果说地方主义是中国的情感原则,那么,天下主义就是中国的思想原则。这其中导致的思想与感情的某些不一致也在所难免,不必细论。

无论如何,在思想层面上,有道者得天下这个原则与西方征服世界的思维方式大异。对于西方,自己的利益和宗教就是对自己的利益和信仰的辩护(这种自相关的辩护在逻辑上其实不成立),于是才会发明出异端模式(这种思维模式一直到今天仍然没有改变,甚至现在美国声称它可以先发制人地打击任何有潜在能力威胁美国安全的国家。这种在无人挑战的情况下仍然要消灭别人的想法如果按照中国的道义来看可谓无道之至)。显然,在"帝国拥有世界"这个问题上,西方强权帝国所理解的就没有像中国天下帝国所理解的那样轻松,问题就在于思维的异端模式。西方传统帝国不得不面对与它自己所定义或自己创造出来的异端世界的紧张关系(自己创造出敌人,这也是自我折磨):由于在它之外的地区是异端地区,而不是蛮荒的未开发地区,是有着完全不同的发达意识体系的地域,而不是无思想定义的地区,以上是另一个世界(所谓一个世界,从根本上说是由某种独立思想意识所定义的),所以另一个世界是个暗含威胁的世界,不得不与之紧张相处。西方强权帝国对自己的承诺也是一个世界性帝国,但是由于它以宗教为思维格式和依据把世界的某些部分定义为异端,这等于把世界看做是不完整的、分裂的,也就是前面说的,完整的世界只是一个未完成的概念,而为了获得完整的世界就不得不去征服在外的其他部分,取消在外的世界的异端思想含义。

这种理解在这里确实表现出与中国的哲学语法的深刻差异,"天下"意味着完

---

① 《清入关前史料选辑/1》,第289~296页,中国人民大学出版社,1984。

整的世界是已经给定了的，所谓“化外”之地本来就是“天下”这个概念所包含的合法部分，不是需要征服的对象，而是需要与之沟通使之发现帝国中心的吸引力的地方，“化”甚至不是通常所误解的同化，而是感化或显示吸引力使得别人被吸引，因为以文化之是要通过“礼”的，而如果强加于人就恰恰无礼了，所以“礼”本身的逻辑就已经决定了“化”只能是被动性的、等待性的而非侵略性的。① 总之，“化”承认他者的自由意愿并且以情感化交往为本。中国传统帝国所创造的“朝贡体系”就典型地表明了“帝国拥有世界”的情感化交往模式，它相信天下是已经完整的世界，相信四海一家；它所要求的只是天下“万邦”对天子在礼仪上的敬意——礼仪作为形式，它在内容上表达的是情感上和文化上的承认，特别值得注意的是，由于礼仪总是双向的，因此它先验地预定了互相承认和互相尊重。这一点决定了朝贡体系的根本性质或哲学前提是互相承认的文化/情感交往方式，而且由于礼仪的双向尊重，帝国并不要求和强迫贡国接受属于帝国的宗教或者价值观，这样一种“文化的承认”在思想或理论上又预定了双方在政治方面的独立性原则（在权力结构和社会制度方面的独立自主，比如说帝国对朝贡国只能“册封”却不能任命）以及在经济贸易方面的自愿自然原则（即朝贡体系中的经济关系目的主要是“互通有无”模式的互惠，而不是强迫性的推销以谋取顺差利益）。可以看出，“承认的文化”比“承认的政治”更为根本。

西方现代帝国与传统帝国又有些不同，它主要是以民族/国家为基本界定的，这比以宗教认同的基本界定似乎又狭隘了一些。现代民族国家的兴起使国家有了非常明确的、往往经过边界条约认可的合法边界和同样明确的利益。这种基于民族国家的现代帝国就是列宁所批判的帝国主义。帝国主义给世界造成的伤害已经不言而喻（如两次世界大战以及多次局部战争），更深远的后果是使世界上的利益争夺形成了肆无忌惮、明目张胆的行为模式。如果说西方传统帝国的模式是罗马帝国，那么现代帝国的模式就是大英帝国。而美帝国则是更新的帝国模式。哈特和内格瑞相信美帝国更接近于罗马帝国模式而突破了欧洲民族国家帝国模式，而且正在以一种立宪主义（constitutionalism）的态度试图管理世界。② 这个论点虽然不见得很准确，但的确是有见地的。美国所注重的是美国的世界“领导地位”，例如约瑟夫·乃指出，美国尽管已经成为自罗马帝国以来最强大的力量实体，却仍然无法做到在世界上独行其是。他的建议是，除了加强美国的“硬力量”，还必须大大加强“软力量”（文化和思想）。③ 美式帝国应该是一个混合型的新帝国，这一帝

① 《礼记·曲礼上》曰：“礼，闻取于人，不闻取人，礼，闻来学，不闻往教。”

② 参考 Hardt and Negri: *Empire*, Harvard Univ. Pr., 2001。

③ 参考 J. Nye: *The Paradox of American Power: Why the World's Only Superpower can't Go It Along*. Oxford Univ. Pr., 2002。

国模式之所以特别值得重视就在于它不仅要把帝国的统治由政治和经济方面扩大到文化和思想方面，而且不满足于当世界游戏的大赢家，还同时要成为世界游戏规则的立法者。这样它就把异端模式的思维逻辑全面贯彻彻底了。

五、作为策略的自身认同

在存在帝国主义的世界背景下，对于那些没有希望当上帝国的民族国家们来说，文化的自身认同很自然地就成为一种国家策略。民族国家运动是现代的一个持续的运动，先是起于欧洲国家，后来是东方和非洲国家。民族国家的意识是"启蒙"的一个特殊方面。"启蒙"主要表现在对平等的个人的存在和价值的自觉和发展，以及对理性和科学精神的建构。民族国家意识本身不应该属于启蒙原则，但却是启蒙的间接产物。启蒙所鼓励的是在社会平等背景中的自由竞争，当把"个人"这一单位换算成"民族"和"国家"，自由竞争的关系同样成立。竞争关系非常可能唤起了各地方的自觉意识，于是，不管是民族主义得到了强化还是地方主义转换成了民族主义，总之各个国家都逐步意识到文化身份和经济、军事一样也是立国之本。所以，文化自身认同便成了国家策略，但同时也成了一个思想问题。对于中国来说，符合西方标准的民族主义和民族/国家只是在西方挑战下的现代产物（正如前面讨论到的，古代中国至多有本土主义而没有清楚界限的民族主义），文化自身认同也一样，在现代才成为中国的一个迫不得已的国家策略。按照原来的天下模式，自身认同根本不构成问题，几乎是多余的，至少在理论上并无必要。

诸如生活方式、习惯和风俗甚至艺术这些事情并不是文化认同的根本性标志，这些都只是美学景观。思想体系、价值观和语言才是一种文化的根本。其中的一个重要区别是：在文化中，美学景观是消费性的，而语言、思想和价值观则是生产性的，只有语言、思想和价值观才能够为一种文化带来权力、影响力和利益。这就是为什么在这个盛行文化多元论的时代里拥有文化霸权的西方热情地欢迎东方的美学景观而坚决拒绝给予东方的语言、思想和价值观以相应的地位的原因。毫无疑问，人们现在几乎都意识到文化是一个民族或一个国家的最大品牌。一种文化越在世界上得到推广，其品牌就越成功，就拥有对世界各种事情的更大的解释权，甚至可以成为世界的普遍知识的生产标准，它对世界的政治、思想和经济的影响力就越大。而这一文化品牌的国际竞争使得文化本身又成为一个政治问题。事实上，后冷战以来全方位的全球化运动似乎在经济和政治方面的某种程度上削弱了民族国家体系（许多人这样看），但由于全球化同时创造了一个世界文化市场，于是，文化的自身认同成为一种政治力量。世界市场终于形成了完全立体化的市场，不仅是产品的输出竞争，而且是理想和生活方式的交换输出竞争。在这个"谁适应谁"的场景里，美国在今天世界上的文化成功虽然很大程度上依靠了它的霸权，但还有一个不能被忽视的原因,这就是,其他文化被美国文化所同化是个最省力、最简单、成本最低的工程,因为美国文化是大众文化,它本身最简单,缺乏复杂的传统背景、厚重的历史和细腻的精神。它不仅挑战复杂的东方文化,而且还作为西方文化的通俗版本挑战着高深的欧洲原版。几乎所有的文化都面临着生存竞争。

由于全球化的结果,社会制度、政治制度和经济制度的地方性特征的消失使得各地的自我定位更加困难,所以,文化的自身认同或者自我表述变得非常突出,几乎是最后的多元性依据了。可以说,今天世界上各种文化都面临着文化的自我表述危机,不知道用什么来表述自身,不知道能够表述出什么,尽管文化自身认同作为策略是清楚的,但是要坚持什么、要为什么而辩护则是不太清楚的。这就不难理解为什么文化间的“对话”问题成了当下的焦点问题,人们不仅想通过对话借助他者的眼光而更充分地认识自己的文化(这是苏格拉底“认识自身”问题的新版本),而且想在对话中进行文化博弈而使自己的文化处于最有利位置(“文化博弈”应该成为博弈论的一个重要问题)。在过去的世界里,并非没有文化间的对话和博弈,但毕竟与今天的对话和博弈模式有一个决定性的区别:全球化背景中的文化对话和博弈是一个不可以不参加并且不可以退出的游戏,任何文化都不得不被卷入。这就是为什么我相信这个所谓的新时代是一个普遍的“文化改制”(reculturing)的时代,①不管愿意不愿意,不管喜欢不喜欢,任何一种文化都会被其他文化所改写。传统哲学的 inter-subjectivity 问题也因此转变为更复杂的 inter-culturality 问题。

在世界的文化问题变得越来越复杂的时候,我们可以发现,对话只是必要的策略,但我们还需要找到能够保证对话有效性的思想模式,否则有了对话也不可能真正解决问题和冲突。事实上,那个能够保证对话有效性的模式已经存在,它就是中国经典意义上的“天下模式”。中国的“天下模式”可能是惟一超越了文化自身认同局限性的文化模式。它直接假定了“超越”了文化地方性的更高视野,它把人类共有的“天下”当作是一个先验概念(a priori),因此成为一个俯瞰性的超验世界观(transcendental)。它在多元论之上,但决不是要取消多元的事实,相反,它准备包容多元的事实,这与试图以地方兼并世界的全球化普遍主义模式(蛇吞象模式)有着根本的不同。“天下模式”可能是克服文化自身认同危机的一个有效方式,因为它的眼光超越了自身认同,它不把自身认同看做是根本性的问题,甚至可以说,天下模式是对自身认同问题的积极解构:世界需要地方性事实和地方性知识,却不需要作为任务和难题的自身认同。全球化是一个错误的指导性原则,因为它试图以某个地方尺度充当世界尺度。只有“天下”观念才是一个先验的世界尺度。

① 参见我的论文:On Reculturing, Alliage, No. 45-46, France, 2001。

论民族主义
——对民族主义问题的一种自由主义考察

□高全喜

虽然人类历史上民族的形成有着悠久的历史，但民族主义的产生却是晚近以来的事情。从西方历史来看，民族主义伴随着现代民族国家的形成而产生；从大的历史框架来说，它是一种现代性的思想观念，具有现代政治的本质特性。我们知道，现代民族国家的形成是西方政治历史中的一个转折性的事件，西方各主要民族在经历了中世纪的神权政治和基督教文化的洗礼之后，逐渐形成了各自的政治国家。这类政治国家虽然在不同时期和不同地域表现出不同的政体形态，它们的形成呈现出政治共同体特有的复杂性和多样性，有的与王权专制相融合，有的与城市联盟相携手，但从总的方面来看，现代以来的民族国家作为一种以民族为核心凝聚力的政治共同体，具备了种族、地域、人口等基本的要素，它们共同构成了民族国家的基本要素，并将其合法性建立在主权的基础之上。

显然，民族主义作为一种现代性政治文化过程中的思想意识产物，它不同于古代那种对于民族的一般认同与忠诚，民族主义无疑是一种特定的民族意识，它对于一个民族的认同和忠诚是以一个民族国家为诉求对象的。现代以来的民族主义，首先是一种政治学意义上的民族主义，对于民族共同体的认同和忠诚，乃至奉献，是民族主义核心的特征，这种认同的主要指归便是具有法权意义的主权国家。① 虽然，现代以来的民族主义也不排斥其文化和心理的意义与蕴涵，但从根本上来说，民族主义是一种政治的思想意识形态，对于民族国家的政治诉求，在民族主义那里具有着压倒性的首要地位。

不可否认，15世纪以降至当今21世纪的西方乃至世界的政治文明，民族主义作为一种思想意识形态大致经历了三个历史发展阶段，呈现出三种基本的表现形态。第一个历史阶段是文艺复兴以来西方民族国家形成过程中所逐渐锻造出来的对于西方各主要民族的政治认同，以及围绕着这种认同所日渐丰富的文化形态。这一政治与文化双重推进的民族主义伴随着、促进着欧美各主要民族国家的建立与发展。第二个历史阶段是20世纪以来亚非拉各弱小民族在摆脱西方政治奴役的过程中所产生出来的民族独立运动和民族文化认同意识，这一时期的民族主义与前一种形态的民族主义有着重大的区别，它对于民族国家的政治诉求和各个民族传统文化的认同，呈现出全权主义的强势特征。第三个阶段可以说是20世纪末随着美苏两大阵营的解体以及当今政治、经济、文化的全球化进程所表现出来的对于各自民族全方位的政治和文化认同，这一阶段目前才刚刚开始，它的发展趋势以及内在的问题虽尚不明朗，但端倪却已出现。

民族主义虽然在现代性的人类历史上扮演着十分重要的角色，但它毕竟不是一种终极性的思想意识，也不具有普世性的根本意义，作为一种"中间层次"的观念与主张，它的基本特征、内在结构、外部形态以及演变的趋向究竟如何，值得我们给予认真的研讨。特别是对于当今的中国政治文化来说，随着传统政治意识形态的逐渐消解以及民族问题的日趋尖锐，民族主义作为一个问题已经浮出水面，而且在今后相当长的一段时间里，这个问题会更加尖锐和突出。因此，从一种自由主义的政治理论出发，对民族主义问题给予全方位的剖析与应对，特别是对于中国的民族主义问题给出一种理论上的解答，不能不说是摆在我们面前的一项重要的理论工作。

① 米塞斯指出："那些志在建设国家、具有自由精神的人作为一个整体，形成了一个政治性民族；patrie、Vaterland（祖国）成为他们所栖息之国家的名称；爱国者成为自由精神的代名词。从这一意义上看，法国人在推翻了波旁王朝的专制统治之时，在继续反抗君主联盟以保卫他们刚刚获得的自由之时，才感觉到自己是一个民族。日耳曼人、意大利人之所以形成民族思想，恰是因为外国君主组成神圣同盟阻挠他们建立一个自由国家。这种民族主义的矛头所指并不是外国人，而是同样压制外国人民之专制君主。意大利人最憎恶的并不是日耳曼人，而是波旁王朝和哈布斯堡王朝；波兰人所憎恨的不是日耳曼人或俄国人，而是沙皇、普鲁士国王和奥地利皇帝。只是由于暴君所依赖的军队是外国的，所以斗争才采取了反对外国人的口号。"参见路德维希·冯·米塞斯《民族、国家与经济》（*Nation, State, and Economy*，德文版初版于1919年，1983年出版英文版）第一部分，秋风译。

一、民族认同的政治基础

民族在人类历史上早已存在了数千年，但民族主义却只是近二三百年以来形成的思想理论，特别是近百年来在西方形成的思想理论，①对于第三世界的后发国家来说，民族主义只是在20世纪伊始才从西方移植过来的一种理论主张和学说。在中国这块地域上的民族问题早已有之，可以追溯到五千年以上，但作为民族主义理论话语中的民族问题，却是从鸦片战争以来才凸显出来的。虽然有关华夏传统文化中的种族之辩在我们浩若烟海的典籍中汗牛充栋，但"中华民族"却是一种属于民族主义话语中的专有词语。中国民族主义有着自己的有关民族国家的政治诉求，我认为中华民族在中国现代性的历史进程中，经历了辛亥革命和共产主义运动两个历史时期的锻造，通过这两个历史进程的政治、文化整合，"中国"作为一种以中华民族为核心凝聚力的以主权国家为合法性基础的民族国家，在20世纪开始熔铸于人类现代性的政治历史过程之中。因此，20世纪以来的中国的民族主义问题属于世界民族主义历史演变形态中的第二个阶段，而它目前所产生的民族问题又伴随着现代性的世界历史进程而融会于民族主义的第三个阶段。

无论是西方的民族主义问题，还是中国的民族主义问题，无论是第一阶段的民族主义形态，还是第二、三阶段的民族主义形态，虽然它们内外的问题是多种多样的，但都面临着一个基本的问题，那就是民族认同问题。因此，对于民族主义的分析研究，首先从民族认同这一关键点开始。

何为民族认同（National Identity）？初步来看，民族认同首先是一种民族情感，这种民族情感源于一定的民族文化。按照对于民族的一般定义，构成一个民族的基本要素是种族、地域、人口等，因此基于这样一个基本的民族共同体中的情感维系和文化认同，可以说是一般意义上的民族认同。这种民族认同自各个民族形成之日起就存在着，虽然人类历史上各个民族的特性有着千差万别，但各个民族的成员或一分子，从某种意义上来说，天然地具有对于本民族的认同趋向，这种认同往往是心理的、情感的、文化的、宗教的、血缘的等等。不过，上述意义上的民族认同

---

① 欧洲语言中的"民族"（nation）一词来源于拉丁语的natio，其基本含义大致为具有一定的血缘关系的定居于一起的社区团体，并没有多少政治的含义。但在现代以来，"民族"一词逐渐获得了越来越显著的政治意义，它不但包含着原来的有关血缘、地域、语言、习俗、宗教等意义，而且强化了作为一种社会共同体的政治意义，并最终超越了文化心理的范畴，变成为一个政治范畴。1844年意大利学者首先提出了"民族主义"（nationalism）这一词语，其基本含义是对于一个民族的忠诚与奉献，体现为一种突出的民族认同意识。参阅：Gellner，Ernest，*Nations and Nationalism*，Cornell University Press，1983；Breuilly，John，*Nationalism and State*，University of Chicago press，1994。

从严格的意义上来说,还不是现代性意义上的民族认同。作为与现代民族国家一同产生的民族主义意义上的民族认同,在我看来,就其核心的意义上来说,它是一种政治上的民族认同,具有着合法性的政治意义。虽然政治、法律意义上的民族认同并不排斥文化、心理、宗教、情感等方面的认同和归属,甚至还与它们有着十分密切的联系,但作为民族主义形态上的民族认同,首先和主要的必须是政治和法律意义上的。也就是说,这种认同是建立在民族共同体的政治合法性这一基点上的,没有民族国家的建构,民族认同便失去了基础。

首先,民族认同是一种合法性的政治认同,这种政治认同体现为非常明确的政治诉求,它要求以民族国家或民族自治的政治形态为目标。正是在这种追求政治共同体的独立主张中,民族作为一种政治身份或法律身份得到了认同,这种认同无疑具有着法权上的意义,它的突出标志便是主权。因此,主权是民族认同的基本标志,只有在主权的框架之内,所谓民族才获得了存在的依据。其次,民族认同是一种对于民族文化和民族传统的价值认同。也就是说,任何一个民族都有着自己独特的文化和传统,除了种族、地域、人口等基本要素之外,或者贯穿在这些要素之中,一个民族之所以具有着自己的独特身份,并得到其他民族的普遍认同的,除了主权以外,还有其文化传统。这种文化传统也许源于不同的宗教,也许源于不同的习俗,但经过长时间的演变和凝聚,它们共同构成了一个民族之所以得以存在的正当性依据。

因此,民族认同在现代性民族国家这一框架之内便具有着主权与文化双重的意义,作为一种现代性的意识形态,民族主义所诉求的正当性首先是它的合法性,其次是它的文化性。不过,考察现代社会的世界历史进程,我们看到,民族主义的主权意识和文化意识并不是天然和谐的,从某种意义上来说,它们之间也会产生一定的矛盾和冲突,甚至这种矛盾和冲突有可能导致民族主义政治理论的内在危机。因为,一个民族国家的主权可以与它的文化相生相容,特别是在民族国家的对外关系中,主权独立与文化本体往往成为支撑民族主义的两根拐杖,这一点我们可以从欧洲现代兴起的民族国家中明显看出来,如法国特别是德国的国家形态,便与其民族文化有着同一根源,①特别是在20世纪以来的后发第三世界的民族国家中,主权诉求和文化本体构成了这些国家追求民族独立的正当性支撑。

然而,也应该看到主权作为一个国家的自主性法权标志,在有些时候又与这个国家的文化并非天然和谐,因为文化作为一种经过长时间的历史积累的结果,早在民族国家产生之前就已经塑造出来,而它的标志未必就一定与其国家主权相一致,甚至某个时期的国家主权未必就是其民族文化的正当性代表。主权诉求的是一种政治和法律的权利主张,而它与文化并不一定合拍,甚至有些时候一定的民族文化未必就必然需要通过主权来表达,并不是任何一种民族的文化都非要与主权结合在一起。在此,主权意识和文化意识之间的相互关系对于一个民族来说往往涉及更深一层的关系,这层关系关涉到有关民族认同中其个体与群体、个人与民族、公民与国家、人权与政权等更为根本的关系。

由是观之,我们发现,现代性的民族国家其政治文化的合法性与正当性诉求,从一开始就具有神话式的意识形态特征,从某种意义上来说,现代民族国家是一种卡西尔所谓的"国家神话"。为什么这样说呢?因为,现代民族国家作为现代性的政治文化形态,从一开始就具有一种虚拟化的政治主张,即似乎天然地就把民族与国家联系在一起,依照这种理论,仿佛一个民族就必然应该成为一个国家,民族对于成为国家的政治诉求似乎具有着天然的合法性与正当性。然而,这种政治逻辑其实只是西方历史在从中世纪转向现代进程中的一个特定历史时期的特定形态,虽然它具有一定的合理性与必然性,但是否具有普世的意义,至今依然还是一个问题。作为国家这样一种政治单位或政治共同体,它也是现代西方随着民族演变而成的一种特定政治组织形态。也就是说,现代民族国家作为一种现代性的政府体制,与古典的城邦、中世纪的王国有着重大的不同,而且,即便是这样一种国家,是否就意味它一定是由一个单一的民族所构成的单一的国家,是否就意味着一个民族就必然一定要组织成为一种具有着主权资格的政治单元呢?从普遍性的人类历

① 在卢梭、赫尔德等思想家们那里,国家的建立与民族意识具有着内在的关联,前者基于代表公共意志的人民主权理论,后者则把民族国家与民族精神统一于一体,他们分别开辟了法国、德国政治浪漫主义和历史主义之先河。阿克顿曾指出:"不受历史约束的人民主权的概念,孕育产生了历史之政治影响的民族的概念。"见《论民族主义》一文,载阿克顿:《自由与权力》,侯健、范亚峰译,商务印书馆,2001。伯林在《民族主义:往昔的被忽视与今日的威力》一文中分析道:"这就是浪漫主义运动的根源,至少在德国,这场运动赞美不受民族以理性方法发现的法则约束的集体意志,赞美创造性的民族的精神生活,个人可以参与到这种民族的活动中,但它又是难以观察或描述的。民族的政治生命就是这种集体意志的表现,这一观点是政治浪漫主义(或民族主义)的本质。"见伯林:《反潮流:观念史论文集》,冯克利译,译林出版社,2002。另参阅:Breuilly,John,*The Formation of the First German nation-State*,St Martins Press,1996;恩斯特·卡西尔:《国家的神话》,范进等译,华夏出版社,1999。

史来看，民族与国家完全是两个不同的范畴，民族作为一种人类学意义上的组织系统，它与国家作为政治学意义上的组织系统完全是两种形态，现代民族国家将这两种形态锻造为一种法权意义上的政治单元，这可以说是人类历史上的一种新型的组织形态。对于这种形态的内涵，其组织结构、权利—权力关系到底是什么，一直还有待深入探讨，至于它的普世性以及对于世界其他地域中的民族共同体的影响及其相互关系等诸多问题，同样有待深入的考察。

不过，就西方政治理论来说，伴随着民族国家而产生的民族主义，可以明显看出，它并不是一种普世性的政治理论，对于这种民族国家的政治与法律意义上的剖析，也远不是民族主义所能完成的，可以说，与这种民族国家相关联的具有普世性的政治理论，并不是形形色色的民族主义，在我们看来，而是贯穿于民族国家建构之中的自由主义，甚或共产主义的政治理论。

我们知道，自由主义是晚近以来的一种政治理论，也可以说它同样起源于西方现代民族国家的生长塑造过程。① 但是，自由主义与民族主义并不完全等同，从形态上来说，它是一种普世性意义的政治理论，其内容含括了民族主义，在某些层面上与民族主义有所叠合，但在根本性上与民族主义不同。因为民族主义作为一种以“民族”为至上地位的政治主张，具有着对于国家政体的政治诉求，它的基本含义是对一个民族的认同、忠诚乃至奉献，因此，是一种有着特定含义的与民族国家相关联的民族意识。自由主义虽然也是从民族国家的政治进程中产生出来的，但它对于民族国家的认同却并不以民族至上性为标准，也不以民族利益和民族文化为最高目标。在自由主义看来，民族国家虽然有一定的合理性与合法性，甚至在它的形成中具有着相当程度的正当性，然而就其政治、法律和文化的基础来说，自由主义反以民族成员的个体性为合法性、合理性与正当性的标准。对于自由主义来说，公民权利和个体自由乃是远比民族国家和民族利益更为重要的东西，一个民族对于国家的诉求其目标在于民族成员作为自主公民的权利和自由受到民族国家的法律上的保障。因此，对于自由主义来说，主权虽然具有一定的意义，但它并不是最高的，而应该以人权为基石。只有建立在人权的基点之上，作为国家的主权才为民族国家提供合法性的支撑。这种自由主义的国家理论，在英美社会的政治文化中占有显著的地位。对于英美国家来说，民族主义并非一点征兆也没有，它们也有自己的民族主义，在它们的民族历史进程中也有着民族国家的塑造过程，特别是像美利坚这样的国家，它的国家形成显然是与美利坚民族的形成相关联的。但是，民

① 关于自由主义的起源以及政治特性，参阅：Anthony Ablaster, *The Rise and Decline of Western Liberalism*, Oxford: Basil Blackwell, 1984; John A. Hall, *Liberalism: Politics, Ideology and the Market*, The University of North Carolina Press, 1987; Richard J. Arneson ed, *Liberalism*, Fdward Flgar Publishing Limited, 1992。

族主义在这些国家中并没有随着现代民族国家的演变而成为普世性的政治主权建构,这类国家也并没有演变为民族至上主义的政治共同体,在它们那里民族主义只具有相对的作用与意义,这类国家所赖以建立的政治基石乃是一种以自由主义为理论基础的现代性的法治国家和宪政体制。

此外,现代以来的共产主义从某种意义上来说,也是一种普世性的高于民族主义的政治理论。作为一种独特的意识形态,共产主义所倡导的政治制度和法权关系乃至文化意识,从根本上来说也是与民族主义相矛盾的,民族主义在纯粹的共产主义那里是没有地位的。需要指出的是,与自由主义这种普世性的政治理论不同,虽然共产主义与民族主义有着复杂的关系,并最终是排斥民族主义的,然而就某些方面来看,共产主义与民族主义又有着某种内在的逻辑联系。在政治逻辑上,它们又都有很大的相似性,即它们又都有着对于总体性的强调,也就是说民族主义强调民族至上性,认为民族成员可以为了民族这类总体利益而作为工具被使用和牺牲;同样共产主义也强调人类至上性,认为每个成员也都应该为了共产主义的美好理想而作为螺丝钉来使用和奉献。

现在我们重新回到有关民族认同的问题上来,显然,民族认同作为民族主义的一种核心理念,从根本上来说,它并不能以民族主义为理论基础。也就是说,民族主义无法为民族认同提供一种终极性的理论基石,民族认同应该建立在更为普遍性的政治理论之上,这种政治理论在我们看来或者是自由主义的,或者是共产主义的,而就实质性来说,它只能是自由主义的,即只有自由主义的政治理论才能为民族认同提供理论基石。为什么这样说呢?因为正像我们前面所分析的,民族主义只是一种中间性的理论话语,它所依据的只是一种以民族共同体为本位的政治框架。在这种框架之内,其民族认同就内外两个方面来说都具有相当大的局限性,即从这种民族主义政治理论中,不可能引申出现代性的法治社会、民主国家和立宪体制。

让我们先来看一下民族主义的民族认同其内外两个方面的局限性。从对外层面上来看,民族主义所诉求的民族认同往往是一种以民族共同体的国家主权为轴心的外部关系。它所追求的认同,是其他民族或国家对于某个民族作为一种独立的政治单位的认同。这种民族认同在现代性意义上往往诉诸国际法的政治法律框架,虽然这种国际法意义上的民族认同可以追溯到古代的万民法,但就现代性意义上的民族国家来说,它强调的是主权这一国际法的权利主体。对于民族的认同也就是对于这个民族的主权的认同,主权是民族认同的核心标志,也是民族认同的合法性和正当性基础。对于民族主义来说,一个没有主权的民族,显然还不能说是一个真正意义上的政治民族,只有拥有了主权地位并得到其他同样拥有主权地位的民族国家的认同,所谓民族认同也才得到证成。这样一来,民族认同实际上就是一种国际法意义上的政治承认,至于这种主权的真正合法性与正当性,在民族主义的认同理论中并不具有核心性的意义。也就是说究竟由谁来代表这个民族的主权，这个代表者有什么资格来成为代表，民族主义的认同理论并不深究，它诉求的只是外部关系的承认，即要求外部社会或国际社会对于民族主权以及这种主权下所包括的民族利益的承认。当然这种国际法意义上的承认又涉及平等互利、权利义务对等、互不侵犯和干涉内政等一系列国际法的准则和原则等等，在此本文并不予以深究。显然，这种基于主权的民族认同是有局限性的，它不能够站在一个更高的政治层面上对于民族的权利—权力关系给予正当性的考量。因为民族主义的主权理论所立足的是民族主义，即它以自己的民族至上性为出发点，在国际社会如果每一个民族都以自己的至上性为权利诉求的依据，就很难达成合理的政治承认，往往会出现国际法中的强权即公理的非正义局面。对此，民族主义是无法给予最终解答的，它显然只能以更高的具有普世性的国际正义为基石，这种国际法中的政治正义原则，在自由主义的政治理论中可以得到恰当的应对，对此，罗尔斯在《万民法》一文中曾给予了自由主义的阐释。①

如果说民族主义的民族认同在国际政治领域所面临的困境还是与整个人类政治体制在国际政治中所面临的困境混淆为一的话，那么，这种认同在民族共同体内部所面临的困境则是民族主义作为一种中间性的理论话语所无法解决的。因为在国际法的框架内人类社会虽然发展到今天已经达成了一系列政治共识，并产生了诸如联合国这样的国际组织以及联合国宪章这样的法律文件，但它的整个政治框架还远没有达成，其实施还远没有得到有效的规范。从某种意义上来说，现代性的国际政治，还没有实现真正的世界正义，一个康德意义上的永久和平的人类国际宪政体制还寄希望于遥远的将来，②当今的国际社会还是一个介于野蛮与文明之间的混乱之域。然而，就国内政治来说，现代民族国家发展到今天虽然也面临着一次又一次的重大危机，出现了诸如二战时期那样的法西斯政权和斯大林的共产主义体制，但从主流来说，现代民族国家还是塑造出一种相对合理的宪政体制，可以说建立在自由主义政治理论基石上的宪政制度及其所保障的人权价值，是现代性的民族国家所取得的最伟大的成就。因此，从上述意义上来看，民族主义的民族认同从第一阶段就面临着其内部的认同危机，特别是在第二和第三阶段，这种内部的认同危机日益严峻。如果它不能有效地寻找到赖以建立的政治基础，那么这种民族主义将会产生可怕的后果，并在对人类造成浩劫的灾难中烟消云灭。

① 参见罗尔斯：《万民法》，载《文化与与公共性》，汪晖、陈燕谷主编，三联书店，1998。

② 关于这方面的论述，参见康德：《历史理性批判文集》，何兆武译，商务印书馆，1997；福山：《历史的终结及最后之人》，黄胜强、许铭原译，中国社会科学出版社，2003；William. Galston, *Kant and the Problem of History*, University of Chicago Press, 1975; Carl J. Friedrich, *Inevitable Peace*, Harvard University Press, 1948。

为什么这样说呢？我们知道，民族主义是以民族至上性为鹄的的，作为个体的民族成员并不具有核心性的意义，民族作为一个政治单元，它所诉求的是一种国家或准国家的主权独立或区域自治，为了达到这个最高目的，个体成员无论如何应该从属于这一总体目标。因此，民族主义就其内在逻辑来说，是一种强势的政治逻辑，对于个人它更主要的是强调个体对于民族或国家的忠诚与奉献，民族为了追求自身的独立，国家为了实现自己的目的，可以以个人为工具，这种以无数的个人为手段的总体主义在民族主义的政治主张中具有着天然的合法性。上述民族主义的政治逻辑在20世纪以来的后进国家中越来越成为主导性的逻辑进路，对于这些后起的民族国家，追求国家独立、实现民族发展、摆脱殖民统治成为压倒一切的首要政治任务。因此，为了实现这一目的，一切组织化的努力，一切行政权力的设置，都是合法的，都是正当的。在这样一种民族至上的政治神话中，作为个体成员的民族分子，其独立的地位、尊严与权利根本不可能与民族或国家的地位、尊严与权力相抗衡，更不可能成为民族国家的正当性基础。这种情况在当今世界的后进国家中是普遍存在的，在那里主权已经成为虚拟化的专制符号，国家的一切权力都可以在主权的名目下胡作非为。

应该指出，这种民族至上的政治神话在西方现代国家的形成中虽然也曾或多或少地出现过，甚至在法德俄的国家进程中曾经扮演着十分重要的角色，但总的来看，现代西方的民族主义在其国家化的进程中实现了一种积极性的政治转换。这种转换的基础在于，在这些民族国家，民族主义的政治主张逐渐被以自由主义为基石的政治理论所整合，自由主义的法治秩序和宪政体制成为整合民族主义的政治基础。我们看到，自由主义通过一种新型的政治架构有效地将民族主义所内含的强势政治逻辑扭转成一种哈耶克意义上的否定性的法律价值和自生自发的宪政秩序，①从而使得民族主义在西方现代社会成为民主政治的一种副产品和补充。

下面让我们面对本文所要梳理的问题，即是否存在着一种自由主义的民族主义，或者说以自由主义为政治理论基础的民族认同是如何成为可能的，对此我们从民主主义、共和主义和宪政主义三个方面着手予以论述。

二、从民主主义看民族主义

在我们看来，民族主义脱离不开民主政治，因为民族主义所诉求的民族共同体以及它的合法性与正当性基础，并不单纯是一种民族至上性的自我证成，一个民族究竟是否有权诉求一种国家主权，这种主权由谁来代表，有什么资格来代表，这一

① 关于哈耶克对于自由主义政治秩序的理论观点，参见拙著《法律秩序与自由正义——哈耶克的法律与宪政思想》，北京大学出版社，2003。

系列问题显然在民族认同的国际法领域并不能给予实质性的解答。民族作为一个整体,其自身的自我证成并不具有天然的合法性,这一切说到底仍然涉及一个民族内部的个人与群体或者说民族成员与民族共同体的政治关系问题,而这个问题实质上显然是一个民主政治问题。尽管民主政治并非现代民族国家的产物,它可以追溯到几千年的古代文明社会,特别是古希腊、罗马的城邦政治,但古代的直接民主政治与现代民族国家的代议制民主政治有着根本性的不同,现代性的民主政治和宪政体制并不是古代政治的简单延续,其中有着一个现代民族国家的政治转型,如果忽视这种转型所具有的中介性意义,显然是不可能理解当今的民主政治,更不可能理解当今的自由主义宪政体制。

我们前面曾经指出,现代政治的民主进程是从民族国家的政治塑造中衍生出来的,但它一产生就高于现代的民族主义,而属于自由主义的政治架构。粗略考察一下近现代以来的西方政治思想史,就会发现,西方社会对于民族国家的合法性与正当性论证并没有沿着民族主义的民族至上性逻辑展开,而是经由自由主义的政治锻造而塑造出一个民主社会,在其中,民族主义框架内的民族成员与民族国家的关系,经由这一锻造而转换成公民与国家的关系。也就是说,民族国家一旦作为一种主权意义上的国家体制,它从一开始就面临着与其成员的复杂关系,这种关系并没有简单地化约为民族成员与民族共同体的关系,而是转换为国家公民与政府权力的法权关系。在此,民族主义的强势逻辑被消解了,个人不单纯是民族共同体的一个成员,更主要的是一个在法律意义上的国家公民,作为公民享有法律所保障的一些基本权利。这样一来,民族国家要获得其主权担当者的资格,就必须得到国家公民所给予的法律上的认同,这种认同显然已是民主政治的产物,即统治者应该得到公民的承认与认同。

统治者与被统治者的相互认同关系,从政治层面上来说首先是一种民主的关系,所谓民主也就是组织形式和选举程序的全民参与,其中每个参与者作为公民都享有平等的权利与义务,都有资格在选举统治者的程序中成为选举者与被选举者,并同等地拥有自我做主的投票权,这种认同的政治架构显然是一种民主主义的政治架构。当然,关于民主主义又是一个相当复杂的问题,从历史上看,民主政治具有着悠久的历史传统,早在古希腊和罗马就曾经繁荣一时,当时很多城邦国家采取的就是民主政体的政治形式。不过正像我们所知道的,古代的民主大多是直接的民主,这种民主形态往往与特定的地理、人口和政治传统密切相关,其好坏优劣早已被一些富有卓见的政治家们所洞悉。可以说近现代以来源于民族国家的民主政治不同于古代的直接民主,它是一种间接民主或代议制民主,这种民主政治是与现代民族国家密切相关的,具有着现代性的政治特征。

如果考察一下民族主义的历史就会发现,现代民族主义从起源来说是与代议制的民主相关联的,或者说代议制的民主通过其特有的政治运作模式,对民族主义给予了政治上的转换，第一阶段的民族主义不同于20世纪以来第二、三两个阶段在后发的民族国家中所出现的那种极端的民族主义，它把民族的政治主张与民主的运作程序结合在一起，使得自由主义的政治架构在民族和民主的政治关联中凸显出来，并成为民族主义的政治基础。应该看到，这种通过民主政治对于民族国家的政治诉求的洗礼具有着积极性的意义，它至少缓解了民族主义的民族至上性情绪，把民族国家的主权转换为民主政治的选举程序原则。一个民族或一个国家的合法性并不在于它天然所具有的民族主义的正当性，而在于全体公民的政治认同，或至少是多数原则下的政治认同，一个民族国家的统治者，他的权力的合法性从根本上来源于全体公民的政治认同与资格授予。这样一来，民族国家就从法理上具有了双重的特性：一方面作为一种国体，它的主权是这个国家的资格符号，可以由君主、国王或总统等代表；另一方面作为一种政体，它的政治权力却是来自于人民的授权。从政治形态上来说，现代的民族国家虽然在表面形态上来说有着多种国体形式，但国体和政体在民主政治中是分立的，其权力的中枢关键仍在于国家权力的人民授予。而这种授予的合法性与正当性，显然来自于民主政治，来自于民主政治运作中人民的广泛认同，或者说每个公民通过自己的政治参与而将自己的主权授予国家来代表。所谓的社会契约论便是依照这种理论产生的，其内在的政治逻辑无疑是民主政治的认同逻辑。这里的认同是双向的认同，即一方面是每个公民对于国家权力的认同，另一方面是国家权力对于公民权利的认同，这种相互认同的政治理论使得西方现代以来的民族国家有可能沿着自由主义的政治路线而展开。

从民主主义的角度来看，它对于现代民族国家中产生的民族主义政治显然具有着提升的意义，也就是说它通过多数制的民主程序消除了民族主义政治中民族至上性的强势政治逻辑，通过一人一票的选举制度，初步解决了民族认同中的内部关系问题，也就是说原先那种极端化的民族成员从属于民族群体的总体主义倾向，通过民主主义的政治途径而得到有效的解决。在这种政治框架内，民族国家作为一个主权国家的整体利益，它的合法性基础和正当性来源都应该建立在民族成员作为国家公民所给予的政治授权和认同之上，在此，个体同意便作为一种有可能大于总体目标的政治要素获得了应有的地位，个人的权利、自由、主张和自治得到了有效的尊重。在一个民主占主导的民族国家的政治体制内，很难产生传统意义上的专制独裁，过去的那种朕即国家的王权专制主义受到了挑战，并最终被排除于历史政治的舞台，民族成员或所谓的人民大众以其多数的主导原则成为了国家的主人，民族主义的民族至上或国家至上说辞很难在损害人民的公共利益的前提下有所作为。

上述所言，可以说是民主主义对于民族主义的胜利，或者说是民主主义对于民族主义政治的提升和转换。我们看到，这一以民主主义转换民族主义的政治进程对于20世纪以来后进国家所产生的民族主义的政治诉求及其民族解放运动，无疑有着积极的借鉴作用。对于这些国家来说，追求民族独立的政治架构应该确立一种政治运作的模式，这种模式显然首当其冲的是予以民主主义的转换，也就是说应该把民族主义与民主主义有效地整合起来，用民主主义的政治运作来实现民族国家的正当要求，而不是把民族国家的实践寄希望于民族的强权政治，或者说并不是以牺牲民族成员的个人利益和基本权利来实现所谓的民族振兴。如果一个民族振兴的宏伟前景是以每个成员的工具性使用和无偿牺牲为代价的话，这种民族主义无疑是可耻的。从这种意义上来说，民族认同不应该以民族至上为幌子，而应该以全体民族成员作为国家公民全面参与的民主选举和资格授权来实现。对于民族主义来说，只有民主政治才能实现民族的复兴和繁荣，民主主义显然在校正民族主义的危害方面起着积极性的纠正意义。

但是，现在的问题在于，民主主义是否真的能够解决民族主义的内在危机，民主政治是否真的能够为民族主义提供自由主义的政治基础呢？这个问题值得深思。阿克顿在著名的《论民族主义》一文中富有卓见地区分了有关民族主义的两种政治路径，或者说两种类型的民族主义，一种他称之为"民主理论的产物"，另一种他称之为"属于自由理论"。"这两种民族主义的观点分别对应着法国和英国的学说，实际上代表着政治思想中对立的两极，它们仅有名称上的联系。"在阿克顿看来，源于民主理论的民族主义并不能真正解决民族主义的问题，因为民主政治作为一种政治模式从根本上来说并不属于自由主义政治理论的核心。民主理论只是从程序上解决了政治权力的产生问题，但它并没有解决政治权力的目的问题，也就是说虽然民主政治可以实现最大多数人的统治，甚至可以达成所谓人民主权的普遍概念，但是民主理论并不能有效地防止多数人的专制，更不能从制度上制止假以人民主权名义所实施的政治暴力。① 关于这种民主政治所可能导致的暴政，本文中并不准备予以论述，在此本文所要指出的乃是，民族主义一旦与民主理论联系在一起，那么就很有可能把民主政治中的专制倾向表现出来，人民主权的概念就很可能被置换为所谓民族的至上利益和统一的集体意志，民族主义因此成为暴政的发源地。对此，作为自由主义者的政治理论家，阿克顿有感于历史中的民主政治和民

① 关于这种民主理论的内在缺陷，早在美国的联邦党人和目睹法国大革命的一些英法自由派政治理论家那里，就被清楚地揭示出来。参见《联邦党人文集》；托克维尔：《旧制度与大革命》；哈耶克：《自由秩序原理》；J. L. Talmon, *The Origins of Totalititarian Democracy*, London: Sphere Books, 1952。例如，米塞斯指出："民主制度最初是想运用在民族统一国家内部证明有效的方法，来解决在民族混居地区创建民族国家所引起的政治困局的。多数将做出决策，少数则会服从多数。然而，这一点恰好表明，它没有看到全部难题所在，它根本就没有弄清困境何在。但是，人们对多数原则的正确性和民主可以包医百病的信念如此强烈，于是，长期以来人们都没有意识到，在民族问题上，多数原则是解决不了任何问题的。"参见路德维希·冯·米塞斯《民族、国家与经济》。

族主义运动的现实情况,他在《论民族主义》一文中指出:“在民主理论中,民族主义的基础是集体意志永恒至上,民族统一是这种意志的必要条件,其他任何势力都必须服从这种意志,对抗这种意志的任何义务都不享有权威,针对这种意志的一切反抗都是暴政。在这里,民族是一个以种族为基础的理想单位,无视外部因素、传统和既存权利不断变化着的影响。它凌驾于居民的权利和愿望之上,把他们形形色色的利益全都纳入一个虚幻的统一体;它为了满足更高的民族要求,牺牲他们的个人习惯和义务,为了维护自己的存在,压制一切自然权利和一切既定的自由。无论何时,只要某个单一的明确目标成为国家的最高目的,无论该目标是某个阶级的优势地位、国家的安全或权力、最大多数人的最大幸福,还是对一个抽象观念的支持,此时国家走向专制就是不可避免的。”

纵观世界民族主义运动的历史,阿克顿的卓见是非常深刻的,20 世纪以来后进国家在追求民族独立的此起彼伏的民族主义大潮中,他们所使用的基本理论便是源于民主主义的民族主义政治理论。我们看到,这些深受殖民统治之苦的后发民族在建立民族国家的运动中,逐渐抛弃了与他们本民族传统政治文化相联系的王权专制思想,很快地吸收了民主主义的政治模式,并以这种民主政治的运作求得民族主义政治的合法性与正当性。在他们那里,民族国家的主权是与所谓的人民主权相联系的,人民成为民族的同义词,人民就是民族,就是国家,人民的意志和愿望就是民族的意志和愿望。在他们看来,只要披上了人民主权的外衣,就获得了总体性政治的合法性,而在实践中最能唤起人民热情的并不是自由主义政治所诉求的公民权利和个体自由,反而是所谓的民族意识、民族情感和民族精神。这种源于总体性特征的民族认同,一旦与人民主权在民主政治的框架内结合在一起,便构成了不可阻挡的政治潮流,在一浪高过一浪的民族主义和民主主义联手的政治凯旋中,个体性的价值和公民的自由权利便统统被淹没了。

然而,在阿克顿等自由主义者看来,这种民族主义是不健康的,甚至是暴虐的,即便它与民主理论联系在一起,其实际的结果是把民主政治中的强势逻辑和总体主义的极权专制因素扩展出来,而这恰恰是对自由主义政治的最大威胁。在他看来,在民主和民族之上还有另外一个更高的价值,那便是个人自由的价值。他在《论民族主义》一文中指出:“另一种理论除了在反对专制国家这一点上,与这种理论没有任何共同之处,它将民族利益视为决定国家形式的一种重要因素,但不是至高无上的因素,它有别于前一种理论,因为它倾向于多姿多彩而不是千人一面,倾向于和谐而不是统一;因为它不想随心所欲地进行变革,而是谨慎地尊重政治生活的现存条件;因为它服从历史的规律和结果,而不是服从有关一个理想未来的各种渴望。统一论使民族成为专制和革命之源,而自由论却把民族视为自治的保障和对国家权力过大的最终限制。在民族统一牺牲了私人权利,却受着各民族联合体的保护。任何力量都不可能像一个共同体那样有效地抵制集权、腐败和专制的趋势,因为它是在一个国家中所能存在的最大群体;它加强成员之间的在性格、利益和舆论上一贯的共性,它以分别存在的爱国主义影响和牵制着统治者的行动。同一主权之下若干不同民族的共存,其作用相当于国家中教会的独立。它可以维护势力平衡,增进结社,形成共同意见给予臣民以约束和支持,借此避免出现在单一权威的笼罩下四处蔓延的奴役状态。”

前面我们曾经谈到过这样一个问题:是否一个民族就必然有权力要成为一个民族国家,或者说在人类的政治框架中是否就一定是一个国家只有一个民族,或一个民族必定要成为一个国家?这个问题涉及民族自决权问题,而对这个问题显然从民族主义政治理论中并不能给出最终的答案。因为民族主义只是一种中间性的政治理论,固然从它的角度来看,一个民族对于自身的政治共同体具有着自决自治的选择能力,但是这种选择依然受制于更高层面的政治理论的约束。显然民主主义的政治理论对它就形成了制约,依照民主政治的模式,民族自决权固然是一个民族的自我选择,但这种选择要得到民族共同体内部所有成员的普遍认同和承认,民族自决并不是某个民族英雄自我的个人独断,也不是所谓的民族精神的产物,在此,民族成员对自身命运的广泛参与并通过一种多数原则的同意决定,才能使其具有普遍的效力。这种情况取决于民族自决权的民主政治模式,它无疑比个人独断的模式要更具有合理性,这是民主政治的一个方面,从这个角度来看,任何一个民族如果通过民主的方式选择了自己的政治道路,这种意愿和行为应该得到普遍的尊重,应该在国际法中得到同情性的理解与承认,有鉴于此,在当今的国际政治中,很多涉及民族自决权的政治决断往往采取全民公决的方式予以解决。

然而,问题在于民主政治并不是最终的政治模式,或者说民主主义并不是普世性的政治理论,它只是一种手段而不是目的,也就是说民主的决断方式未必就是最合理的和最具有正当性的。假如一个民族采取了普遍参与的民主政治模式,例如采取全民公决的方式选择了民族独立的国家道路,从而从原先从属的国家或联邦中退出来,以所谓一个民族必定要结成一个国家的理论而付诸于政治实践(这种情况在20世纪以来的国际政治中是经常发生的),那么这种所谓的民族自决权就理应得到普遍的尊重与承认吗?在此确实出现了一个难题,在我们看来,单纯的民主政治无法给予最终的解决。如果依照这种一个国家就必定是一个民族,而一个民族就必定要结成一个国家的理论,那么人类社会经过长时间的历史积累和自生进化所形成的政治秩序就会面临着挑战,甚至解体乃至崩溃。① 试想一下,到目前

---

① 施密特(C. Schmitt)在《宪法学》中就认为民族同质性是政治统治民主化的前提。他说:“一个民主国家的民主前提如果在于民众的民族同质性,它也就符合了所谓的民族性原则,根据这个原则,一个民族就是一个国家,一个国家也就是一个民族。”参见施密特的《宪法学》(*Verfassungslehre*),第231页,Berlin,1983。

为止，全世界大致有数千个大大小小的民族群体，如果他们都要诉求民族国家的政治独立与主权地位，那么几乎目前所有的国家就会濒于解体。对此，单纯的民族主义理论、民主主义政治乃至所谓一个民族的全民公决，都无法给出较为妥善的解决方案。

在我们看来，上述问题只有通过吸收另外一种政治理论才能给予较为妥善的解答，这种理论显然是自由主义的政治理论，政治自由主义作为一种普世性的理论，对于民族主义问题给予了更高层面上的政治整合。以此之见，民主主义尽管具有一定的政治合理性，较之于专制主义，它的运作方式具有着很大的合理性和正当性，但它的政治逻辑却是有问题的，而民族主义一旦与民主主义结合在一起，并不能得到有效的约束和限制，就会导致极端的混乱。因此，应该通过自由主义的政治模式和政治价值对民族主义和民主主义的结合给予全新的锻造。对此，阿克顿等自由主义者提出了著名的应对民族主义政治的理论，他在《论民族主义》一文中精辟地指出："同一国家之下若干民族的共存不仅是自由的最佳保障，而且是对自由的一个验证。……不同的民族结合在一个国家之内，就像人们结合在一个社会中一样，是文明生活的必要条件。生活在政治联合体中较次的种族，可得到智力上更优秀的种族的提高。力竭而衰的种族通过和更年轻的生命交往而得以复兴。在一个更强大、更少腐败的种族的纪律之下，由于专制主义败坏道德的影响或民主制度破坏社会整合的作用而失去组织要素和统治能力的民族，能够得到恢复并重新受到教育。只有生活在一个政府之下，才能够产生这种富有成效的再生过程。国家就像个促进融合的大熔炉，它能够把一部分人的活力、知识和能力传递给另一部分人。如果政治边界和民族边界重合，社会就会停滞不前，民族就会陷入这样一种境地：它同不和同胞交往的人的处境没有什么两样。两个人之间的差别把人类联合在一起，不仅是因为这种差别为共同生活的人提供了好处，而且因为它用一条社会或民族的纽带使社会结合在一起，使每个人都可以从他人中找到自己的利益。这或是因为他们生活在同一个政府之下，或是因为他们属于同一种族。人道、文明和宗教的利益由此得到了促进。"

三、从共和主义看民族主义

民族主义和民主主义两者具有一种共同的倾向，即强调一种对于国家主权的政治诉求。虽然民族主义把这种诉求的基础设定为民族国家，民主主义将其设定为人民国家，但国家在它们那里都是作为一种共同的政治实体并以其主权资格的合法性为标志的，因此恰恰是这样一种共同点导致了它们的相互结合。然而，正像我们指出的，它们两者又都有着几乎相同的弊端，即都可能高扬总体性的主权地位（无论是民族国家的主权还是人民国家的主权），从而忽略乃至排斥了个体的地位

（无论是作为民族成员还是作为国家公民的自由、权利等），在这一点上，它们两者显然与自由主义有着重大的区别。自由主义虽然并不排斥民族、国家、民族利益、国家主权等的法权地位，但是自由主义政治却把个人的权利置于民族或国家之上，认为只有以个人的自由、幸福等目的为价值指向的民族主义和民主主义才是真正具有合法性与正当性的民族主义和民主主义。

然而，上述情况如何成为可能呢？这里存在着一个如何有效地以自由主义的政治理论来整合民族主义和民主主义的问题，在此，以阿克顿等人为代表的自由主义者提出了一种自由主义的民族国家理论。他们认为国家是一个能够冶炼各个民族于一体的大熔炉。将国家视为一个大熔炉，这无疑是一种对于国家本性的自由主义新理解，也就是说自由主义并非只是单一的个人至上主义。在英美自由主义那里也讲传统、民族和国家，但是，他们的理解却与单纯的民族主义和民主主义对于民族国家和民主国家的理解有着实质性的不同，国家在自由主义那里确实是一种大的熔炉，但这个熔炉并不是绝对的总体性强暴力量，而是一种散发着自由主义气息的舞台。在此，各个民族，各个群体乃至每一个个人，都并没有被视为手段和工具而从属于国家的总体目标和至上利益，国家并不是有着自己的总目标，而是以各个民族，各个个人的多样性目标为目标的，或者说国家变成了手段和工具，它是用来服务于民族多样性和个人自由的多样性的，这种多样性的国家政治才是自由主义所谓的熔炉，才有可能从根本上解决民族主义的问题。

以这样一种自由主义的国家理论来看待民族自决权问题，就不会再得出所谓一个民族一个国家的荒谬理论。在自由主义看来，任何民族虽然都有追求民族自治的权利，但是这种权利的实现完全没有必要通过结成一个清一色的民族国家来实现，在尊重人类历史传统的状况之下，各个民族的政治诉求完全可以通过多样性的结合来实现甚至优化。那种追求单一民族单一国家的政治模式，即便从民族优化的进化理论看来，也是不可取的，正像任何一种生物在和平的竞争中，只有通过与其他生物相处乃至结合的成长才能得到改良和优化一样，一个民族也只能在与其他民族的和平共处与相互竞争中得到优化和改良。正像阿克顿在《论民族主义》一文中所言："自由鼓励多样性，而多样性又提供了保护自由的组织手段。所有那些支配人际关系、调整社会生活的法律，皆是民族习惯多样化的结果，是私人社会的创造物。因此，在这些事情上不同的民族各不相同，因为是各民族自己创造了这些法律，而不是统治着他们的国家。在同一个国家中这种多样性是一道牢固的屏障，它抵制政治超出共同的政治领域侵入受制于自发规律而非法的社会领域。这种入侵是专制政治的特征，它势必招致反抗并最终产生一种救治手段。对社会自由的不宽容是专制统治的本性，其最有效的救治手段必定是而且只能是民族的多样性，同一国家之下若干民族的共存不仅是自由的最佳保障，而且是对自由的一个验证。它也是文明的一个主要促进因素，它本身即自然的、上帝规定的秩序，比作为现代自由主义理想的民族统一体现着更高的进步状态。”

现在的问题在于，自由主义所谓的作为大熔炉的国家不可能是总体性的集权国家，也没有必要披上所谓民族主权或人民主权的外衣，它应该是多样性的政治整合，这种源于政治多样性的自由政治，显然与现代性的民主国家所诉求的政治逻辑有着重大的冲突，从根源上来说，它源于另外一种政治渊源，即共和主义的政治价值。也就是说，自由主义所谓的国家并不是民主主义的国家，也不是民族主义的国家，而是共和主义的国家，共和制在自由主义的国家理论中具有着至关重要的作用。

什么是共和制呢？共和主义为什么能够在自由主义手中成为整合民族主义和民主主义的有效方式呢？对于上述问题，我们还需回到人类政治实践的古老经验中来寻求解答。应该看到，共和制的政治架构和共和主义的政治价值在人类早期的政治实践中就已经富有成效地出现过。在古代的希腊和罗马，共和政体就是一种理想的城邦政治模式，当时几个持续稳定和繁荣的城邦都是一些具有着共和色彩的政治实体，在那里，不但城邦国家的公共利益得到了有效的维护，而且每个公民的自由权利也得到了一定限度的保障。在古典的政治学理论中，“共和国”（republic）来源于拉丁语“res publica”，其含义是“共同的、公共的”，就政治层面来说，共和主义以其多元政治的混合模式，有效地防止了集权政治的一元专断，它通过均衡制约的政体架构成功实现了古典政治学意义上的法治和宪政，从而使得个人在公共社会的权利与义务的互动中实现了独立的价值。① 共和主义的政治要素虽然在西方古典政治中得到了富有成效的实践，但它并不是西方人专有的，那种共和的天下为公的基本原则在中国古代的政治中也曾出现过，中国古代也有政治上的共和理想。② 虽然中国古代传统政治中的“共和”与西方古罗马的 republic 未必词义相同，但它所反映出来的政治理念，即社会治理应以公共利益而非私人利益为标准，以和平而非暴政的方式为手段，以仁政作为价值诉求等，确实是与共和主义的普遍原则有暗合之处。至于孙中山承续古代传统所提出的中华民国，乃至 1949 年中国共产党所建立的中华人民共和国，都把“共和”视为社会治理的政体模式，在此我们暂且不管其政治价值的指向究竟是什么，但至少从形式上仍然没有舍弃这一“天下为公”的标志。

---

① 美国当代的思想家维罗里（Maurizio Viroli）指出，“在共和派理论家眼里，共和国是一种政治体系和生活方式，也就是说，是一种文化。例如，Machiavelli 就曾用‘love of vivere libero’来描述人们对其共和体制以及基于这些体制之上的生活方式所表示的深爱。与他同时的其他共和党人则将共和国定义为‘一种特殊的城市生活方式’”。参见《共和派的爱国主义》一文，载《公共理性与现代学术》，第 184 页，三联书店，2000。

② 据太史公的《史记·周本纪》记载，周厉王时，横行暴政，民间造反，厉王逃跑，后由召公、周公二相共同执政，故号共和。

由此可见,共和主义离我们并非像想像的那样遥远。因为共和主义精神符合人类政治的普遍本性,它以天下为公为基本原则,将国家权力视为公共之物,认为国家的治理是所有公民的共同事业,共和制就其本意是指通过一定的制度架构组织起来的公共政治事务,在其中多数人依照法律所实施的和平统治乃是共和主义的核心所在。显然,以共和主义原则所建立的国家模式,即所谓"共和国",便与民族主义的国家或所谓"祖国",与民主主义的国家或所谓"人民国家",有着根本性的不同。在自由主义或共和主义看来,所谓共和制的国家是一个道德的和政治的体制,而非天然形成的种族群体,这种国家的核心在于它的法治传统和宪政精神,在于它的公民美德。对此,英国著名的自由主义者穆勒在其《逻辑体系》一书中对于国家原则曾有这样的论述:"我们几乎用不着声明,我们所谓国家原则并非指某种对于外国人的敌意,或对属于自己国家的哪怕是荒谬的特点的偏爱,或对属于其他国家的即便是优点的拒绝。所有这些都说明,在那些具有最强烈国家或民族精神的国度里,总是最少坚执于狭隘的所谓'国家性'或'民族性'(nationality)。我们所谓的国家原则因此是指同情而非仇恨、团结而非分裂;是指那些在同一政府领导下,生活于同一个自然地和历史地形成的地域里的人民对于自身共同利益的深切关怀。我们的国家原则同时还坚持,在同一个国家里,一个地区的人民不应将另一个地区的人民视为外国人,而应该珍惜将大家凝聚在一起的纽带,并把对方当成自己的同胞,同舟共济,同仇敌忾,绝不为了自身利益逃避公共责任而割断这根纽带。"①

谈到共和主义对于政治国家的重大影响,美国普林斯顿大学教授维罗里(Maurizio Viroli)另辟蹊径,从爱国的角度展开了他有关民族主义的论述,在《关于爱国:论爱国主义与民族主义》一书中他通过对于两种爱国主义的分析,使我们对于自由主义与民族主义的政治理论之差异有了更为清晰的认识。在维罗里看来,在当前有关爱国主义、民族主义、世界或全球主义的论辩中,存在着一个奇怪的事情,当人们谈论热爱祖国这个话题时,却没有人提及两千年来有关"共和派的爱国主义"这一话题。按照维罗里的考察,爱国主义在西方两千多年的政治文化演变中,并非来自一个共同的渊源,而是有着不同的形态,因此梳理一下有关爱国主义的不同观点,是理解西方政治文化的一个切入点,也是应对当今甚嚣一时的民族主

① 转引自维罗里的《共和派的爱国主义》一文,另,维罗里还援引了马志尼(Mazzini)的观点以佐证他的论述,马志尼曾这样写道:"国家(patria)是指一个由自由平等的人结合在一起的,为了一个明确的目标兄弟般并肩奋斗的团体……国家不是一个集会(aggregation),而是一个协会(association)。没有一个统一的权利便不会有真正意义上的国家。或者说,如果一个地方这种统一的权利被现存的社会等级、特权以及专制所侵犯的时候,那么这个地方便不成其为国家。"

义理论的一种有效途径。

一说起民族主义，自然联系到爱国主义，从某种意义上来说，民族主义与爱国主义是相互重叠的词语，在很多民族主义者看来，由于他们的政治诉求是建立民族国家，因此对于本民族的热爱就等同于对于祖国的热爱，对于国家的热爱。正如我们前面所指出的，民族主义既是一种政治理论，也是一种诉诸民族情感的意识形态话语，因此，爱国主义就变成了相当具有吸引力和凝聚力的民族主义口号。因为，民族主义的爱国主义并不是一个抽象的理论，爱国也不是一个抽象的概念，它是与特殊的民族共同体相关联的，具有着特定的历史内容。在维罗里看来，这种民族主义的爱国主义其实并不是西方传统政治理论的渊源，而是肇始于现代民族国家特别是肇始于 18 世纪末在欧洲所形成的民族主义思潮和情绪，特指对于那种以相同的文化、语言、种族为基础的国家、社区或集团的效忠与热爱，这种民族主义的爱国主义在法国，特别是在德国 18 世纪以来有着广泛的影响，曾被赫尔德、歌德、黑格尔等思想家们所推崇。这种民族主义的爱国情绪是一种纯粹付诸文化、语言及种族的同质性上的情感，这种情感是无条件的，它从属于民族的至上利益，所谓的爱国，爱的是同胞亲族、封建疆土以及一脉相传的文化精神。民族主义的爱国主义把祖国视为他们的终极归宿和最终根源，赫尔德曾经这样认为，没有国家的民族也就没有自由，民族性高于公民性，民族国家高于政府形态，民族精神是绝对性的国家精神。① 应该指出，民族主义的爱国主义其产生具有一定的合理性，拿破仑的入侵唤起了欧洲各个民族的爱国情绪，促进了这些民族的国家独立运动，从而塑造出 18、19 世纪的欧洲政治格局。但是，由于对于祖国的热爱蕴涵着浓厚的国家强权主义色彩，因此它的演变是危险的，这种无条件的民族主义爱国情绪一旦与民族沙文主义和种族优劣理论结合在一起，就会助生狂热的集权主义政治情绪。我们看到，19 世纪至 20 世纪以来，人类文明史中的几次集权主义暴政，如德国的法西斯主义，就散发着这种民族爱国主义所蕴涵的毒素。

20 世纪以来一些后发国家所开展的抵抗殖民统治的民族独立运动以及蕴涵其中的强烈的爱国主义情绪，正像德意志民族抵抗拿破仑的侵略所唤起的民族情

① 参见 Maurizio Viroli，*For Love of Country：An Essay on Patriotism and Nationalism*，Oxford：Clarendon Press，1995；黑格尔：《历史哲学》，王造时译，上海书店，1999。

感一样，它们的存在自然具有一定的历史合理性和正当性。① 但问题在于，这种与民族主义联合在一起的所谓爱国主义一旦变成了政治口号，变成了当权者的意识形态话语，那么这种爱国主义的危害也就显而易见了，因为对于祖国或民族的热爱已被当权者所篡改，此时的所谓祖国已失去了原先的正当性，成为总体性政治的符号，只不过披上了迷惑人的美好外衣。对于祖国的热爱实质上变成了对于强权的热爱，对于民族沙文主义的热爱。真正的爱国主义并不是这种民族极端主义的情感，从根本上来说，爱国主义是有条件的。所爱的对象到底是什么，这是一个至关重要的问题。究竟什么是民族？什么是国家？究竟民族与国家的关系是怎样的？在民族和国家之上是否还有更高的价值原则？对于民族和国家应该抱有怎样的情感？怎样的爱国主义才是真正的爱国主义？这一系列问题显然不能纳入上述所言的那种极端民族主义的爱国话语之列。

对此，阿克顿早就有过清醒的认识，他的自由主义的政治理论，并不是只讲自由，只讲公民，也讲民族，也讲国家，也讲爱国主义，但是他的爱国主义显然与赫尔德的爱国主义，与施密特乃至海德格尔的爱国主义有着根本性的不同。他在《论民族主义》一文中写道："民族和国家之间的区别体现在爱国情感的性质中。我们与种族的联系仅仅是出于自然，我们对政治民族的义务却是伦理的。一个是用爱与本能联结起来的共同体，这种爱与本能在原始生活中极其重要和强大，但是更多

---

① 伯林在《康德：鲜为人知的民族主义源泉》一文中指出："在德国先是遭到法国大革命军队，然后是遭到拿破仑军队入侵之后，这种趋势更为明显，当时，法国的侵略激起了莱茵河以东的整个欧洲对法国的强烈憎恨与爱国抵抗运动。赫尔德曾提出，一个人，是由他生于斯、长于斯的共同体的传统、习俗、语言、共同的感情所塑造的；他之所以是他，乃是由于他与他人、与他所在的社会环境的那种无形关系，而这种社会环境本身则是各种历史力量无穷无尽、动态地互相作用的结果。正是这种相互作用，使每个时代、每个社会、每种传统、每种文化都各具特色，与同样是作为有机的、社会的、语言的、文化的、精神的整体的其他时代、社会、传统、文化明显地区分开来，尽管这种区分不大容易分析清楚。就在这之后不久，费希特在其写于19世纪初的著作中宣称，真正的自我根本就不是个人，而是群体，是民族。个人只是国家中的一分子，如果他自己从国家中剥离出来，那就是脱离身体的肢体，就是毫无价值的碎片，丧失了其意义；这种意义，只有在他与体系、与有机体、与整体及与他所占据的地域的联系中才能形成。这是以色列古老的希伯来—基督教团体(Hebraic-Christian House of Israel)的世俗版本，是一个由信仰凝聚为一体的神秘的共同体，其成员不分彼此，亲密无间。这样的共同体，有人将其等同于某种文化，有人认为是某个教会，有人说是某个种族、民族或阶级。就是这种集体性的自我构成了个人的生活形式，并赋予其所有成员的生活以意义和目标；它创造了成员们的价值及蕴涵这些价值的种种制度，因而是永恒、无限的精神的具体表现形式，是一种权威。费希特、戈雷兹(Gorres)、米勒(Müller)、阿恩特(Arndt)是德国政治民族主义的奠基人，在某种程度也可以说是欧洲政治民族主义的开山鼻祖。那些作为压迫、侵略、侮辱的受害者的民族(和阶级)，会像被压迫者压弯的树枝那样猛烈地反弹回来——这个比喻，我相信是席勒说过的——并进而发展成为一种目空一切的自豪感，一种狂暴的自我意识，最终形成炽热的民族主义和盲目的爱国主义。"参见秋风译。

地与动物性而文明的人相联系；另一个是一种权威，它依法实行统治，制定义务，赋予社会自然关系一种道德的力量和特征。爱国主义之于政治生活，一如信仰之于宗教，它防范着家庭观念和乡土情结，如同信仰防范着狂热和迷信。它有源于私人生活和自然的一面，因为它是家庭情感的延伸，如同部落是家庭的延伸一样。但是就爱国主义真正的政治特征而言，它是从自我保存的本能向可能包含着自我奉献的道德义务的发展。自我保存既是一种本能，又是一种义务，从一个方面说它是自然的和无意识的，同时它又是一种道德义务。本能产生了家庭，义务产生了国家。如果民族可以不要国家而存在，只听命于自我保存的本能，它将无法自我否定、自我控制和自我牺牲，它将只把自己作为目的和尺度。但是在政治秩序中，个人利益甚至个人存在都必须牺牲给所要实现的道德目的和所要追求的政治利益。真正的爱国主义，即自私向奉献的发展，其显著标志在于它是政治生活的产物。种族所引起的义务感并不完全脱离它的自私和本能的基础；而对祖国的爱，如同婚姻之爱，既有特质基础也有道德基础。爱国者必须区分开他所献身的两种目的或目标。惟对祖国(country)才产生的依恋，如同惟对国家(state)才表示的服从——一种对物质强制力的服从。一个将献身祖国看做最高义务的人，与一个让所有权利都屈从于国家的人，在精神上是息息相通的，他们都否认权利高于权威。"

阿克顿显然是将自由主义的对于爱国主义的理解注入了他的观点，他所说的那种对于祖国的热爱注入了自由主义的价值要素，虽然他没有明确地提出共和主义的爱国主义，但是作为一个自由主义者，他对爱国主义的理解无疑具有这方面的倾向。米塞斯指出："历史进程比所有理论都更清楚地揭示了，正确地理解爱国主义，必会导向世界大同主义(cosmopolitanism)，一个民族的富裕不能建立在压服其他民族基础上，而只能建立在和平合作基础上。"①维罗里有关共和派爱国主义的论述，沿着阿克顿等人的路向进一步追溯到古代的共和精神，维罗里通过他富有创建的分析研究，区分了两种爱国主义，即民族主义的爱国主义和共和派的爱国主义。在维罗里看来，共和派的爱国主义与民族主义那种对于祖国和国家的无条件效忠不同，他的爱国主义"是对共和国及其公民的一种普遍并且强烈的热爱或博爱。用经院思想家(Ptolemy of lucca)的话来说：'对祖国的爱应该来自于博爱，即那种将公共事业放在私事前面的精神。'"②维罗里通过他的研究指出，这种爱国或祖国之爱是尊重正义与理性的原则，又可称之为理性之爱，其对共和国的热爱与其说是对这个国家的种族、土地和文化的热爱，不如说是对于这个共和国所赖以建立的法治社会、自由权利、公共秩序的热爱或崇信，因此，热爱自己的国家不是一种自

① 参见路德维希·冯·米塞斯《民族、国家与经济》第一部分，秋风译。

② 参见 Maurizio Viroli, *For Love of Country: An Essay on Patriotism and Nationalism*, Oxford: Clarendon Press, 1995。

然的情感,而是一种必须由立法或更确切地说由理想的政府以及公民对于公共事务的参与所激发的热情,所以爱共和国就是爱保障全体公民平等与自由权限的政治体制乃至生活方式。因此这种热爱是有条件的,它所立足的基础不是种族性,而是政治制度及其政治制度所赖以为生的自由正义与美德,这些条件一旦丧失,那么爱国的情感也将随之消亡,因此这种共和主义的爱国情感是理性的,具有坚定的人道原则和人文理想,突出明确的政治要求和目标。在这种爱国主义看来,民族主义的那种无条件的祖国之爱是变态的,它强调的忠诚是以牺牲个体自由权利和个性尊严为代价的对于民族国家的绝对忠诚,这样就难免与专制独裁为伍,成为抵制和拒绝自由民主理想的意识形态。而共和派的爱国主义情感却是以所有作为自由和平等之个体的尊严为前提的,这种爱国主义显然将自己置于自由主义的政治根基之上,它强调的是自由原则与民主文化的多元结合,是普遍的人道原则与特殊的民族个性的和谐,是公民权利与国家利益的统一。在此爱国又与公民美德结合为一体,一个认同共和自由政体的公民不但具有道德上的政治美德,而且也具有情感上的爱国情怀,这种共和主义的爱国精神是自由主义政治得以持续发展的内在凝聚力之一。

我们看到,维罗里所指出的共和派的爱国主义并非只是存在于古典古代的政治传统中,它在中世纪的基督教文明中也曾出现过,特别是15世纪以来,这种共和主义的政治观念与现代民族国家中所衍生出来的自由主义政治理论有着密切的联系,并通过把共和国(republica)与祖国(patria)两个概念予以重新整合,从而逐渐发展成为现代政治中的共和主义的爱国主义或自由主义的爱国主义。依照这个渊源谱系,从柏拉图、亚里士多德、西塞罗经中世纪的奥古斯丁到现代的马基雅维利、孟德斯鸠、卢梭、弥尔顿、伯克、休谟、阿克顿、贡斯当、美国联邦党人、托克维尔,直至当代的伯林、哈耶克、罗尔斯、哈贝马斯等人,他们共同构成了共和主义与自由主义政治理论的中枢,而其中的一个主要问题便是通过对共和派爱国主义的理论探讨,从而奠定了以自由主义来整合民族主义的理论基础。

值得注意的是,二战以来,民族主义越来越成为一种强劲的思想潮流,特别是在后进的发展中国家,民族主义与爱国主义合为一体,已构成了强有力的凝聚民族意识的情感符号和话语体系,然而这种爱国主义往往与沙文主义、排他主义、种族优劣论等思潮联系在一起,其混乱的程度已经达到了难以分清是非的地步。特别是步入21世纪以后,随着西方社会进入了后现代阶段,经济、政治与文化的全球化越来越成为主要的趋势,而民族主义随着与各种后现代理论、依附理论和后殖民理论的混合交融,对共和主义的价值理念和自由主义的政治制度构成了巨大的挑战。与此同时,特别是对于后进国家来说,由于他们民族的政治进程还只处在现代性乃至前现代性阶段,个人自由与公民权利不但没有得到有效的伸张,反而受到了各种集团势力的挤压与排斥,强权政治不但在国际领域流行,而且在国内政治中更加暴虐。这种强权政治往往又打着所谓民族主义、爱国主义的美好旗号，以虚假的民族尊严、国家主权和历史传统来混淆是非，以抹杀真正的爱国情感中对于何为国家的自由主义追问。这样一来，一个国家的公民自由和权利保障的制度基础在当今的爱国主义那里已经完全被遗忘了，而这恰恰是共和派爱国主义所最为关注的问题，他们的爱国从根本意义上来说就是爱这个国家的法治、个人自由、公民美德和生活方式。因此，在我们看来，维罗里所指出的这种共和派的爱国主义对于当今世界后进国家普遍流行的爱国主义话语不无警示和提醒的作用。他写道："对于政治哲学家而言，重建公民道德的最有效的途径，就是在我们能够接受或理解的尽可能的范围里，强调爱国主义的观念。我相信，爱国主义的观念作为对共同自由的热爱，不仅是一种道德情感上的召唤，也是当今时代社会实践所反映出来的迫切要求。在我们的社会里，有的公民敢于挺身伸张正义，反对腐败，保护受害的公民同胞，正是他们给我们提供了一个现实的道德与爱国主义的最佳楷模。此所谓现实性正来自他们的政治本质。我们需要更多这样的公民，更好的（爱国主义）理论也许会有帮助：改变我们对于爱国主义的理解可以帮助我们增强民主社会所要求之德行，更重要的是，它可以避免浪费我们政治的和智识的精力而寻求某种不现实的甚至危险的德行。"①

四、从宪政主义看民族主义

民族主义是一种有着政治诉求的思想理论，这种政治诉求表现为不同的形态，其关键在于通过一种民族共同体的组织形态而结为一个具有着主权意义的国家实体。前面我们分别从民主主义和共和主义对这种政治诉求的内在结构、意识形态、组织程序和情感定式给予了多个层面的分析，并指出了一种基于自由主义的对于民族主义政治诉求的整合与改造的可能，这种可能是对民族主义的民族认同的全新的解释。这种解释或者说对于民族主义的一种新的政治基础的设定，可以从民主主义和共和主义两个形态中给出，从而使得民族主义逐渐摆脱了狭隘的民族性局限，特别是阿克顿所说的那种多元性民族融合的国家熔炉，就是从一种全新的自由主义国家学说中为民族主义的政治诉求提供了赖以存在的基础。不过，应该看到，无论是民主主义还是共和主义，就其自身来说仍不能最终为自由主义的民族理论提供最坚实的理论基础，因为无论是民主主义还是共和主义，就其自身都缺乏法治与宪政这样一种最实质性的政治价值和制度安排，因此，对于民族主义来说，它的民主主义和共和主义的改造必须通过法治和宪政得到最后的完成。也就是说阿克顿意义上的那种冶炼各个民族的政治国家，作为民族多样性的自由共同体，它必

---

① 参见 Maurizio Viroli，*For Love of Country*：*An Essay on Patriotism and Nationalism*。

须通过法治主义和宪政主义来予以制度性的实现。

一般来说，宪政是现代西方政治文化的一种产物，宪政主义是伴随着现代民族国家而产生出来的高于民族主义的一种具有着普世性的政治理论，它的核心价值是自由主义的。正像民族有着悠久的历史，但民族主义只是现代的产物一样，宪政也有着悠久的历史，宪政主义也只是现代的产物。① 就实质来说，宪政主义的核心在于通过调配政治权力的运作模式而实现对于个人自由权利的合法性保障，这是现代西方政治理论的关键，从这个角度来改造狭隘的民族主义，在我们看来，这是西方政治文化的一个伟大成就，也是我们今天从自由主义来考察民族主义的最后落脚点。不过，在此之前，我们还必须纳入一个与宪政主义密切相关的维度，即通过法治主义来梳理民族主义，因为宪政与法治是密切相关的，甚至是合为一体的，没有法治也就没有宪政，从某种意义上来说，宪政与法治是同义词，或者说法治是宪政的前导，宪政是法治的结果。

法治与民族、民主、宪政等形态一样，也有两个方面的意义。一方面它们从历史上来看都源远流长，早在古代社会的政治中就存在；另一方面作为一种主义，法治主义与民族主义、民主主义、宪政主义一样，又都只是伴随着民族国家而一同生长出来的现代政治理论。民族认同早在民族国家产生的初期就具有法权的意义，民族主义的政治诉求从一开始就追求一个民族国家的合法性存在，这集中地表现在民族国家对于主权资格的确认上。关于主权，它是一个与法治密切相关的词，意味着一个国家的法权资格，民族主义首先强调的是作为政治单位的主权地位，这是它的合法性标志。在现代政治思想史中，马基雅维利、博丹、格劳秀斯等人对于国家主权所具有的法律意义给予了开创性的研究，他们的主权理论标志着现代民族国家已经开始了有别于古代城邦和中世纪封建体制的现代转型。然而，应该看到，民族主义对于法治的理解却存在着重大的偏差，或者说现代民族国家的合法性建设是在两个矛盾的相关领域展开的：一方面，它把法律意义的主权架构置于国际法的背景之下，强调国际法或万民法中一个独立民族国家的法律地位，在此主权是民族认同的关键之所在。但另一方面，现代民族国家的合法性又系于国内法的国家建构，即一个国家的权力基础是通过人民的认同而得到法律确认的，这个方面实质上开辟出一种有关公民权利与政府权力的契约关系，这个维度的法治集中以宪章的形式表现出来，可以说作为国内法的宪章或宪法，它所设定的个人与国家的权利义务关系构成了另外一个维度的民族国家的法律基础，其关键在于人权保障。

---

① 关于西方的宪政理论，可谓汗牛充栋，参见哈耶克：《自由秩序原理》，邓正来等译，三联书店，1997；萨托利：《宪政新论》，冯克利、阎克文译，东方出版社，1998；Carl J. Friedrich, *Constitutional Government and Democracy*, revised edition, Boston: Ginn and Company, 1950; S. Corwin, *The Constitution and What It Means Today*, Princeton University Press, 1958。

我们看到，主权和人权，或者说国际法中的民族认同的法律地位与国内政治契约中的公民认同的法律地位，这两者从一开始就既是相互关联的，又是矛盾对立的，这种关系构成了民族主义政治的一个最基本的内在冲突，也是民族主义在有关法治问题上的一个核心症结。为什么这样说呢？因为民族认同依赖于法律的确立，或需要获得合法性的承认，因此它必须确立法治的原则，但法治的原则一旦作为民族共同体的政治原则，就会表现出一种独立的品格。所谓法治主义，指的是法的统治而不是依法而治，法治和依法而治是两种不同的治理方式，这里实质上涉及权与法的关系，究竟是法大还是权大，或者说是法的独立统治最为根本，还是民族国家或民族单位的普遍利益最为根本，这是有关法治问题的一个中心问题。民族主义企图在两者之中达到一种统一，实际上存在着一个误区，或者说存在着一种政治上的自我欺骗。在自由主义看来，如果一个民族在政治诉求中企图遵循法治主义的原则，那么这个民族的政治诉求就会面临着内在本性的重新塑造，也就是说民族认同或民族自觉一旦纳入法治的轨道，那么这个民族的主体权利资格，或作为这个民族代表的统治者的权力便要受到法律的制约，特别是宪法的制约，那种幻想着仅仅利用法律来配合民族国家或民族共同体的集体利益，以法治主义来论证主权至上主义的企图不是一种幻想，就是一种欺骗。固然法治原则可以为民族或国家提供合法性的论证，但这种论证一旦以法治为根本标准，那么它同样会受到另外一个源于法治原则的更高标准的考验，这个标准就是人权标准，或者说是民族国家自身内部的每个成员作为公民的个人自由、权利是否受到了法律的保障这一标准的检验。

由此可见，法治主义不仅可以为主权提供论证，更可以为人权提供论证，人权说到底是一个公民权问题，即一种涉及每个个体在社会政治生活中所享有的人的尊严、自由、个性与追求幸福的权利保障问题，法治或法治主义便是为这种人权保障提供一整套普遍、客观而又公正的规则体系。在法治主义那里，国家或民族共同体不能够以集体性或总体性的权利、利益为目标，而将个人视为工具和手段，法治的最大价值就在于能够为个人提供强有力的保障。这样一来，民族主义的法律诉求便需要新的整合，也正是从这种意义上产生了民主的政治运作模式，也就是说民主主义在程序方面为这种法治提供了实践的空间，它能够为国家政治权力的合法性提供一定的支持。但民主主义并不是最终的，因为它关注的是谁来掌权的问题，而无法解决为什么掌权的问题。在此，法治或法治主义的优越性就显示出来了，民主主义固然可以使政治统治合法化，但这种合法化又必须以纯粹的法律的统治为标准，法律在这里具有独立于多数原则的优先性地位，或者说法律并不是单纯的通过大多数人的同意而经由立法机关制定出来的。依照哈耶克的观点，法是一个社会自生的内在规则，这个规则体系最基本的价值是保障个人的权利与自由不受外部强权的侵犯。依照这样一种自由的法治理论，民族主义的政治认同就必须将主权纳入人权的框架之内,或者说承认人权高于主权的法治原则。

这样就从法治主义进入宪政主义,对此,其实古希腊的思想家就有着这方面的认识,如亚里士多德就曾指出,一个不能给予公民提供权利保障的城邦政治不可能是一种宪政,至于现代的宪政主义则从法治原则中创造性地产生出一种解决民族国家内在法律矛盾的途径。我们看到,宪政主义是通过如下途径来解决这一矛盾问题的:一方面,宪政并不排斥国家的主权地位,并为这种主权提供法律的依据;但另一方面,宪政又把人权置于更高的地位,认为政治制度的核心是保障人权。为此,宪政主义实质上对于人权和主权给予了全方位的自由主义改造,并创造了一种现实可行的也为历史所证成的制度模式。这种制度模式在我们看来,是解决民族主义问题的最有效的方式。

宪政主义吸取了民主主义和共和主义的有效元素,认为一个国家的存在需要具备主权的法律资格。这里所谓的国家,可以由民族共同体来构成,但是,这个共同体所享有的主权资格作为一种法律上的资格,它并不是天然由一个民族所秉有,从某种意义上来说它是一种多元政治的产物。这种多元既是共和主义的政治多元,也是民主主义的政治多元,由这种多元结构所构成的国家政体,可以说是一种复合的多元共和政体。① 这种政治共同体也就从法律上把阿克顿所说的那种多个民族的大熔炉意义上的国家体制合法化了,或者说也为此提供了法律上的依据。宪政主义不接受所谓一个民族一个国家的荒谬逻辑,而认为国家基于由历史传统所形成的多个民族的相互承认,这种承认与其说是依赖于种族、血液、皮肤、土地、人口、文化等标准,不如说是依赖于阿克顿所说的历史形成的共生的优势原则,即遵循这个原则能够为各个民族的繁荣和发展提供更大的自由空间。这样,宪政主义通过一种复合多元的政治组织形态,以多样性的民族融合作为价值指向,以重叠共识所赖以构成的宪法共识为法律基础,以区域自治或联邦制为治理形态,对于民族主义的政治诉求给予了切实可行的解决。这种宪政主义的民族政治理论在我们看来是可行的,因为它的政治宪章能够最大限度地解决主权与人权的矛盾,也能最大限度地解决民族自决权与国家统一权的矛盾。

宪政主义的法治原则,作为至上的政治原则,把个人权利和自由视为核心的价值基础,我们看到,这一点是现代西方政治的一个突出特征,也是从现代民族国家中演生出来的具有普世性的高于民族主义的一个政治标准。从法律乃至宪法的高度对个人权利给予正当的保障和救济,这是宪政主义为人类所提供的一个伟大贡献,就这一点来说,它有效地澄清了曾经存在于民主主义和共和主义理论中尚不清

---

① 参见文森特·奥斯特罗姆:《复合共和制的政治理论》,毛寿龙译,上海三联书店,1999;John. Dewey, *The Public and Its Problems*, Denver: Alan Swallow, 1965; William H. Riker, *Federalism: Origin, Operation, Significance*, Boston: Little, Brown, 1982。

楚的一个关键问题。在民主主义那里,正像我们所指出的,无论是直接民主还是间接民主,虽然给予了每个个人以平等参与的政治权利,但是它并没有真正解决一个政治制度的价值基础问题。因此,民主主义在20世纪以来面临着严峻的危机,对此如果不能通过宪政主义予以整合将会贻害无穷,因为单纯的民主政治并非一个理性和良善的政治,多数的暴政,特别是集权主义的残酷统治已经在现实中为民主主义酿出了一杯苦酒,这一点本文无须多说。同样,共和主义如果只是局限于多元政治的平衡机制,那么它所具有的贵族特性和精英模式就会带来专制和独断的弊端,单纯的共和制显然在20世纪以来的政治实践中很难畅行。因此,真正具有可行性的乃是宪政主义对于共和主义的改造,即一种宪政的复合共和制才是体现自由主义精髓的具有历史可行性的制度模式。因为这种宪政共和制在吸收了共和制的法治原则、公民美德、精英模式的前提下,将个人自由的超验正义和民主政治的平等价值广泛地结合在一起,从而达成了一种既能够限制专制权力,又能够保障个人自由的政治形态。

由此可见,宪政主义在吸收了民主主义和共和主义的合理要素之后,它所形成的制度模式和价值指向,就为解决民族主义的理论问题提供了一个不但在价值层面而且在制度层面上的可行性方案,它所形成的这套法治规则,可以说是人类历史上所能寻找到的最不坏的游戏规则,这种游戏规则能够有效处理和化解包括民族冲突在内的各种社会冲突和政治震荡。为什么这样说呢?因为宪政主义不但首先从宪法的高度确立了个人权利的基本价值,而且为了实现这种价值又设定了一系列的制度安排,这一点是宪政主义最具有可操作性的方面,也是它得到普遍认同的地方之所在。固然民主主义和共和主义从不同的方面为民族认同的政治理论提供了一定的论证,并且也都把个人自由视为一个核心的价值,但它们都不可能像宪政主义那样提供一套切实可行的制度安排,而恰是这种制度安排才能够化解各种社会势力的政治诉求,特别是不同利益集团、不同地域和不同民族的政治诉求。

我们看到,宪政主义所提供的政治模式中最有效的解决利益多元的途径是建立在自治原则上的体现着共和精神的联邦制。这种联邦制又可以在宪法层面上区分出不同的等级,表现为不同的模式。例如,可以是大英帝国的联邦制、美国的联邦制,也可以是欧共体的联邦制,甚至是印度式的联邦制,这些联邦制虽然由于不同的历史、种族、宗教、地域等原因而表现为不同的形态,但它们都属于一种宪政主义的联邦体制,从属于自由主义的政治原则,是建立在一定的政治共同体的自治基础上的联邦模式。这一类型的联邦模式有效地解决了不同集团利益与民族利益之间的多种形式的冲突,从而把不同群体整合在一个完整的主权形态上的国家体制之内,阿克顿所谓国家的大熔炉便是这种意义上的熔炉,就本文所着重分析的民族主义问题来说,我们认为宪政主义的联邦体制是解决这个问题的最有效的方式。当然,这种方式是从总的原则来说的,针对不同的民族问题而在具体的操作层面上肯定会有形态上的不同,但其宪政主义的原则却是一致的,这个原则的核心主要体现在两个方面,一是对于国家权力的制度上的限制,二是对于个体成员自由与权利的合法性保障。

中国的民族主义问题作为一个日益严重的政治问题,它所面临的困难虽然是多种多样的,也是复杂多变的,但对于它的解决,我们不能够只是单纯地寻求一些政策上的临时应对,这样最终也是无效的。当然,如何切实可行地解决中国现代的民族主义问题,已超出了本文的课题。但本文在此指出的乃是解决中国民族主义问题的一个基本原则问题,这个原则问题当然并不是中国所独具的,它具有普遍的意义,并且也是在近现代的西方政治理论中得到了有效实践的,在我们看来,这个原则就是宪政主义的原则,或者说是一种宪政主义的民族主义政治原则。它体现在如下三个方面:

第一,立宪主义的国家是一个阿克顿意义上的多个民族共和一体的以自由为价值核心的大熔炉式的国家。这个国家的主权资格虽然为这个国家所享有,但它的体现或标志并非这个国家中的某个特殊的民族,更非某个个人或君王,也非某种意识形态话语的化身。立宪主义的国家不是国家神话,而是一个宪法意义上的国家熔炉,它的主权是虚拟的,其资格享有者可以是这个国家中任何一个参与者,即所谓的人民主权或多元民族的主权,此时的主权为人民所共有或为多个民族所共有。这个被公共享有的主权只能是虚拟的主权,正像英国的虚位君主一样,它不具有实体性的绝对地位,而只具有虚拟化的象征意义。这样一来,所谓的人民主权或民族国家的主权,便不能够通过宪法上的权利资格而变成一种与个人或民族成员相对立的抽象的政治权力,无论这种政治力量是打着人民的旗号,还是打着民族、国家的旗号,都不具有自身的目的性意义。说到底,主权只是一种工具和手段,是一种虚拟化的法律符号,其目的是为了促进它所含括的各个民族乃至各个个人的自由、幸福和繁荣,它是为了所含括的多样性目的而设定出来的,它的权力资格是被授予的。

第二,由于取消了国家主权的实体性地位,立宪主义的政治制度所围绕的中心便是多样性的自治原则,也就是说自治原则成为立宪主义国家政治的基本原则。当然立宪主义的自治并不是极端民族主义的那种单纯追求一个民族一个国家的政治独立诉求,而是一种联邦体制下的民族自治,即每个民族都享有政治共同体的自治权利,都可以在保持自身的民族文化和民族身份的前提下得到联邦政治的宪法性认同,至于这种宪法认同的自治原则的具体内容、运作模式、制度架构、权力划分等,可以在不同的时间和地域因各种各样的不同情况而不同。当年托克维尔在谈到美国的社会制度时这样写道:“没有人比我更赏识联邦制的优点。我认为,联邦制度是最有利于人类繁荣和自由的强大组织形式之一。我真羡慕已经采用这个制度的国家的命运。”①

第三，宪政主义的核心正像前面所说的是通过一套法律制度来保障个人的基本权利不受侵犯，因此这里涉及的一个中心原则便是个人自治原则，个人自治是宪政主义的首要原则。因此，从这种个人自治原则的角度来看，无论是民主主义还是共和主义，它们之所以要受到宪政主义的整合，或者最终以宪政主义为核心和基石，其原因也正在于此。由于民主主义和共和主义都没有将个人自治原则视为核心原则，所以它们对于民族主义的政治整合也都无法达到宪政主义的高度，因此也不能最终解决民族主义的问题，而宪政主义之所以高于民主主义和共和主义，并能够有效地整合民族主义之类的问题，关键也正在于确立了个人自治的法治原则。

在此我们所要强调的是，立宪主义的个人自治并不是一种抽象概念，而是从法治上确立了个人自治的重要性，给予了个人自治以法律特别宪法性的法律地位。宪政主义之所以能够整合民族主义，在我们看来，它是通过一整套行之有效的法律制度来实现的，因为从宪政主义的角度来看，民族主义的政治诉求不能回避其民族成员之个人自治的法律问题。固然民族自治体现着民族主义问题的一个重要方面，但其更重要的一个方面却是民族主义中的个人自治与民族共同体的关系问题，这个问题无疑应该纳入法治主义的轨道，并得到宪政层面上的解决。也就是说，无论社会共同体是一种怎样形态的政治单位，它都不能忽视其个体成员与群体或族群的法律关系问题，在宪政主义看来，这种关系不能简化为一种共同体内部之间的组织性关系，而是一种法律性的关系，甚至是宪法性的关系，在这种关系中，个体的价值应该在法律上予以明确的确认。从这个角度来看，民族主义那种将民族至上视为最终目标的总体主义制度指向，显然有悖于宪政主义的民族理论，也不是真正法治主义意义上的民族认同。

宪政主义是驯化民族主义的最有效的手段，也是一服解除民族主义暴虐的最有效的解毒剂。关于民族主义的多元政治问题，应该提高到宪政主义的高度，通过宪政的法律模式来解决民族与个体成员、民族与其他群体、民族与民族之间、民族与国家等多方面的权利义务关系以及利益关系和文化关系，这种以多元宪政的复合自治体系为框架的自由主义政治，才是行之有效的，由于狭隘民族主义局限于一个民族一个国家的政治诉求，因此它与宪政主义的多元共识是矛盾的。其实考察人类政制史，可以发现宪政主义意义下的民族主义是可能的，美国的民族国家之诞生便是这种宪政意义上的民族多元化国家的一个典范。因为它的国家作为一种复合共和国的联邦体制，确实体现着阿克顿所言的那种大熔炉的作用。在此，美利坚民族在历史过程中的诞生，是以美国的法治主义为政治基础的，这种多元化的民族整合既拥有了联邦国家的主权资格，同时也保障了每个国家公民所享有的基本自

① 参见托克维尔：《论美国的民主》，上卷第192页，董国良译。

由与权利不受侵犯。这种宪政主义的民族架构是多元的、自治的,在组织形态上是民主的和共和的,在目标上是自由的和维护人权的,其宪政主义实现了对于国家权力的限制和个人权利的保障。奥斯特罗姆写道:“汉密尔顿曾在《联邦党人文集》的开篇提出这一问题,即是否可能通过深思熟虑和自由选择建立‘良好政府’或者是否人们永远注定要靠机遇和强力来建立人类社会的秩序模式。深思熟虑和自由选择不仅需要通过改革现在图谋将来的方式来预测实现共同福利的可能性,而且需要借鉴以往的经验和教训,这是一个所有民族都面临着的挑战。在建构一个联邦组织以实现更广泛的和平、自由和正义的过程中,美国人所做的努力是发展一种可适用于各种相互依赖关系模式的限权宪法的一般理论。这是一种可在所有人类社会中进行探索的可能性。托克维尔在《论美国的民主》中表明,根据宪法原则创建宪政体制的美国试验创建了一个与国家统治型社会相对立的自治社会。市场与国家都不是惟一的选择。人类有能力建构自治的社会,在这种社会中,每一个人首先是他自身的统治者。在托克维尔看来,结社的科学和艺术是实现自治社会的基础。”①

前面我们分别从民主主义、共和主义和宪政主义三个方面考察作为政治形态话语的民族主义,指出民族主义所追求的民族认同之内在的政治基础以及存在的几个重大问题。我认为,这些问题说到底是自由主义与民族主义的关系问题,如果排斥自由主义的政治理念,民族主义就有可能变成一种未经驯化的全权性力量,这种力量在人类历史中,其产生虽然具有一定的合理性,其政治诉求虽然具有着一定的正当性,其情感认同虽然具有一定可同情性,但所内含的暴虐成分、无秩的蛮力和怨恨的毒素却是相当可怕的,甚至具有着制造地域冲突、国家分裂,乃至解体人类文明的可怕后果。而对于上述民族主义的负面作用,当今的各派政治理论却很少给予恰当性的说明,固然很多有识之士看到了这种可怕的前景,但是他们站在不同的片面立场上不是怀有委屈愤懑的积怨,就是给予推波助澜的鼓动,这样并不能有效地解决民族主义的问题。应该看到,民族主义作为一种政治问题在20世纪以来其导致的日益严重的纷争,是有着一定的历史必然性的。我们认为,对此应该给予同情的理解,更应该给予一种建立在自由主义政治理念中的驯化和改造,也就是说,针对甚嚣尘上的民族主义问题,摆在我们面前的是提出了一个自由主义的民族主义是否可能的问题。

为什么要提出这个问题?从普遍的层面来看,这是当今国际政治中所面临的一个重要问题,而对于当今的中国社会来说,这个问题也是一个更为本己和迫切的问题,因为民族认同和民族主义在日趋多元的政治格局中,其存在和强化是不可避

① 参见文森特·奥斯特罗姆:《美国联邦主义》,作者致中文版序,王建勋译,上海三联书店,2003。

免的,特别是在过去那种强权意识形态的高压趋于松动和解体之后,这个问题会更加突出地表现出来,苏联解体之后俄罗斯所面临的问题便是一个例证。对此,如果依然延续过去那种强权主义的话语体系,单纯从策略上寻求解决,显然是无效的。我们认为,应该积极地寻求一种具有普世性的政治理论,并由此建立起一套有效的制度框架加以解决。自由主义的政治理论以其宪政主义、法治主义、共和主义和民主主义的理论模式为解决民族主义问题提供了有效的途径,因为自由主义的政治解决,不是与民族主义的二元对立的强权政治,也不以专断的意识形态为共识的符号,它所提供的乃是一种以个人的自由权利与幸福为核心的政治框架,并试图通过民主与法治的途径,以多元的联邦自治为制度形态,在共和主义的协调中,来解决民族主义所提出的问题,这样其实也就是提出了一个自由主义的民族主义理论。

当然,如果将民族主义狭隘界定为一种纯粹追求民族国家的民族自决权理论,那么这种民族主义不存在自由主义整合的问题,或者说自由主义只能从外部对它予以协调。但是,如果将民族主义视为一种一个民族追求自身发展并在发展中致力于民族成员的个人自由与幸福的话,那么对于这种民族主义就能够用自由主义加以调适,并由此产生出自由主义的民族主义。其实民族主义无论是从广义上还是从狭义上,它所面临的核心问题便是如何实现阿克顿意义上的那种将国家视为多个民族和每一个个体成员繁荣发展的大熔炉的问题。在此,我们并不刻意非要证成一种自由主义的民族主义,我们所强调的关键是如何通过自由主义来驯化民族主义,特别是驯化民族主义内含的毒素,并通过宪政主义的方式来整合民族主义,从而实现以自由为本的多样性政治格局。在这样一种宪政框架内的多元政治中,所谓的民族认同其内外两个方面才能够达到有效的协调,一个国家才可能成为冶炼多个民族的大熔炉。诚如阿克顿在其《论民族主义》一文中所说:“对社会自由的不宽容是专制统治的本性,其最有效的救治手段必定是而且只能是民族的多样性,同一国家之下若干民族的共存不仅是自由的最佳保障,而且是对自由的一个验证。”

民族国家理论与当代中国

□张旭东

随着“中国威胁论”在西方流传，“(中国)民族主义”也成为中外报刊上频频出现的字眼。以此为题的形形色色的论说中不乏宣言式的肯定(比如《中国可以说不》，以下简称《不》)和末日启示般的诅咒(民族主义+专制=法西斯)，却往往缺少对民族主义这一复杂现象的历史的、理论的辨析。无论以新闻语言还是以知识语言的形式出现，这一话题都在不断复制自己的同时确认了一种假象，仿佛狭隘、仇外的民族主义在20世纪90年代又一次席卷了中国。犹如谎言重复一千次就成了真理，“民族主义”也在没有任何严格界定的使用或滥用中变成了不言自明的东西。无论在文化心理范畴还是在社会政治范畴，“民族主义”标签所到之处，一系列需要冷静分析的问题和矛盾不是被灼热的道德主义和心理主义伪命题所掩盖，就是简化为立场、态度、身份、认同的非此即彼的选择。

这样的讨论或许能为臆测民族主义的直接政治用途助兴，却无益于认识民族主义问题的实质。也就是说，它无益于探讨民族主义在世界范围内产生的客观历史条件，无益于分析这些条件同当前中国社会、文化、思想环境之间的关联和差异，无益于阐明当代中国民族主义理论的主体立场和话语策略。

留心的读者不难把当前“民族主义”这个字眼在具体涉及中国的种种语境中的语义作一番梳理，看看哪些是关于当前中国的信息，哪些是关于“解读中国”的西方理论构架或主观眼光的信息(在此，“西方的”当然不限于“西方人的”)。不难看出，在有关“中国民族主义”的写作中，“中国”的形象经常是局部的、零碎的、歪曲的，而写作者所赖以存在的西方认知框架却是整体的、系统的、全面的；前者在明处，后者在暗处；前者提供物质生活场景中的材料和意象，后者组织这些材料意象，对其进行叙述学和意识形态的“编码”。从蜻蜓点水式的新闻报道到缜密精工的学院论文,关于中国的写作,无论其善意或偏见的多寡,都较少以拙劣的意识形态(包括狭隘民族主义意识形态)面目出现。相反,作为发达资本主义知识分工和社会分工的一个部门,这种写作有机地结合于一个按自身逻辑描述他人、表现他人、分析他人以至宰制他人的意义定位系统;它植根于西方市民社会对自身经济、政治、文化总体利益的高度自觉,融会于将这种利益和意识合法化并不断“再生产”出来的强大的知识优势、符号渗透力和价值观念的稳定性之中。认识和批判这个知识—权力系统是所有非西方知识分子无可回避的工作,也是探讨包括民族主义问题在内的当代中国社会、文化问题的一个内在步骤。

显然,对于这一话语系统内在的控制欲和侵略性,《不》这样的作品并不构成一个真正的对手。本来,像《不》这样一吐为快、表述上不加用心的放谈在今日中国的大众文化市场上满足了特定的消费期待并不值得大惊小怪,常以文化生产空间的多元性和自主性自诩的西方舆论更不必摆出惊诧的面孔(这么说绝无意贬低大众文化在社会学或文化研究上的重要性;事实上,该书的生产过程、消费过程及其文化快餐式的“愿望满足”效果本身颇值得探讨,不过这是另一个话题)。《不》在国内畅销,在西方成为轰动一时的新闻可算是一部通俗作品的成功;但它在海内外被人有意或无意地指认为90年代中国民族主义话语的代表作和基本形式,就不能不让人觉得是中国知识界的一次失职和失败。之所以这么说,是因为中国知识界特别是理论界迄今不仅没有对《不》这类民族主义情绪的群众性、自发性表达作出知性的回应,也未曾对民族主义问题及其在90年代中国的表现作出理论上的界定、区分、澄清和说明。几个最基本,也最亟待讨论的问题包括:

一、民族主义出现的一般社会经济条件,即它同“现代性”(modernity)历史阶段的结构性共生关系

对这一问题的讨论有助于破除对民族主义的一个普遍误解,即它在一般人心目中的“非理性”、“狂热”、“反西方”甚至于“抗拒现代化”的形象。当代民族主义理论研究重镇如盖尔纳(Ernest Gellner)、霍布斯邦(E. J. Hobsbawm)、安德逊(Benedict Anderson)等人曾反复强调,民族主义(nationalism)、民族性(nationality)及民族国家(nation-state)诞生于近代欧洲,其特定的历史条件是通称为资本主义的近代经济、社会巨变。作为跨文化、跨地域的历史潮流,民族主义通过一系列社会运动、政治变革、观念更新、文化创造乃至不惜千万人的流血牺牲而倡导和推行一个功利理性的规划:摆脱前工业社会种种限制劳动力、资本、信息流动的等级界限和地区间的相互隔绝状态,拓展和保护统一的国内市场,培育适应新的社会生产方式和交流方式的标准化的“国民”大众。简单地说,它在历史、文化遗留下来的百衲衫似的差异性地图上为“时代精神”的世俗普遍化确立最大有效单位或“现实形式”。因而盖尔纳在其经典著作《诸民族与民族主义》(*Nations and Nationalism*

1983年英文版）一书中简明扼要地指出，民族主义是一种“关于政治合法性的理论”（a theory of political legitimacy），其基本理念是“政治单位与民族单位应该重合”（the political and the national unit should be congruent）。在此，现代性是理解民族主义问题的关键。盖尔纳在书中套用黑格尔有关现代性的名言来说明民族主义的历史起源和归宿。在黑格尔看来，从前只有一个人是自由的，随后一些人是自由的，而最终所有人都将是自由的，这就是现代性的本质。同样，在盖尔纳看来，一旦有了第一个民族国家，就会有第二个、第三个，最终所有的社区和政体都不得不按照民族国家的样式重新设计自己，每一个现代人都不得不成为（或沦为）民族国家的“国民”，而这就是迄今为止的民族主义发展史。

民族主义的历史使命决定了它的非文化主义性质。尽管多数民族国家和民族主义意识形态似乎是建立在特定的“民族文化传统”之上，但其基本理念却源自普遍的现代性经验。这不但解释了为何民族国家的政治边界经常无视传统的民族文化边界（比如“德意志民族文化”被几个独立的国家分割，英国或瑞士境内又各有好几个截然不同的“民族文化”，而几乎所有民族国家都内含了相当的“少数民族”和多元异质的文化传统），更说明了像美国这样发达的现代民族国家为何能在多民族、多文化的“个人主义”基础上立国并形成高度一体化的“美国文化”、强烈的民族自豪感和明确的国家认同（尽管它们往往以所谓“美国生活方式”或“美国代表普遍人性”之类“超民族、超国界”的神话形式出现）。作为现代性规划的一个特定方面，民族主义运动和民族主义理念无疑有其内在的暴力成分；而作为“国家”这种“合法的暴力”（韦伯语）的具体阶段，一切民族国家的确立和维系无不是以对各种地方的、民间的、私人的生活形式的压制或强迫性改造为前提。但就其历史发展来讲，民族主义不仅是“理性的”，而且是“合理的”。研究民族主义问题，必须首先把握这一问题的经济学、社会学性质。这有助于尽可能地摆脱道德主义、心理主义、文化主义和所谓“身份政治”（identity politics）的干扰，在宏观历史和具体社会语境的辩证法中展开讨论。

二、民族主义的理论内涵和政治效用的随机性，即它同现代社会中的种种差异和不均衡之间的相互作用

民族主义“普遍性”并未带来民族国家的无条件确立，也无法解释为什么资本主义和“现代性”的历史大潮在无情地冲破一切既有的传统、习俗、地域、社区、观念界限的同时却能与民族国家的框架“和平共处”至今。盖尔纳在论述民族主义的普遍性与合法性的同时一再强调，并不是所有的民族都能够获得自己的“政治庇护所”即国家形式，建立民族国家的客观条件或主观愿望都不意味着其现实性。这个问题又立即导致了对民族国家赖以成立的“理论”基础，即“民族性”和“民族主义”的“本质”的追问。其结果只能是一个非本质主义的发现：民族性和民族主义都是具体历史场合下的观念构造，是特定群体关于自身境遇的记述或虚构，是复杂的经济、社会、政治矛盾在一个“命运共同体”意象中的想像性解决。这也是安德逊的名著《想像的社区》(*Imagined Communities*)的主题。民族主义的普遍观念内部的抽象性和含混性及其外在化的相对偶然性甚至武断性从反面迫使我们为民族主义寻找具体的情境、问题、型态和内容。于是研究民族主义问题就转化为研究其一般历史条件内部的种种特殊性、差异性、不均衡性,转化为对不同“民族情境”的实地考察。不言而喻,民族国家的形成经常是现代性普遍趋势与复杂多变的现实地形相互作用、相互妥协的结果。种种经济、社会、种族、文化、政治的条件和障碍都可能在民族国家和民族主义的形成上留下决定性的印记。而民族主义的非文化主义性质并不意味着人类学和文明史意义上的文化不是民族国家形成的天然依据和屏障。经验的直观告诉我们,共同的语言、习俗、伦理规范、历史记忆往往是特定人群致力于建立民族国家,为自己“文化”提供“政治保护伞”的充分条件。这同时也预设了民族主义深刻的、难于充分理性化的历史、文化、心理和感情纠葛和潜在的排他性。在文化差异性之外,我们亦不能忽视空间的差异性。这指的未必是地理或地缘上的不同,而是在资本主义由中心(欧洲)向周边作不均匀扩展过程中各民族在现代“世界体系”中的不同位置和体验。正如资本主义和“现代性”在中国文明史上不是“原发的”而是“衍生的”(derivative),民族主义在中国亦属“拿来”之物。近代中国在由一个以“文化”为本的世俗帝国向以经济为本的现代民族国家转变的过程要求我们的研究视角由“时间维度”向“空间维度”作适度的倾斜。这不但有助于我们考虑民族主义的自然史、社会史、文化史制约,也提醒我们在发展当代中国民族主义理论的同时注意这一概念框架本身对中国本土经验的压抑和扭曲。对这些问题的考虑将有益于我们以民族主义研究为切入点把握当今世界上复杂的权力、利益关系,进而对整个现代性问题及其理论体系进行建设性的修正和批判的反思。

三、如何辩证地描述和分析民族主义问题及其同当代中国的相关性

在此,立场同它的理论表述之间,理论表述同它的立场之“再现”之间必然形成一个充满张力的“解释的循环”(hermeneutic circle)。换句话说,当代中国民族主义理论无法脱离它在全球资本主义语境中的自主意识和话语策略而存在,而这种自主意识和话语策略的活动又反过来指示出置于全球环境中的当代中国社会、政治、经济、文化和思想的状况。这一切对我们介入当代生活的程度和我们的知识准备提出了新的要求。

让我们先对媒体中的“中国民族主义”作一点语用学分析,随后再来讨论民族主义理论的当代进展。稍事留意身边的报刊就可以看到,相当一部分“民族主义”的用法同民族主义的现代所指和理论内涵毫无关系,却恰恰还是在拿“华夷之辨”、“天朝心态”这类长久存在于民族国家出现之前、与近代民族主义原则势不两立的传统世界观做文章。不言而喻,这种自我中心的宇宙观在中国近代史上虽经以西方列强为代表的近代民族国家一而再、再而三的打击却一直阴魂不散,也一直是意识深处以“欧洲中心论”为天经地义的西方媒体和主流学术界锁定的“研究对象”。在一百多年来的“东西碰撞”之后,近一二十年来在西方后工业社会内部兴起的多元论和相对主义不但没有给大中国主义的回潮提供捷径,反倒使它在许多人眼里显得更加丑陋背时,无处栖身。顺便一提,一些新儒家学人视全球资本、信息的多极化为“儒教文明”的复兴提供了历史舞台,引起了学界的广泛讨论。批评“儒学复兴论”忽略了在“前现代”与“后现代”之间发生“短路”的危险是必要的;但把它也算作中国民族主义的表现,则是指鹿为马,只能引起概念上的混乱。因为新老儒家“修、齐、治、平”的道德理想主义所持的正是与“民族国家”工具理性世界观针锋相对的文化主义“天下观”(这一文化遗产在后现代多元社会里有何新意是一个复杂的理论和实践问题,在此存而不论)。列文森(Joseph Levenson)在其《儒教中国及其现代命运》的第一卷里由“天下”和“国”的对立着手探讨近代中国思想史的断裂,可谓抓住了问题的核心。在他看来,中国几代读书人面对近代化这一“千年未有之变局”所经历的痛苦的思想转变可以概括为放弃“文化主义”而提倡“民族主义”,以冀“在‘天下’的失败中夺回‘国’的胜利”(1965 年英文版第 100 页)。以我们今天的眼光看,一旦“传统”本身无法继续成为中国人生活世界的自明的目的,“民族国”或“民族国精神”(我个人以为后者比“民族主义”更能传达“nationalism”这个概念的确切含义)就必然成为“向新的生路跨进第一步去”(鲁迅《伤逝》)的所有中国人命定的理念。在这个意义上,指责中国“民族主义”就好像抱怨中国人竟也要自强、要启蒙、要现代化,不想做“世界民族之林”中的二等或等外公民,很有些假洋鬼子不许阿 Q 革命的味道。老实讲,20 世纪中国的社会、经济、政治、文化、思想发展早已突破了要“天下”还是要“民国”这一梁启超、章太炎时代的问题框架,并深深卷入了晚期资本主义全球范围内的一系列矛盾。但与此相左的是,西方大众媒体和主流“中国研究”界在塑造当代中国形象时却仍在情不自禁地弹奏“东方主义”的古典旋律:神秘叵测的东方,在梦想中占据着世界的中心,没有时间,没有历史,一切周而复始,一成不变。无论出于无知还是有意,这种概念和时序的错乱都暴露了以近代民族国家为基本单位的资产阶级“公民社会”对现代性时代的后来者的优越感和盲视。而国内报刊上俯拾皆是的“神秘的东方”、“古老的文明”(这里既有赤裸裸的商业广告用语,也有其貌似高深的学术版)则好像是说不这样对号入座就不够“世界化”,有碍同“国际大循环”“接轨”,令人哭笑不得。

与此相反,另一种“中国民族主义论”谈的则是所谓“现实政治”(Real politik),其推理无非是中国经济规模的膨胀必然带来地缘政治意义上的扩张,在国际事务中越来越“牛”,以至挑战和动摇现有的“国际秩序”。中国经济的快速增长是一个事实,对于这样的局面,一切现存等级制度的既得利益者们都会戒心重重,更不用说经历过两次资本主义世界大战的老牌西方发达国家了。他们可真是“前事不忘”,“未雨绸缪”,不但重温未能处理好德国和日本崛起的惨痛教训,更不时地提醒自己在近代史上曾使中国经历了何等的挫折和屈辱。作为当今世界上最大的一个“有历史积怨的崛起民族”(美国《外交事务》月刊语),中国内部的“民族主义”或“国民意识”自然成为列国纵横家们跟踪取样的重要情报参数之一。但这种从“国家利益”出发的考虑正点明了现代民族国家之间的利益分歧和维护各自利益的竞争关系,并从反面承认了民族国家和民族主义的政治合法性。

在中国民族主义问题上,从资产阶级战略利益和意识形态着眼的西方右派策论家有时比立足于文化意识形态“正确性”的西方自由派和左派“国际主义知识分子”对问题有着更为清晰的把握。美国麻省理工学院退休教授白鲁恂(Lucien Pye)有句名言:“中国现代化的根本麻烦在于它身为不折不扣的文明体系却想混入民族国家之列”(the fundamental problem in China's modernization is that China is really a civilization pretending to be a nation-state)。也就是说,中国的“大一统”虽使中国免于神圣罗马帝国式的分崩离析,但也窒息了社会、民间各种利益和思想的自由竞争和表达;因而中国民族主义不是现代公民个体意识的矛盾集合体,而往往是体现统治者意志的“强加于人的道德秩序”(imposed moral order)。显然,白氏的民族主义或民族国家模式来自现代资产阶级“市民社会”理念。以此为根据,他认为中国的现代化“需要生机勃勃的民族主义形式”(参看 Pye“How China's Nationalism Was Shanghaied”, 收入 Jonathan Unger 编 *Chinese Nationalism*, 1996 年英文版),尽管他的潜台词是:(1)中国还没有现代意义的民族主义;(2)中国要成为现代民族国家,必须首先完成向“市民社会”即资产阶级社会的演变。撇开其明显的政治倾向,白鲁恂的观点提示我们,民族国家是中国进入现代世界政治经济体系的惟一角色,而这一角色还有待按当代中国自身的逻辑进一步完成。

于是我们面对的问题不是民族主义对不对、合法不合法,也不是中国人有没有资格谈民族主义,而是谁的民族主义建立在更为深厚、广泛的国民意识和政治参与的基础上,谁的民族主义具有更丰富的经济、社会、文化资源,在内部更为坚实柔韧,在外部较多开放性和包容性、较少排他的文化或种族自我中心主义,从而在全球性竞争中占据道义上、理论上、意识形态上和舆论方面的优势和主动。这种竞争不但发生在社会文化背景截然不同的国家和区域之间,也同样发生在型态相近的民族国家及其意识形态体系之间。在这个意义上,各国知识分子如何在学理上分析民族主义思潮及其理论表述是一个问题,如何在集体幻觉和生存政治上客观地从属于、服务于民族国家的社会生产和文化生产体制则是一个完全不同的问题。这里竞争和认同本身不是目的,它们的意义只来自为争取一个较为理想的社会型态所做的集体努力。

在上述有关中国民族主义的两种主要话语形式之外,还有其他各种相对次要的“民族主义”用法。它们有的点到中国人有意无意流露出来的种族偏见和大国沙文主义。在更多场合,给别人戴的“民族主义”帽子同留给自家用的“爱国主义”并无实质区别。在此,对家园、土地、语言、文化、历史、族群以及种种民族图腾、国家象征的感情连系都是“民族主义”的滋生地。中国“地大物博,历史悠久,人口众多”,爱国主义的“自然资源”可谓取之不尽。依此推想,中国民族主义也一定来势汹汹。还有一种“民族主义”则是冷战结束后“自由世界”意识形态左顾右盼寻找新的“罪恶帝国”的副产品。在这种眼光看来,“民族主义”顶替退出历史舞台的国际共产主义而入场,是抗拒西方“世界秩序”和价值观念的潜在形式。这些“理论”既是“中国威胁论”的依据,又是它的产物。将这些局部的、片面的意象拼凑起来,自然得不到一个关于当代中国的全面认识,而至于这样的“民族主义”本身究竟是什么,就更在云里雾里了。

事实上,从洋务运动始,中国经变法、启蒙、革命、抗战,直至社会主义经济改革,一部中国近现代史,为研究中国民族主义问题提供了清晰的背景。早在上世纪20年代,新文化知识分子的大多数一边援引西方进步思想同鼓吹尊孔读经的军阀专制做近于绝望的文化、思想抗争,另一方面却没有忘记培育国民以反帝国主义为核心的民族主义意识。以平和冲淡的小品文闻名遐迩的周作人,就发表过多篇激烈主张“排日”,为他所谓“正当的民族主义”张目的文章。在发表于1926年元旦《世界日报》新年增刊上的《在中国的日本汉文报》一文中,周作人以揭露日本通过《顺天时报》毒化中国国民精神入手,号召知识界反抗帝国主义的“强横的言动力”。仅隔两周,他又在《京报》副刊上撰文,以“国民”的名义要求“中日文化事业委员会”“立即解散”,并鼓吹在民众中传播“日本与中国的利害相反”的观念。尽管周作人对日本文化极尽赞美,在政治上持孤芳自赏的个人主义,日后更陷入汉奸的泥淖而不能自拔,但在新文化的第一个十年里,他却能够有旗帜鲜明地提倡民族主义的觉悟与勇气。可以说,中国现代思想史上最“世界主义”的一代知识分子同时也是最自觉的民族主义者,两者不但不互相矛盾,反而相辅相成,共同造就了“五四”知识分子的知识人格。

当今,民族国家体系正经历着来自两个方面的挑战:一是人类经济、文化生活的“跨国化”或“全球化”;一是民族国家内部差异性和自主意识的抬头。然而两者非但没有在理论和实践上证明民族国家的消亡,反倒为它提供了当代形式。我们只需注意当今区域性经济合作,如NAFTA(北美自由贸易协定)或APEC(亚太经济合作组织)无不以民族国家为基本单位,跨国资本的全球性运作也都牢牢地依附于民族国家的经济、法律、政治基础(香港的殖民地、国际城市、华人社会的三重性使她成为一个“证明一般法则的例外”)。60年代以降,全球性资本、信息和人才的加速流动造就了一批“跨国精英”和文化、政治上的“边缘人”。他们或许可以成为跨民族语境交流的中介(以及这种交流的艰巨性的见证),但我们对这种“边缘位置”自许的“本体论”意义（“边缘”、“流亡”、“杂种”、“海外群落”等等都是近来西方学院界的时髦话题）却不宜高估。我们不能无视这样一个事实：对于当今世界（特别是第三世界）的绝大多数人民来说，逾越国界及其象征的经济、社会、文化、政治的不平等秩序是何等不易，民族国家的格局又是多么经常地决定了个人和集体的命运。无疑，在环境保护、太空探索、扫毒、维持地区和平、救援难民、防治艾滋病等方面人类迫切需要国际合作，但这离哈贝马斯所谓的“世界内政”（world domestic politics）和超民族文化的“世界共和国”构想还很远。哈贝马斯的启蒙普遍主义在这一点上暴露出其根深蒂固的形而上学理路和欧洲中心论思想。

另一方面，从北爱尔兰到魁北克，从巴斯克、苏格兰到库尔德人聚居区，我们又在目睹民族主义突破现存民族国家格局向“族裔自主”发展的趋势。面对这一尚不明朗的新一轮“民族独立”浪潮，我们同样不能陷入本质主义或意志论的思维，而必须把握民族国家形成的历史性和客观性。民族国家和民族主义从来不是建立在纯粹的族裔、血缘基础上，而是一个特定经济、社会、文化群体政治上的自我理解和自我规定。这种自我理解和自我规定的实现不以单纯的个人和集体意志为转移，而是有着复杂而深刻的历史、社会、文化、心理和政治根源。换言之，民族国家和民族主义都是“想像的构造”（安德逊语），但这种想像的构造却是在历史无情的多元决定之中具体地生成的。那种以主观、绝对的民族主义修辞有意无意为分裂中国造势的努力既没有理论依据，也没有现实说服力。

“民族主义与当代中国”不是没有答案的字谜，更不是知识话语的禁区。当代中国是一个正在展开的历史文本；而民族主义无论其概念多么飘忽不定，却是一个已有几百年历史的客观存在。在其兴起、发达、普及的过程中，人们在自觉不自觉的投身乃至献身中积累了经验、观察和初步的分析框架。从民族主义起源的经济学、社会学本质着眼，我们可以看到它在当代中国的表现与中国经济的崛起和社会生活的多元化同步。在日益广泛的经济、文化交往中，普通中国人正逐渐摆脱经验的局限和意识的朦胧状态，开始对个人、集体和国家的利益和前途表现出越来越多的体认、关心和参与意识。这种姗姗来迟的民族主义不但是“正当”的，而且其表现方式总体上说也相当理性、温和。这同一个新生的经济民族的务实心态正相协调。而真正的大问题在这里刚刚开始，这就是：被现代性普遍潮流激活的当代中国社会能否从自身历史的具体性和差异性中创造出不同于经典资产阶级民族主义的新型民族国家？

再论文化自觉与中国思想史研究[①]

□方光华

所谓文化自觉，简而言之，就是将人们关于自然及社会的认识提高到文化的自我觉醒和自觉设计的高度来加以思考。文化自觉是目前中国社会的一种主要思潮。虽然20世纪初就有类似的观点提出，但真正引起人们普遍关注和讨论，是在20世纪90年代以后的最近十年。这种思潮对中国学术研究产生了一定的影响，对中国思想史研究提供了一些启示。

一

文化自觉给中国思想史研究带来了新的思路。

例如，对老子思想的研究，过去的主要方法是：

学术史的研究方法 这种方法把历史上的所有思想都视为具体学术背景下的产物，任何思想命题都是从当时的学术研究中酝酿出来的。据《史记》记载，老子是东周王室藏书史，掌管当时中央王朝的图书，他对历史文化典籍有很深入的研究，否则，孔子不会不远千里，从今天的山东曲阜来到河南洛阳，向老子请教关于历史文化方面的问题。[②] 因此，老子思想中的许多观点与当时的历史文化典籍有密切联系。例如金景芳就曾对老子思想与《周易》的关系进行研究，认为《周易》对天道研究，以及《周易》"谦"卦主张谦逊的思想对老子有启发。还有一些学者指出《尚书》中对"水"的重视，是老子"上善若水"思想认识的重要渊源。

---

① 2002年笔者曾写有《文化自觉与中国思想史研究》一文，后刊发在《中国思想史论集》第二辑（广西师范大学出版社，2003）。本文是笔者对这一问题的进一步思考。

② 关于孔子问礼于老子等，历史上有怀疑。但《庄子》、《大戴礼记》、《孔子家语》、《史记》等都有孔子问礼于老子的记载。

哲学诠释的方法 这种方法把诠释者的哲学认识当做评判老子思想的根据。例如胡适对进化论思想和逻辑学比较有兴趣，他的《中国哲学史大纲》就用自然哲学的观点来解释老子的天道观，认为春秋晚期，老子对当时的政治进行批判，创立一种革命的政治哲学，他理想的政治是极端的放任无为。老子观察政治社会的状态，从根本上着想，要求一个根本的解决，提出了天道观念，为后来的自然哲学奠定了基础。① 冯友兰对实在论哲学有体会，他研究老子，就认为老子把“道”当做天地万物之所以生的总原理，把“德”视为具体事物之所以生的原理，②老子认为“德”的世界必然要回归“道”的理念世界。任继愈对思维与存在的关系问题比较关注，他研究老子，就认为老子视“道”为事物的根本，道的根本属性是“无”，“无”在中国哲学史上第一次提出作为万物之本的负概念，是人类认识史上的重要里程碑，但“无”既可以给以唯心主义的解释，又包含着唯物主义解释的可能。③

社会史的研究方法 这种方法把历史上的任何思想都视为是对社会历史的反映，认为思想的演进与历史的演进是相互统一的整体。例如，侯外庐就认为老子思想反映了当时国民阶级思想的怀疑精神。老子揭示了当时社会中存在的阶级矛盾，他对儒家的“仁义”、墨家的“尚贤”都表示反对，但他看不到历史的前景，怀着对远古政治的向往，留恋以至美化过去简朴的生活方式。④

而从文化自觉的角度来看，老子思想与当时中国文化发展问题密切相连，只有抓住了老子思想的文化特征，才可以得到关于老子思想的明确认识。例如老子思想中有一个命题，叫做“天下万物皆生于有，有生于无”，他认为“有”从“无”中产生，“有”以“无”为支撑，“有”因为“无”才产生作用，“有”复归于“无”并从“无”中再生。老子曾经举车匠制作车轮、陶匠制作陶器、工匠建造房子等例子加以论述。例如房子从“无”中产生，房子因为里面的空间而有它的用途，房子将复归于“无”，并从“无”中再生。⑤ 一般人只看到房子的材料和结构，看不到房子因为“无”而起作用。老子从而总结说，天道总是凭借它柔弱、否定、不为人们所注意的方面发生作用。老子的这种哲学认识是与他关于当时礼制文化的反思相联系的。他所说的“有”，即当时已经存在的文化形态——夏商周以来约2000余年之久的礼制文明。他所说的“无”就是文化尚未实现的可能性。他曾指出：“上德不德，是以有德；下德不失德，是以无德。”⑥所谓“上德不德，是以有德”，即是说，真正高明的人不以

① 胡适：《中国哲学史大纲》，商务印书馆，1919。

② 冯友兰：《中国哲学史》上册，商务印书馆，1932。参见中华书局1961年版，第222页。

③ 任继愈：《中国哲学发展史》先秦卷，人民出版社，1983。

④ 侯外庐：《中国思想通史》第1卷，人民出版社。

⑤ 《老子·三十五章》。

⑥ 《老子·三十八章》。

现有的道德为道德，他们真正领悟和拥有道德。所谓“下德不失德，是以无德”，即是说，不高明的人死守现有的道德，他们实际上并没有真正领悟和拥有道德。老子的意思是：不要把现有的一切都视为理所当然，人的生存方式和政治模式，都可以在现有的方式之外，乃至在现有方式的对立面之中，找到它的重新发展的可能。可见，老子思想的主要目的，是为当时的礼制文化寻找出路，他“有生于无”的命题的主要宗旨是鼓励人们尝试文化创新。

从文化自觉的视野来看，思想家所关注的问题主要是涉及文化发展的重大问题。不可否认，思想家思想的产生确实有一定的学术史背景，有对世界总体的独特认识，有一定的阶级属性或价值倾向，但所有这些分析，只有建立在对他们的文化认识的分析基础上，才有可能得到更加全面的认识。对文化发展的自我觉醒和自觉设计，是统一学术史研究、哲学研究、社会史研究成果的基础。

二

文化自觉有助于认识思想交流互为主体的特性。文化的发展离不开文化的交流与融会，思想的发展离不开各种学派的相互辩论和相互吸收。但如果没有文化自觉的意识，我们往往对思想交流互为主体的特性缺乏深入认识。

例如，对于佛教思想与中国历史特别是魏晋隋唐历史的关系，前辈学者们都很关注。但是对于佛教对当时社会到底产生了什么影响，人们的评价并不完全一致。要真正理解中国中古社会长达数百年之久的佛教热忱，尚须对佛教与当时文化发展的关系作实事求是的分析。如果一种思想、一种思潮对当时的文化问题不能提供任何有意义的解决，不能启发一些新的解决问题的思路，它就不可能长期存在和发展。

魏晋隋唐时期的佛教思潮与当时社会历史的关系，有两点应该引起注意：

其一，这一时期的佛教与当时的民族观念的进步有较大的关系。

魏晋南北朝时期的民族冲突与民族融合引人瞩目。魏晋时期的民族冲突在东汉时期已经开始，但是当时几乎没有什么解决的办法。两汉经学竭力鼓吹华夷之辨。据近代学者刘师培的研究，孔子夷不谋夏、夷不乱华的思想是两汉今文经学和古文经学的定则。两汉今文经学大师董仲舒、何休专治《公羊》，而《春秋公羊传》攘夷之辨的言论相当多，所以《春秋繁露》力陈华夷大防，《公羊解诂》“于内外之别，经释深明”①。受这些观念所制约，在处理现实中的民族关系时，汉族统治者居高临下。东汉时期，北方少数民族由于气候等原因被迫内迁，先后迁居内地的有匈奴族、羯族、鲜卑族、羌族。对于内迁的少数民族，封建政府存在种族歧视政策。由

① 刘师培：《两汉学术发微论》，《刘申叔先生遗书》15 册，南氏排印本，1936。

于民族关系处理不当，西晋时期，民族冲突已成为当时的主要社会问题。晋武帝时，侍御史郭钦甚至提出徙戎策，要把北部边境的少数民族迁出塞外，把三河三魏汉族士庶四万家充实到北部边境，并将平定东吴的部队调到北部。① 晋惠帝时，江统又重弹这种老调。但这时要再把内迁的少数民族迁徙到塞外，几乎没有什么可能性，而解决民族冲突的办法又找不到。就在江统《徙戎论》出台不到十年，少数民族起来反抗，导致两晋政权的灭亡和北方割据政权的出现。

在“五胡乱华”的前半个阶段，民族冲突和民族屠杀比较严重，但到后半个阶段民族融合的局面则开始成为主流。对北方民族关系的变化，学者们从各个角度作了研究，并提出了许多有创见的论点。如有人认为经过十六国分裂局面之后，中国民族之间的理解加深了，对立减少了，这主要因为民族迁徙打破了各族封闭的族居状态。同时各少数民族化部族组织形式转而为政权统治，不得不任用汉族知识分子，汉族知识分子推行汉族政治制度和文化思想，使得少数民族认同汉族。但不能忽视的是，民族融合局面的出现，还有一个重要原因，那就是佛教思想促成了当时民族观念的变化，佛教使人们相信，各族都是平等的。

后赵石虎时期，平民百姓信奉佛教者急剧增多，石虎为了限制出家以逃避赋役的现象，下令清理沙门。著作郎王度乘机上奏说：“佛，外国之神，非诸华所应祠奉。汉代初传其道，惟听西域人得立寺都邑，以奉其神。汉人皆不出家。魏承汉制，亦循前轨。”他主张将赵人为沙门者，还复为百姓。② 他的这种建议引起了石虎的极大反感。石虎下诏说：“我出自边戎，就应该尊奉佛教，凡我统辖之域，愿意信奉佛教的，不管是夷人还是汉人，都不要阻挠。”以信仰来区别夷夏，是东晋南北朝时期一个比较普遍的现象。南齐道士顾欢就写了《夷夏论》，说佛教是夷教，中国人不能信仰它，信仰它就如以车涉川、以舟行陆一样荒唐可笑。但是这种观点不断受到驳斥。后来的趋势证明，在佛教面前人人平等。而这种平等又在“周孔即佛”的观点影响下，导致在任何信仰面前人人平等。

隋唐时期，国内的民族界限进一步打破，民族矛盾相对缓和，两汉时期那种“夷狄兽心，不与华同”，“德以柔中国，刑以威四夷”的民族歧视的观点，受到不同程度的摒弃。隋文帝曾说：“溥天之下，皆曰朕臣，虽复荒遐，未识风教，朕之抚育，俱以仁教为本。”③隋炀帝大业七年，西突厥处罗可汗降服，他说：“今四海既清，与一家无异，朕皆欲存养，使遂性灵。”④唐太宗对夷狄的态度，更为后人称引。他公

① 《晋书》卷九七《匈奴传》。
② 《晋书》卷九五《佛图澄传》。
③ 《隋书》卷八三《吐谷浑传》。
④ 《隋书》卷八四《突厥传》。

开宣称："自古皆贵中华，贱夷狄，朕独爱之如一"①，"岂独百姓不欲而必顺其性，但夷狄不欲，亦能从其意"②。如果没有佛教的传播与影响，要形成隋唐这种迥异于两汉时期的民族观念，并不容易。

其二，这一时期的佛教与当时的伦理观念的进步也有较大的关系。

在佛教传入中国以前，对儒家伦理观念的主要消解力量来自道家。道家绝仁弃义，说失道而后德，失德而后仁，失仁而后义，失义而后礼，而礼是忠信之薄，是罪恶之首。道家的始祖老子颇有志于建构一套新的社会行为准则和思想观念。但自庄子开始，道家就基本放弃了重建社会准则的努力，变成了消极游世和混世。不愿意混世的就成了秦汉时期的新道家，此即司马谈《论六家要旨》之所谓"道家者流"。他们除了高扬一切须以道为基础的自然主义旗帜外，在伦理观念方面与儒家区别不大，刘安主编的《淮南子》的伦理思想就是明证。

魏晋时期，儒教遭到现实的打击，这时社会政治出现了两种典型现象，一是统治者大都借助儒教的躯壳，为欺世盗名的行径粉饰，二是世族门阀多把儒家伦理收缩为家族伦理，以"孝"制约"忠"。而当时对"名教"污浊进行激烈批判的玄学家，也多以老庄思想为原料，高唱"越名教而任自然"。但名士们也未能建立起新的社会规范。王弼注《老子》第三十八章，"上仁为之而无以为"，就说只有宗法关系下的伦理规范，如孝子之事亲是符合人的自然本性的，其他如忠、信等社会规范离人的自然本性就有一定距离。所以在名士们看来，除了家族伦理还有一席之地之外，其他道德信条大都虚无而没有意义。享乐主义和非道德主义盛行一时。当时中国伦理向何处发展，确实是一个重要问题。

佛教以否定儒家伦理观念的面貌出现。儒家不断指责佛教"不事二亲"、"离间骨肉"、"离而君臣，去而父子"，有违于忠孝。事实上佛教对当时的家族伦理确实起到了冲击作用。《高僧传》所列高僧，标准之一就是他们能够摆脱父母兄弟的牵制，斩断人世恩怨。如果出不了家，摆脱不了最为自然的家族亲近感情，就不容易列为高僧。如果不承认这一点，就不能理解为什么儒者将批判的矛头集中在佛教非毁儒家伦理观念的这一点上。但是正如佛教徒们所指出，佛教的伦理观念是一种比儒家名教，特别是比门阀世族所推崇的名教更为宏远的伦理观念。第一，它宣传六道轮回、因果报应的思想。凡一切没有超脱轮回之链的众生，都是轮回主体伦理行为平等的对象。而且轮回主体的业报不受其他因素决定，它主要取决于主体的因缘果报，这不但突破了儒家家族伦理的局限，也有助于唤取伦理主体的自觉。第二，它宣传救世意识，号召人们应有救世思想。而且救世不能只有空洞的言论，应该从平平常常的现实生活做起，应该从十分恶劣的社会现象的改造做起。这

① 《通鉴》卷一九八，唐贞观二十一年条。

② 《册府元龟》卷一八，帝王部，帝德条。

显然有助于改造玄风影响下的知识分子的心态，有助于民风的重振。佛教以突破儒家家族伦理的极端形式而强化了南北朝隋唐时期的社会伦理，它引起了人们对于社会发展和个人责任的关注，扩大了伦理的内涵与外延。

可见，佛学在中国的传播和发展，可能是在两汉文明发生问题，而在中国固有文化自身一时又无法全面解决的前提下所出现的一种文化现象。这种文化现象并不像两汉经学那样，追求对社会现实问题的具体解决思路，而是把改变人们的思想意识当做根本，认为这是解决一切社会现实问题的先决条件。它改变了思索社会问题的角度，开阔了思索社会问题的视野，同时也提高了反思中国固有文化资源的思想深度。可是由于我们对文化交往互为主体的特性认识不够，较多地注意到中国文化对佛教文化的消化和融会，有意或无意忽视了佛教文化对中国文化的改造，从而不能对中国思想发展的历史做出合乎逻辑的说明。

三

文化自觉可能深化我们对中国思想史研究对象的理解。

思想史研究在中国有比较悠久的传统。战国时期的《庄子》一书，有一篇文章叫做《天下篇》，就从“道”的统一性来评述当时思想学术的发展，认为诸子百家之学都是对“道”的不同体现。① 汉代前期，司马谈曾撰有《论六家要旨》，对阴阳、儒、墨、名、法、道德诸种思想学说进行评价，这些评论保存在《史记·太史公自序》之中。这种思想研究的传统在中国历史发展的各个阶段都有延续，明清时期发展到高峰，出现了黄宗羲《明儒学案》、《宋元学案》，江藩《国朝汉学师承记》、《国朝宋学渊源记》等有代表性的思想学术史著作。

尽管中国思想学术史研究有 2000 余年的历史，中国思想史研究的对象与方法，只有到 20 世纪初才引起人们的探讨。随着西方学术理论与方法渐渐传播到中国，人们开始认识到，中国学术与西方学术相比较，缺少西方学术那种明确的理论体系与方法论。② 中国思想学术史到底应该研究哪些内容？它的研究方法主要有哪几种？这些问题开始引起人们的关注。

---

① 《庄子·天下篇》：“天下大乱，贤圣不明，道德不一，天下多得一察焉以自好，譬如耳目鼻口，皆有所明，不能相通。”

② 王国维曾对中西学术不同做过比较，说：“西洋人之特质，思辩的也，科学的也，长于抽象而精于分类，对世界一切有形无形之事物，无往不用综括(Generalization)及分析(Specification)之二法。……吾国人之所长宁在实践方面，而于理论方面则以具体的知识为满足。至于分类之事，则除迫于实际之需要外，殆不欲穷究也。……故我中国有辩论而无名学，有文学而无文法。足以见抽象与分类二者皆我国之所不长，而我国学术尚未达自觉(Selfconsciousness)之地位也。”(《论新学语之输入》，《静安文集》，《王国维遗书》，第三册第 529 页，上海书店，1983)

侯外庐对中国思想学术的对象问题曾做出明确回答。他认为哲学思想、逻辑思想和社会思想是中国思想学术史研究的主题。1987 年，在他的史学论文选集中，他归纳总结研究中国思想学术史的历史，指出："对中国思想史的研究，我以社会史研究为前提，着重于综合哲学思想、逻辑思想和社会思想（包括政治、经济、道德、法律等方面的思想）。"①

所谓哲学思想，即思想家对世界总体的认识，包括人对自身的认识、对社会的认识、对自然的认识以及对人在世界整体中的地位和作用的认识。侯外庐认为这些问题是任何思想都不可能逃避的问题。无论何种从经验世界得来的思想观念，都以这些问题的思考作为最后依据。在中国思想学术发展史中，不能简单搬用西方的某种哲学体系来加以诠释。他对胡适的《中国哲学史大纲》（1918 年初版）以及冯友兰的《中国哲学史》（上册 1931 年出版，下册 1934 年出版）都有批评，认为胡适用实用主义，冯友兰用实在论思想来研究中国哲学史，并不能完全反映中国哲学史的实际情形。② 中国哲学思想主要通过"天道"、"人道"、"天道"与"人道"如何统一等命题显示出来。

所谓逻辑思想，即思想家阐发思想观点的方法。侯外庐认为任何思想家的思想，都有一定的方法论做根据。这种方法渗透在思想家表达思想的整个过程，反映出思想家的思维模式。中国逻辑思想研究虽然离不开对逻辑命题的深入研究，但逻辑思想研究的主要目的，是揭示思想家一以贯之的思想方法。例如孔子的逻辑思想，章太炎曾从演绎、归纳角度对孔子"忠恕"思想加以诠释，认为"忠"与演绎相符，"恕"与归纳法相符。③ 胡适认为孔子正名思想主导了孔子的世界观。孔子相信有一个和谐稳定的名分世界，他主张"正名"，实质是要把现实中混乱的名分秩序扭转到理念的名分秩序。④ 而侯外庐则认为孔子的方法论主要表现在他的中庸思维方面。孔子认为矛盾影响和谐，包含矛盾的概念和命题不能成立。他主张"叩其两端"⑤，通过揭示事物内部矛盾，显示出事物存在的危机，最终用"中庸"的方式求得矛盾的消解。这种调和的思维模式贯穿于他思想的各个方面。如果对孔子的这一思想方法有所把握，就不难了解孔子思想方法达到的水平。

所谓社会思想，即思想家关于社会生活、社会问题、社会模式的观念和理论。侯外庐认为社会思想是中国思想学术的核心。相对而言，中国历史上缺少纯粹学

① 侯外庐：《自序》，《侯外庐史学论文选集》，上册第 11 页，人民出版社，1987。

② 参见侯外庐：《韧的追求》，第 193 页，第 265 ~ 266 页，三联书店，1985。

③ 参见《检论》卷三《订孔》，《章太炎全集》三，第 426 ~ 427 页，上海人民出版社，1984。

④ 参见《中国哲学史大纲》，姜义华主编：《胡适学术文集 · 中国哲学史》上册，中华书局，1991。

⑤ 《论语 · 子罕》："吾有知乎哉？无知也。有鄙夫问于我，空空如也，我叩其两端而竭焉。"

术化的思想传统，任何思想都以社会现实问题作为出发点和归宿。这就决定了中国古代社会思想非常成熟。中国社会思想主要通过伦理思想、政治思想、社会理想等方面的内涵显示出来，同时也反映在对法律、经济、军事、民族等具体社会问题的思索之中，甚至体现在社会心理之中。①

侯外庐特别指出，中国思想史虽然要研究哲学思想、逻辑思想、社会思想，“但是思想史也并不是政治思想、经济思想、哲学思想的简单总和，而是要研究整个社会意识的历史特点及其变化规律”②。1947 年，他在《中国思想通史》第一卷《古代思想编》卷首，就曾指出，“斯书特重各时代学人的逻辑方法之研究，以期追踪他们的理性运行的轨迹，发现他们的学术具体的道路，更由他们剪裁或修补所依据的思想方法，寻求他们的社会意识及世界认识”③。他的助手张岂之也曾经这样概括：“思想史就是人类社会思想意识的发展史……确切地说，思想史就是研究人类历史上社会思想意识发展、演变及其规律的学科。”④可见侯外庐所理解的中国思想史，并不是哲学思想、逻辑思想、社会思想的简单拼凑，而是以哲学思想、逻辑思想作为支撑，以社会思想作为核心，所构成的有机整体，是这一有机整体发展演变的历史。简单地说，按照侯外庐的理解，中国思想史就是研究中国思想历史的学科，是研究中国思想结构、思想内容、表现形式及其发展变化历史的学科。

而从文化自觉的角度来看，中国思想史研究对象除了哲学思想、逻辑思想、社会思想之外，更应该研究它的文化思想，由哲学思想、逻辑思想所支撑的主要思想内涵是包括社会思想在内的文化思想，文化思想成为思想有机整体的核心，即以思想的文化意义为基点来整合世界观、认识论与社会思想，中国思想史并非哲学、宗教、政治、伦理、教育等方面思想形式的总汇，而是由它们构成的具有文化特质的整体。

从文化自觉的角度来看，中国思想史研究不但要研究中国思想结构、思想内容、表现形式及其发展变化的历史，还应该研究它的文化功能和文化作用。思想的文化作用的产生，总是要与人们的生活实践发生内在联系，它一般有三个层次，一是改变形而上的信仰。无论中国思想还是西方思想，在建立解释自然、社会、人生

---

① 侯外庐曾对农民起义的口号做过专门研究，撰写有《中国封建社会前后期的农民战争及其纲领口号的发展》一文，认为唐中叶（约公元 780 年）以前，农民起义主要表现在反徭役并争取人身权方面，因而其口号所包含的思想主要是一种狂暴式的“财产共有”或“共同劳动”的教义。后一时期农民起义主要表现在分产均产方面，其口号所包含的思想主要是一种更现实的财产平均的教义。参见《侯外庐史学论文选集》，第 255 页。

② 侯外庐：《自序》，《侯外庐史学论文选集》，第 11 页。

③ 侯外庐：《中国思想通史》，上海新知书店，1947。

④ 张岂之：《论思想史与哲学史的相互关系》，载《儒学·理学·实学·新学》，第 296 页，陕西人民教育出版社，1994。

的知识系统时,总会有一个逻辑起点,有一个不必论证和思考的终极依据。这个依据往往成为思想最牢固的文化特色,它左右着人们对于文化的信仰。只有当这种信仰被新的信仰所取代或补充之后,文化才会发生变化。二是渗透人们的知识体系。一定的知识系统总是与当时人们的思想水平相联系。思想通过一系列相应的概念,命题转化为理性化的知识形式,并建构与思想信仰相统一的价值趋向。思想的基本内涵不变,则知识体系不会发生变化。思想的基本内涵变化,知识体系也将随之变化。三是通过人们的社会生活,它既包括人们的政治生活,也包括人们的日常生活,甚至包括某些特殊的仪式和禁忌。

总之,文化自觉使我们对中国思想史研究对象的认识更加深入,它对研究者的综合创新能力提出了更高的要求。

临济宗风化边表
——清代高僧赤松和尚与瞿脉禅师合论

□张新民

明末清初贵州、云南佛教的发展极为兴盛，亦可说是龙象蹴踏四方、法音声震天下的时期。其光耀气势之宏阔灿烂，甚至较之中原各大省亦毫不逊色。不仅明清之嬗替巨变造成士大夫耽禅悦、遁空门的一时风尚，而且佛门内部也涌现了一批解行不二、弘化一方的龙象人物。佛教心宗在边地的发展既代表了西南禅宗的智慧成就，同时更深化了地域小传统与中原大传统互动过程中的某些特殊内涵。赤松和尚与瞿脉禅师便是其中最有代表性的两位宗门巨匠，他们的悟道因缘及弘法活动正可显示当时佛法心灯朗照西南边地的空前盛况。

赤松是传临济正宗三十三世大和尚，创办黔灵弘福道场的开山祖师，破山大师再传弟子，敏树和尚嗣法弟子。他一生往返于滇黔两地，四处宣说佛法妙音，培养大批宗教人才，也是西南佛教界的一代法门宗师，禅宗思想史上的著名大德高僧。

赤松和尚（1634～1706），法名道领，别号黔灵，赤松乃其字，俗姓韩，名景琦，明崇祯七年（1634）四月二十四日生于四川潼川东塔山青藤坝，排行第五。父中轩，母谢氏，为当地望族。六岁时父亲见背，由哥哥抚养教育，幼年已感生灭无常，哀叹甚深。叔父见他家遭变故，又聪颖过人，便接入潼川城中，研习儒学。一年未满，值明末战乱，兵戈纷扰，乃过继杜家为子。不久避难入黔，家人为之议婚，希望他走儒学科举的道路，赤松坚执不从，转慕佛教不生不灭之理，誓愿修行探求人生究竟。因厌家居俗扰，于是与邻里袁氏子结伴，入息烽南望山结草为庵，念佛收心，修头陀苦行。将近百日，袁氏子不耐艰苦，私自奔回。赤松则更入深山大箐，继续修行，勤苦不懈，虽骨瘦如柴，形如非人，仍不改初衷。如此苦修年余，被跟随袁氏子找寻的父兄发现，他才被迫返家。赤松返家后，依然茹素，不事家室，先定之亲，亦毅然退绝。家人见其如此，乃听任出家。赤松从此遍参名师，开始自己漫长的学佛生涯。

再度离家求法，赤松初曾混入外道，旋即觉知其非正法，乃即舍弃。对真正发心修行的人而言，无论顺境逆境，都是助道的因缘。赤松虽误入外道，但却增加了寻访真善知识以求取正道的决心。果然稍后不久，他就欣逢善缘。顺治十年（1653），赤松听说灵药慧宗由浙江天童山入黔弘法，乃前往贵阳药王庙参谒。灵药（1604～1670）为密云大师得法弟子，一代宗门耆宿①，长期活动于滇黔两地，法席颇盛，道声甚远，一生为接引他人说法不断，而又以为根本就了无一法。圆鼎和尚《滇释记》卷三记他参访密云大师及悟道前后因缘说："时闻密云开法金粟，师（灵药）住参，圆具，授以'万法归一'语，参之服膺。未几，密迁天童，命师往小北河作园头，师忘餐历究，忽一日执锄定去。同寮寻至，问曰：'你在此作么？'师举锄打云：'非汝境界。'即说偈云：'娘生真面目，处处不会藏，塞满虚空界，随缘作主张。'遂呈密，密曰：'你主张个甚么？'师喝，密把住，再道：'看！'师云：'棒下无生忍，当仁不让师。'密连棒，师连喝而退，遂有省。"足证他在密云门下，工夫颇有得力处。至于法号灵药之得名，则因曾主药寮，凡经其治疗者，均无不痊愈。他见赤松求道心切，对他说："汝年纪尚幼，求示个甚么，既在外道，将从前所作，一一说出，行好就是。"赤松说："和尚言年幼修持甚么，弟子实为生死事大，斋戒多年，若不开导，何以行持？"灵药伸出一脚，问道："会么？"赤松回答："不会。"灵药大笑说："老僧一脚头也不识，尚来请开示！"赤松跪下请求："弟子实为生死，初参果是不知。"灵药禅师见他心愿真切，答应他的恳求说："既为生死，将万缘放下，参个万法归一，勿生二念，行到水清月明处，看一归何处。"于是灵药替他披剃，取法名为道领。

明代憨山大师《梦游集》云："从上古人出家，本为生死大事，即佛祖出世，亦特为开示此事而已，非于生死外别有佛法，非于佛法外别有生死。所谓迷之则生死始，悟之则轮回息。……所以达摩西来，不立文字，只在了悟自心。以此心为一切凡圣十界依正之根本也。全悟此心，则为至圣之大乘，少悟则为二乘，不悟即为凡夫。"赤松和尚一开始就以生死对立之突破，作为生命秘密探求的入手悟觉工夫，以求能有一终极性的彻底解脱，从而真正契入大乘菩萨道胜义谛境域，像灵药这样的明眼禅师，自然一眼即可勘破是龙象大材，所以他的有意探问及机缘接引，已在暗中预示了赤松未来悟道的必然和应然。而以"万法归一"为参究话头，正是他自

① 赤松后来有像赞称灵药和尚云："天童山里得心印，戒律禅宗理真实。只杖游滇开九峰，人天随处展法席。相传泮州出七佛，吾师产彼赋奇质。虽是不同七佛名，九峰初祖却居一。"见康熙《黔灵山志》卷五，《法语》（按该书有贵州省图书馆馆藏抄本，全书虽为赤松和尚手辑，但后人增补者颇多，已非康熙一朝所能断限）。

己当年妙修悟觉的得力处，现在用之于赤松身上，则是要他凭一团疑情参究，最终从生命深处唤醒旋转乾坤的伟大启迪力量，从而彻底悟觉人生宇宙、天地万物的真实实相。赤松聆受恩师棒喝诲示之后，生命也开始展现新的修证进境，自此更以法器自任，勇猛精进，兢兢磨砺，务求了明至圣之大道，证得生死之智慧，打开向上全悟之一路，不到"水清月明"之处，绝不可能有任何人生之休歇。未几灵药有滇中之游，行前指示赤松礼西识和尚为师。西识为灵药印证弟子，于贵阳白云寺开法。① 赤松在西识处，行住坐卧，语默忙闲，恒苦参"万法归一"话头，如靠坐须弥山，稳稳密密，又如千斤压身，放舍无暇。为进一步澄清疑情，彻底证知一念未生之前境界，他又前往云南五华山，再谒业师灵药和尚参学，苦究"万法归一"之旨。这样经过三年修学，一日夜深危坐，灵药问他："你会老僧已有三载，所做工夫只是万法归一，此万法归一之一，是何境界？"灵药屡问，赤松俱不能对。次晨灵药告诫说："你若不精进，早悟解脱，稍有差错，丢失念头，岂不可惜青春光阴？"赤松自此限定日程，誓愿不分昼夜，勇猛提究，必悟方休。

精勤猛参半年，赤松始觉工夫凝成一片，荡逐不散，总是"万法归一之一是何境界"话头现前，将天地万物寂然悄然收归一处。一天晚上，赤松又危坐苦参，入定之后，即恍然感觉一阵真风，历历明明，空空荡荡，不出不入，自在快乐。突然爆竹骤响，灯花闪烁，赤松猛然惊觉，当下彻悟。原来生命本自圆满，天高海阔，水清月明，何来葛藤，何有遗阙？"万法归一"的去处，乃是"白云消散尽，明月一轮圆"的浑融境界，亦即杂念（白云）散尽、佛性（明月）呈现的美妙时节。这一证悟次日就得到灵药和尚的棒喝许可。从此赤松如卸重担，身心快畅，做事有主，无不自得；出生入死，任生任死，超生超死，无有毫发沾滞；而一切经论过阅，心中无不了然。尝有偈颂一首，自言其悟境云："菩萨本来是圣贤，一任无差遍大千；非笔非纸非人画，还从火内出金莲。"

赤松既彻底了悟自心，廓清"万法归一"之旨，仍以"悟道容易守道难，守道容易了道难"自勉。他深知佛道玄远，妙义无穷，虽已知其入处，却不能轻易自足，若要真正圆满内在生命本来具足的果道，就应把证后修行与发心修行看成同样重要。于是他一瓢一笠，登山涉水，继续访求名宿，广参善知识。尝谒燕居禅师于平越（今贵州福泉），燕居为入黔阐教高僧，亦破山嗣法弟子。众皆劝赤松从燕居受学，赤松以"有业师在"辞行。自此以后，赤松葛藤斩断，草衣木食，甘苦自乐，依业师西识和尚，开建白云道场，早晚随众作务，虽灰头土面，心力交瘁，亦不动声色，可谓日日劳作，日日修行，见性了悟与实践体证，二者圆融不二。西识和尚感其护法勇

---

① 赤松《白云西识业师像赞》云："楚阳生长溷戈铤，解脱能为忍辱仙。抛尽家私无挂碍，了明生死不相干。白云一坞堪投足，皓月千峰独坐禅。动静心坚如铁石，悬岩撒手任名传。"见《黔灵山志》卷五，《法语》。

猛，誉之为佛门颜回。一日与师阅《华严经》，至《如来观相品》如来与诸天子说法："诸天子常闻天鼓之音，非从东方来，亦非从南西北方四维上下来，此天鼓之音不生不灭，如我说法亦复如是"云云，赤松猛觉全身幡然放下，物我打成一片，大悟从前所得，即是佛经宗旨。自思艰苦为僧，常理终非远大之所，于是作偈云："做个朦胧且学痴，淘金岂假弄沙堆；灰头土面思其日，温裕和光且待时。远蹇纵能千处短，道圆终始一般齐；何须说甚有无理，仍入寒炉拨死灰。"赤松得入此悟境，复飞锡游滇，欲再省灵药和尚问禅。途中谒灵隐禅师于募役司（今关岭、柴云一带），灵隐亦出破山门下，二人问答深契，大得感应道交之趣。留居月余，赤松有《双师山紫云石室颂》云："狮王独踞紫云霞，百兽潜踪畏爪牙；此地窟深威自远，吼声一震彻天涯。"①灵隐以"此老作也"许之。赤松辞别灵隐，往云南天灵山重参灵药和尚，又屡有悟入之处，生命气象更加不同凡响。一年后复自滇返黔，在灵隐处受具足戒。这一年，赤松约三十岁。

从灵隐和尚受具足戒后，赤松复返回白云山数载，重与西识和尚共建白云寺，工毕即往遵义参敏树和尚。敏树为赤松同乡，亦得破山大师心印，乃留住之。次日，赤松即呈上偈颂以求发明，欲亲承敏树印证，并在敏树门下参悟数月，大得法门宗旨。临别时，敏树告诫说："老僧见汝有远大之器，此去深隐，不可轻举妄动，隐深缘熟，自有天龙推出，莫强为也。"敏树并为他书偈语付佛子，赤松得此受记，遂成为临济禅宗三十三代正宗传人。

赤松受敏树付嘱，仍回白云寺习禅。他混俗和光，深隐不露，康熙六年（1667），忽接西竺禅师寄书，谓都司张光焕仰赤松高名，请住贵阳药王庙寿世禅院。赤松时年三十四，乃前往弘教说禅。贵州督抚司道俱临席听法，一时声名大振黔中。康熙八年，赤松于寿世禅院闭关，三年韬光，了彻菩提。千日期满之后，巡抚曹申吉率文武宰官居士千余人，共造法衣法被，迎请出关。赤松得诸檀越护法，乃结制传戒；期满解制，遂发愿纵情山水，另辟驻锡胜地，虽猿猱虎豹之处，亦敢有所不辞。

康熙十一年（1672）春，赤松偶策杖至大罗木山，见层岫迭出，一径通幽，万峰环翠，中结平原，洞天福地，清雅绝伦，大有玄象之趣，洵为选佛之场。而业主罗妙德，亦发心喜舍，黔省大小各宰官，又慨然乐捐，赤松遂去城入山，剪土代茆，植树开径，营殿建楼，置田引水。沥胆披肝，艰苦备尝，终使昔日虎豹之宅，狐狸之居，变为贵州选佛之场，清净庄严之域。巨刹规模初备，即名曰黔灵山弘福寺。"弘福"二字乃"弘佛大愿，救人求世，福我众生，善始善终"之意。黔灵山寺之开创，即始于

① 赤松又有普门灵隐和尚像赞云："茅蓬初出最先机，字句研穷得我师。露滴青松严戒律，烟生碧沼漾涟漪。慈心若月临千顷，法界如云荫九径。到处般勤频接引，令人解脱世间迷。"见《黔灵山志》卷五，《法语》。

此。此后又经过三十年的擘画经营，黔灵山遂成为贵州第一名区。时人以为“遥映天童、曹溪、庐埠、嵩少，并传不朽；且上续鸡足、峨眉，直追西域，是又在嗣赤松之者”①。赤松亦有题壁诗二首，自述黔灵胜景：“青山隐隐白云横，一片闲花野色晴。溪上数椽茅屋隐，绿阴清画有书声。”“翠嶂清溪跨白牛，乐眠水草已忘忧。横吹铁笛无腔调，水月松风一韵收。”当年赤松建刹种种遗迹大多尚在，如今都已成为后人观瞻的著名景点。

赤松初辟黔灵山，即不辞劳苦，开堂说法。赤松禅法，亦农亦禅，农禅结合，著衣吃饭，运水搬柴，本自圆成，了无挂碍，大得百丈遗风。而玄机独唱，凡圣扫除，妙谛融通，洞达本源，机锋棒喝，随方接外，有纵有擒，有收有放，更大振临济宗风。特别突出的是，其禅法虽不假语言文字，亦不废语言文字，即本体即功夫，即形上即形下，顿悟与渐修兼顾，生死与涅槃合一。可谓大匠诲人，必以规矩，又不必规矩，较之区区棒喝，所得尤其为多。故门下弟子称他：“一物不将继祖风，随机应变用无穷；粗拳辣掌亲分付，奕叶花开处处红。”②由于赤松淳朴质实，禅功深著，说法信手拈来，无一不是诸佛境界，随缘立宗，绝无一丝一毫粉饰，故闻者随其根力，各有所得，由此契入正知正见，“譬如盂之水方圆并爽，春和之雨高下俱沾”③。自赤松在黔灵设教行化以来，各地衲子，无不闻风猬结，一时道振滇黔，影响遍及整个西南。

康熙二十二年(1683)，滇黔总督蔡毓荣、滇抚王继儒重修昆明五华寺，致书延松入滇悬额说法。赤松乃往滇阐扬佛法，并亲到九峰祭扫灵药大师塔。在云南期间，他随缘接引化导，弘宣临济正脉，对当地禅风之重振，贡献颇为卓著。康熙三十年(1691)，又为法忘躯，不远万里，从巴蜀涉荆楚下江浙，礼普陀、太白，亲诣天童，扫密云大师塔，复由金陵达章贡，循彭蠡，道鄂岳，溯沅江，西归黔省贵阳，并携回释藏全部，贮于弘福寺新落成之藏经楼。此后赤松继续聚徒说法，培养大批僧伽，曾应监院鹤声之请，撰自赞诗总结一生云：“弱冠命薄离乡土，百折不回甘淡苦。肉为亲恩割坏身，嫡传师业授心口。法幢大竖老婆心，勤获常住如会祖。正脉流通向谁说，回翔千载鹤声有。”

康熙四十五年(1706)七月十七日，赤松圆寂于弘福寺，世寿七十有三，僧腊五十四龄。金骨藏于寺后毗庐峰之塔中。赤松大师示寂后八年，居士蔡筳为其撰塔铭云：

卓卓赤松，破山之宗。
陡明捏目，大阐元风。
面自有目，空自有花。

---

① 康熙《黔灵山志》卷首，刘子章序。
② 康熙《黔灵山志》卷五，《法语》。
③ 康熙《黔灵山志》卷五，《法语》。

徒劳一踏，眼岂着沙？
乱山磊砢，佛宇嵯峨。
化行边表，道启牂牁。
竹树萧疏，山川不改。
绝去来今，无在不在。

《塔铭》提到"化行边表，道启牂牁"，乃是极为值得注意之事。赤松亦尝言及，他"五十年来，同众甘苦，胁不至席，方成巨刹，列为祖庭，名曰黔灵山弘福禅寺，乃贵州造佛之场，彝苗行化之地，山僧愿足矣"①。可证他自觉（无相无住之自觉）一生成就之所在，并不在于冷烟寒雨之荒山，一变而为文人雅士乐于品题之名岳；更重要的是，他历尽艰辛创辟的清净庄严道场，直接发挥了改变边地习俗民风的作用。无怪乎后来何经文为瞿脉禅师撰写塔铭序，也特别强调清廷"崇儒重道之余，间亦搜求宗教，盖明心见性，濡忍慈和，其所谓福田果报者，规规焉总期放下屠刀，亦归正祛邪之一助耳！"②赤松禅法言说的对象，固然主要是士大夫知识分子，但如何化导习俗迥异的边地民众，则更是他弘法利生必须关注的问题。而地方督抚司道大员多爱与他交往，佛教心宗有助于纾缓地方剽悍民风亦不能不是原因之一。这一点贵州巡抚于准说得最为明白："黔于古为鬼方，以其椎髻侏儒，不通语言，迨其后虽通于庄跻，凿于唐蒙，相沿迄今，亦不过羁縻之而已。然难驯而易动，犷悍而嗜杀，其性然也。赤松之辟黔灵，建刹开堂，鲜不以为祝圣法门。余谓固也，而不尽然也。夫人性本善，习则远矣。虽有凶顽，莫不各具觉性。佛者先觉也，以觉遇觉，自亲切而易化。是故临刀锯鼎镬而不动念者，晓以佛法，未尝不改容起敬，则知胎卵湿化，各含佛性，此之谓也。而况于耳目口鼻，身体发肤，俨然而人者乎！"因此即使是从儒家德政教化的视域出发，于氏也感到赤松依据佛祖慈悲本意行化边地，其摄受感召及启迪化导力量之大，乃是任何人都不能轻视和低估的。用他的话说，赤松真正做到了"使吹笙跳月之辈，望金容而生欢喜心，听梵音而思离垢想，变凶悍而为礼仪，易杀戮而为仁义。……岂仅卜因缘胜地，暮鼓晨钟，而戋戋为祝胜法门乎哉！"③大乘佛教由于重视随缘方便，多能开出更有草根性特点的施教法门，所以对一般下层民众而言，感化吸引的力量甚至有时还远在儒家之上。赤松在边地的弘法，便是一个极重要的例证。

赤松大师圆寂之前，名士陈起蛟常赠像赞云："这个和尚，尽有力量，踢开大地乾坤，单传正法眼藏，有纵有擒，有收有放，任是金刚汉子，也与他三十柱杖。噫！

① 康熙《黔灵山志》卷八，《源流》。

② 《瞿脉和禅师语录》卷五，《瞿脉和禅师塔铭序》（贵州省博物馆馆藏清康熙五十六年刻本）。

③ 康熙《黔灵山志》卷首，于准序。

若画身外之身，相外之相，纵饶你巧夺天机，也只合睁开两眼，望着天上。”又云：“不以治乱易操，不以丰俭改节，常存一片利人心，在在驱车能合辙。噫！即今到水尽山穷，试看他兀坐忘言，犹自熏修不歇。”其禅法特点与生命境界，以及慈悲襟怀和人格气象，已大体得到概括，有《黔灵山志》十二卷、《语录》五卷传世。又赤松每禅余暇，常陶情于声律，其诗一味性灵，无斧凿痕迹，实诗家之上乘，时人称“即事兴怀，超然自成一家，久播名山大都”。曾结集为《游行草》，凡二卷，惜未见有传。

自佛陀拈花微笑，将正法眼藏付嘱迦叶以来，祖祖相传，至黔灵已有七十三代；临济以降，代代递承，至赤松亦有三十三世。故初辟黔灵山不久，赤松禅师即视佛法传承为大事，手订《丛林清规》八条，务使灯灯相传，法幢高树，法船长航，法轮常转，法脉永存，而初入道者，亦必有准绳可依，有阶次可循，一时丛林清肃，道风严峻，山川僧团，气象一新。其最初印授之弟子为大拙明霞，曾开法湄潭凤凰山。以后陆续印授者凡二十四人，无一不以续佛慧命为己任。诸如若虚明实、云石海源、行周常密、惺拙净定、觉贤和尚、大彻照慧、灵鹤唯亿等，均为传灯续命、弘法一方的著名高僧。带发弟子何素儒、朱钤等，亦为名重一时的居士。而最负盛誉者，则为首座大弟子乾御弘源与瞿脉净和。

乾御和尚，其先四川江津县綦江人，父母避乱离蜀，遂生长于黔。自幼出家，天资颖异，好求道理。初谒赤松师，以为壁立万仞，大为叹服。而赤松大师一见，即知其为法器。以后长期跟随赤松禅师，经多次验试，乃得印可。得法后云游江浙，遍参知识，返归入蜀，舟过峡州（今湖北宜昌），为当地绅士留住甘泉寺，因能诗善偈，声誉日广。赤松闻其在楚，驰书招回，更授法衣，置为座元，任维那职。后驻锡鄂西、黔西等地，并开法于贵阳白云寺。赤松有诗偈称他：“操成大器发黔南，手眼撑扶普璧天；非是吾侪评价重，亲知真御在灵山。”①

瞿脉和尚（1662～1725），法名净和，瞿脉乃其字，祖籍四川内江，生于黔，俗姓笪。六岁就读私塾，即知辨析“性善”二字，答疑问难有如成人。及长，尽世所好，一无所尚，惟苦心向学，昼夜诵读不辍，声名达于邻里。瞿脉赋性不茹荤饮酒，早年即有慕道之心、学佛之志，每一称念佛号，即如梦幻中预蒙示诲，殊觉心志洒然。可见他不仅慧力早发，同时更宿植善根。惟遵从父母之命，乃勉强娶妻成室，后又侍奉汤药，为老人送终，而自己亦大病一场，了悟往事有如梦痕缘影，于是出家访师，严事赤松禅师。赤松感其道心真诚，遂为他剃发，取名瞿脉，意谓承续法脉，永不坠堕。瞿脉自此正式成为佛门弟子，时年仅二十岁。

康熙二十六年（1687），瞿脉在赤松门下受戒参悟有年，又欲遍参海内耆硕，多

① 《黔灵赤松领禅师语录》卷五，《付乾御寂源维那》（贵州省图书馆馆藏钞本）。

方究明大道。赤松嘉其志向，临行书偈嘱之。偈云："瞿脉流传亲嫡嫡，儿孙那个知端的；灼然遇着英灵子，允执其中堪受记。"①瞿脉乃"挹江汉之风，揽金陵之胜，探越峤于禹穴，跻天童于石梁"②，深得磨砖不能成镜微意，大彻直指人心、见性成佛宗旨。长期积疑蓄闷，从此一扫而光。

广泛游历参禅十五年后，瞿脉胸襟愈加广远，戒行更为圆足，返归后大得赤松禅师赏识，置为首座弟子，以法衣拂子付之，并说偈云："灵山矗矗遍光辉，水发昆仑无尽期；今付钵囊传世系，人天皈化任昙枝。"瞿脉以后又任职维那，赤松告示他说："大凡为僧，无论老少，贵在道心坚确，不辞劳苦，步步脚跟点地，头头触着鼻孔。但于常住并已常住心，时刻不敢违，有一日忽然撞破骷髅，血流遍地，可为当家种。"③瞿脉从此寸阴必珍，日日勤奋加努力，相信只要正信修行，即能得道，并终于顿悟师门禅法真谛。尝为大众说法，众僧问："如何是黔灵境？"瞿脉回答："狮子崖前风掠地，象王岭畔草侵天。"又问："如何是戒定慧？"答以三要义云："获生须是杀（戒），杀尽始安居（定），彻底掀翻（慧）。"④时贤以此三语为大得宗门神髓。易言之，即只有彻悟妄心之虚假不实，剿绝一切情识之知，截断向外分别求取之心，才能获得安身立命的定境，并在定境中悟知万法平等，如如自然，无妄心可除，无真心可证，从生命中升起智慧，在圆满的证悟境域中显现佛性。所以无论任何执著，即使是着相于"空""无"，也必须"杀尽""掀翻"，通过戒、定、慧三学，彻底由迷转悟，由染转净，直臻禅悟真实妙境，如实知见生命本来面目。瞿脉说法生意勃发，卷舒自在，幽默含蓄之中，仍不乏机妙理趣，其法语如"我手佛手，拈花折柳；捏聚打开，一无所有"、"我脚驴脚，一起一落，柳陌花街，尘尘解脱"⑤，都无不大得临济禅法宗脉之义旨。

康熙四十二年（1703），赤松祖师入滇，临行书偈云："养得胎元主法林，兜罗天地掌中心；就中伸缩须无着，一点黔灵大准绳。"已有意要瞿脉住持法林。康熙四十三年（1704），赤松还山，即称年事已高，当息肩退闲，命弟子瞿脉继主黔灵。十二月八日，赤松祖师上堂说法："山僧首辟黔灵，正是金轮地。五十年来，同众甘苦，胁不至席，方成巨刹，列为祖庭。山僧愿足，正堪歇手，特命瞿脉座元主此道场，践此法席，为开黔灵第二代，实临济正宗三十四世也。付托有人，山僧退闲静息。"瞿脉再四力辞，合山大众亦再四推举，事不获已，乃继赤松主持丈席。赤松复以佛法重任，不可轻忽黾勉，并于众僧前，付瞿脉柱杖，说偈以为付托之据："无有无无

① 康熙《黔灵山志》卷八，《源流》。

② 《瞿脉和禅师语录》卷五，《瞿脉和禅师塔铭序》。

③ 《黔灵赤松领禅师语录》卷三，《示继（瞿）脉监院》。

④ 《瞿脉和禅师语录》卷一，《上堂》。

⑤ 《黔南会灯录》卷五，《瞿脉净和禅师》（贵阳文通书局1930年铅印本）。

无报著，风风雨雨老行脚。个中一点本来无，安正尘寰没底橐。虚灵不昧总权衡，照彻三千浑如爝。度与一付好钳锤，打刹群魔清式廓。”瞿脉受此重托，乃接席分辉，践任黔灵方丈之位，成为黔灵开山第二代住持，临济正宗三十四代传人。

瞿脉继宰黔灵凡二十余年，时时以绍隆正法为己任。他谦光导物，诚慎律身，坦怀接人，广泛说法，方便接引，济物利生，呵佛骂祖，惕励行道，四方皈依者颇多，对西南佛教发展贡献极大。居士何素儒称他“入黔灵室，坐黔灵座，作斯道之梁栋，绵衣钵于来兹。於此信灵之创世非无因，其垂也为不朽，人事佛缘，洵可谓交臻其盛矣”①。瞿脉禅法，既是赤松和尚一脉相承的延续发展，又源自明心见性的深邃悟觉体验，而万千言说，或诠或表，或棒或喝，老婆心切，都务期引发菩提心，观照第一义，深契无上般若，如实知见诸法实相。而第一义者，即常住真心或妙明真心。常住真心或妙明真心体绝有无，具含万法，言语道断，心行处灭，五目不睹其形，二听不闻其声，盖一切有形色相，无形法本，皆归于幻见幻想。空诸所有，无一渣滓，方能进入活泼境地，获证清净自在道体。既破除一切迷妄我执，证我法二空，了知一切不可得，又转真空为妙有，事事无碍，日日是好日。故瞿脉说法，平易简洁，不落言诠，接机锋利，直彻心源，一如公案现成，无心合道，不见机巧。所谓穿衣吃饭，执劳运役，有甚分别。眼见色，耳闻声，举足下足，无不现成。寒则向火，热则乘凉，不作奇特想，不作佛法会，不作世谛商量，一切总不得。饭蔬随时饱，煮茗引清泉，夜月既姗姗，红日任杲杲。日常生活世界的一言一行，一丘一壑，一溪一曲，一草一木，一色一香，一消一长，都是展现禅心禅趣的绝妙殊胜因缘，也是彻达生命本源和万象真实的活泼势态佳境。

凡此种种，亦即现象界的一切，在瞿脉禅师这里，都是不二法门的具象化显现，都可见平常心是道，凡圣无有二，时时刻刻都是禅修正悟的大机大用，都是佛心佛性的当下现成。禅法的不二法门或妙明真心，早已转化为真空视域下的缘起性妙有。所以瞿脉总结黔灵禅法说：“这里别无奇妙，惟教汝日用举止之间，各尽其职，去上恭下敬，去饥饭倦眠，去随众安乐，去若夫禅道佛法，山僧住持事繁。”这种放下一切，休息万事，当下识得自心，朗现（超）本体慧日，直入甚深禅悟胜境，但又无任何奇妙的说禅，可说正是不二法门恰到好处的最大彰显。然而不二法门即色即空，即凡即圣，胜义谛毕竟要落实到世俗谛，佛法与世法也可以圆融统一，所以他的说法又处处紧扣中道实相胜义，不落于边见，不昧一丝毫，要人直下放舍身心，洞明本来面目体寂湛然，无来无去，非假非真，悟觉心外无法，法外无心，本地风光，天地澈明，自由透脱，何有牵挂？有如门下弟子所说：“描既不成，画亦不就，顶宁页露出，还云误谬。一棒当阳，扫除窠臼。凭教传持，佛佛授受。”②他与赤松和尚一样，

① 《瞿脉和禅师语录》卷首，何素儒序。

② 康熙《黔灵山志》卷五，《法语》。

都继承和发展了临济祖师"佛法无用功处,只是平常无事,屙屎送尿,着衣吃饭,困来即卧,愚人笑我,智乃知焉"的禅法精神,同时也透显出道家(老庄)无心无为无事、逍遥自在超越的生命气象。当然,这也并非放纵堕懒,无有规矩准绳。即使顿悟也不是修行的结束,而是修行的开始。故瞿脉同时强调:"学道人须是朝参暮请,不得懈惰,若懈惰,埋没己灵。……这话不但为后学初机言,要且专为已得悟者道。"①而黔灵山经瞿脉继续扩建,烟霞泉石,檜花松竹,梵翠相映,亦更为壮观。曹维诚尝有《初秋登黔灵山赠瞿脉上人诗》赞叹云:"黔山精舍好,相对有名僧。道悟无生妙,禅参最上乘。茶煎涧中水,香霭佛前灯。不许尘凡到,云岚护几层。居与佛庐近,探幽不厌频。开来天外寺,隔断世间尘。檐敞风烟细,窗虚景物新。白云常在处,从尔问禅真。"②

雍正三年(1725)四月二十六日,临济正宗三十四代传人瞿脉示寂于黔灵山,世寿六十四岁,戒腊四十四。弟子藏其骨于弘福寺后毗庐峰塔内。两年后居士何经文应嗣法门人参之德广之请,为瞿脉禅师撰塔铭云:

卓哉瞿脉,继赤松灯。
入林狮吼,覆钵龙驯。
龙华之忏,鹿女之经。
微言折角,精义入神。
荷瓢游历,立雪悟形。
檀林首屈,法海本惺。
青松谡谡,白石磷磷。
刺天立地,不坏金身。
非树非台,千载迦陵。

由赤松而瞿脉,黔灵禅法一脉相承,他们都大阐临济宗风于西南,扩大了密云一破山一系在边地的影响,也发挥了辅助儒家践履王道教化理想的作用。居士何素儒与瞿脉法契颇深,亦得赤松和尚之心印,他认为"老人(赤松)以无上般若为肇造,即以无上般若为开来,是故生平授受,不落言诠,以真印真,千江同月,其绍隆正法,分祝瓣香,已遍诸方。至负荷祖庭,主持方丈者,乃瞿(脉)兄一座。於戏!黔灵之得人也,岂偶然哉?"③可见瞿脉狮子震吼,化行僧俗,不仅绵传了宗门衣钵,而且更弘扩了禅道精神,可谓临济之栋梁,黔灵之英豪也。曩昔陈垣先生曾感慨僧人对滇黔边地文化开发之贡献,凡无烟火之乡,不耕织之地,均有僧人拓殖开发。倘若撇开客观方面的复杂条件不谈,仅仅追问主观精神方面的绝对原因,则不难发

① 《瞿脉和禅师语录》卷二,《上堂》。
② 《贵阳府志·余编》卷十六,《文征》。
③ 《瞿脉和禅师语录》卷首,何素儒序。

现,“刻苦习劳冒险等习惯,为僧徒所恒有,往往一瓢一笠,即可遍行天下,故凡政治势力来到之地,宗教势力恒先达之”。所以“滇黔之开辟,有赖于僧侣可知也”①。正是由于历代僧人的拓殖开发,明清之际的佛教才开始成为西南地区主导性的宗教力量,不仅吸引了大批向慕归心的信众,增加了信仰世界的意义色彩,而且也丰富了边地原有的多元文化景观,加快了大、小传统之间相互涵化的过程。瞿脉接续赤松之灯而在边地积极弘法,即是对这一拓殖开发过程的预流。他们一方面将一己之生命融入到宇宙大化、无尽法界之中,“为天地点出无限奇观,开拓无限手眼”②;一方面也根植于充满活泼生机的生活世界的土地上,将宗教精神与社会责任打成一片,不断引领人们护守日常生命的终极意义。从这一理路脉络看,弘福道场的创建与巩固,尽管是人天佛缘交相凑集的结果,但也未尝不暗藏着更大的象征意义——不仅象征着西南边地又新增了一个黔灵禅派,大、小传统之间又添设了一个相互沟通的文化桥梁,同时更象征着返归与道合一的清净生命本源乃是人的永恒价值向往,而人也应该永远诗意地栖居在自己的精神家园之中。

瞿脉工草书,能诗,他与赤松师徒二人,都善于以诗来开示悟境,引发学人智慧,使诗与禅、禅与诗洽然融为一体,时贤曾搜集其与赤松题壁诗各一首③,以为皆“诗句飘逸,书法夭矫,非近世淄流所能,殆儒而近于禅者”④。至于好与士大夫文人交游,瞿脉亦有如乃师赤松和尚,尝与贵阳著名诗人周起渭、潘德徵等往来唱和。说禅语录则由嗣法门人德久等汇编为五卷,今尚有刊本流传。他与赤松禅师师资授受,前后相承,不断扩大佛法心宗传播的地域范围,可说都是维系临济禅宗纲于不坠的一代宗门巨匠,也是研究西南禅宗史不能忽视的著名高僧。

---

① 分见陈垣《明季滇黔佛教考》第159、178页,科学出版社,1959。

② 康熙《黔灵山志》卷首,何素儒序。

③ 赤松题壁诗已见前述。瞿脉题壁诗则为:“行李萧萧两鬓华,担头犹自插梅花。会稽踏遍无人问,还访孤山处士家。”又有题壁法语云:“一勺水,便具四海水味,世法不必尽尝,千江月,总是一轮月光,心珠宜当独朗。”参见康熙《黔灵山志》卷十二,《艺文下》。

④ 康熙《黔灵山志》卷十二,《艺文下》。

“老子化胡说”辨析

□韩秉芳

华夏文明，是由孳乳生长在中国大地上的华夏民族创造出来的原创性文化一步步成长发展起来的文明。不仅渊源悠久，而且传承有自，绵延不断，历五千年而不衰，以至到近现代仍保持其旺盛的生命力。可谓是世上罕有，或者说是人类历史上仅见的一大奇观。

然而，华夏文明自肇始起以迄于今，虽如长江大河，浩浩荡荡，源远流长，从未断绝，但却不是孤明独发、轧然突起的奇峰。在其漫长的历史发展过程中，曾经历过两次大的外来文化的冲击。第一次始于汉代，是来自亚洲大陆近邻印度佛教文化的传入；另一次则是起始于明末，宏传于清朝后期，光大于近现代的西方文化（以基督教文明为核心）。这两次外来的“异质”文化的切入，都对华夏文明产生了深远的影响。其间经过华夷两种文化长期的矛盾、斗争、融合、吸收，最终又汇入中国的主流文化，大大丰富了华夏文明的内涵，使华夏文明以更新的面目屹立在世界的东方。前一次印度佛教文化的冲击，峰回路转，业已终结，遂成为一段重要的历史过程；而后一次即西方文化的冲击，虽已经历三四百年，但至今仍在激烈的进行中，尚未有穷期。

“老子化胡说”（与《老子化胡经》）辨析，就是从中国宗教发展改革的视角，缕述第一次印度佛教文化传入中国以后，对中国本土宗教（即道教）所带来的刺激与回应，认真分析这一漫长历史过程的方方面面，并努力从中寻找出可以昭示后世的以资借鉴的经验与教训。

因而，本文不拟把主要精力过分地放在细枝末节的考证以及文本的辨别检讨上，而是着意于佛与道、夷与夏这两种教义思想、两种文化之间的比较，它们之间的冲突（存异），相互趋近谐调（求同），经过一番演化（中介），进而被本土主体文化吸纳融合的事象上。

一、"老子化胡说"面世及影响

"老子化胡说"出现在佛教最初传入中土之后的东汉末。中心牵涉到华夏文明与外来佛教文化孰先孰后、谁为主创、谁为派生的问题。简而言之，是关系"夷夏"的问题。为此，首先必须厘清华夏文明诞生于何时、核心内容究竟是些什么的问题。

华夏文明在上古历史上，有一个产生、发展、成熟的过程。它发端的时间，可推到悠远的传说时代，即炎（神农氏）黄（轩辕氏）二帝、唐尧虞舜时期（当时已有顺天法祖、尊贤任能、孝亲睦民、夷夏之分的初步观念）；滥觞于夏商王朝（忠君恤民，创造了文字[甲骨文]）；创立于西周初的周公（制礼作乐，敬天保民，忠、孝、节、义，等级有序）；拓展成熟于孔子与老庄儒道互补（《易》、《礼》、《诗》、《书》整理成型，老庄墨法诸子传世）；定型于秦汉。华夏文明，当然是中国境内各族人民的共同创造，但因其在汉朝时最后定型，形成完整的体系，故通常也称之为汉文化，可是为了避免大汉族主义之嫌，还是以华夏文明冠名为妥。

华夏文明的内涵核心由儒道互补而构成，其思想典型即儒家学说和道家文化。儒家立基于以血缘为本的宗法体制之上，以仁为核心、礼乐为内容，是维系君臣父子等级有差的社会秩序的思想体系。它为历史上历代统治者所宗奉，为士阶层（即知识分子）所鼓吹，乃其安身立命之所依赖，同时也为绝大多数民众所遵从信守。道家或道教，就其渊源而言，甚至比儒家更古远，上可溯源于人类社会黎明时期的母系社会，文化思想则由上古的巫觋与史官承载传递。故一般多追踪到黄帝。老子五千言，则是对道家思想所作的最精粹的总结概括。尔后庄子、列子和文子等人又对其拓展而光大之。而儒家的创始人孔子，不仅赞赏老子之为人"犹龙"，且在典籍中明确地记载着孔子西行见老子，从师相敬，问礼于老子的故事。所以后世的儒者流无不尊仰老子。至于原始道教，原本被游走于上层与下层民众中的神仙方士、术士、巫觋所信奉，鄙俚无文，缺少精致的思想。尔后吸收老庄道家形而上之思想观念，并加以神秘化地发明引申，与数术、科仪、神仙信仰相混融、掺合，杂而多端，形成了为社会上广大民众所信仰的本土宗教——道教。不仅如此，道教还把儒家学说一股脑吸收到其教义中，将儒家的圣人乃至著名的帝王将相，纳入自己的神仙谱系，一并供奉礼拜！由此可知，道家文化和道教，具有极大的虚容性，善于把与己无害而有益的文化思想乃至神仙，都收集拢来，为我所用。

道家利用其开放性的特点，能吸纳百家之长为己所用的特长，从战国到秦汉时，曾数次竭力以道家为主，统合诸子百家，为统一中国作舆论思想准备。这就是齐稷下学派合集的《管子》、秦吕不韦编辑的《吕氏春秋》以及汉初淮南王刘安集成的《淮南鸿烈》这几部以道家精神为主导的巨著纂集成书的目的。

至于说活动于社会下层的方术之士、道士们，也试图将早期道教的思想教义作一番归纳综合，竭力总结形成为道教经典。这就是西汉成帝时《天官历包元太平经》（共十二卷）出现的原因。待发展到东汉顺帝时期，则已搜集扩充为一百七十卷的《太平清领书》。还有一部由高道魏伯阳编撰的会通《易经》、《老子》和丹道原理的《周易参同契》，也属此类著作。

此时（迄于汉末）之道家与道教合称为道教文化，虽已与儒家学说有所区别，但它们之间的门户之见并不严格，互相吸纳、互相称许，比比皆是。特别是在道教的经典文献中，儒家的道德伦理几乎是无所不包。因此之故，作为中国土生土长为广大民众信奉的传统宗教——道教，及其经典教义，可以称为华夏文明的经典，体现了华夏传统文化的精髓。无怪乎近代伟大思想家鲁迅先生一语中的地指出“中国历史的根柢全在道教”。

事实上，当印度佛教假道西域，在两汉之交传入中国之际，华夏的传统文化早已深深地扎根在每个中国人的心中，确立了自己的主体地位。而外来异质的佛教文化，却突然传入中原，必然遭到传统华夏文明的抵御，特别是受到本土宗教——道教的抵牾。社会上固有的胡与汉不相容、夷与夏不两立的观念自然突现出来。从此，关于佛道的夷夏之辩就掀开了序幕。故刚从西域经过长途跋涉来到中原腹地的佛教徒们，就必然面临着华夏传统文化的汪洋大海的包围。那少数几位形单影只的佛教“使徒”，到底能不能在东土汉地立住脚跟，关键就在于能否找到一个与华夏文化的接触点，进而再架起一座由此及彼的桥梁。只有达到这一步，才能求生存，图发展。

应该指出的是，当时佛教东传到中土，却也不是什么突兀而来的事，如一僧来仪，鹄立洛阳市上，而是有所铺垫的。这可以从两方面讲：一是汉朝统一大帝国，需要有统一的思想和信仰。先秦时的百家争鸣固然不行，但亡秦的焚书坑儒，比之于严刑酷法更是覆车之鉴。所以汉初尊“南面之术”的黄老道家学说，“与民休息，无为而治”。结果是大见成效，出现了“文景之治”。汉武帝乘“良治”的余威，开疆拓土，独大于天下。虽然推行他的“罢黜百家，独尊儒术”政策，但对神仙道教也并未贬抑。黄老道教仍大行其道，弥漫于社会各阶层。然而，此时的道教仍处于民间道教阶段，缺乏精致的结构，未形成一整套行之有效的严密的宗教信仰体系。这一点，可称之为社会信仰上的欠缺（或曰空当），为东来佛教提供了可乘之机。其二是汉武帝西征，派张骞出使西域。随后东西丝绸之路的开通，自然会传递过来佛教在西域各国乃至天竺（或身毒）流传的某些信息。到后来遂有所谓“伊存授经”、“明帝感梦”之说。传“伊存授经”在西汉皇帝元寿元年（公元前 2 年），“博士弟子景卢，受大月支王使伊存口授《浮屠经》”①，而“明帝感梦”则已到了东汉初年，即

① 《三国志》裴松之注引《魏略·西戎传》。

所谓"永平求法说"。一般史学家多根据《后汉书·西域传》,汉明帝永平年中因梦遣使西域求佛法,为佛教传入中土之起始点。而在"伊存授经"中,则有"《浮屠》所载,与中国《老子经》相出入。盖以为老子西出关,过西域,之天竺,教胡",则已透露出"老子化胡说"的讯息。

历史事实是,佛教在东汉初刚刚从西域外籍僧人传入当时的长安、洛阳时,就已经被国人目之为与中土黄老道士无异的道人。而那些少数来自边鄙的西域的佛教僧侣们,虽自认负有传扬佛法的使命,但因初到与边缘城市迥异、市井繁盛的大都会长安、洛阳,自然感到孤立无援,乃至形单影只。为接近本地人群,宣扬佛法,自当借助本地风土人情、信仰习惯。而两汉时期社会的宗教信仰就是民间道教。这可以从长沙马王堆汉墓出土的大量文物、图简、汉画像石、神仙刻像,以及墓葬灵瓶和墓志铭等等,得到充分的证明。故当时的佛教僧侣,只得倚神道为表——"我也是道教之一支"——"屈己让人",心甘情愿地以佛法也是道术一支的面目出现,以图立足,尔后再张大己说。这本是自然之理,求存之道。于是,"老子西出化胡说"遂应运而出。这就为佛教在东土汉地安身立命提供了"大方便"!

早在春秋战国时,老子已被世人尊崇为大宗师,连孔夫子都向他屈身问礼,颂赞他为人中之龙("犹龙")。可是他的身世却飘忽迷离,未有定谳。在司马迁《史记·老庄申韩列传》中,其人之说就有三:老子、老莱子和太史儋。年龄则一说有一百六十余岁,或言二百余岁。再者又曰其出函谷关,西出流沙,不知所终。这为后人留下了想像空间。

"老子化胡说"始作俑者现已无从考证(极有可能是汉地的佛教信徒),但可以肯定的是,最求之不得而又想急切抓住此一说法者,当属佛教信徒无疑!因为"佛与道同源共祖——皆老子所创",庶几可免除夷夏之大防这道蔽障,佛法也可以毫无愧疚地在华夏大地传播弘扬!这样,原处于汉地黄老道教信仰者的汪洋大海包围之中的西来外籍僧侣及少数本土转而尊信佛法者,即被另眼看待的"弱势群体",也可以理直气壮地公开宣称:我所信奉的佛法并不是"舶来品",原来就属于华夏文化的一支——也是老子所化,只不过从天竺转了一个弯而已!如此看来,"老子化胡说"对佛教传入中国这一重大历史事件来说,绝不是什么好事者的雕虫小技,而是闪烁着两千年前中华民族以主应变的"大智慧"!

据史书载,东汉初期的楚王英与汉桓帝,都是把黄老与浮屠并祭。《后汉书·楚王英传》有言:"楚王诵黄老之微言,尚浮屠之仁祠,洁斋三月,与神为誓……"汉桓帝在位十八年,好神仙事。史书言:延熹八年(165)春正月,遣中常侍左悺到苦县,祠老子。十一月使中常侍管霸到苦县,再祠老子。又据边韶《老子铭》言,同年八月,皇帝梦见老子,尊而祀之。一年而祀三次,可见桓帝崇祀老子之虔诚。到了第二年,桓帝更亲自祀老子。《续汉书》云:"延熹九年,亲祠老子濯龙宫,文罽为饰,淳金扣器,设华盖,用郊天乐。"正是这位皇帝,亲自在宫中祭祀老子时,把浮屠附于老子之后，一起并祭。据《后汉书·本纪》论及此八月之祀时言：“饰芳林而考濯龙之宫，设华盖以祠浮图老子。”故有臣子襄楷上书言“闻宫中立黄老浮屠之祠”。

汤用彤先生在总结佛教初传入中国，谈及佛教与道教的关系时谓：

> 两汉之世，鬼神祭祀，服食修炼，托始于黄帝老子，采用阴阳五行之说，成一大综合，而渐演为后来之道教。浮屠虽外来之宗教，而亦容纳为此大综合之一部分。自楚王英至桓帝约一百年，始终以黄老、浮屠并称，其时佛教之性质可推想也。
>
> 浮屠之教，当时既附于方术以推行，释迦亦自为李老之法裔。①
>
> 汉代佛教，历史材料甚少，极为难言。但余极信佛教在汉代不过为道术之一。华人视之，其威仪义理或有殊异，但论其性质，则视之与黄老固属一类也。……时人信仰，于道佛并不分别。②

此论颇有见地，道出了佛附庸于道，释迦甘当李老之法裔的实况。

至于“老子化胡说”究竟起于何时，现已无从考证。推想在东汉明帝永平年间西域求佛法后不太久，社会上或已有所流传。现在有河南出土的永元五年(93)的老子浮屠铜镜，可以作为有力的铁证。此镜上距永平求法只有二三十年。此镜背面有老子入夷狄化胡为浮屠图，并有铭文三十九字。文曰：

> 永平五年四夷服，多贺国家人民息，胡虏殄灭天下复，风雨时节五谷熟，长保二亲得天力。吴胡伤见。③

而正式见诸史籍者当推《后汉书·襄楷传》为最早。其奏章中言曰：“又闻宫中立黄老浮屠之祠。此道清虚，贵尚无为，好生恶杀，省欲去奢。……或言老子入夷狄为浮屠。浮屠不三宿桑下，不欲久生恩爱，情之至也。天帝遣以好女，浮屠曰：此但革囊盛血，遂不眄之。”

既然襄楷在上桓帝的奏章中，都郑重提到“老子入夷狄为浮屠”，必不属孤闻独证，当已在社会上广泛流传。发展到曹魏时鱼豢《魏略·西戎传》则更具体地指出：

> 《浮屠经》所载与中国《老子经》相出入。盖以为老子出关，过西域之天竺，教胡。浮屠属弟子别号，合有二十九。④

而在皇甫谧所著《高士传》更进一步言明：“老子出关入天竺国，教胡王为浮

---

① 汤用彤:《汉魏两晋南北朝佛教史》，第40~41页，中华书局，1983。

② 汤用彤:《汉魏两晋南北朝佛教史》，第76页。

③ 见1999年1期《敦煌研究》温玉成文《公元一至三世纪中国的仙佛模式》，并附二图于后。

④ 见《三国志》三册第859~860页，裴松之注引。

屠。""桑门浮屠经,老子所作。"①由此可见,"老子化胡说"到了三国曹魏时,已然基本定型。向使"老子化胡说"刚刚出笼之际,佛教徒(实际上或许佛徒即为此说首创者)为了抹平"夷夏大防"这道鸿沟,当然愿意借同源共祖说而以道教一支,方便在中土流传,他们无疑是此说的拥奉者。道教乃至儒家者流,因其说巩固了自身的阵地,更默认不疑,甚或还推波助澜,杜撰出更具体实指性的细节,以强化老子天竺化胡的结论。当此之时,至少在东汉末、三国时,对"老子化胡说",在社会上几乎是无人置疑,成为大家的共识。

还应该看到,之所以能够达成上述的"共识",确实存在着主客两方面的缘由。华夏民族传统文化,具有顽强自足自尊意识,且对初来佛法的历史真相浑然不明;而佛法在异地传播必须入乡随俗,只有以道教的附庸面目出现,方可消解中国人的防范意识,融入社会;道教作为本土宗教,尚不能完全满足社会信仰的需求。以上诸点是客观因素。而佛教本身具有的精致系统乃至繁复神秘的宗教哲学,救苦救难之仁爱善道,好生恶杀,省欲去奢及生命轮回等说,又可与道教相接近,且能补其不足,乃是主观要素。正是依赖了以上主客观因素兼备共在,才促成了"老子化胡说"出世传扬,恰如在印度佛教文化与华夏文明之间架起了一座桥梁,从而使这个经不起认真推敲的"伪说",在佛教文化实际传入中国这一重大的历史事件中,发挥出难以估量的巨大作用。尽管在此后的佛道两教的历史中,上层的高僧与高道们,仍有很多回合的争论与斗争,但是对于广大信徒大众来说,却无多大的影响。他们照旧可以沿着"老子化胡说"这座桥梁,毫无顾忌地朝着道佛一家的信仰大道走下去。

二、在"化胡说"笼罩下的佛道交融

佛教徒们对世间纷传的"老子化胡说",不但不以为忤,反而喜闻乐道,以此作为自身生存发展的护身符,用来抵御中原文化中根深蒂固的"夷夏大防"之观念。在这段时间里,"老子化胡说"几乎成为佛道两家心照不宣的"情结",尽管不大肆宣扬,两者却都心知肚明。而这种佛道两教源于一祖——老子,名为两教,其道本一的模糊状态,大大方便并促进了两教的相互融合、互相吸收,几近达到"你中有我,我中有你"的地步。既催化了道教的壮大成长,也为佛教在华夏迅速传播创造了适宜的文化氛围。重要的问题是:为何中国古代史发展到两汉之交时——即西历纪元年前后——道教兴起勃发?而且恰在这个时候,佛教也东传到了汉地呢?

佛教文化与道教文化,是在中西两种迥异的人文背景下形成的异质文化。当佛法东来以后,两者的碰撞、交汇、融合,产生了种种错综复杂的特异景象。而佛教

① 见《大正藏》,第52册第534页。

竟然能够摆脱华夏文化的排异反应，未被摒除在中国主流文化之外，成为昙花一现的过眼云烟（如袄教、犹太教），除了前面已论述的化胡为夏、汉王朝曾有过某种程度的信仰空当以外，还必须从佛教与道教两者之间有其共同交汇点来加以说明。如动物的器官异体移植，或者更近似植物的嫁接——砧木与嫁接枝条，必须同种属才能保证成活一样。

在这一融合的过程中，首先遇到的是语言转换，即把胡言佛经翻译为汉文。这在当时应是一件十分艰难的事，须经过长时间的磨合才能实现。这一点，或许因为有汉代西域诸国的存在，而变得容易一些。即将印度的梵文（或巴利文）经典，先译成西域诸国的胡文，再由胡文转译成汉文。或者由懂梵文而又通汉文的胡僧，将梵文的佛经转译成汉文。总之，由于在印中之间，有西接印度东连中土的西域诸国这个中转站的存在，无疑便利了佛教东传汉地的过程。但是，无论如何，语言的转换是必经之路。最初是有关佛教的种种传闻；尔后，当是粗通汉文的胡僧或通胡文的汉士，转相解说；再后则是将佛经数种要义，笼而统之地介绍过来；最后才是原经原典的专门翻译。前两阶段已无从考证，现有属笼统介绍阶段的《四十二章经》，可供我们探究。《高僧传·竺法兰传》言："唯《四十二章经》今见在，可二千余言。汉地见存诸经，唯此为始也。"该经即是一部综合性的意译经典。据汤用彤先生评断，认为"其所陈朴质平实，原出小乘经典，但取其所言，与汉流行之道术比较，则均可相通①"。对于佛与道何以如此"相通"，汤先生解释说原因有二："首因人心相同，其所信之理多相似。次则汉代道术，必受佛教之影响，改采用其教义，如太平经，其一例也。"②这一看法，似有未妥。

《四十二章经》所以与汉代道术相合，最重要的原因应该是道教文化系当时本土的强势文化，道教是国人的传统宗教信仰，外来的佛教信徒都认同于"老子化胡说"，故在其转译或转述佛经时，尽力从佛经中找出与道教教义思想相合的内容翻译出来，至于与道教相违的，则不言或少言，以便使佛教以汉地道术之一支的面目出现，为的是越过夷夏之大防，使汉地广大民众认同信奉。

例如在该经中将佛教修行归结为"去欲"、"体道"，称"人怀爱欲，不见道……爱欲交错，心中为浊，故不见道"。③ 在修行方法上，提出"急缓得中"，"执心调适"原则，并认为出家修道要与"孝道"联系起来，皆尽量向道教、儒家靠拢。经中言："凡人视天地鬼神，不如孝其亲矣。二亲最神也。"④显然，这些教义观念都与道教相合，几无分别。无怪乎崇尚道教的襄楷在给汉桓帝奏章中言："此道（指佛道）清

① 汤用彤：《汉魏两晋南北朝佛教史》，第 31 页。
② 汤用彤：《汉魏两晋南北朝佛教史》，第 32 页。
③ 《大正藏》，第 17 册第 723 页。
④ 《大正藏》，第 722 页。

虚,贵尚无为,好生恶杀,省欲去奢。……或言老子入夷狄为浮屠。"①

到了东汉末,西来名僧佛徒,与当时中原之方士道人,仍无太大分别。如桓帝时来华的安士高,译经不少,为一代大师,也假借神通方术显世。西域来华名僧康僧会曾言:

有菩萨者安清,字世高……博学多识,贯综神模,七正盈缩,风气吉凶,山崩地动,针脉诸术,睹色知病,鸟兽鸣啼,无者不照。②

康本人也是"多知图谶"。在他们所译的大量佛经中,都尽力吸纳道教教义思想,多用道家语言来转述佛法。因为佛法西来,最初译经只能如此。汤用彤先生有言:"古时译经仅有口授,译人类用胡言,笔授者译为汉言,笔之于纸。故笔者须通胡语。"③这一翻译过程,由于胡汉语言属于两大系统,很难找到对应词汇,所以多从道家言借用。例如安士高就将"空"译为"无","涅槃"译为"无为","轮回"译为"生死","缘起性空"译为"本无自然","安般守意"译为"清静无为"。由此可见一斑。及胡汉转译既久,了解渐深,于是,遂将印华两种语言词语相同相通者,互相拟配,总结出"格义"方法,到西晋时甚为流行。实际上,格义法也难免以道教相近语比附佛教,以致扭曲了佛经原义,使之趋近道教。无怪乎僧叡在《出三藏记集》卷八有言曰:"自惠风东扇,法官流味以来,虽曰讲肆,格义,迂而乖本……"

上述种种,对那些竭力想正本清源的虔诚佛教徒而言,确是"方圆共凿,金石难合④",是"乖本"。但从夷夏两种文化的交流与融合来看,端在找出佛与道两者的契合点来讲,客观上却起到了不容低估的促进作用。实事求是地看,佛教本身确有不少与道教相合或相近处,如佛法的劫变仁爱观与道教的救赎说,佛教的西方净土与道教的治太平理想,佛教的因果报应与道教的承覆说等等皆是。至于道教早期经典《太平经》个别地方出现的吸纳或排斥佛法的内容,则只能看成是道教不同派别之间相合或相异而已。

至于道教吸纳佛教某些教义,甚至于抄袭佛经,以资编撰道教经典,则是屡见不鲜的事。此风之根蒂,即在佛道本同源共祖说之默认。

如前所述,"老子化胡说"在汉桓帝时已在社会上传言流布。其时,佛道两教对此都无异议。考察道教经典可知,除西晋道士王浮撰《老子化胡说》外,魏晋时或之后,尚有大量含有此类内容的道经出现。如《玄妙内篇》、《三天内解经》、《老子变化无极经》、《老子开天经》、《消冰经》、《关令内传》、《老子出塞记》和《大道家令戒》等等。这就在道教内部进一步坐实了"老子化胡说",坚信道佛同祖一家为

① 《后汉书·襄楷传》。
② 唐僧会《安般守意经序》。
③ 汤用彤:《汉魏两晋南北朝佛教史》,第47页。
④ 宋赞宁《宋高僧传》卷三。

"神圣事实"。既然如此,道经吸纳佛经,甚至抄袭佛经,则本在情理之中,佛经、道经皆老子一祖所吐,顺手拈来,何罪之有?

有关道教经典教义融合吸纳佛教经典教义的具体情况,国内外有不少学者,特别是日本学者,有很精细详明的论证,在此不一一记叙。这里只做简括的统计:汉魏晋南北朝早期道教的经典一百二十三种中,至少有九十三种包含有佛教的成分。而早期《灵宝经》中二十八种,几乎无一不受大乘佛教的影响。① 至于隋唐以后,道教经典吸收佛教之处,更在皆有。发展到宋金时的全真教时期,则更进一步突破了道与佛之间的藩篱,径直把佛教《心经》作为道士每天必修功课,公开倡导三教合一。经过这番改革,道教已经发展到了一个新阶段,故称全真道为"新道教"。

应该承认,道教确实从佛教教义经典中吸纳甚至模仿、抄袭了不少经教义理,用以丰富、完善建构本教的经典、仪轨体系,这是无可否认的事实。然而,特别要指出的是,道教并未因此而改变其本体结构和精义,变成"四不像"。作为承接外来宗教文化的(主要是佛,尚有摩尼教)"砧木"的道教,尽管吸纳其营养,却万变不离其宗,坚持不变华夏民族的本根——道性本体论和追求长生的生命观,以永葆其独立品格。正如陈寅恪先生所言:

> 至道教对输入之思想,如佛教、摩尼教等,无不尽量吸收。然后坚持夷夏之论,以排斥外来之教义。此种思想上之态度,自六朝时亦如此。真正能于思想上自成系统,有所创获者,必然须一方面吸收外来之学说,一方面不忘本民族之地位。此二种相反而适相成之态度,乃道教之真精神,新儒家之旧途径,而二千年吾民族与他民族思想之接触史之所以昭示者也。②

总之,道教与儒家互补相融,构成了华夏传统文化这个最坚强的"胃",将先后传入中土的外来文化(其中最重要的是佛教文化),都能消化吸收(佛教中国化,乃成三教合一),变成养料,滋养了中华文明,使其能卓然独立于世界各大文明之林,而尽显其奇异之光彩。

三、从《老子化胡经》到《夷夏论》——佛道论争

当佛教东来,最早是在西汉末,汉哀帝元寿元年,史称"伊存授经"。自此到东晋,数百年间,佛教作为外来宗教,与道教及儒学相比,仍处于绝对或相对弱势。东汉时,佛教依附于道教,佛教徒主动接受"老子化胡说",以道术之一支自居,借以图存,谋日后的发展。魏晋时,清谈之玄风炽盛。此时佛法渐强,经卷日夥,但是仍

---

① 见荷兰汉学家许理和《佛教对道的影响》一文,刊于《道教文化研究》第十三辑第263页。

② 陈寅恪:《史学论文选集》,第512页。

趋附玄风，借“玄”而张大佛势。这是从汉至晋文化思想发展的大趋势。具体而言，则犬牙交错，消长时异。

可是到了西晋，特别是东晋时，北方因八王之乱，五胡入侵，天下大乱，连京城也不得不南迁到长江南岸的建业，偏安一隅，形成南北对峙的局面。这时，社会的苦难，使得世人向往心灵解脱，信仰的需求陡然上升。佛教乘时凭势，宣扬渡苦往生、轮回报应之义，得到了空前大发展。随着佛教信徒的扩大，高僧辈出，佛经也愈译愈多，佛教自主自觉性意识遂大为增强。而这种佛教势力日益扩张的局面，自然引起道教徒的注意，切身感到自己的活动空间受到佛教的挤压，因而佛道之争逐渐凸显出来，并日渐升级。最典型的一例，当属道士王浮所撰《老子化胡经》的出笼面世。当然，在佛教大发展的同时，道教借“老子化胡说”之便，吸纳佛经中有益于自己的内容，为我所用，经教像设仪轨都得到较大发展。

梁僧佑《出三藏记集》卷十五《法祖法师传》记载，西晋惠帝时，道士王浮因与沙门帛远争论佛道孰邪孰正，却屡争屡败，恼怒不甘而作《老子化胡经》，以谤毁佛法。王浮所作《老子化胡经》原经已不可见，后从敦煌藏经洞经卷中，发现有唐本《老子化胡经》残卷四卷，现保存在法国。该经沿袭边韶《老子铭》之说，进一步发挥之。卷首言：

> 是时太上老君，以殷王汤甲庚申之岁……入于玉女玄妙口中，寄胎为人。庚辰二月十五日，诞于亳。

此后，到周“穆王之时，我还中夏……又传八王，二百余载，幽深演之时，岁次辛酉，三川震荡，王者将亡，数遭百六，非人可制”。于是老子西游，出函谷关，遇尹喜。至于所谓“化胡”的内容则有二：初是说老子入印度或西域化为释迦。经中有老子使尹喜降生中天竺国，托孕白净夫人之文。后又谓老子入西域或印度教化胡人，释迦本为老子之弟子。因为王浮是在屡屈而不服，愤激之下写的《化胡经》，故对胡人有大不敬之词。在《广弘明集·辨证论》一文中所引《化胡经》言，颇具代表性：

> 《明威化胡》等经并云：胡王不信老子，老子神力伏之，方求悔过，自髡自剪，谢愆谢罪。老君大慈，愍其愚昧，为说权教，随机戒约，皆令投陀乞食以制凶顽心；赭服偏衣用拙强梁之性；割毁行貌示为黥劓之身；禁约妻房绝其勃逆之种。所以谓重病加于毒药，宜令刳股洗肠，深罪约以严刑，必须诛宗灭嗣。①

自《老子化胡经》出，不仅对胡人（即印度人）诬谤丑化，而且对佛法的戒规仪轨也进行了贬斥丑化，这对于佛教及其信徒，无疑是强刺激，因而骤然加重了佛教与道教之间的冲突，从而动摇了自东汉以来佛道两家都默认一祖同源的“老子化胡说”，以及彼此相安吸纳、共谋发展的大格局。

应该指出，《老子化胡经》的出笼面世，并不是偶然的个人因素所造成，而是客

---

① 《广弘明集》卷十三。

观历史发展所使然。前此,佛道史家往往多从该经始作俑者王浮受辱而生怨恨、泄个人私愤论之。这是不妥的。客观上讲,实在是当时佛教在中土大发展,挤压了相形见绌的本土道教的生存空间,道教起而抗争,借以维护华夏本土宗教文化的产物。

虽然《老子化胡经》问世,确实掀开了佛道两教之间矛盾冲突和论争的新篇章,在老子与释迦牟尼孰先孰后,是老子并尹喜西升化胡,还是佛祖派遣三弟子东来化导道儒等问题上,展开了新一轮的大论辩。但值得注意的是,在相互抵斥甚至辱骂的同时,并未发生激烈对抗而达到剑拔弩张、不可收拾的地步,相反却是更进一步地促进了佛道乃至儒学相互融合、竞相发展,相反而又相成的总趋势。

同样,《老子化胡经》除却前举的刺激性,贬斥胡人、胡俗之外,尚有对老子借以化胡之佛法尊重乃至极力赞颂之处。如:

《化胡经》云:天下大术,佛术第一。①

喜(尹喜)与 聃(老子)化胡作佛,佛起于此。②

案晋世道士王浮,改《西域传》为《明威化胡经》,乃称老子度流沙,教胡王为浮图,变身作佛,方有佛兴。③

而且,在《老子化胡经》中,不专在诬谤胡俗,并伤及佛徒感情,其更在申明:佛法乃老子化胡之"道",有"经"为证。所以,佛法原本乃是老子西游至胡地所创造的大成果,千真万确,不容置疑。道教信徒理应尊崇"出口转内销"的佛法,不容亵渎。如南朝刘宋时早期灵宝派经典《太极左仙公请问经》有经文曰:

上古之时,人民纯朴,各怀道德,虚心玄寂,无为为事。此风既散,百兢烟起,万流分析,奸巧互攻,愚智相凌,鬼神执威,众圣并出,制作教化,惟令民修善自守,是以有五经儒俗之业,佛道各叹其教,大师善也。④

《老子化胡经》等道经的问世,自然引致佛教的回应。此时在华夏已站稳脚跟且得到大发展的佛教,已今非昔比,再不甘受其笼罩,也假借佛经之名,倡月光童子或佛遣迦叶、儒童、光净三菩萨东方化导之说。月光童子故事,见于佛教伪经《申日经》(约出现在东晋初);而迦叶、儒童、光净三圣东来震旦,降生为老子、孔子、颜回,普化东土,则见诸于《灌顶冢墓因缘四方神咒经》。经中有言:"佛语阿难……阎浮界内有震旦国,我遣三圣在中化导,人民慈哀,礼义具足。"后在刘宋时,又有《清净法行经》再申此意。这实际上是采取《化胡经》同样手法,即"以其人之道还治其人之身",造经斥《化胡经》所说为诬妄,道教乃至儒学,皆是佛教祖师释迦弟

① 《广弘明集》卷九,《笑道论》所引。

② 《大正藏》,第52卷,第522页。

③ 《大正藏》,第534页。

④ 《法苑珠林》卷55《破邪篇》。

子东土降生而后才创立的，所以道与儒都起源于佛！

然而，值得注意的是，道教说是“老子化胡”，佛教说是“佛祖遣三圣东土化导”，双方争论虽然激烈，各执一是，但谁都不否认：不论是佛还是道，皆出于一祖。这一点非常重要。即是说，佛教与道教两教，尽管各具特色，各流一脉，分头弘扬，可追根溯源，祖根却都是一个！

进入南北朝以后，南北分割对峙，渐次形成文化思想风格上各异其趣的风范。诚如汤用彤先生言：“于是南方偏尚玄学义理，上承魏晋以来之系统。北方重在宗教行为，下接隋唐以后之宗。”“按南朝佛道之争，纯用笔舌，以义理较短长。北朝则于开始即用威力，作宗教之斗争。”①

北朝“重实行”“用势力”，道、佛两教之争，曾演变出魏太武帝和周武帝下诏“毁法灭佛”事件。这两次都是皇帝下令，用政权强力毁坏佛法，迫害僧徒。尽管在二武毁法之前，北朝佛教之争很激烈，已关乎到夷夏之别，邪正之分，但双方义理之争辩，却比较简单，甚至诬指胡地本无佛教，纯是汉地无行之士编造出来的！因而，二武毁法，佛教虽然暂时遭到重创，拆庙逐僧，但事过境迁，继起的皇帝往往立即兴复佛教，盛况更胜于前。事实证明，只要社会上存在着信仰的需要，无论什么人用任何强大的行政手段，是根本取缔不了宗教的，而且效果往往适得其反。

南朝则不同，道佛两教相争，皆重义理的辨析，争论双方谈玄论道，颇具水准。其中尤以南朝宋末顾欢所撰《夷夏论》一篇问世，引起佛道两教的大辩论最为典型。

顾欢，乃南朝宋齐间著名学者，好黄老，信道教，且通阴阳，为数术，多有效验。曾屡受齐皇帝征聘而辞官不为。他因见佛道两家争辩不休，起而撰《夷夏论》，以辨其是非。论中虽有调和佛道两教之意，然重点则在明道佛之异，证明道教本出于华夏，故符于政，适于民，其目的是在为道教护法。《夷夏论》援引并着力阐发道教教义中的重玄哲理，察幽探微，可谓是道教思想理论的一次充分展示，有力地维护了华夏文明的中枢地位。

顾文开始，引佛、道二教的经典，以证明二教同源共祖，信而有征：

> 夫辩是与非，宜据圣典。道经云：“老子出关之天竺维卫国，国王夫人名曰净妙，老子因其昼寝，乘日精入净妙口中，后年四月八日夜半时，剖左腋而生，坠地即行七步，于是佛道兴焉。”此出《玄妙内篇》。佛经云：“释迦成佛，有尘劫之数。”出《法华无量经》。或：“为国师道士，儒林之宗。”出《瑞应本起》。

其文庄重地以道经中“老子化胡说”开篇，并以此为基石，兼以佛经为佐证，证明“道则佛也，佛则道也”。进而论述“法有左右”，“圣道虽同”，统合佛与道。貌似不偏袒一方，公允中庸，但是总观通篇文论的着眼点，却坚执夷夏界限森严，回护华夏本土道教，贬黜外来之佛教。

---

① 汤用彤：《汉魏两晋南北朝佛教史》，第350、357页。

在《夷夏论》中又言：佛道虽属一圣（老子）所创，然而二教产生与发展，却在一西一东，情况迥异的两国。国度不同，风俗必异，其意在说明，化导胡汉两者的教义，则也必大不同。“其圣则符，其迹则反”。

是以端委缙绅，诸华之容；剪发旷衣，群夷之服。擎跽磬折，侯甸之恭；狐蹲狗踞，荒流之肃。棺殡椁葬，中夏之制；火焚水沉，西戎之俗。全形守礼，继善之教；毁貌易性，绝恶之学。

因此之故，道佛二教“或昭五典，或布三乘。在鸟而鸟鸣，在兽则兽吼。教华而华言，化夷而语夷耳”。进而指出：“佛起于戎，岂非戎俗素恶邪？道出于华，岂非华风本善耶？”执拗地取《化胡经》斥胡恶俗之言，抵斥佛法与华夏礼俗不相容。中心意趣是：佛法为化夷戎恶俗之教，适于夷。华夏自周孔以来，齐之以礼，教之以文，据此而起之道教，恰正适合华夏，符人心，合实用。所以，佛教不见容于中国，是显而易见的事，强使传于华夏，则有害而无益！① 顾欢文章的论述，虽不够精准入理，甚至有强词夺理之嫌。但是该文却非常明确地提出了一个大问题：即佛法生于印度，是在印度文化背景下产生的宗教，其教义自然适合该国的国情礼俗。而华夏文化礼俗与之大异其趣，佛教一旦传入中土，则必然产生两种异质文化冲突，这确实是合乎历史发展机理的推断，发人深省。

《夷夏论》在刘宋末年一经发表，立即激起佛教方面的反攻和道教方面的回护，掀起佛、道两教新一轮的大论争。首先是宋司徒袁粲假托道人通公著文驳之。继而有明僧绍《正二教论》、谢镇之《折夷夏论》和《重与顾道士书》、朱广之《咨夷夏论》、释惠通《驳夷夏论》、释僧愍《戎华论》等，站在佛教一边，驳斥顾欢尊道卑佛之论。尊道教者也起而回护顾欢，写出了不少护道文章。其中有假张融名者撰《三破论》，锋芒毕露，承袭《化胡经》诬胡之风，且更进一步，斥佛教“入国破国，入家破家，入身破身”，谓之“三破论”！是为大论争中的最尖利者，为论者多不敢言。连从事于文学，著《文心雕龙》，而后遁入空门者刘勰，都愤而撰《灭惑论》一文，以辩驳之。唐代释神清在《北山录》卷二《借兴篇》对此次佛道论争曾言：“是以道则有《化胡经》、《夷夏》、《三破》、《十异》、《九遣》；释则有《灭惑》、《驳夷夏》、《破邪》、《辨正》，纷然陵驾。”在这次大争论中，也有持调和或融会论者，倡导道、佛、儒三教合一说。最著名者如高道陶弘景，曰：“万物森罗，不离两仪之育；百法纷凑，无越三教之境。”刘勰则言：“至道宗极，理归乎一；妙法真境，本固无二。”况且，顾欢在《夷夏论》中亦曾言：

寻圣道虽同，而法有左右。始乎无端，终乎无末。泥洹仙化，各是一术。……在名则反，在实则合。……佛是破恶之方，道是兴善之术。兴善则自然，破恶则猛勇为贵。佛迹光大，宣以化物。道密则微，利用为己。

---

① 所引《夷夏论》均见《南齐书·顾欢传》。

并不是一味指斥佛法。到了梁、陈以后，道、佛两教之争的热度降低，相互吸收、融合有所加强。

但是，这场由“老子化胡说”到《老子化胡经》（以及所有化胡内容的道经）而引发的佛道论争，一直到唐朝初年仍争执不下，进而引起李唐皇帝注意，遂有总章元年（668）和神龙元年（705）两度“禁毁化胡经”的公案发生。具体而言：唐高宗时，僧静泰与道士李荣为《化胡经》真伪起大争端，直到诉诸朝廷，仍迟迟未有定论。直到中宗神龙元年九月，才下诏从道经中削除《化胡经》，违者科罪。且敕天下诸道观除毁所“画化胡成佛变相”①。道士不服，上书力争。皇帝则下敕书曰：

> 朕志款还淳，情存去伪。理乖事舛者，虽在亲而亦除；义符名当者，虽有怨而必录。顷以万机余暇，略寻三教之文，至于道德二篇妙绝希夷之境，天竺有空二谛理秘真如之谈，莫不敷畅玄门，阐扬至迹，何假化胡之伪，方盛老君之宗。

拒斥道士再争。从此，在佛道上层，有关《化胡经》的公开争论渐趋沉寂。然而，在道教内部及社会下层，《化胡经》的信仰传布远未停止。以至在唐开元天宝之后，又有摩尼教教义的内容羼入《老子化胡经》（唐本残卷）中的事件发生。该经《序说第一》有云：

> 我乘自然光明道气，从真寂飞入西那玉界，苏邻国中，降诞王室，出为太子，舍家入道，号末摩尼，转大法轮，说经诫律定慧等法，乃至三际及二宗门，教化天人，令知本际。上至明界，下及幽涂，所有众生，皆由此度。摩尼之后，年垂五九，金气将兴，我法当盛，西方圣象，衣彩自然，来入中洲，是效也。当此之时，黄白气合，三教混齐，同归于我。

诚如陈垣先生所说：“在当时道家之意，以能涵盖三教（道、佛、摩尼）为荣。”②反映了道教独具的虚容品格，而不在摩尼教是否在华多么兴盛。

到了宋代，有几位皇帝特别崇道，如宋真宗、宋徽宗等。故《老子化胡经》及有关化胡内容的道经又有反复。大中祥符二年（1009）诏修《道藏》。三年“又令于崇文院集馆阁官僚详校，命宰臣王钦若总领之。……初诏道释经藏互相毁訾者，削去之。钦若言：《老子化胡经》乃古圣道迹，不可削除。诏从之”③。另外，宋哲宗时贾善翔所撰《犹龙传》中《流沙化八十一图九十六种外道》一章，其中所列八十一国之名，与敦煌本《老子化胡经》残卷所载八十余国名完全相同。

由此可见，唐代两度销毁《老子化胡经》之后，道教信徒对《老子化胡经》的信仰，实际上一直没有放弃，且仍然坚信不移。所以才有全真道领袖丘处机在八十多

---

① 见宋赞宁《高僧赞》卷十七《释法明传》。

② 《摩尼教入中国》，载《陈垣学术论文集》第一卷。

③ 见《混元圣化》卷九。志磐《佛祖统记》亦载。

岁高龄，效法道教祖师老子，不远万里，应蒙元大汗成吉思汗之邀，亦履践“西行化胡”之义的历史壮举发生。王维诚先生曾在《老子化胡经论证》中言：

初，成吉思汗之召丘处机，曾于诏中述老子西行化胡成道之言，以促其往。处机卒后，其徒颇流通《化胡经》，且别撰《老子八十一化图》，刻板传布。李志常主其事也。

在该文同节另一处，还述及丘祖在西游途次，接到大汗诏书的内容：

途中接大汗回诏，末曰：“云轩既发于蓬莱，鹤驭可游于天竺。达摩东迈，元印法以传心；老子西行，或化胡而成道。顾川途虽阔，瞻几杖以非遥。”

丘处机还有诗隐喻其事，并为其能在古稀之年万里西行，劝谏成吉思汗“清心寡欲戒杀”有成而颇为自得：

朗月出塞同归雁，破帽经霜更续貂。

一自玄元西去后，到今无似北庭招。

全真道也因此受到大汗的全力支持，在元代曾获得较大的发展。到了明代，嘉靖皇帝崇道，社会上仍大量流传着老子化胡内容的道教经典。

这说明，“老子化胡说”和《老子化胡经》，历史上虽曾屡遭质疑乃至迭次禁毁，但是在广大道教信徒中却流传不衰，虔信不疑。同时，《清净法行经》等佛典所言，佛祖遣三圣东土行化的传说，也在虔诚的佛教信徒中认为信而有征，不可动摇。如此两大“传说”在历史上的长期并存，当然带来佛道两教永远纠缠不清的竞争，但从总体的历史作用看，仍然是积极面占上风：促进了佛道两教的交汇与融合，最终达到了儒、道、佛三教合一。

如今，我们辨析历史上“老子化胡说”和《老子化胡经》出现前前后后的历史陈迹，并不是为了发思古之幽情，也不是为了甄判经典文本上的真伪，而是为了弄清在我国历史上第一次外来文化的大冲击，即印度佛教东来对华夏文明所产生的大震荡及其结果。这一震荡是如何由初始时视佛为夷而拒斥，到佛教如何巧妙地“架设”起“老子化胡”之便桥，进而超迈夷夏大防，达到互相趋近接纳，求同存异，吸收融合，最后终于使西来的印度佛教演变成为中国化的佛教，成为华夏文化的一支——是为佛教的改革。同时，也可以进一步地弄清，作为“嫁接砧木”的中国本土宗教道教，是如何充分利用“老子化胡”之便，以我为主，大量吸纳（甚至抄袭）佛教的经教像设，为我所用，壮大、丰富了道教的教义思想，最终建构成经典、戒律、仪轨以及丛林制度齐备的正统宗教——是为道教的改革。认真总结这一绵延上千年的中外文化——通过宗教——第一次交流变革的历史经验与教训，对当前仍在激烈进行着的近现代史上第二次中外文化的大冲击、大交流，乃至当代世界全球化的多元文化的发展，都具有着十分重大的现实意义。

《国》、《左》文体与王官之学

□张　岩

《汉书·艺文志》本刘向父子《七略》，提出诸子出于王官。宗周王官之学是“官师合一”、“治教合一”的贵族教育，“六艺”是其教学制度中的经典教材。孔门学术根植于西周礼制及其思想观念，所谓“前儒家”。此一历史脉络古今学人多有论析，虽略有出入，其大端并无争议。①　笔者注意到，在《国语》和《左传》中存在一些特征分明的短文；对这些短文体式、内容、性质、用途的深入研究，可以反观此前王官之学的存在情况，并可为上述演化脉络提供一些比较具体的认识线索。

《左传》是编年史，《国语》是国别史，二者史料价值相近，是后人了解春秋时期历史情况的基本依据。关于这两部古文献的作者问题和成书情况，战国两汉间人们的说法比较一致，认为左丘明在孔子笔削《春秋》基础上为论述《春秋》本事而作《左传》，其后又写了《国语》。唐宋以后，学者对汉人说法产生怀疑。由于缺少史料方面比较直接的证据，唐宋以来的各种判断均不足以推倒汉人的说法。

《国语》全书(约 7 万字)由 242 篇短文构成。《左传》内容可分两类:(1)简述《春秋》记事以及类似《公》、《谷》的解经文字;(2)系于编年体框架中的大约 1210 篇相对独立的记事短文，其篇幅(约 16 万字)占全书篇幅(约 19.6 万字)的 80%。本文的主要研究对象，是这些短文中的四种“文体”，即讯语体、赞语体、劝谏体、问答体，及其性质和由来。这些“文体”与商代卜辞的“辞格”相似，有着特定的内容和体式。从文学文体角度上说，这些短文是先秦两汉文学史分类中的“历史散文”；从实用文体角度上说，其

① 参阅陈来:《说说儒:古今原儒说及其研究之反省》，《原道》第 2 辑，团结出版社，1995。

性质是“教材类短文”。

一、《国》、《左》短文四种“文体”

《国语》凡二十一卷，内分八部分，周语三卷，鲁语二卷，齐语一卷，晋语九卷，郑语一卷，楚语二卷，吴语一卷，越语二卷。在八个部分之间，存在一些比较明显的互异之处。从篇幅方面看，晋语最长，其长度略少于另外七个部分的总和；郑语最短，仅为晋语的1/20。在年代方面，周语最早。在体裁方面，齐语通篇的连贯性最好，郑语次之。从内容方面看，吴语和越语均以吴越相争为主要记述对象，二者的重复之处最多。在追叙古史以及对礼乐文化和制度的论述方式上，八个部分之间也存在明显的不平衡。

一部史书的编写，至少应有两个主要步骤，即史料的收集和加工、整理。造成《国语》八个部分之间诸多不平衡和互异之处的主要原因，一是在不同来源的史料之间本身便存在体裁、篇幅、内容、年代等方面的互异之处，二是作者对史料的处理以辑录为主，在融会贯通的编史方面下工夫较少。因此，《国语》成书应是编写者对若干种文献史料在以国别为体例、选择性辑录基础上“粗加工”的结果，具有“半成品”的性质，其内容在很大程度上保留了史料被“加工”前的原貌。

上述情况，为本文对《国语》中一些“典型文体”进行深入分析提供了比较良好的素材条件。《国语》原本只分卷数没有标题，后人标点并为其加上一些小标题。由于《国语》内容是由一些结构完整且相对独立的记事短文构成，这就为加上小标题提供了方便。下面，以这些小标题所代表的记事短文作为研究的对象，具体讨论这些短文的“文体”。

（一）讥语文体

这种文体的短文一般由两或三个部分构成。比如周语上《芮良夫论专利》共有三个部分：1. 周厉王赏识荣夷公。2. 芮良夫评论此事说：“王室其将卑乎！夫荣夷公好专利而不知大难。”然后他论述了好专利的害处，最后说：“荣公若用，周必败！”3. 不久后周厉王用荣夷公为卿士，于是“诸侯不享，王流于彘”。第一部分是讥语的对象，第二部分是讥语判断及其说明，第三部分是讥语判断的应验情况。一般来说，讥语对象主要是礼乐制度及其文化观念的背离现象，如不仁、不敬，不智、不敏等。讥语本身是对背离者将要遇到灾祸的一种诅咒性质的判断，而对讥语判断的说明部分则主要是指出判断的依据。在没有讥语判断的情况下，对讥语的说明演化为单纯的否定性评论。这种情况可以被视为讥语体短文的“次生形态”。在讥语体短文中，有很大一部分短文交代了讥语的应验情况，也有部分短文没有这方面的交代。

（二）劝谏文体

这种文体的短文一般由三到四个部分组成。例如周语上《祭公谏征犬戎》共有四个部分：1. 周穆王决定征伐犬戎。2. 祭公谋父进谏制止，他正面讲述了西周职贡制度的实施情况以及犬戎仍遵守这一制度，因而不应征伐的道理。3. “王不听，遂征之，得四白狼、四白鹿以归。”4. “自是荒服者不至。”第一部分是劝谏的原因，第二部分是劝谏的言论，第三部分是被劝谏者是否接受劝谏的交代，第四部分是接受或不接受劝谏的结果。

劝谏文体还有一些比较简单的变形情况。如周语上《邵公谏厉王止谤》共由六个部分构成：1. 周厉王暴虐，国人谤王。2. 邵公谏王：“民不堪命矣。”3. 厉王不听，反而以刑杀来止谤，于是“国人莫敢言”。厉王得意地告诉邵公：“吾能弭谤矣，乃不敢言。”4. 邵公又谏，并且进一步讲述了“防民之口甚于防川”的道理。5. “王不听，于是国人莫敢言。”6. “三年，王乃流于彘。”这种变形的方式是将 2 和 3 这两个部分又重复了一遍，即：谏→不从→又谏→又不从。晋语四《文公称霸》的结构与此相近：谏→从→又谏→又从，其结果与不听从劝谏的情况相反，晋文公因此成就霸业。

在有些情况下，劝谏文体和讥语文体会出现重合的现象。如鲁语上《展禽论祀爰居》介于讥语体和劝谏体之间，鲁语上《夏父弗忌改常》和晋语二《宫之奇谓其子》等篇则兼有谏语和讥语两种成分。在劝谏文体中，劝谏者的主要成分是士大夫，被劝谏者的主要成分是周天子和诸侯方国的国君。在士大夫之间，有时也会发生劝说与被劝说关系。后一种情况是“劝”，前一种情况是“谏”；两种情况并存，故并称之为“劝谏文体”。

（三）赞语文体

这种文体的短文一般由两到三个部分组成。如鲁语上《内史兴论晋文公必霸》共有三个部分：1. 周襄王派内史兴等二人到晋国册命晋文公，晋国君臣在接待和受命过程中严格遵行了礼数的规范并恭敬有加。2. 内史兴回来后向周天子盛赞晋侯：“晋，不可不善也，其君必霸。”然后讲述了他这样说的道理。3. 周王与晋侯修好，其后周室有难而晋侯助其复位，于是晋文公尊天子而霸诸侯。第一部分是赞语的对象，也就是被赞的人和事。第二部分是赞语判断及其说明。第三部分是赞语判断的应验情况。不难看出，这一短文实际上兼有劝谏文体的性质。

在比较典型的赞语体短文中，一般都包含有赞语判断的成分，如“其君必霸”、“将得晋国”、“今周其兴乎，其有单子也”等，以及赞语判断的应验情况。在有些情况下，第三个部分或有或无，而对赞语判断的说明则演化为单纯的赞语也就是肯定性的评论。这种情况可以被视为赞语体短文的“次生形态”。没有赞语判断的赞语体短文一般由两个部分构成。如鲁语下《公父文伯之母欲室文伯》第一部分讲述文伯之母欲为文伯娶妻，她与家臣商议此事并以赋《诗》的方式表明要以礼择妻的意愿，家臣建议用龟卜来选择文伯妻室的族姓。第二部分，师亥听说后赞扬了其人其事的合于礼法。又如晋语六《郄至甲胄见客》的第一部分讲述晋楚交战中郄至既勇于作战又对楚平王很有礼貌。第二部分以“君子曰”的方式称赞其人其事：“勇以知礼。”

（四）问答文体

这种文体也可以称为问对文体，一般由一或两个部分构成，也有三个部分的情况。鲁语下《叔孙穆子聘于晋》共有两个部分：1. 穆子行聘礼于晋，晋侯设宴飨之礼接待。晋侯在宴中奏乐歌表示主人对宾客的礼敬，直到《鹿鸣》第三章穆子才起来拜谢。2. 晋侯使人问穆子为什么要这样，穆子回答说前面所奏乐歌都是更加高级的礼节，只有《鹿鸣》第三章和《四牡》等篇才是与他的身份相称的礼节，所以他才拜谢。又如，晋语四《胥臣论教诲》只有一个部分，也就是问和答的部分。晋文公问胥臣：我想让阳处父做讙的师傅而教诲之，能教好吗？胥臣讲了是否能教好主要看被教育者本人情况的道理。晋侯又问：教育难道没有用吗？胥臣于是讲了教育的作用。这种文体也有一些变通的情况，如在周语下《景王问钟律》和鲁语上《曹刿问战》等篇中都包含了劝谏的成分。

在《国语》242 篇短文中，共有上述四种文体特征比较分明的短文 190 余篇，占总篇幅的 80%。这是一个非常值得关注的现象。就这四种文体而言，《国》、《左》之间存在明显呼应关系。在《左传》编年体的框架中，有许多相对完整的记事短文。在这些短文（约 1210 篇）中，上述四种典型文体的短文约有 561 篇，占《左传》总篇幅的 50% 多。其中，比较典型的训语体短文约有 244 篇，赞语体短文约 69 篇，劝谏体短文约 221 篇，问答体短文 27 篇。

这四种文体的短文在《国语》八个国别史单元中的分布很不平衡：周语和鲁语含量最高，吴语和越语则没有一个典型例证。这一现象揭示了一个事实：并非《国语》编写者将他所收集到的文献史料“加工”成这四种文体，然后放入《国语》之中，而是在他所收集到的史料中，除吴语和越语外，其余六个部分所依据的若干种文献史料本身便疏密不同地分布着这四种特征比较鲜明的文体结构。在经过编写者的“粗加工”后，这四种文体的原有形态仍有相当一部分被较完整地保留在这部“半成品”中。从这个角度考察《左传》内容，同样可以得出这样一个结论：在《左传》成书前的史料来源中，有很大一部分史料也是由这四种文体所构成。可以大致从以下三个方面考察这四种文体的由来及其性质和用途：西周及春秋时期的官学教育，西周及春秋时期的官学教材，西周及春秋时期居于主导地位的神权观念。

二、四种文体短文的由来、性质和用途

(一)西周及春秋时期的官学教育

官学教育是西周礼制的要政之一。《周礼·师氏》:“……以三德教国子。”《周礼·保氏》:“掌谏王恶,而养国子以道。”《周礼·大司徒》:“以乡三物教万民而宾兴之。”

上文“教国子”指西周时期的贵族教育。已有学者指出,《周礼》中多次出现的“万民”与《国》、《左》中多次提到的“国人”成分一致。由《周礼·大宰》内容可知,“万民”成分包括百工、商贾及国都外围乡州结构中的务农者。因此“教万民”是指西周时期的平民教育。① 也就是说,西周官学体制主要包含两个部分,一是“教国子”的国学体制,二是“教万民”的乡学体制。

西周官学主要有三方面教育内容:一是道德伦理,二是祭祀仪规和各种仪式性场合的揖让周旋,三是专业技能。前两个内容为“教国子”和“教万民”所共学,前者的教育等级更高一些。在专业技能方面,授业者各以其“世事”学其所学,商则学商,农则学农。《礼记·王制》所说“祝、史、射、御、医、卜及百工”等“执技以事上者”,亦各有其所学。“国子”的出路是入仕为官,故其授业为“宦学”。

国学体制中的受教育者包括如下成分:“王大子、王子、群后之大子、卿大夫元士之适子、国之俊选。”(《礼记·王制》)其中“元士之适子”以上都是以其出身获得进入国学的资格,“国之俊选”是一种不确定成分,他们是从“国人”中选拔出来的佼佼者。《礼记·王制》提到“俊士”的选拔以及“升于学者”的“造士”过程:“命乡,论秀士,升之司徒,曰选士。司徒论选士之秀者而升之学,曰俊士。升于司徒者,不征于乡;升于学者,不征于司徒,曰造士。”《礼记·王制》的下述内容与此有关:“大乐正论造士之秀者以告于王,而升诸司马,曰进士。司马辨论官材,论进士之贤者以告于王,而定其论。论定然后官之,任官然后爵之,位定然后禄之。”这种制度是西周时期“国人”中的优秀者得以入仕为官的一个“通道”。子夏所谓“学而优则仕”和“仕而优则学”,很明显是指“国人”通过乡学体制的选拔而入仕(最下层的官吏),再通过“俊士”的选拔“升于”国学体制的“造士”过程。由于乡学和国

① 《周礼·秋官·小司寇》:“掌外朝之政以致万民而询焉。一曰询国危,二曰询国迁,三曰询立君。”《周礼·地官·大司徒》:“若国有大故,则致万民于王门。”在西周和春秋时期,“国人”是一种举足轻重的社会势力,拥有一定的参政和议政权。(参看何兹全:《西周春秋时期的贵族和国人》,《烟台大学学报》(哲学版)1990 年第 4 期)《国》、《左》都曾提到“国人”的“谤”政,这与西周时期“国人”议政的制度有关。《左传》(襄公三十一年)“郑人游于乡校,以议执政”的现象,也应是西周“国人”议政制度在春秋晚期的残留。由此可以了解到,对于西周时期政权来说,官学教育中“教国子”和“教万民”具有同等重要的意义。

学都具有培训、选拔官吏的内容和职能,从这个意义上可以将二者并称为“士学”。

《荀子·王霸》中亦言:“论德使能而官施之者,圣王之道也,儒之所谨守也。”第一,这种制度是西周乃至更加早期的“圣王之道”;第二,“儒之所谨守”是荀子对“儒术”作为“士学”性质的准确“定位”。由于这个原因,荀子教学所“谨守”的重要原则之一是“匹夫问学,不及为士,则不教也”(《荀子·儒效》)。

(二)西周及春秋时期的官学教材

《礼记·王制》:“乐正崇四术,立四教,顺先王。《诗》、《书》、《礼》、《乐》以造士。春秋教以《礼》、《乐》,冬夏教以《诗》、《书》。”《礼记·经解》:“孔子曰:入其国,其教可知也。其为人温柔敦厚,《诗》教也;疏通知远,《书》教也;广博易良,《乐》教也;洁静精微,《易》教也;恭俭庄敬,《礼》教也;属辞比事,《春秋》教也。”由此可以了解到,《诗》、《书》、《礼》、《乐》、《易》、《春秋》在孔子之前早已是使用范围很广的官学教材。在《国》、《左》记事中,人们在一些重要场合引用《诗》、《书》的惯例,同样说明了这个问题。墨子在战国时仍然可以读到“周之《春秋》”、“燕之《春秋》”、“宋之《春秋》”和“齐之《春秋》”。(《墨子·明鬼》)《左传》(昭公二年)也提到孔子之前早已存在的《鲁春秋》。这说明《春秋》作为一种特定类型的官学教本也是由来已久。

《国语·晋语》:“昔先祖文子少衅于难,从姬氏于公宫,有孝德以出在公族,有恭德以升在位,有武德以修为正卿,有温德以成其名誉。”由此可以了解到,并非每一个公族子弟都可以为官乃至为卿。除有为官治事的才干之外,伦理道德的修养水平也是当时选任官吏的重要依据。《礼记·曲礼》“宦学事师,非礼不亲”也是指这种类型的“士学”教育。

《国语·楚语》:“教之《春秋》,而为之耸善而抑恶焉,以劝戒其心;教之《世》,而为之昭明德而废幽昏焉,以休惧其动;教之《诗》,而为之导广显德,以耀明其志;教之《礼》,使知上下之则;教之《乐》,以疏其秽而镇其浮;教之《令》,使访官物;教之《语》,使明其德,而知先主务用明德于民也;教之《故志》,使知废兴者而戒惧焉;教之《训典》,使知族类,行比义焉。”以上是春秋中期楚国用以傅导太子的几种主要教本及其用以教学的方式,包括预期实现的教育效果。

在前引《周礼》内容中,师氏的职司之一是“掌国中、失之事,以教国子”。所谓“失”即不中,所谓“中”即不失。因此,上文“国”的“中、失之事”指邦国治理方面的“中”事和“失”事。“中”事指合于礼法之事,即善德、善言、善行、善政等;“失”事指不合礼法之事,即失德、失言、失行、失政等。从这个意义上看,讥语体短文的所讥对象全都是国之“失”事,赞语体短文的所赞对象全都是国之“中”事。劝谏体短文的情况则兼有“中失”之事:听从劝谏的事例为“中”事,不听从的事例为“失”事。这三种文体的主要特征,一是篇幅较短,二是其结构的规范化,三是“中”、“失”分明,四是有着明确的肯定和否定的态度。这四个特征均具有便于教学且易于理解的性质。因此，这三种文体的由来，应与西周师氏用以“教国子”的“国中、失之事”的(士学)教本有直接关系。

《国语》楚语《王孙圉论楚宝》(问答体)中讲到楚国两个杰出人才：“楚之所宝者，曰观射父，能作训辞，以行事于诸侯，使无以寡君为口实。又有左史倚相，能道《训典》，以叙百物，以朝夕献善败于寡君，使寡君无忘先王之业；又能上下悦于鬼神，顺道其欲恶，使神无所怨痛于楚国。”关于“悦于鬼神”的情况，后面具体讨论。先来谈上文前半部分的情况。首先，楚语《观射父论绝地天通》和《观射父论祀牲》都是观射父所作“训辞”的直接例证。其次，楚语《左史倚相儆申公子亹》和《左史倚相论唯道是从》则是左史倚相能道《训典》的直接例证。左史在后一篇中所引“训辞”见于楚语的靠前部分，即《子囊议谥》和《屈建祭父》，他在前一篇中所“道”《训典》的内容则是卫武公的年迈自儆。

由此可以了解到：(1)上文“训辞”指以问答和赞语等体式所撰写的官学教材性质的短文。(2)由此类体式的短文汇编而成的官学教本在春秋时期的楚国曾被称为《训典》。(3)此类官学教本不但用于官学教育的学习阶段，同时也被用于为政期间的劝谏。(4)上文“善败”之事，也就是《周礼》师氏所掌“中失”之事。(5)左史引卫武公之事来儆戒申公子亹，正是此类教材用于劝谏的具体使用方式。(6)《左史倚相儆申公子亹》所说卫武公时的“官师之典”和“诵训之谏”也是指这一类官学教本。

晋语八《范宣子争田》：“昔显叔子违周难于晋国，生子舆为理，以正于朝，朝无奸官；为司空，以正于国，国无败绩。世及武子，佐文、襄为诸侯，诸侯无二心。及为卿，以辅成、景，军无败政。及为成师，居太傅，端刑法，缉《训典》，国无奸民，后之人可则，是以授随、范。”由上文可以了解到：(1)直到春秋时期，一些诸侯方国官学教育中的为师者是由为官多年且卓有政绩的人来担任，所谓“官师合一”。前引《礼记》“宦学事师，非礼不亲”一语所说的为师者，也应是这种由为官而为师的人。(2)晋国一部分官学教本也被称为《训典》，其功用是上训世子，下训国人。

《国语》最早的篇章是周语上《祭公谏伐犬戎》，周穆王征伐犬戎在西周中前期(约公元前965年)，这是一篇载于劝谏体短文的国之“失”事。因此，这一章可以提供一个极为重要的认识线索，即此类文体的短文可以上接西周师氏所掌教本，下续春秋官学(士学)教本。此外，《国》、《左》中问答体短文的结构一般也很规范，其内容一般也是善恶分明，有些还兼有劝谏成分。因此，问答文体也应是士学教本中由来已久的重要体例之一。就其性质而言，这些短文是“教材类短文”。

(三)西周及春秋时期居于主导地位的神权观念

《左传》(成公十三年)：“刘子曰：吾闻之，民受天地之中以生，所谓命也。是以有动作礼义威仪之则，以定命也。能者养之以福，不能者败以取祸。是故君子勤礼，小人尽力。勤礼莫如致敬，尽力莫如敦笃。敬在养神，笃在守业。国之大事，在祀与戎，祀有执膰，戎有受脤，神之大节也。今成子惰，弃其命矣，其不反乎？”这是一篇讥语体短文的言论部分，“其不反乎”是讥语判断。上文较完整地讲述了礼乐观念中人与神的关系以及神佑与神罚的观念，为深入了解典型文体的产生背景提供了重要的认识线索。

贯穿三代的礼乐制度是一种典型的“神权制度”，制度实施的条件之一是统治者对神权观念的强化和借助。商、周两次“革命”均以天、帝和神的名义进行。在这个过程中，虽然作为“天命”承受者的王族发生改换，但“天命”本身连带它所维系的一整套伦理原则和典章制度并未受到严重破坏。因此，三代礼制具有一脉相承的演化关系。作为“国之神位”的社稷宗庙一直是三代王朝政权结构的基本框架，诸侯会于王所的周期性祭神纳贡的职贡制度一直是三代王朝政权运转的基本形态，天子对诸侯的册命权和对天地百神的主祭权一直是三代王权的基本依据。由于这个原因，一套神佑与神罚的神权观念一直是三代统治者反复强调的“主流意识形态”。

《左传》(除“君子曰”外)有一百多处讥语文体，共有八十多人(包括许多春秋时的著名人物)采用过这种程式化的议论，如鲍叔牙、宫之奇、刘康公(3次)、季文子(3次)、昭子(6次)、范文子(3次)、孟献子(3次)、叔向(5次)、晏婴(2次)、子产(3次)、季札、师旷、申无宇(3次)、孔子(2次)、臧武仲(3次)、伍员、子贡(3次)、子西等。此类讥语的依据是神佑与神罚的观念：违神则有祸，大违大罚，小违小罚，《逸周书·命训》所谓“大命世罚，小命罚身”。

由于讥语体短文主要用于官学教本，故讥语对象主要是为政者，从士大夫到诸侯乃至天子。讥语判断是对违神者将要遭到神罚的判断，如《左传》中的“五父必不免”(隐公七年)、“虢必亡矣”(庄公二十三年)、“二君者(齐侯、卫侯)必不免”(襄公二十一年)、“赵孟将死矣”(襄公三十一年)等，又如《国语》中的“王室其将卑乎”(周语上)、“陈侯不有大咎，国必亡”(周语中)、“晋将有乱，其君与三郤其当之乎”(周语下)、“(赵文子)非死逮之，必有大咎”(晋语八)等。从上述情况看，讥语文体在一定程度上具有占卜的性质。

在殷墟甲骨刻辞中，“一条完整的卜辞是由四个部分组成的，即叙辞、命辞、占辞、验辞”①。叙辞记叙占卜的时间、地点和贞人，命辞(贞辞)记卜问的内容，占辞记商王看过兆纹后所作出的判断，验辞是对占辞应验情况的补记。真正完整的卜辞并不多见，大多是由四个部分中的一到三个部分组成。②

不难看出，在讥语文体与卜辞“辞格”之间有着明显的共同之处。前者第一部分(讥语对象)可以对应于后者命辞和兆纹部分。前者讥语部分对应于后者占辞

① 马如森：《殷墟甲骨文引论》，第176~179页，东北大学出版社，1993。

② 参见马如森：《殷墟甲骨文引论》，第176~179页。

部分，因而讥语判断也可以被称为“讥语占辞”。二者最后一个部分都可以被称为“验辞”。

赞语体短文也一样。讥语对象是神意所憎恶的人和事，赞语对象则相反。讥语判断和赞语判断的情况也是相反，前者是对神罚的判断，后者是对神佑的判断。（如前面已举过的例证）讥语和赞语的验辞也刚好相反，前者是祸，后者是福。赞语判断是“顺道鬼神所欲之事”，讥语判断则是“顺道鬼神所恶之事”。合起来说便是“顺道其欲恶”。由此可以比较准确地理解前引《王孙圉论楚宝》中的最后一段话：“（左史倚相）又能上下悦于鬼神，顺道其欲恶，使神无所怨痛于楚国。”

从上面谈到的情况来看，讥语体和赞语体具有同源关系，可以合称为讥赞体短文。这种短文的产生应与甲骨卜辞有直接关系。从《洪范》提供的认识线索来看，讥赞体短文的产生应不晚于商代。在讥赞体短文与甲骨卜辞之间，应有一个较长的并存期。就二者的异同而言，甲骨卜辞的卜筮过程由问、答、释三个环节构成，其间包含一套复杂的技术性操作过程。卜辞问答双方的提问者是作为人的“贞人”和商王，回答者是作为神的帝和商先祖。经过钻凿烧灼后在甲骨上所出现的兆纹以及用某种方式任意组合后的蓍草的签数，被认为是神回答人的“语言”，再将这种“象数语言”释为占辞，这个释的过程由贞人辅助商王确定。商代卜筮的主要作用之一是在一些重要决策过程中的决疑，《洪范》“九畴”第七的“稽疑篇”专讲这种制度。在补记验辞后，还要将卜辞存档一段时间，然后“龟策敝则埋之”①或以其他方式处理掉。从卜问、刻辞到处理掉，一篇卜辞的“读者”从贞人师徒到商王及其近臣不会超过几十人。

相反，一篇讥赞体短文的读者面要远大于前者。在讥赞体短文的成文过程中，也有一个类似占卜的过程，但比正规的卜筮简单得多。首先，这个过程没有卜问环节。其次，其判断吉凶的“素材”不是象数方面的卜兆，而是为政者的行为。第三，判断吉凶的依据不是卜筮特有的象数之学，而是一套因果报应“公式”，其“原理”是神的“赏善而罚淫”。第四，卜辞中占辞的性质是对吉凶的预测，而讥赞体的判断则近乎于对神意赏罚的判决。第五，卜辞中验辞的功能是为积累这门“预测学”的成败经验，而讥赞体短文的验辞则具有重要的“证明功能”，它证明了神意赏罚的“规律性”。第六，卜辞的主要作用在卜筮的当时，而讥赞体短文的作用则主要发生于成文之后用为教材的过程中。第七，此类教材预期实现的教育效果与春秋时楚国用以傅太子的一些教本的情况完全一致，是为了“耸善而抑恶焉，以劝诫其心”，是“昭明德而废幽昏焉，以休惧其动”，是“使知废兴者而戒惧焉”。

从上述情况看，劝谏体的验辞应是在讥赞体验辞的基础上出现的。劝谏体验辞的撰写规律是：听从劝谏会有好结果，否则会有坏结果。在劝谏体验辞因果报应

① 《礼记·曲礼》。

"规律"中已经具有更多的非宗教性成分。可以得出这样一个判断,在早期的较完整和规范的讥赞体和劝谏体教材中均包含有验辞成分。

三、"往而不反"的变迁过程

《国语》周语部分共有33篇短文,其中讥赞体14篇,劝谏体16篇,这30篇短文均有较规范的验辞。在《国语》八个部分中,周语典型文体的特征最为分明,验辞含量也最高。这表明周语保留了更多西周礼制性教本的撰写规范。在春秋时期礼崩乐坏过程中,典型文体的规范程度一直在发生着每况愈下的改变。在《国语》八个国别史之间进行比较,可以明显看到这种改变的走向。这里有三个认识角度,一是向前去追寻王官之学的存在情况,二是考察春秋时期"学术下移"的具体历程,三是战国"私学"乃至诸子学术的来源与流变。

西周结束前,"学术官守","学在王官",中央政权对下属方国的"国学"和"乡学"体制进行统一管理,教材类短文的撰写、发布由官学系统自上而下统一"运作"。平王东迁后,周天子失去对诸侯方国的控制能力,"礼乐征伐自天子出"(孔子语)的局面发生了不可逆转的改观。但在春秋时期大部分时间里,以齐桓、晋文为盟主的"诸夏"联盟仍是当时诸侯国中最强大的一支势力,仍然在一定程度上发挥着藩屏周室的作用。"诸夏"联盟是"政治下移"的结果,但其主要盟约仍是"皆奖王室",周王室因此拥有名义上的正统地位。因此,一脉相承的三代礼制及其宗教观念并没有在一个突变过程中迅速消亡。

"学术下移"是"政治下移"的结果之一,但春秋时期的"学术下移"仍体现为以方国为本位的官学体制,各诸侯国的官学仍然在一定程度上因袭西周时期的学术传统和教材类短文的写作规范。由于事关神佑神罚的宗教性顾忌,故春秋时期大部分短文的撰写比较严谨、求实,具有较高的记史质量。几百年的写作传统,使许多短文具有很高的文学价值,为《国语》、《左传》的精美辞章奠定了基础,也滋养孕育了战国秦汉间的诸子文章。

早期的教材类短文并不局限于前面提到的四种体式,还包括《左传》中比较多见的"行人专对"、征战记事,《论语》中简短的"语录体"以及《晏子春秋》分类中的"杂"类短文等。在春秋战国之间,随着进一步的"学术下移",开始了一个官学私学化的过程,教材类短文的规范化程度进一步下降,其记史质量亦每况愈下,还出现了许多作为"变体"的托古演义、神仙故事和寓言故事。但无论如何,早期教材类短文对东周乃至汉代诸子的著述发生了深远影响,从《国语》、《左传》到《新序》、《说苑》,可以从现存先秦两汉文献中收集到万余篇此类短文及其变体。① 在这样一个很大数量的短文素材中,可以看到同一篇短文的不同传本从源到流的演化历程及大量变体的产生情况。再向后,此类短文构成我国文学史中"散文"、"小说"、"寓言"等体裁的主要源头,"君子曰"则成为刘知几所说"论赞"体的前身。

回到本文开篇处的话题,对教材类短文及其流变过程的深入研究,可以映射出三代王官之学的存在情况、诸子学术对王官之学的继承,以及王官之学在诸子学术中"往而不反"的变迁。三代王官之学的本体是礼乐文化和制度,其主要特征是包容宏富的整体性;从宗法制度、等级划分、社会结构、祝史医卜百工农商的社会分工和知识技能,到方国乃至"天下"布局、政权设置和官吏职能、士学教育和论德使能制度、分封和职贡制度、社稷宗庙和祭祀制度、井田制和籍田礼、天文历法与四时布政、阴阳五行与鬼神休咎、宗教观念和道德伦理、音乐舞蹈与社会乃至自然秩序等等,在礼乐文化和制度的每一个组成部分之间,存在着息息相通的内在关联。本文讨论的教材类短文也是这种情况——在礼乐文化和制度中不存在"孤立现象"。礼法合一,政教合一,天人合一,《庄子·天下》所谓"皆原于一"。该篇对礼乐文化和制度作了整体性的描述:"古之人其备乎!配神明,醇天地,育万物,和天下,泽及百姓,明于本数,系于末度,六通四辟,小大精粗,其运无乎不在。"后文则讲述了礼乐文化和制度在战国时期的"残留"情况,②及其整体性特征在诸子学术中被消解割裂的情况。割裂是由于后学者"得一察焉以自好","各为其所欲焉以自为方",在本末之间迷失了方向。于是"内圣外王之道,暗而不明",故"悲夫,百家往而不反,必不合矣!后世之学者,不幸不见天地之纯,古人之大体,道术将为天下裂"。《庄子》"寓言十九",多是旁敲侧击、"藉外论之"的"吊诡"。惟《天下》上述内容是对先秦学术思想走向的正面论述,博雅犀利。庄周此番见识为古今许多学人所重,得其要旨者几希。

---

① 以下是笔者对教材类短文及其变体的初步辑录结果:《尚书》(2 篇),《逸周书》(8 篇),《国语》(242 篇),《左传》(1210 篇),《论语》(501 篇),《礼记》(385 篇),《大戴礼记》(101 篇),《孝经》(18 篇),《管子》(398 篇),《晏子春秋》(216 篇),《墨子》(125 篇),《孟子》(261 篇),《荀子》(178 篇),《列子》(148 篇),《庄子》(234 篇),《六韬》(60 篇),《关尹子》(171 篇),《商君书》(8 篇),《孙膑兵法》(30 篇),《孙子兵法》(13 篇),《吴子》(37 篇),《韩非子》(585 篇),《吕氏春秋》(660 篇),《战国策》(488 篇),《战国纵横家书》(27 篇),《春秋事语》(16 篇),《韩诗外传》(309 篇),《淮南子》(903 篇),《新书》(62 篇),《列女传》(104 篇),《史记》(895 篇),《新序》(185 篇),《说苑》(689 篇),《新论》(90 篇),《新语》(13 篇),《孔丛子》(158 篇),《孔子家语》(328 篇),《论衡》(350 篇)。

② 《庄子·天下》:其明而在数度者,旧法世传之史尚多有之。其在于《诗》、《书》、《礼》、《乐》者,邹鲁之士绅先生多能明之。……其数散于天下而设于中国者,百家之学时或称而道之。

《庄子·应帝王》:南海之帝为儵,北海之帝为忽,中央之帝为浑沌。儵与忽时相与遇于浑沌之地,浑沌待之甚善。儵与忽谋报浑沌之德,曰:"人皆有七窍以视听食息,此独无有,尝试凿之。"日凿一窍,七日而浑沌死。

刘宗周基本人格初始过程分析

□尹晓宁

心性哲学和人格心理是一显一隐的关系。通过对哲学家进行人格分析,不仅可以知道他的"如何",还可以知道他何以"如此"。本文的研究对象是晚明大儒刘宗周,是要对他的人格初始过程进行分析。其实,在这个过程中真正展示的是在他心性哲学中处于核心地位的"独体"之"意"的形成过程。

弗洛姆曾说,"人的人格主要是由特定生活模式塑造的,因为自孩提时代起,他就借家庭这个媒介面对它"①。所以,要真正了解刘宗周,必须对他的童年经历进行分析。米切尔的话可以用来阐释对早期经验重视的理由:"早期经验是重要的、意义深远的;因为它是家庭互动方式最早的显现,这种方式将以不同方式、在不同的发育阶段不断重复。并非在现在的背后尘封着许多过去的影子,而是通过理解过去获得患者怎样和为什么处理现在应用的模式的迹象。"②

"生物因素在决定人际关系的特点上起着重要作用,因为它造成了我们称之为延长的产后胎儿化。这是人类发展的特有内容。"③儿童期的最基本现实是孤弱,其首要任务是生存。这导致了儿童对父母的强烈依赖,使母(或其替代者)子关系成为第一关系。对于婴儿来说,最初的外在环境首先是母子关系,然后才推广到其他人那里。由于母亲提供满足和挫折,她成为孩子第一个爱和恨的对象。孩子在母亲那里看到自己的镜像,母亲是微笑还是严肃对孩子很重要。一个相对宽容公正的母亲就会使孩子获得一

---

① 弗洛姆:《逃避自由》,第 11 页,国际文化出版公司,2002。

② Michael St. Clair:《现代精神分析"圣经"——客体关系与自体心理学》,第 226 页,贾晓明、苏晓波译,中国轻工业出版社,2002。

③ 查尔斯·布伦纳:《精神分析入门》,第 107 页,北京出版社,2000。

个比较完整的自我表象,而母亲越是喜欢指责,孩子就越不安,内心分裂也越容易极端。这种分裂的结果使孩子认同于母亲,母亲成为他的自我典范,她对孩子的批评和拒绝被孩子内化,形成一个内在的监察者。这样母亲的态度成为孩子的态度,所以母亲是促进儿童超我形成的第一人。这些并不为人所注意的人生初始事件对人却有着深远影响,“儿童以这种方式与父母认同后,一旦本我冲动出现,就像父母在旁边一样,及时地制止了这些欲望的实现”①。需要指出的是,内化后的禁令要比父母真实的禁令还要严格。由于如雅各布森所说,孩子“借用”了母亲的自我,如果母亲的人格是健康的,孩子通过认同便会从母亲那里接受一个比较理想的结构使自性得到培育和生长;如果母亲是神经质的,那么孩子也会被传染。

初生的孩子处于一种无遮蔽状态,只有后天的不断受挫才能使他日渐封闭,形成所谓“人格结构”。“儿童需要父母并且依赖他们。他们有力量管制儿童,儿童必须内化父母。把他们带入自己的内部,是儿童摆脱他们的惟一途径。一旦完成内化,这些客体保持他们的力量控制儿童的内部世界。”②父母的惩罚常常使孩子听话,但这将导致儿童与自己自发的、赋予生命以意义的核心保持一种隔离状态,温尼科特所说的“假自体(false self)”就会发展出来。温尼科特最重视环境对孩子的重要意义,这个环境一般指父母,尤其是母亲。在他看来没有婴儿这回事,“在婴儿的最早阶段,如果不联系母亲的作用,描述婴儿是没有价值的”③。其实这个假自体是内化了的父母的意愿。

这些现代心理学的研究成果提示我们,要了解刘宗周人格的形成过程,就不仅要了解刘宗周,还要了解对他童年来说“重要的人”。对于一个童年期很普通的孩子来说,我们不可能得到除本人之外其他的材料来源,即便是其后人或学生为刘宗周所作的《年谱》或《行状》也大都来自刘宗周本人(偶尔有其他亲属、朋友)的回忆(包括他为家族人士写的《传》、《行状》和《墓志铭》等)。人们不免会对资料的可靠性发生怀疑,因为这样的资料往往是片面的,不能反映事物的全貌,并且会有很多渲染的成分。所以我认为有必要对资料的理解和运用方面的一些问题做出说明。

首先,我们关注的不是历史事实而是心理事实,关注的不仅是事实上发生了什么而更是心理上发生了什么。因为影响人并通过人反映这种影响的是心理事实,在历史事实里只有刘宗周的经历而没有刘宗周。其次,当我们面对资料时,在关注他说什么的时候会同时关注他这么说意味着什么,其潜意识是什么。由于一个人不可能知道自己的潜意识,所以也就不可能对自己的潜意识做出隐瞒,而潜意识的

---

① 查尔斯·布伦纳:《精神分析入门》,第126页。

② Michael St. Clair:《现代精神分析“圣经”——客体关系与自体心理学》,第73页。

③ 同上,第95页。

东西却往往比实录更为真实,更能反映内心世界。对这些资料的运用需要新的解释方法。第三,由于回忆都带有主观选择性,所以从刘宗周回忆的内容里我们可以发现刘宗周关注的东西,能够分析出刘宗周对往事的感受。另外还需要指出的是,不论刘宗周本人潜意识里对他周围人的态度如何,可以肯定的一点就是刘宗周不可能说谎。刘宗周可能压抑自己的态度,却不可能去编造事实。故此,我认为刘宗周对事实的叙述还是可信的。基于这种认识,只要深入分析,这些看来并不充足的童年资料也是很可以说明问题的。

当我们对个人心理进行分析研究的时候,除了发现人自身素质的因素之外,还会发现社会这双无形的手对人的塑造,而人常常不会意识到这种塑造,就像我们不会意识到地心引力一样。所以人对自己何以如此所知甚少:对内意识不到自己的动机,对外意识不到环境的影响。人常常是身不由己的。现实的人被一种氛围所笼罩,这种氛围甚至成了他呼吸的空气。它包围着我们,我们依赖它,同时不知不觉地吸入它并将其内化。这种氛围不仅有能量而且还有内容。这使它有力量影响我们的观念和生活方式:对人的自性来说,它有抑制或唤醒、摧残或滋养的作用。从文化人类学的角度看,它是一种"文化超我"。人之所以受其影响是因为他处于各种关系和利害之中,而这些正是这种氛围影响人的手段。这种氛围通过对童年刘宗周来说重要的人对刘宗周施加影响,"他们是社会精神的代表,并通过这种身份把所谓心理气氛或社会精神传给儿童"①。人首先是环境中的人,然后才是他自己,他必然受弗洛姆所谓"社会性格"②的影响。

我先从刘宗周的母族说起。按刘宗周的说法,其"母族章,会稽望族也。风气岸直近古,别于他著姓。入国朝以来,贞臣志士,代不乏人。即簪笄女流,亦往往以德操著,如先太淑人抚孤宗周,尤其皎然者矣"③。在这里,刘宗周自然有彰显母族的意思。但是这几句话里却浓缩着明代妇女所遭遇的典型的文化场域。众所周知,有明一代大兴所谓"阴教"。阴教者,即是妇女所必须遵守的行为规范,有妇德、妇言、妇容、妇功。自洪武元年朱元璋登基之初即命儒臣修《女诫》,尔后永乐、洪熙、宣德诸朝也都重视弘扬阴教女道,旌表节烈孝义,大树贞节牌坊,各级地方政府都有责任向朝廷呈报本地妇女"懿行奇节",登录于史书地志,特予表彰。④ 这样制造的不仅是一种氛围,更是一种导向,其结果使得节烈孝义成为一种社会资源,

① 《性格与社会进程》,见弗洛姆:《逃避自由》,第205页。

② 参见弗洛姆:《健全的社会》,第62页,孙恺祥译,贵州人民出版社,1994。

③ 《章贞女传》,《刘宗周全集》第3册下第1012页,台北中央研究院,1996。(以后简称《全集》)章贞女之母为刘宗周族兄之女。

④ 参见夏咸醇:《情与理的碰撞——明代士林心史·引论》,第5页,河北大学出版社,2001。

妇女只有通过遵守女德才能获得相应的社会资本。由于它是通过妇女的行为方式来决定其社会地位的，因此人的行为本身就不仅成为竞争的目的，还成了竞争的手段，以至于越来越多的妇女的行为越来越极端和变态，一些妇女表现出极度的自虐。从刘宗周给他姑母写的传记里我们可以看到被表彰为"以节行著"的妇女内心深处隐藏着怎样的恐惧和压抑，读罢让人扼腕不已。共姑①长年饱受夫家的虐待和侮辱却不敢有任何抱怨，"及宗周既长，侍姑几二十年，（姑）绝不道平生一字，晚年偶及之，方一二大略，辄扪舌曰：'天击我矣。'一挥涕而罢，且曰：'吾平生不言而今言之，何怪也！吾死矣夫。'已而遂不起"②。从中我们可以明显地看到对外的反抗和攻击性由于超我的压抑转向了自我，这正是自虐产生的一个原因。明代对节烈的过度标扬使明代尤其是晚明出现了严重的社会变态现象——死亡崇拜。晚明士人、贞节烈妇争先恐后地赴死，其背后深层的社会和心理因素是耐人寻味的。

在此氛围中"尤其皎然"的章太恭人自不例外。刘宗周说其母"生有懿质，自少闲静寡言笑"③，年十七嫁刘秦台。秦台的形象是当时拘谨羸弱的书生典型："（其）接我太恭人素庄，无故不昼处于内，见烛乃入，即内处亦无不冠不履。时子女育于乳媪，府君未尝手授提抱，必自太恭人转接也。其矜严好礼如此。府君褆躬岸饬，动履间虽小必谨，所御衣冠图史之类，皆有常度，无或即于亵。"④这段记载当由其母处转述，内中之事他人当无从知道。从这里我们看到了未来刘宗周的影子。太恭人的用意很明显，就是要塑造刘宗周，使之以父亲为榜样。这里作为榜样的父亲形象也是太恭人心中的理想形象，无怪乎刘宗周中举后未着举子服而以便服入谒会被太恭人责为"简亲弃礼"了。⑤ 自嫁秦台十年之后，秦台捐馆舍，太恭人时有一女，而宗周在妊。太恭人欲以死殉，被其父以有孕在身劝阻，"太恭人乃勉称'未亡人'以待"。这里我们已经看到了殉国的刘宗周。

根据刘宗周的描述，章太恭人也是一个谨微守矩、性格内敛的人，但是他似乎没有看出其母内心深处的压抑和因此而有的潜在的攻击性，因为他以此为其母优越的天性。刘宗周说："太恭人幽闲静正，得女德之纯，居恒自操女红，外辄扃户静坐，坐或终日不移习，动止雍容，一中规、一中矩，步趋而裳襞不动，謦咳之声未尝闻厅除。即侍坐先生（指刘宗周外公南洲先生），先生每伺查太恭人颜色为喜愠，时

① "共"是刘宗周为了表彰其节顺而给她的私谥。

② 《全集》第3册下第1021页。

③ 这里的资料主要引自刘宗周的《显考诰赠通议大夫顺天府府尹秦台府君暨显妣诰赠淑人贞节章太淑人行状》，原作《显考秦台府君暨显妣贞节章太恭人行略》，章太淑人即章太恭人，刘宗周之母。太恭人是原来的称号。崇祯即位后，刘宗周起官顺天府府尹，己巳册立东宫之后，覃恩晋赠其父为通议大夫、顺天府府尹，其母太恭人为淑人。见《全集》第3册下第994页。

④ 《全集》第3册下第987页。

⑤ 《全集》第3册下第990页。

或故为款语,博太恭人一启齿,不可得也。处外家子弟,往往不言而化。有口角者得太恭人一言即罢去。太恭人喜愠不形,每事有不可于心者,惟终日不语而已。笑不至矧,怒不至詈,其天性然也。宗周少不更事,长而奉膝下有年,亲得之仪刑,见太恭人一言一动无不闲于内,其处心积虑,纯乎坤道之隤然,而刚方之操凛不可犯。"①从这段描述我们可以看到,除了谨微守矩、性格内敛之外,我们可以体会到章太恭人内心深处没有和气,压抑着苦闷。她的"喜愠不形,每事有不可于心者,惟终日不语"对别人是有压力的,这种压力产生的攻击效果要比形于外的还要有效,因为别人无从应付,所以"刚方之操凛不可犯"。她是通过爱或关注的给予和收回对人施加无形的影响。其实,刘宗周母亲潜意识中的不安和攻击性还可以从其对刘宗周的训诫中看出,除前面提到的"简亲弃礼"的批评外,她还时时提醒刘宗周"戒之戒之!无多言,多言败德;无多动,多动败事"。这其实是对她自己行为特征的一种动机诠释,说明她之所以谨微守矩是因为内心深处的不安全感。她还说:"人须有刚骨,方能自立。人之言曰'人软受欺',尔之谓矣。"②这里无疑潜藏着攻击性,她通过对刘宗周的训诫表达着自己压抑着的态度。人被压抑的态度也常常需要通过转移到别人那里才可以得到表达。晚明的社会心理是不正常的,而不正常的社会通常要用不正常来适应,这似乎是人的一种不自觉的选择。刘宗周的母亲其实就是被这样一个病态社会所造就,她是引起刘宗周强迫性人格的第一人。

母子间有一种沙利文(Sullivan)所说的"非语言的感染和交流"③。由于孩子必然首先内化母亲,接受母亲所提供的人格,所以我们可以在刘宗周身上看到很多她母亲的影响。正如刘宗周所言:"宗周夙承太恭人懿训,颇历历在耳"④,《年谱》中也说"(章太恭人)于先生言动不少假借,有过辄责之"⑤。这种训导,在童年期的儿童看来其实是一种受挫的经历。这种受挫导致了后天良知(超我)的形成。因此,超我是孩子在不断试错的过程中逐渐形成的,⑥它的形成是人社会化的标志。一般而言,儿童对使他社会化的人的潜意识里都怀有敌意,但是这种敌意一定

---

① 《全集》第 3 册下第 991 页。

② 以上均见《全集》第 3 册下第 990 页。

③ 转引自霍夫曼:《移情(应为通情——笔者)与道德发展——关爱和公平的内涵》,第 101 页,杨韶刚、万明译,黑龙江人民出版社,2003。

④ 《全集》第 3 册下第 990 页。

⑤ 《全集》第 5 册第 91 页。

⑥ 根据现在的观察和统计,2 ~ 10 岁的儿童平均每隔 6 ~ 9 分钟就要迫于父母的压力改变他们的行为,一天要实施 50 次纪律。这样一年会有多少次呢?(参见《移情与道德发展——关爱和公平的内涵》,第 161 页)我们虽然不可能统计出刘宗周一天会受多少次责备,但从他对"懿训"的印象之深看应该不会太少。这样会导致大量的服从和内化。

会也必须被压抑,乃至在意识里变得无影无踪。从教育的角度看,对儿童是以关爱和感发为主,还是以督导训斥为主,对儿童的心理健康有着极其深远的影响。它还关系到同样的道德行为是基于通情还是基于指令、是自发还是被动的问题。

母子关系在刘宗周的人格结构的形成(尤其是超我的形成)过程中起了初始化的作用。它为刘宗周以后人格的进一步形成定下了一个基调,在其他因素的配合下,刘宗周的人格特征逐步确定下来。

刘宗周早年遇到的不是一个容纳性的环境,而是一个逼迫性的环境。对于刘宗周来说,他所面临的具有深远影响的现实是,他是一个遗腹子。在他的《文集》中只要一提到自己的身世就会见到"少孤"两个字。无父的孤弱对他年幼的心灵产生了极不寻常的影响。《年谱·前编》提及他"念台"这个名号的来源时说:"其父讳坡,字秦台,殁五月而宗周始生,故宗周长而念秦台公之不及见,别号念台以志痛。学者因称念台先生,友人因称念台子"①。其实刘宗周别号"念台"以"志痛"的含义并不仅仅是一种孝道的标扬——这仅仅是意识层面的——而更是一种对心灵创伤的主动揭示。说此事意义深远是因为它引发了两个后果:一个是对这一伤痛做主动性补偿,另一个是潜意识地寻找父亲的替代物并引发了一系列防御行为。

补偿机制是个体心理学的创始人阿德勒心理动力学理论中的一个概念。所谓补偿,实际上是对自卑感的一种补偿。这种补偿的目的是保持心理平衡。在阿德勒看来,自卑感是人获取成功的主要推动力。② 这也就是说刘宗周之所以刻苦努力地学习、保持为社会所褒奖的行为方式,其动力来源是为了通过做得比别人更好来补偿没有父亲带来的自卑感和不安全感,换成霍妮的说法就是,这导致了刘宗周产生追求完美的强迫性驱力。由于这个道理比较容易理解,我对此不做过多说明。关于刘宗周童年因为没有父亲造成的不安和自卑以及由此带来的心理和行为方面反应的证据在对后一个后果的解说中也会有体现。

家庭作为具有一定结构的社会组织,其基本成员相互间构成一个有机的整体,各自扮演不同的角色,起着不同的作用。如果家庭的结构不够健全,或者某个成员出现问题,那么其他成员都会受到影响。在一个有机的社会组织里没有纯个人的事情。一般说来,父权家长制社会中父亲总是扮演着家庭的主角,是决策者。在孩子眼里,他是力量、权力和威望的象征,是威胁和安全感的来源。像刘宗周这样自幼没有父亲的孩子,既少了来自父亲的威胁同时也少了父亲所能带来的安全感。由于刘宗周的母亲对他的严格要求和潜意识里转移自身痛苦的需要,使得她在使刘宗周受挫方面扮演着父亲的角色,但是她却没有能力满足刘宗周对安全感的需

---

① 《全集》第5册第73页。

② 此段理论可参见 ALFRED ADLER《理解人性》第一部分之第五章《自卑感与力求获得承认》,陈太胜、陈文颖译,国际文化出版公司,2000。

要。幼年刘宗周和母亲清贫度日,而且一度“漂泊散处,无可为家”,母亲“日夜哭求死”。宗周五岁时太恭人方大归,“依昆弟以居”,“躬操纺织以自给”①。这说明母亲没有能力给年幼的刘宗周提供足够的安全感,并且她的焦虑也必然会传递到孩子那里,因为母亲的哭泣会在孩子那里造成很大的紧张,更何况求死。还有一点就是,当刘宗周意识到自己没有父亲时会产生不完整的感觉,会感觉到自身的不幸和命运的不公,当受到别的孩子的欺负时,他感受不到来自父亲的强有力的支持。这是根本用不着史料证明的事情。所以刘宗周自幼必然感受到了环境的威胁,这会使他在潜意识里对环境产生敌意并保持距离,谨慎而警惕:“是岁(公元1586年,时刘宗周9岁),先生从学于族舅章公某。先生弱不好弄,饭毕即就学舍,往来肃躬而行,不他顾,不急趋,见者异之”②。因此他是一个孤僻而且不很合群的孩子,基本是一个冷色调的人。即便到了成年他仍是如此。《年谱》万历二十九年条(时24岁)记载:“(先生)誓不妄交,与非同志士,虽邂逅遇之,必趋而避。”③《年谱·前编·遗像》中也说到了一些少时刘宗周给人的感觉:“先生生而清异,人以寒玉称之。”④“寒玉”二字比较传神,“玉”字自然是形容他的清异,而“寒”字则说明他给人一种冷的感觉,二字合在一起描绘的就是一个具有典型自恋倾向的人。由此我们可以推断刘宗周对社会有潜在的敌意,只是由于教育使得这种敌意受到压抑,并且后来通过反向作用表达出来。这是缺失父亲使刘宗周产生的心理失衡。

感觉受到攻击就会采取防御措施,没有父亲就会寻找替代物来补偿。这是很自然的事情。刘宗周是通过对象移情和认同的方式解决这个问题的。这种对象移情常常伴随着认同,认同的反面就是否认,由于否认就会产生反向行为和投射。这些心理行为都是为了一个目的,就是压抑,是为了自我保护。所以,所谓的防御机制常常是联合起作用的。对于刘宗周来说,起核心作用的就是移情和认同,尤其是认同,而移情则促进了认同。那么移情和认同有什么作用呢?贝克尔在他的《拒斥死亡》里对儿童之所以发生移情做了解释。贝克尔说:“移情反映了儿童的全部企愿:创造一个将带给自己安全和满足的环境。……人一旦确立起自己的知觉—行动世界以便消除该世界根本具有的焦虑,人就从根本上歪曲了这个世界。”贝克尔同时列举了弗洛姆、荣格和阿德勒等人的论述。其中弗洛姆说:“(移情)通过屈服于这一对象(移情对象),人感到与自身素质的接触,感到强大、智慧、勇敢、安全。失去这一对象意味着有失去自身的危险。”⑤贝克尔同时指出,移情现象解释

① 均见《全集》第5册第86页。
② 《全集》第5册第90页。
③ 《全集》第5册第106页。
④ 《全集》第5册第73页。
⑤ 参见贝克尔:《拒斥死亡》,第164~165页,林和生译,华夏出版社,2000。

了人为什么渴望神化别人，总是要膜拜确定的对象，说明了人们为什么总是要从对象身上寻找格外的力量：对象越有力，我们的困难就越少。我们参与了他们的不朽，因而我们创造了不朽。① 弗洛姆和贝克尔的这段论述混入了另外一种防御机制——认同。

那么移情和认同是怎样产生的呢？我认为移情的产生应该和人的初级思维有关。在初级思维过程中，有相似感觉或起到相似作用的东西总会被联系到一起，甚至会有相互替代的现象，就像在梦境中表达潜意识时那样。人的潜意识不仅以梦的形式得到表达，在人清醒的时候它也借机表达着自己，并且和梦中的表现方式有些相似，但并不比梦更容易被认识。对于初级思维来说，父亲只是力量和权威的意象，相当于《易》之“乾”，《说卦》中有关于乾卦的意象说明，如“乾，健也”、“乾为首”、“乾，天也，故称父”、“乾为天、为环、为君、为父、为金、为寒、为冰、为大赤、为良马……”等等。我们虽然不能肯定《易》和梦有关，但从其思维方式和直觉性上看，它应与潜意识有关。由于在潜意识里有相同的意象的东西可以通过联想产生联系，所以作为权威和力量象征的父亲就会被其他具有此意象的事物所代替。一般的人都会有此联想，更不用说没有父亲的刘宗周了。我认为，凡是具有权威和力量意象的东西在刘宗周的潜意识里都会唤起父亲的感觉，②继而发生对象移情并引起他的固着。

认同发生方式相对比较简单，主要是使自己加入强大的对象。其实就是对生活中强者的一种模仿，然后将强者内化成为自身的一部分，使自己感觉到有强者的力量以抵抗恐惧和焦虑。我们可以以恐惧为例说明这个过程（这个过程类似于刘宗周的心路历程）：

恐惧 → 崇拜英雄 → 神化英雄 → 内化英雄 → 成为英雄（模仿英雄）

英雄从被崇拜到被内化的过程就是一个认同的过程。从这个过程中我们可以看到认同可以使人的心理和行为发生怎样的变化。

移情和认同作为一种心理防御机制会被许多人无意识地使用，而心理失衡者则对它们更加依赖，而过分的依赖是有害的。斯皮罗说：“人不仅是一种生物学意义上的动物，也是一种心理学意义上的动物和社会动物。对心理学过程和生物学过程来说，体内平衡原则——紧张 → 紧张缓解—— 认为：紧张激起想要缓解紧张的行为。……所以，典型的行为者——依照上述体内平衡原则——试图解决这种冲突，减少紧张。这种尝试通常是通过调动许多被称为保护自我避免紧张导致的痛苦的‘防御机制’来完成。尽管这些防御机制可以减少紧张，从而符合关于正常

① 参见贝克尔：《拒斥死亡》，第 171 页。

② “由对病人进行精神分析的经验已经充分证明，凡是被视为年纪大的、智慧高的、权势重的、能力强的人，会在潜意识里被人当作父亲。”——《精神分析入门》第 232 页。

的体内平衡标准，但是这些机制可能有其他病态的影响。”①从前文我们已经知道了刘宗周是一个因无父而导致的心理失衡者，而弥补这种失衡最有效的防御机制就是移情和认同。即便没有史料，只从人之常情和逻辑上也可以推断刘宗周必然使用了这两种防御手段，何况我们从史料里还能够发现一些这种移情和认同的蛛丝马迹。对刘宗周移情和认同行为的研究有助于我们从心理层面上解释刘宗周何以如此固执于道德礼法。他的移情和认同是一个由近及远，并且逐步抽象的变化过程，也是人格结构中超我逐渐膨胀的过程。需要再次强调的是，这些都是无意识的过程。

我们先看刘宗周早年发生移情的一个例子。由于移情和认同常常同时发生，所以这个移情的对象同时也是他认同的对象。此人便是刘宗周的季叔兼私塾老师刘秦屏。他之所以能成为刘宗周的移情对象是因为以下几个原因：1. 他是父亲的弟弟，和父亲比较亲近；2. 他是自己的老师，而老师和父亲在初级思维里是可以替换的；3. 他没有儿子，所以在潜意识里会把刘宗周当成自己的儿子看，这样也会加强刘宗周对他的移情；4. 他严毅的性格会使孩子产生畏惧心理，并且他对其他孩子的惩罚会使刘宗周感到顺从的安全。在刘宗周为其写的《行状》中记载：“宗周童子时（据《年谱》应为 8 岁），尝从府君（即秦屏）授《论语》。府君设科严，所进同学生，时时夏楚淋漓（即受惩罚）。宗周率府君教，目不敢转睫，而日无旷课，府君恋爱有加。”而后来刘宗周也是“忝以尤子职奉府君”，并以“无能为府君立后”②为愧。

秦屏公这个移情对象到后来一定会被其他的事物代替，但是移情将一直以相同的方式存在。它将随着认同对象的升级而逐步变化。

下面举刘宗周童年认同行为的例子。这件事情虽然在刘宗周《年谱》里只是一句话，但却是一个标志性小事件，从这里面可以反映出很多东西。这是刘宗周 10 岁时的一件事，当时他已经从学于其外大父（即外祖父）南洲公。“晚侍公（南洲公）膳，公琅琅谈古人忠孝节义不倦，先生倾耳而听，心窃慕之，故自幼耻为干禄之学。”南洲公是当地一个名师，学者周宁宇、陶石篑皆出其门下，而他本人却颇不得志，连十一举，皆未中，“以处士终”③。和秦屏公一样，他也一度是刘宗周的移情对象，因为他不但是一个严厉的老师，而且也颇有威望。《年谱》记载：“公性刚毅，善启发，然豪于饮。每旦授书，扃学舍，出饮里中。诸生窥公出，皆逸去。先生独坐读自若。及归，考课，诸生并受箠笍，于先生一无所施。公居恒称曰：‘甥必有

① 斯皮罗：《文化与人性》，第 156 ~ 157 页，徐俊等译，社会科学文献出版社，1999。

② 以上均见《全集》第 3 册下第 983 页。

③ 据《南洲先生传》，《全集》第 3 册下第 1003 页。

成。’”①然而，他更是刘宗周认同的对象，所以刘宗周说：“宗周于先生，孙行也，然不敢言戚，而以师道事先生。”②师道的意味超过了亲情，说明认同的成分多于移情了。

我们回头再来看一下前面一段提到的那个具有标志性的小事件的意义。首先，这里面有作为刘宗周认同对象的南洲公自己的认同，即所谓“琅琅谈古人忠孝节义不倦”。这些古人代表了南洲公未能实现的人生理想，通过这种谈论使自己产生参与其中的感觉，部分地满足了潜意识里的一些愿望。然后，他的认同转移到了刘宗周这里，所谓“先生倾耳而听，心窃慕之”，表明刘宗周开始仰慕权威之所仰慕、认同权威之所认同。这里发生了认同对象的转移，并且产生了更多的移情对象。通过南洲公，刘宗周更深入地和文化接触。接下去便是对刘宗周产生的影响：“自幼耻为干禄之学”。这就是说，新的更具权威性和力量感的认同和移情对象的观念被刘宗周内化为超我。其中“耻”字说明心中有他人的评判，说明这种感觉是从别人那里来，是被内化的；而“自幼”则说明这种观念会成为无意识的超我，是后天观念被误认为先天的一个原因。

通过这个事件我们还发现了认同机制的防御作用。这种认同不但为刘宗周提供了力量感和安全感，而且通过认同也完成了相反的任务，那就是否认（耻）——否认本我的“干禄”愿望。之所以要防御，是因为在这里超我和本我产生了冲突并产生了焦虑。这也是后来这种愿望被投射到他人那里的一个原因。我们为什么说“干禄之学”是刘宗周的潜意识愿望呢？这一点我们从他后来的一段自责中可以看出。《刘谱录遗》里说：“先生官行人时（当在27～28岁间），夜梦升卫经历，心甚不快，既寤，深自刻责，书于案曰：‘予雅欲谢病去官，不知此梦从何来？终是不忘荣进念头在。乃知平日腔子里皆是声色货利，不经发觉，人自不察尔。猛省！’”③这里展示出的是超我和本我的对话，同时也展现了一种反向行为（因为潜意识里有荣进的念头在，所以意识里必然会以相反的行为来抵偿，使心理恢复平衡）以及超我对本我的呵斥和压抑。这种念头并未因超我的呵斥而消失，所以超我的呵斥从未停止过。几十年过去了，这种超我和本我的对话仍未停止，从《学言》下中我们还是可以看到刘宗周的超我仍在为压抑本我的自我表达做着努力：“升沉得失之际，因感而动，不能忘情。前辈周宁宇每以此自责，看来此事大难克，只因平日种孽既深，按伏且久，虽有好见识，好议论，只将此种子护持在内，全不挑动根株，如何得兜底廓清？一日乘间又窃发矣。临境时虽不至大段决裂，然既有此病根，则出手展足不免时时掣肘，当大利害，便全身放倒耳。朱子所谓隐微深锢之疾最难疗也。

① 《全集》第5册第89～90页。

② 《南洲先生传》，《全集》第3册下第1007页。

③ 《全集》第5册第550页。

今且作狠狠觑破法，直进一步，何如？”①这就说明刘宗周已经发现内在的种子了。所以我认为，由于这种愿望是一直存在的，那么这种自幼就有的对“干禄之学”的“耻”，就是一种霍妮所谓的“定做的情感”，是文化植入引起的，是一种“应该”。

听起来似乎像悖论，产生神经症的文化常常被处于此文化中的个人用来防御这种文化带来的冲突。也就是说，这种文化既是致病因素，又会被用作防御手段。越是强调对人约束的文化，人的被造性就越明显。个人只有通过认同于使他产生神经症的文化来摆脱同文化的冲突。文化对人的约束手段可以用奖励和惩罚来概括。这一点和人格结构中超我的手段是一样的，所以我们可以称之为“文化超我”。当这种文化超我被人内化之后，就会以“羞耻”和“内疚”的方式完成对人行为和精神状态的控制。

因此，这里的“慕”和“耻”字就透露出人已经被文化场域所塑造的消息。当移情和认同的对象离开周围人而转向往圣先贤及道德礼法时，刘宗周也就更直接地受到文化场域的影响了。当南洲公对刘宗周“琅琅谈古人忠孝节义不倦”时，其实就是在告诉刘宗周何为文化所褒奖，而何为文化所鄙夷。这就是一个文化植入的过程，而刘宗周的“心窃慕之”也同时反映了通过认同使他确立了人生目标，这个目标的确立受着文化的激励。他心所慕的似乎是人生目标，但实际上慕的是隐藏在这个目标之中的奖励。斯皮罗说：“在社会化过程中，儿童获得的不仅是内驱力，而且也获得目标；他们学习何种对象或事件——文化规定的目标——是减少内驱力的”②，而文化之所以能够“奖励”，也是因为它规定了释放内驱力的有限方式。当文化在说允许的时候，也等于在说不允许，所以我们同样可以认为，当人企图以其他方式减少自己的内驱力时，他必然受挫。当我们将人的正反两方面的经验整合到一起，就可以理解——如斯皮罗所说——何以人有意识动机的背后常常潜伏无意识动机，在有意识地完成社会功能时无意识地完成个人功能。所以当我们把人的行为目标简化为内驱力的满足时就可以发现，所谓的“慕”和“耻”背后的东西是一样的，只不过前者可以成为意识的，并符合社会的功能；而后者成为潜意识的，并符合个人的功能。

惩戒在文化超我的内化中起着重要的作用，在中国的传统教育中尤其如此。惩戒的方法通过受于人者施于人的方式代代相传。惩戒代表着文化的暴力一面。不当的惩戒和褒奖的负面效应之一就是使人的行为空洞和不自然。惩戒是使儿童受挫和顺从的主要方式，它的背后常常隐藏着长辈的自我中心意识。秦屏公的夏楚、南洲公的箠簩便是例子。它还以传承的方式传到刘宗周这里：“（先生）课督甚

---

① 《全集》第2册第513页。

② 《文化与人性》，第129页，社会科学文献出版社，1999。

劝,旷课则令长跪,有不率教者,则夏楚之,成童以上弗恕也。”①。我们虽然没有资料证明刘宗周童年时被夏楚过,但有母亲的责备就够了,何况当他看见别的孩子被打时,他同样可以感受到暴力对自己的威慑力。文化如果以暴力的方式传承,那么就必然是一种保守的文化、压抑的文化、没有生机的文化。

总结一下以上文字所要说明的问题:刘宗周的人格结构和人格特征是在他童年时自我与环境之间的互动过程中形成的。这个问题通过两个问题交错展开,即自我如何应对环境以及环境如何塑造自我。

① 《全集》第5册第121页。

“国家级”公祭黄帝是宗教活动吗

——与葛剑雄先生商榷

□韩　星

《南风窗》2003 年第 8 期上刊载了复旦大学教授葛剑雄先生对于“国家级”公祭黄帝进行质疑的文章，最近葛先生又在《南方周末》上发表了内容大致相同的一篇时评，并在社会上产生了一定的影响，笔者觉得有必要对这个问题进行一番正本清源的反思，以消除人们的疑惑。

葛先生文章的核心观点是认为公祭黄帝是一种宗教活动，其他的看法都建立在这一观点之上。对此，笔者要进行一番辩证。在文章中，虽然葛先生质问“祭黄帝是祭人，还是祭神？如果是祭神，并且是‘国家级’祭神，那与宗教有什么不同？”但他并不是要谁回答，而是径直认为“将祭黄帝升格为国家级就是由中央政府肯定这种（宗教）信仰”，“祭祀仪式，从本质上讲是对神的崇拜，是相信灵魂不死”。并由此引起了“违反宪法”、“不利于历史唯物主义教育和科学教育”等消极影响。

我们中华民族的形成经过了数千年，是在多元民族的交融中逐渐形成的，今天已经没有办法弄清确切的血缘关系了；更重要的是，黄帝作为我们的祖先不是神灵，而是文化意义上的“人文初祖”，我们今天的祭祀是就其文化创造、文明初创而言的。“人文初祖”是对黄帝具有本质意义的界定。我们尊黄帝为“人文初祖”，是因为黄帝开启了中华民族灿烂文化的先河，黄帝时代是我们中华民族物质文明和精神文明的源头。因此，我认为祭祀黄帝不是宗教活动，而是一种具有深厚思想蕴涵的文化活动。

远古时代，关于炎帝和黄帝的传说就很多，后来经过文人、学者的记录和加工，散见于先秦的一些文献中。直到西汉司马迁写那部伟大著作《史记》的时候，才对这些文献进行了整理，使我们今天可以比较清楚地知道我们祖先的事迹。根据历史和传说，五千多年前，黄河流域中下游的各个部落中有两个杰出的领袖人物，一位是炎帝，一位是黄帝。黄帝姓公孙，因长于姬水，又姓姬。他曾居于轩辕之丘（今河南新郑县轩辕丘），取名轩辕。又因崇尚土德，而土又呈黄色，故称黄帝。他们率领我们的先民在这块土地上休养生息，进行种植、狩猎和其他生产活动。当然，由于他们必须经常迁徙，而当时的物质生产还很落后，必须极大地依赖直接从自然界中汲取维持生存的生活资料，一些部落之间免不了发生纠纷和争斗，其中最著名的有炎帝和黄帝、黄帝和蚩尤的战争。战争促进了部落间的融合，也促进了不同民族部落的文化交流，进一步引发了文明的创造活动。这样，就在这块土地上诞生了古老的中华文明。

黄帝是那个时代的英雄，他以武力制约了炎帝的暴虐，平定了蚩尤的扰乱，统一了远古三大部落，成为中华民族第一个共主。他与臣民一起播百谷、植草木、务农桑、做衣冠、制弓箭、造舟楫、创医学，大力发展生产，物质文化生活发生了一系列历史性的变化；他与臣民一起造书契（文字），绘图画，作甲子（历法），定算数，制音律，在精神文化方面贡献甚巨；黄帝还别尊卑，定礼乐，创官制、财产、嫁娶和丧葬等制度，在制度文化方面把我们的先民带入了文明的门槛。因此，黄帝被尊为中华民族的共同祖先，人们把古代的许多发明创造都附会到他身上，在中国许多地方，都有着关于他的传说和踪迹。依据于右任先生的《黄帝功德纪》一书介绍，黄帝一生的发明创造包括衣、食、住、行、农、工、矿、商、货币、文字、图画、弓箭、音乐、医药、婚姻、丧葬、历数、阴阳五行、伞、镜等，共二十个方面。所以，历史上把他作为开创中华民族古代文明的先祖，这就是今天所说的"人文初祖"的意思。当然，《黄帝功德纪》毕竟只是前人记载黄帝功德的资料汇编，多数记载有后人附会的成分，以讹传讹的记载也所在多有，要有鉴别地加以肯定。

今天，我们对黄帝作为中华民族的"人文初祖"要科学地、辩证地理解。我认为，上面提到的这些文明创制，绝不可能是黄帝一人一时的发明创造，而是许多人许多世代集体的智慧和长期的积累。对此，中国文化史著名学者柳诒徵在《中国文化史》第一编第二章说："故洪水以前，实以黄帝为最盛之时。后世盛称黄帝，有以也。然黄帝时之制作，或恃前人之经验，或赖多士之分工，万物并兴，实非一手一足之烈。故知社会之开明，必基于民族之自力，非可责望于少数智能之士。而研究历史，尤当涤除旧念，着眼于人民之进化，勿认开物成务，为一人一家之绩也。"准确地说，所谓黄帝的发明创造其实是黄帝时代我们的先民从野蛮向文明转化的成果，这些已经为考古发掘所证明。黄帝时代大致处于考古学的仰韶文化后期和龙山文化初期。龙山时代原始农业长足发展，畜牧业迅速扩大，制陶工艺不断进步。同时，出现了政治权威的标志，如文字的发明、金属的使用、礼器的大量发现、城堡和宫殿的出现以及随葬品的多寡悬殊等等。这些考古发现结合历史文献，令人信服地证明了黄帝时代是中华文明的开端。

在中国人的观念中,敬祭祖先是我们必行的责任和义务,是最能体现我们民族特性的文化活动。后世的祭祖敬祖是从原始祖先崇拜中发展而来的,祖先崇拜在母系社会是女祖先崇拜,主要表现为女神祭祀和女感生神话。在红山文化辽西牛河梁发现的女神庙和女神头像,是崇拜始祖女神的典型例证。中国古代文献中还记载着许多感生神话,它们为了衬托部落男性英雄首领的非凡性,常说这些英雄一出世就很奇特,不像一般人那样是父母结合所生,而是由其母亲与某种神物相感应而怀孕出生的。进入父系社会,男性在社会生产及日常生活中占据了支配地位,而女性逐渐降到从属地位。在父系时代,每个氏族或部落都有其传说中的男性始祖,他在智能、能力、德行等方面特别出色,生前给部族带来繁荣和强大,先民当然幻想祖先去世后不死的灵魂仍会在暗中保佑自己的部落和子孙后代,所以那些有功有德的祖先就被从先祖中凸显出来,被称为"祖宗"而成为崇拜的对象。对于中国古代民族来说,祖先崇拜与中国古代特有的血缘根基和农业社会相联系。在当时低下的生产条件和需要群体大规模劳作的生存条件下,宗族无论在耕种和狩猎中,还是在防卫灾害、抗击别的部落进攻中,都发挥着无与伦比的作用。另外,祖先崇拜还有一个因素,就是每个宗族都需要一个宗族的精神象征以增强宗族的凝聚力,这往往就寄托在来自同一个血脉的祖先身上,"先祖者类之本也",对同一祖先的崇拜会强化血缘部族的认同感。《礼记·大传》说:"是故人道亲亲也。亲亲故尊祖,尊祖故敬宗,敬宗故收族。""收族"讲的就是把整个宗族凝聚在一起。

不可否认,祭祖敬祖确实有一定的宗教性。但在春秋战国时期,经过儒家的人文理性化,传统的祖先崇拜变成了一种以人文教化为主导的文化活动。于是,祭祖敬祖的宗教性便只是形式上的,并非祭祀祖先的本质。这方面儒家有许多阐发,以发挥祭礼的政治和伦理作用。

关于祭祀祖先的意义,《礼记·郊特牲》云"万物本于天,人本乎祖",祭祀"所以报本反始也",《礼记·祭义》云:"教民反古复始,不忘其所由生也。"说明中国人对自然、人生本源的基本观念,是自然崇拜和祖先崇拜在情理上的依据。在先民看来,自然界给了我们衣食,祖先给了我们生命,所以要报本答恩,报答的方式便是敬天祭祖。中国人很少相信人的生命是某种神灵创造的,只是实实在在相信身体发肤受之父母,父母又受之父母,以至先祖,这是绝不能忘记的。祭祖是报本反始之意,不忘我们所自来,报答祖先之恩德,颂扬祖先之功德。这种礼敬是贯彻始终的,即生事之以礼,死葬之以礼,祭之以礼。生事之以礼属于伦理道德范畴,丧葬和祭祀确实有宗教性的形式,但它是依存和附属于前者的。在儒家看来,人在生前孝敬父母是天经地义的,即使由于不得已的原因,生前不能尽孝,死后也要通过丧葬和祭祀来表达对父母的恩情。因此,儒家十分强调祭祀的伦理作用,特别是孝:"夫祭有十伦焉:见事鬼神之道焉,见君臣之义焉,见父子之伦焉,见贵贱之等焉,见亲疏之杀焉,见爵赏之施焉,见夫妇之别焉,见政事之均焉,见长幼之序焉,见上下之际焉,此之谓十伦。"又说:"祭者,教之本也已。""外则教之以尊其君长,内则教之以孝于其亲。""祭者,所以追养继孝也。"①"修宗庙,敬祀事,教民追孝也。"②"丧祭之礼所以教仁爱也。致爱故能致丧祭,春秋祭祀之不绝,致思慕之心也。夫祭祀致馈养之道也,死且思慕馈养,况于生而存乎?故曰丧祭之礼明,则民孝矣。"③中国自古以伦理立国,就集中地反映在"孝"上,这就是"先王以孝治天下",认为一个家庭的孝道搞好了,忠臣必出孝子门,在家里孝敬父母的人必定在外尊敬君长,所以孝就成为治理天下的基础。《论语·学而》载曾子曰:"慎终追远,民德归厚矣。""慎终"就是要尽丧葬之礼,"追远"就是在祭祀礼仪中要诚敬不伪。这样,通过祭祀,实际上是在潜移默化地进行教化,使民德民风归于淳厚朴素。

荀子在《礼论》中也谈到祭祀之礼的人文精神:

> 祭者,志意思慕之情也。忠信爱敬之至矣,礼节文貌之盛矣,苟非圣人,莫之能知也。圣人明知之,士君子安行之,官人以为守,百姓以成俗;其在君子以为人道也,其在百姓以为鬼事也。

这是说祭祀之事原本不是以鬼神信仰为核心,而是在于表达思慕之情、忠信爱敬之意,所以荀子说祭祀是"人道",人道就是祭祀的文化意义之所在,是祭祀的本质之所在。但只有"君子"(有修养的知识分子)能够领悟这一点,一般的老百姓往往还是把祭祀当成宗教性的行为。正因为如此,儒家强调"神道设教",这在民智未开的情况下是最佳的教化方式。

从明末清初天主教进入中国,传教士对中国祭祖发生了认识上的分歧,在著名的"礼仪之争"中一些传教士认为中国人的祭祖行为是迷信。当时有中国学者就进行了辩驳:"礼祭祖宗止是思念死者之意,非有求福也。"中国人在先人的牌位前烧香磕头,敬献牲、酒、瓜果,都是为了纪念,并不是希望祖先的灵魂从牌位上下来保佑他们,这都是内心追思故人的情感宣泄。用现代哲学术语来说,如果祭祖是在"求福",那就是祭祀者信仰超自然的神明,便是宗教;反之,那就是本人内心情感的流露,就是伦理。这位中国学者还从历代的经典和疏文中,摘录了有关章句加以辨析,然后证明中国人祭祖并没有什么"求福"之意。祭祀中不向祖宗"求福",自然也就很难说祭祀本身是一种宗教行为。④ 后来如冯友兰认为中国的"丧礼祭礼是诗与艺术而非宗教。其对死者之态度是诗的、艺术的,而非宗教的"⑤,"关于祭礼之理论"中,引用的也是《礼记》中《祭义》和《祭统》的文字,强调"夫祭者,非物

---

① 《礼记·祭统》。
② 《礼记·坊记》。
③ 《大戴礼记·盛德》。
④ 李天纲:《中国礼仪之争》,第188~190页,上海古籍出版社,1998。
⑤ 冯友兰:《中国哲学史》上册第418页,中华书局,1984。

自外至者也，自中出生于心也”①。说明中国人在祭祀的时候，并不是对外在神明的崇拜，而是比较注意他们自己内心的感情。一种仪式如果主要是主体性的体验，而不是超越客体的企盼，当然就难称是宗教的，而主要是人文的。

中国人的重视祭祀还有崇德报功之意，《礼记·祭法》上说："夫圣王之制祭祀也，法施于民则祀之，以死勤事则祀之，以劳定国则祀之，能御大菑则祀之，能捍大患则祀之。是故厉山氏之有天下也，其子曰农，能殖百谷。夏之衰也，周弃继之，故祀以为稷。共工氏之霸九州也，其子曰后土，能平九州，故祀以为社。帝喾能序星辰以着众，尧能赏均刑法以义终，舜勤众事而野死，鲧鄣鸿水而殛死，禹能修鲧之功，黄帝正名百物，以明民共财，颛顼能修之，契为司徒而民成，冥勤其官而水死，汤以宽治民而除其虐，文王以文治，武王以武功，去民之菑，此皆有功烈于民者也。"冯友兰先生进一步分析说："根于崇德报功之意，以人为祭祀之对象……中国旧社会中，每行之人，皆供奉其行之人神，如木匠供鲁班、酒家奉葛仙。其意即谓，各种手艺，皆有其发明者。后来以此手艺为生者，饮水思源，崇德报功，故奉原来发明者为神明，而祀之焉。至于天地星辰、鸟兽草木，亦以崇德报功之义而崇拜之。此或起源于原始社会中之拜物教，但以儒家所与之义，则此已为诗而非宗教矣。"②这里说得再明白不过了，中国人的重视祭祀往往祭祀的是人，而不是神。即使以人为神表达的也是崇德报功之意，是人文的而不是宗教的，是理性的而不是迷信的。对天地万物的崇拜也有此义，所以儒家认为是诗而不是宗教。

黄帝时代是父系血缘关系强化的时代，也是祖先崇拜观念趋于明确的时代。后来的虞、夏、商、周都尊黄帝为始祖，许多方国也都有关于黄帝后裔的传说，这是祖先崇拜进一步发展的结果。纪念黄帝并不是现在才这样做的，历史上一直就有祭祀黄帝陵的传统。黄帝去后，后人对他的遗物进行朝拜，以表纪念。《博物志·史补》载："黄帝登仙，其臣左彻者削木象黄帝，帅诸侯以朝之。七年不还，左彻乃立颛顼，左彻亦仙去也。"《竹书纪年》亦云："帝以土德王，应地裂而陟。葬，群臣有左彻者，感思帝德，取衣冠几杖而庙飨之，诸侯大夫岁时朝焉。"在司马贞为《史记·五帝本纪》作的《索隐》中引用《大戴礼记》一段话说：

> 宰我问孔子曰："予闻荣伊言黄帝三百年，请问黄帝何人也？抑非人也？何以至三百年乎？"对曰："生而人得其利百年，死而人畏其神百年，亡而人用其教百年。"

说明对黄帝的祭祀一开始就是为了表达人们对黄帝功德的纪念和感戴。《国语·鲁语上》载："有虞氏禘黄帝而祖颛顼，郊尧而宗舜；夏后氏禘黄帝而祖颛顼，郊鲧而宗禹；商人禘舜而祖契，郊冥而宗汤；周人禘喾而郊稷，祖文王而宗武王。"《礼记

① 冯友兰：《中国哲学史》上册第424页。
② 冯友兰：《中国哲学史》上册第428页。

·祭法》里也说:“有虞氏禘黄帝而郊喾,祖颛顼而宗尧;夏后氏亦禘黄帝而郊鲧,祖颛顼而宗禹;殷人禘喾而郊冥,祖契而宗汤;周人禘喾而郊稷,祖文王而宗武王。”这都表明夏商周三代都认为自己是黄帝的后裔,对祖先进行祭祀。后来,刘邦东击项羽入关,听说秦只有四帝(东方青帝、南方赤帝、西方白帝、中间黄帝)畤,便加设了黑帝(北方黑帝)颛顼(传说黄帝之孙)畤,并颁布诏书,下令要按照秦的惯例对五帝加以祭祀。此后五帝之祀一直延续下来。汉武帝元封元年(前110),武帝“北巡朔方……祭黄帝冢桥山”。《汉书·王莽传》载:“九庙,一曰黄帝太初祖庙。”魏晋南北朝时期,对黄帝祭祀虽因战乱中断,但只要有机会和意识,都会祭祀,如《魏书·礼志》记载,北魏文成帝拓跋濬和平元年(460),“帝东巡,历桥山,祀黄帝”。隋唐时期对黄帝的祭祀更加制度化、规范化。到了唐代宗大历五年(770),于桥山西麓建庙并规定按时祭典。在宋元时期的黄帝祭礼中,黄帝陵陵庙致祭受到了朝廷的高度重视。宋太祖开宝年间,移庙址于今址,祭祀活动相沿不断。元朝作为异族祭祀轩辕黄帝沿袭宋代成制。明、清两代对祭黄帝陵十分重视,多次派遣官员祭祀黄帝陵。清代晚期,黄帝逐渐被转化为中华民族的象征,对黄帝的祭祀也逐渐成为表达人们救亡图存热望的方式,祭祀活动多由爱国志士们举行。清末民初,政局动乱,祭祀中断。1911 年,中华民国成立。1912 年 1 月 1 日,孙中山在南京宣誓就职,建立中华民国临时政府。同年 3 月,孙中山委派代表团,赴陕西中部县桥山致祭轩辕黄帝陵。1935～1943 年,国民政府多次派遣官员祭祀黄帝陵。特别是 1937 年 4 月 5 日清明节,国共两党在轩辕黄帝陵前举行了共祭仪式,对唤起中华儿女共同抗日起到巨大作用,最能显示中华民族作为一个统一体的存在,已经超越了传统上封建帝王家天下的狭隘意识,而具有现代民族意识觉醒的重大意义。建国后,1955～1962 年,每年都举行祭典,但均为省级领导主祭,以后祭礼中断,到 1980 年恢复,后来越来越隆重,国家也越来越重视。而这种重视很大程度上是由于海外侨胞的热情和推动,同时政府也意识到了黄帝陵对于民族凝聚和国家统一的重要性。由以上可以看出,历史上祭祀黄帝是从建立统一的封建政权开始的,除了战乱和分裂,一般都重视祭祀黄帝。

1990 年 4 月,黄帝陵基金会名誉会长李瑞环同志到陕西考察时指出,黄帝是中华民族的象征,把黄帝陵整修好、保护好,对于弘扬中华文化、振奋民族精神、增强民族凝聚力,具有深远的历史意义和特殊的现实意义。他还说过,祭祀黄帝陵可以团结一切海内外华人,特别是海外华人、侨胞看到了祖国改革开放新面貌、国力的强盛,对故国家园的赤子之心很强烈,有时我们很难体会,他们强烈要求把祭祀黄帝陵的规模礼仪制度化。一个民族需要认同自己的根,了解自己的历史,只有了解过去,认识过去,总结过去,才能发展我们美好的未来。在当前来讲,纪念黄帝,缅怀先祖的伟大业绩,才能够弘扬我们中华民族的悠久的文化,凝聚民族力量,增强民族团结,反对民族虚无主义,促进我们祖国的统一大业的完成,建设我们强大的国家,使中华民族作为世界上的伟大民族之一,屹立于世界民族之林。

人民网强国论坛(www. qglt. com)曾邀请中国黄帝陵基金会会长孙天义教授做客,与网友交流,主题是“纪念黄帝的现实意义”。在回答网友“纪念黄帝,与我们平时祭祖,与迷信的最大区别在什么地方”的疑问时,孙天义教授说:“我们纪念先祖、拜谒黄帝陵的活动和宗教信仰完全是两回事。我们是把黄帝作为一位伟大的历史人物,而不是作为神来崇敬的。”这个说法是有历史依据的,我国伟大的史学家司马迁在《史记》中就是从黄帝写起,并没有把黄帝当作神来写,而是把他作为一位为民做了许多好事实事,德配天地,功勋卓著,得到民众爱戴的贤明古帝来写的,因此在材料的取舍上司马迁把历来关于黄帝传说的神话色彩大大地降低了,以表达对黄帝开创中华文明历史功绩的敬重。

当然,我们对祭祀黄帝的负面影响也不可忽视,如在中国秦汉以后的历史上黄帝被塑造成帝王形象。我们在许多古代文献中看到的黄帝具有史前英雄人物、祖先神和帝王三种身份,这三种身份又通常是混淆不清的。20 世纪疑古学派的学者在澄清这种混淆的过程中又走了极端,否定了黄帝是一个史前人物,断言黄帝是后人虚构出来的人物。事实上,黄帝是实有的史前人物,是黄帝部落的首领,后来成为中原部落联盟的首领。黄帝的后代分散到各地,成为中华民族的共同祖先。但黄帝不是后世的帝王,黄帝时代尚处于原始民主阶段,各个部落只不过是松散的联盟,黄帝的权威比起后世帝王来也非常有限。把黄帝看成帝王是统治者利用黄帝以强化封建专制主义,这样的观念我们今天公祭黄帝时坚决不能有,不然就又可能形成现代迷信。还有,历史上曾把黄帝改造成汉族的始祖,以“夷夏之防”的观念推行大汉族主义,这样的观念也是应该清除的。历史上有时过分强调血缘关系而忽视文化的意义,这在今天看来也是不科学的,还造成了人们认识上的歧义和混乱,这些都应该经过严谨的科学研究予以澄清。在尊崇黄帝过程中要很好地把握黄帝以及祭祀黄帝活动的本质,在发挥其积极作用的同时防止和消除负面影响,以利于社会主义文化建设的健康发展。

政治儒学还能复兴吗

——评蒋庆《政治儒家——当代儒学的转向、特质与发展》

□黄应全

蒋庆的大名，我早有耳闻。我所佩服的首先不是蒋先生的学问，而是其为学态度。在北大哲学系待了六年，我也见识过几个以儒学学问知名的教授；然而，除了有时对他们收集材料和整理材料的缜密功夫颇为钦佩之外，对其学问实在生不起多少敬意（他们架子摆得越大就越让人反感）。相比之下，我虽未见过蒋庆，但他给我的印象却非常好（或许正是"距离"的缘故吧）。今日中国学术可以说已经全面塌方，学者多半成了利禄之徒，而蒋庆及其弟子却能虔诚地对待他们的学问，这是无论怎么褒扬也不过分的。有人说，今日大陆新儒家代表有某某、某某，有时也包括蒋庆，但我以为只有蒋庆、邓小军等少数人才是货真价实的，其余不过浪得虚名罢了。所以，尽管有很多自以为学问扎实的人以为蒋庆的书不值一读，我则相反，以为很多连篇累牍引证材料（自以为考证精详）的书往往不值一读，蒋庆的书却值得仔细研读。他的《公羊学引论》我早已认真拜读过。此次购得其《政治儒学——当代儒学的转向、特质与发展》（以下简称《政治儒学》），认真拜读之下，觉得很有价值。我敢断言，与很多看不起蒋庆学问的人相反，蒋庆可称为目前中国大陆新儒学最雄辩的代言人乃至领袖。

《政治儒学》并非系统构思的著作，而是由若干学术会论文组成的一个集子。所以，书中有大量重复，甚至有一些前后不一致之处。按通常逻辑，这种著作不可能有多大价值。但形式是次要的，内容才是主要的。该书最大的特点是理路清晰。其核心思想是，中国儒学除了心性儒学传统之外还存在一个政治儒学传统，而这一政治儒学传统乃是足以代替西方政治传统解决中国目前政治需要的伟大资源。全书从多个角度对此进行了申述。我并非蒋庆信徒，并不认同蒋庆的信仰。但我认为一本书的价值高低并不在于赢得信徒多少，而在于发人深省的程度如何。蒋庆的著作让我深思许多问题，因此价值很大。从儒学本身的角度说，蒋庆的见识远在国内外诸多“儒生”之上。我并不认为蒋庆所说的儒学就真的适合目前中国的需要，但我认为蒋庆的重要性在于：从蒋庆思想的困境中我们更能充分体会到儒学传统在今日的困境。

一

从儒学内部说，《政治儒学》的基本价值在于它阐明了儒家学说内部存在的一些根本性错误。这表现在下述几个方面。

首先，在《政治儒学》中，蒋庆彻底批判了新儒家的基本理路。蒋庆认为，现代新儒家继承的是宋明的心性儒学。本着《大学》三纲领八条目的思路，新儒家学者所做工作分为两项，一是用西方哲学（主要是康德、黑格尔、柏格森、亚里士多德等人的哲学）来重建儒家“内圣之学”，一是用西方的科学和民主来补充儒家的“外王之学”。其中，如何从儒家旧的内圣之学开出西方新的“外王之学”成了儒学“第三期发展”的关键问题。新儒家中解决此问题最著名的学说当数牟宗三的“良知坎陷”说。然而，新儒家最终不仅未能成功地证明儒家心性之学可以开出科学和民主（即未能成功地证明儒家的道德形而上学可以开出知识论和民主政治），而且由于引证康德、黑格尔（尤其是黑格尔）的学说而污染了以宋明儒学为代表的原始心性儒学，使心性儒学丧失了生命，变成了抽象的思辨之学。追根溯源，新儒家的一个根本错误就在于误解了儒家的“外王之学”（受《大学》对“内圣外王”解释的误导），以为外王之学可以直接从内圣之学引申出来。新儒家不知道，儒家还有相对独立的外王之学，即政治儒学。与此直接相关，由于忽视政治儒学传统，新儒家还犯下了另一个根本性错误，那就是盲目相信民主政治具有普适性，不知民主政治只是西方传统，并非放之四海而皆准的政治真理。因此，现代新儒家漠视政治儒学的结果不只是在外王方面归于失败，而且在内圣方面同样归于失败。政治儒学不仅涉及的是儒学外王一面的问题，而且涉及的是儒学本身（儒学全体）的问题。

我认为，蒋庆的批判是符合历史事实的，虽然蒋庆并没有进行细致入微的实证论述。现代新儒家自诩为宋明理学的继承者，而这一继承最大的特征无非就是其心性儒学的特质。实际上，新儒家的确囿于《大学》由“内圣”推出“外王”的思路，把内圣之学与外王之学的关系看成是体与用的“因果关系”。这样一来，新儒家与其宋明前辈一样，犯了一个致命的错误，将群体性的政治问题（和群体性的宗教问题）还原成了个体性的生存问题。群体性的政治问题（和宗教问题）与个体性的生存问题是两个彼此并行、相对独立的问题，决不能把一个还原为另一个。因而，即使以前不曾存在过蒋庆所说的政治儒学，新儒家的“内圣外王”之路也是走不通的。蒋庆指责新儒家把内圣外王之间的平列关系变成了因果体用关系，充分表明蒋庆不同凡响的洞察力。蒋庆称："内圣外王是一平列的结构关系，而非体用的因果关系。"①熊十力、牟宗三无疑比蒋庆更有学问，但却没有看到如此致命的一点。我以为，或许就是这一关键性的见识终将奠定蒋庆在儒学当代发展史上的地位。政治儒学的提出标志着现代儒学的一个转折点。

第二，蒋庆对以牟宗三为代表的港台新儒家"致良知教"的批判也是很有见地的。蒋庆认为，牟宗三等人试图用西方哲学（康德、黑格尔等人的哲学）发展陆王心学，将陆王心学建设为"道德形上学"，实际上是把两种异质的学说强行结合在一起，从而在根本上损害了陆王心学原初的性质。所以，蒋庆在《王阳明与牟宗三良知学说之比较及"新外王"评议》中说："本文判牟先生的良知说为'王学之歧出'，是王学的'别子为宗'。"②牟宗三曾将程朱理学判为儒学的"歧出"和"别子为宗"③，现在蒋庆如法炮制，将牟宗三自己的学说判为王学的"歧出"和"别子为宗"。这不能简单看成是故意标新立异，而应认识到，蒋庆的确看到了牟宗三乃至整个新儒家以西方哲学重构宋明理学的失误。正如蒋庆所说，新儒家重构儒学为道德形上学（熊十力、唐君毅、牟宗三等）、新理学（冯友兰）、新心学（贺麟）等，乃是回应处于强势地位的西方文化的结果。由于这种回应不得不借助西方哲学，而西方哲学却是非常多样的，稍有不慎就容易找错对象。牟宗三找到康德、黑格尔哲学并试图将它们与陆王心学嫁接起来，就是一种必然归于失败的尝试。其失败的原因有蒋庆看到的一面，即康德、黑格尔哲学是一种观念性的、重思辨的形而上学，而陆王心学是一种生命性的、重实践的功夫之学；但还有蒋庆没有看到的一面，即康德、黑格尔哲学乃是从笛卡儿到胡塞尔的近代先验主体性哲学的一部分，与陆王心性儒学很难结合在一起。后胡塞尔的西方哲学或许还有一些接近陆王心学的东西，如刘小枫提到过的马克斯·舍勒的道德学说④，可惜牟宗三等人见不及此。新儒家对西方20世纪克服先验主体性哲学的许多思潮缺乏研究，加剧了它有效回应西方哲学的难度。蒋庆看出了新儒家的失败，这对儒家信徒来说是非常难得的（儒家信徒总是竭力维护新儒家，甚至有人声称牟宗三就是中国的海德格尔，甚至比海德格尔还要伟大）。儒学内外的学者在看待新儒家时都有必要首先承认蒋庆在这个问题上的正确性，虽然不一定要认同他提出的理由。

第三，蒋庆对政治儒学的发掘还有助于我们重新理解古代儒学的发展史。本来，早在蒋庆之前，蒙文通就曾反复申述周秦以来今文经学原初政治理想之崇高、

---

① 蒋庆：《政治儒学——当代儒学的转向、特质与发展》，第51页，北京：三联书店，2003。

② 蒋庆：《政治儒学——当代儒学的转向、特质与发展》，第89页。

③ 见牟宗三：《从陆象山到刘蕺山》，上海古籍出版社，1997。

④ 见刘小枫：《现代性的社会理论》，上海三联书店，1998。

制度构想之激进，并暗示汉学与宋学的差别在言政治与言性命上重点不同。① 而蒙文通的观点又显然出自清末龚自珍、魏源、康有为、崔适、廖平等人。但由于蒙文通只是从史学立论，很多人只把它看成是对学术史的一种看法；再加上蒙文通偏居西南一隅，无得力弟子为之传播（是否还有蒙文通系廖平弟子一层关系，不得而知），因此长时期没有引起儒学研究者们很大的重视。国内外儒学学者和儒家信徒也长期不把蒙文通所暗示出来的有关汉宋儒学之别乃言政治与言性命之别看成理解儒学历史的关键。正因为如此，蒋庆在今天倡导政治儒学传统对于人们准确地把握古代儒学的基本面貌具有重大的意义。据我浅见，正是蒋庆第一个斩钉截铁地区分了政治儒学与心性儒学。人们不必做儒家忠实信徒，也可以通过蒋庆而重新认识到中国古代儒学分为政治儒学和心性儒学两个不可化简的领域的基本事实（最好进一步把“政治儒学”的政治维度与宗教维度区别开来），从而冲破宋明以来把心性儒学等同于儒学本身的一元化理解的重大失误。“周孔之学”（汉唐）与“孔孟之学”（宋明）之间有本质的区别，《政治儒学》一书当有助于人们重新记起这一基本事实。

第四，蒋庆否认政治儒学与民主政治之间的相通性，这从学理上说（不是从蒋庆的狂热信仰上说）是正确的。政治儒学，即使采用最宽泛的含义，不仅包括蒋庆所认可的今文经学，而且包括蒋庆所否认的古文经学，也是不同于现代民主政治的一种政治学说。蒋庆在批驳邓小军《儒家思想与民主思想的逻辑结合》一书中的观点时阐明了这一点。蒋庆认为，儒家思想与民主思想之间的结合包括“当不当”和“能不能”两个方面的问题。他的答案是既不当结合也不能结合。现代儒生包括新儒家诸代表人物和蒋庆提到的邓小军在内都主张儒家思想与民主思想之间应当结合并且能够结合。至于“当不当”的问题系儒家信徒们的事，我不想多说。我想说的是，即使认为应当结合，儒家与民主至少在政治层面是不能结合的。这一点，蒋庆的主张是正确的，虽然他的理由不完全正确。民主政治与政治儒学之间的差别虽然并不像蒋庆所说一个是西方的一个是中国的、二者都是特定传统没有普适性，而在于民主政治与政治儒学各自代表了一整套基本原则和制度安排，而两套原则之间是相互对立的。比如，民主制度必然包含宪政体制（乃至等于宪政体制），而宪政体制的“法治”精神与政治儒学的“人治”精神（儒家有“法制”却无“法治”，因为其最高理想“德治”乃是一种“人治”形式）是绝对不相容的。无论如何，只要儒生们承认政治儒学的根本精神不是法治而是人治，它就与民主制度是冲突的。再如，民主制度必然包含自由权利（乃至民主制度实为自由民主制度），自由权利的核心乃是以赛亚·伯林所谓“消极自由”，保障的是个人利益而不是群体利益，这又与政治儒学相反。正如蒋庆所说，政治儒学保障的是群体利益。这意味着

① 见蒙文通：《古学甄微》，巴蜀书社，1987。

蒋庆在儒家与民主的关系问题上比大多数儒生更正确。

二

但是,蒋庆的很多观点在我看来是错误的。蒋庆所理解的政治儒学传统过于狭隘,经不起严格的学术检验。作为一个虔诚的信徒,蒋庆认为政治儒学就是今文经学。"政治儒学源自孔子所作元经《春秋》,以及重新解释之儒家经典《诗》、《书》、《礼》、《乐》、《易》诸经。"①其后,"孟子继承孔子政治儒学中的王道思想,荀子继承了政治儒学中的礼制思想,董子集大成之公羊学与汉代今文经学创造性地发展了孔子的政治儒学,将政治儒学推到一个新阶段……"②再其后,"隋之王通拟古作经,弘扬政治儒学而创立河汾之学,由其弟子传播实践,开出了以贞观之治为代表的大唐盛世"③。宋明仍有讲政治儒学的,《通鉴纲目》、《大学衍义》、《周官新义》等经世之作就是证明,但宋明儒学的根本精神却是心性儒学,宋明成为政治儒学沦落期。"明末,顾、黄、王诸大儒通过现实与学术的痛切反省欲重新接上政治儒学传统,无奈势运难为,壮志未酬。"④清末龚自珍、魏源、康有为等欲复兴政治儒学,以政治儒学促成中国现代化,未能成功。最后,西学东渐,政治儒学成为绝学。这就是蒋庆所描述的政治儒学演变史。我认为,这一叙述信仰色彩太浓,很多地方可能与历史事实不符。比如,孔子作《春秋》、王通及其弟子创立河汾之学并促成贞观之治⑤等,一般学者很难赞同。还有,蒋庆硬生生地将今文经学与古文经学分割开来,以为前者是"政治儒学",后者不过是"政治化的儒学",这就明显有以信仰代替事实的嫌疑。比如对于蒋庆极为推崇的董仲舒,同样维护今文经学批判性质的蒙文通就鄙薄他,指责他"曲学阿世"。⑥

显然,蒋庆没有把一般意义上的"政治儒学"与理想意义上的政治儒学区分开来。一般意义的政治儒学就是蒋庆在别处所说的与"内圣之学"平列的"外王之学",或者就是他有时所说的"制度儒学"。这种儒学的根本特质在于关注群体秩序的创建而非个体生命的安顿。(实际上,这种政治儒学还应区分为严格意义上的"政治儒学"与严格意义上的"社会儒学",详见后文)按此,蒋庆所谓"政治儒

① 蒋庆:《政治儒学——当代儒学的转向、特质与发展》,第97页。

② 蒋庆:《政治儒学——当代儒学的转向、特质与发展》,第97~98页。

③ 蒋庆:《政治儒学——当代儒学的转向、特质与发展》,第98页。

④ 蒋庆:《政治儒学——当代儒学的转向、特质与发展》,第98页。

⑤ 邓小军《唐代文学的文化精神》用10多万字进行考证,以为此事属实,蒋庆之说多半本此。见邓小军:《唐代文学的文化精神》,台北文津出版社,1993。

⑥ 蒙文通说:"董仲舒又何尝不是曲学阿世之流。"见蒙文通:《经史抉原》,159页,巴蜀书社,1995。

学”与“政治化的儒学”并无不同,都属于一般意义上的“政治儒学”。从而蒋庆以排斥的口吻谈到的古文经学也理所当然是一种政治儒学,因为它虽不是心性儒学,却仍然是一种儒学,关注的也是客观的、外在的制度建设问题。理想化的“政治儒学”则是不同儒学信徒个人自愿认可的那种政治儒学。蒋庆认可整个今文经学,蒙文通则认可具有革命和反抗色彩的今文经学(排斥服务于现实的今文经学)。因此才有蒋庆“政治儒学”与“政治化的儒学”的区分。由于蒋庆是一个当今时代的儒家信徒,所以,他才会用非意识形态与意识形态二重性的结合来构想理想的政治儒学(蒙文通却将非意识形态与意识形态截然分割开来)。但是,无论如何,仅用理想意义上的“政治儒学”来理解古代政治儒学的传统显然是不够的。《政治儒学》一书最大的缺陷之一便在于此。这是蒋庆把自己的信仰等同于事实的结果。我相信蒙文通的看法更正确些,不仅古文经学主要是“政治化的儒学”,就是后期今文经学也是“政治化的儒学”,因为它们都是汉代儒生“曲学阿世”的结果,因而都是意识形态化的儒学。其批判性不是被去除了,就是被迫转入地下(因而丧失现实政治意义)了。蒋庆在《公羊学引论》中的论述多半不过是信仰辩护而已。

我觉得,客观地确定政治儒学传统并不一定要做得像蒋庆那样偏激。即使《春秋》并非孔子所作,孔子有政治儒学思想也是可以肯定的。先秦诸子除庄子之外多以政治问题为关注焦点是昭然可见的。孟子、荀子关心政治问题也是毫无疑问的。更为重要的是,即使忽略先秦儒学不计,汉代今文经学也的确是一种政治儒学(和宗教儒学)。春秋公羊学,即便《春秋》是伪作,也是历史的事实。同样,古文经学,即便全部古文经书都像康有为所说是刘歆伪造的(这显然也是康氏狂热信仰的结果),也是一种实际存在过的政治儒学。还有,不必证明王通及其对唐代政治的影响也无妨唐代政治可能与政治儒学传统有关。蒋庆似乎还隐隐存在用传统汉唐盛世说为其政治儒学有效性辩护的嫌疑。殊不知,今日史学已确定清代康乾盛世绝不输于甚而远胜于汉唐盛世,蒋庆何以不用康乾盛世证明其政治儒学的效用呢?蒋庆提醒我们注意到政治儒学的存在,但我们必须抛弃蒋庆为我们讲述的那个政治儒学“故事”,自己寻找出一个更为客观的政治儒学“故事”来。

三

蒋庆思想最大的错误在于他的“特殊主义”。蒋庆反对天真的普遍主义,尤其反对用纯粹理念来理解政治社会的问题(虽然他自己就有此嫌疑),这是正确的。但是,他夸大了一种政治制度的特殊性,并以特殊国情的名义维护他所谓的政治儒学传统(即今文经学传统)。反民主制度可以说是《政治儒学》一书的核心思想之一。而他之所以反对民主,理由就是民主是西方的,不具有普适性。在反对新儒家“开新外王”的观点时,他认为,新儒家所谓“新外王”不外乎“五四”提出的“科学”

和“民主”两大项。新儒家误以为科学和民主都是世间共法。在他看来，对科学与民主应该区别对待。“科学可以说是天下公器、世间共法，没有历史文化的形式，亦没有中西人我的区别，故新外王若以西化为标准，则不会有西化之嫌。”①但民主却不同。“民主不是天下公器，亦不是世间共法，民主有历史文化的形式，故民主有中西人我的区别。”②所以应该“把民主看成是西方的政治制度”，虽然蒋庆还做了一点限制，认为民主在理念形态上还是具有普遍性的，应该作为儒学现代发展的目的③。然而，整部《政治儒学》强调的重点显然在于民主是西方制度，不合中国国情。中国有自己独特的政治传统，只需加以改造更新就足以适应中国现实的需要。

特殊主义可以说是一切保守主义者最大的理论武器。特殊主义的第一特征是强调传统的首要性。埃德蒙·伯克反对法国大革命就是借传统、习俗等特殊事物的名义进行的。蒋庆对伯克非常推崇，他曾经领导翻译过一个伯克文集《自由与传统》。在《政治儒学》中，蒋庆明确谈到，除了保守主义缺乏批判现实政治的价值理念和政治理想之外，政治儒学完全认可保守主义。④ 平心而论，特殊主义在社会政治问题上有着非常大的合理性。这是因为社会从纵向上说是一个高度复杂的系统，从横向上说是一个因时而异、变化无常的连续统，所以，其发展演变从来就超出于任何个人和党派的预料之外。正如哈耶克所说，社会本质上超越于人类的自觉设计，是一个自发的系统，不可能任人揉捏。⑤ 因此，传统在其中起着超乎寻常的作用。保守主义的合理性也在于此。它充分忠实于社会政治的自发延续，反对以抽象理念进行任意干预。但是，保守主义显然过分强调了传统的作用或者说把传统看得过于一体化和自动化了。传统本身就是多向的，传统也是包含着人的主动改造的。正如伽达默尔所说，传统离不开人们的积极选择。⑥ 比如，蒋庆自己不就发现政治儒学在20世纪被人遗忘了吗，它怎么没有自发延续下来呢？并且，在我看来，这种遗忘不是某些人的错误所致，而是一百多年中国整个历史进程的大势所趋。清末张之洞等人曾经试图以“中学为体，西学为用”阻挡该传统的崩溃而终归失败，原因就在于孙中山那句名言：“世界潮流，浩浩荡荡，顺之者昌，逆之者亡。”一个更大更新的传统已经席卷而来，政治儒学退出历史舞台乃是理所固然，势所必至。

不仅保守主义者伯克尊重传统，自由主义者托克维尔和哈耶克也尊重传统，这

① 蒋庆：《政治儒学——当代儒学的转向、特质与发展》，第46页。
② 蒋庆：《政治儒学——当代儒学的转向、特质与发展》，第46～47页。
③ 蒋庆：《政治儒学——当代儒学的转向、特质与发展》，第47页。
④ 蒋庆：《政治儒学——当代儒学的转向、特质与发展》，第120页。
⑤ 见哈耶克：《自由秩序原理》，邓正来译，三联书店，1997。
⑥ 见汉斯·伽达默尔：《真理与方法》，洪汉鼎译，上海译文出版社，1999。

充分说明传统实际上并不与人类设计绝然对立,更不是一成不变的。许多虔诚的儒生们已经意识到今日中国的政治传统已经根本区别于昨日的政治传统。新儒家之所以硬要认科学和民主为“新外王”,恐怕不完全像蒋庆所说是盲目接受西方文化的结果,而是通过清末对西方痛苦的学习经历清楚地认识到不可能走回头路。中国已经无可奈何地踏上了民主化和科学化的道路,虽然历尽千辛万苦,虽然至今未能完成。这就是我们现在所面对的活生生的传统。相反,实际的政治儒学传统早已随着清末新政、辛亥革命等一系列天翻地覆的变革而寿终正寝了。约瑟夫·R·列文森(Joseph. R. Levensen)判定儒教已经“博物馆化”,成了一具仅供观赏凭吊的文物①,大体上是正确的。即使对于整个儒学并非如此,对于蒋庆所说(乃至更宽泛)的“政治儒学”肯定是再合适不过了。如今除了屈指可数的少数几个现代儒生还有多少人真正相信蒋庆所说的那些古代制度真能“对治”中国现实政治问题呢?今文经学是何物,不要说普通百姓,受过高等教育的知识分子又有多少人听说过?如果我们理解的传统是活的,那么政治儒学怎么可能还是我们的传统呢?伯克、托克维尔、哈耶克等人所谓传统显然是指当下的活着的传统而非过时的死去的传统。蒋庆认可他们的主张,理当尊重(并改革)现代中国的政治传统而非古代中国的政治传统。所以,蒋庆视为不容置辩的理据“传统”,其本身恰恰是反对他自己那顽固的好古癖的。中国现代化已经走过一百多年,一百多年的时间应该可以建立一种新的传统了;何况中国遭逢“二千年未遇之大变局”(李鸿章语),除旧布新关乎国家民族存亡,新老传统的更替乃是不得不然的。没有什么理由认为两三千年的传统才是传统,一百多年的传统就不是传统了。如今需要的不是复兴老的政治传统,而是改革新的政治传统。

特殊主义又具体表现为对特殊国情的强调。中国国情是蒋庆反对西方民主、复兴政治儒学的主要理据之一。蒋庆显然把中国国情的政治层面等同于他所发掘出来的政治儒学传统了。与传统一样,我们也应知道,国情是因时而异的,不存在一成不变的所谓国情。比如,中国古代视君主制为理所当然,以致袁世凯的美国军师古德诺也颇为自信地以为君主制是最合中国国情的体制之一(因而鼓动袁世凯称帝),但今日谁还敢说君主制是最合中国国情的制度呢?又如,科举考试制度是古代中国伟大的制度创设之一,今日它还适合中国国情吗?人们常说,现代中国在西方冲击下已经和正在发生整体性的转化,很多领域(如教育、行政等)的转化实际上早已基本完成(只是,我们不把“完成”等于“完善”),中国的国情早已根本不同于古代。因此,今天中国国情不仅要区别于美国、日本等,而且要区别于古代中国。试图把适用于古代中国的政治制度挪用到现代中国,其危险性绝不亚于把适用于美国的政治制度挪用到现代中国。(更何况,古代中国政治制度绝不等于蒋

① 见列文森:《儒教中国及其现代命运》,郑大华、任菁译,中国社会科学出版社,2000。

庆所说的政治儒学,古代中国政治制度乃是在现实政治流变过程中不断发明、不断修订的结果,而政治儒学不过是一些"迂阔"儒生不切时务的观念)

所以,即使特殊主义本身是完全正确的,蒋庆心目中的那种特殊主义也是错误的。他的特殊主义是一种死板的特殊主义。他没有认识到,特殊主义的合理性永远来自当下的现实而非遥远的历史,活生生肌体的隐喻式形象乃是特殊主义引人入胜的根源。蒋庆有时也知道这一点,比如他经常使用中国文化的"血脉"、"生机"之类说法。但是,他忘记了,越是用有机体意象来思考文化,过时对于某种文化就越具有致命的伤害。政治儒学就是如此。它实际上已经"死亡",蒋庆理当接受这一残酷事实。但他却不愿正视这一点,硬要证明它还活着,乃至还能重获青春。其矛盾在《政治儒学》中随处可见。

更为重要的是,特殊主义本身就可能是片面的,正如普遍主义可能是片面的一样。一方面,特殊主义往往过高估计了一个社会的整合性质,错误地将社会看成是一个血脉贯注的有机整体。实际上,社会整合从来不是高度严密的,与其把它看成一个有机体,不如把它看成一部机器更为真实。因此,虽然某种形态的社会绝不可能是某个个别成员可以设计出来的,但一旦形成,却往往是可以通过仔细分析研究而加以学习模仿的。植物都可以移植,制度为什么不能移植? 而且,历史上已经有过许多成功移植的范例。最典型的是,美国制度实际上就是移植英国制度的结果(当然,移植不是机械的照搬而必定是能动的创造)。伯克、哈耶克等人过分夸大了社会制度的自发运动性质。另一方面,特殊主义又过低估计了人的可塑性,有时甚至陷入了种族主义的泥坑。像蒋庆那样的特殊主义者似乎认为人们非得接受某种信仰或某种制度不可,似乎西方人(白皮肤蓝眼睛的欧美人)就只能接受基督教或自由民主制度,中国人(黄皮肤黑眼睛的东亚人)就只能接受儒教或政治儒学;似乎不信基督教而信儒教或不生活在自由民主的西方而生活在儒教中国就不再是西方人,不信儒教而信基督教或不生活在儒教中国而生活在自由民主的西方就不再是中国人。甚而至于,特殊主义者似乎以为不认同本民族大多数人认同的传统(如儒教)而认同其他民族的传统(如基督教)的人就不再是正常的人了。直言之,特殊主义似乎认为某一人种(比如东亚黄种人)只适合某一种特殊宗教信仰或政治制度(如儒教或政治儒学)。这是毫无道理的和十分荒谬的,也是不合事实的。没有任何理由认为自由民主制度是欧美白种人的私有财产,也没有任何理由认为儒教是东亚黄种人的私有财产。特殊主义人为地假定了种族与宗教、种族与制度、种族与文化之间存在必然的联系,没有看到种族与宗教、种族与制度、种族与文化之间实际上只存在偶然的关联。

不过,蒋庆的特殊主义还不够彻底。他毕竟还承认科学不是特殊的,承认科学是人类共有的。他甚至还认为民主从理念而非具体形式上看也不是特殊的,承认它可以包容到政治儒学中去。其实,特殊主义不仅应该在理念层次上断然否认民主的普遍性，而且也应该全盘否定科学的普遍性。正如中国古代没有民主制度并且若没有西方冲击不会发展出民主制度一样，中国古代也没有自然科学并且若没有西方冲击也不会发展出自然科学来。越是了解自然科学的本质，越可以发现中国古代自己的科学是与之完全异质的。仿照蒋庆发现政治儒学传统的思路，我们还可以发现独立的中国科学传统。因此，蒋庆实际上还应该说，自由民主非世间共法，自然科学也非世间共法，都是西方文化所独有。（在这里，我要祈愿中国不要出现比蒋庆还彻底的儒生，因为西方已经有太多否定现代科学的理论资源可供借用了，马丁·海德格尔晚期哲学就是最著名的一种）蒋庆没有认识到，民主制度的若干基本原则本身就是与科学精神相通的。如果马克斯·韦伯所说没错的话，西方现代自然科学乃是数理科学，其核心直接通于现代世俗化社会的基本法则即理性化。① 蒋庆把科学与民主分别对待显然是成问题的。由此可见，要么坚持特殊主义，否认科学和民主都是“世间共法”；要么放弃特殊主义，承认科学与民主都是“世间共法”，二者必居其一。特殊主义之不能成立显然可见。

四

说到底，对我来说，《政治儒学》并不成功，它并没有证明政治儒学有复兴的必要，更没有让我相信政治儒学可以代替西方民主政治来更好地“对治”当今中国的现实。

蒋庆认为儒学能对今日中国的政治制度建设发挥关键作用，但却语焉不详。据王天成说，蒋庆著有《儒家的治国之道及其现实意义》一文（未发表）。在该文中，他提出了自己对未来中国中央政府政治架构的基本设想。其特点是主张议会由“民院、儒院和君院”三院组成。

> 它们分别代表民意、天道和传统。三院具有平等的宪法地位，任何法案必须在三院都通过始得成为法律。例如，假使民院迫于某些选民的压力通过了将同性恋合法化的方案，儒院可以出于天道的理由否决之。蒋先生还主张责任内阁制，总理由三院选举产生，对三院负责。在这三院中，体现民主愿望的民院按一人一票的原则，由民众选举产生；体现历史文化的君院在血缘关系的基础上由任命产生，选择任命的范围包括历代帝王和圣贤的后裔（如孔子的后裔）；体现儒家圣贤理想的儒院，根据德才兼备的标准，以考试、举荐和到民间察访等方式产生。针对数十年来儒教学绝道散、花果飘零的状况，蒋先生主张设立“通儒学院”，招收大、中学生，讲授儒家经典，为儒院培养、输送人才。②

---

① 参见马克斯·韦伯：《新教伦理与资本主义精神》等书。

② 王天成：《三论共和国》，http://www.law-thinker.com。

王天成的转述应该是符合事实的，因为我本人也听人谈起过。而且，三院制也非常符合蒋庆在《政治儒学》中反复论证的所谓三重合法性（即民意合法性、文化合法性、超越合法性）理论，以为三重合法性是儒家政治智慧的精华所在。

然而，这一构想果真具有理论合理性和现实必要性吗？未必。首先，我们发现，蒋庆虽然反复申诉政治儒学对于西方民主理念具有无比的优越性，但该方案却没有反映出这一点来。本来，如果按照儒家特殊的精英政治理想，即按照儒家“圣王”理想，我以为蒋庆首要的主张是复兴君主制。即便不主张复兴君主制，也应该主张实行权力远大于俄罗斯总统的总统制。政治儒学不是西方民主主义，但也不是西方共和主义，何以非得实行分权制衡的体制不可，何以必须将立法、行政、司法三权分开呢？而且，责任内阁制是显然不利于“圣王”的出现，如果实行总统制并加大总统权限及任期，岂不更有助于促成儒家理想的“德治”局面？（儒家“圣王”理想实为政教合一理想，政治上的最高首脑同时又是道德宗教上的最高领袖，“王”与“圣”合一，从制度上确保良好政治与良好道德的统一。此乃“人治”之极境，可惜蒋庆似乎因害怕专制危险而忘了此点）今日共和主义的分权制衡机制已经与法治精神不可分割，已经把国家权力与个人德性分离开来，似乎与儒家最高的人治精神（圣贤政治）大为不合。蒋庆虽然主张限制民主主义，但似乎全盘接受了共和主义。难道民主主义是西方的，共和主义就不是西方的，而是“世间共法”了？看来，蒋庆骨子里还是知道政治儒学总体上不适合今日中国政治需要的。否则，他关于未来中国政治制度的构想为何如此“西化”呢？

既然蒋庆不加批判地接受了现代共和主义，正如新儒家不加批判地接受了民主主义一样，他就应该遵循现代共和主义的基本精神。但是，蒋庆的三院制却存在明显背离现代共和精神的嫌疑。比如，设置民院类似于西方设置下议院和众议院，这问题不大，可看成是蒋庆接纳民主主义的表现；但是，设置所谓君院和儒院就显然不同于西方设置上议院或参议院了。西方的上议院或参议院最初即是贵族院，在血缘贵族退出历史舞台后的今天又演化为精英院，而它的存在是共和主义制衡精神的光辉体现之一。因为正如托克维尔早就观察到的，现代社会虽然驱除了血缘贵族但并不等于驱除了贵族本身，一个新的贵族阶层就不可避免地再度产生出来。这种新的贵族阶层除了拥有自身利益外还对社会具有不可替代的价值。因此，上下两院分别具有精英权力与平民权力相互制衡的意义。但蒋庆的君院和儒院却并不等于贵族院、精英院。君院号称体现历史文化传统，由历代帝王和圣贤后裔的代表组成。儒院则体现儒家圣贤理想，由“通儒学院”培养的现代大儒的代表组成。可见君院和儒院都不是由构成现代中国社会的上下两个实际阶层的代表构成，而是由少数早已沦落为现代中国社会边缘群体的代表构成。不管蒋庆如何谈论传统合法性和天道合法性对于政治的重要性，我们看不出在人民的上层（精英）与人民的下层（平民）之外，何以要给予帝王和圣贤后裔以特权，何以要给予如蒋庆之类现代儒生以特权，何以不给蒋庆极端厌恶的同性恋群体以特权，何以不给蒋庆颇为排斥的女权主义者以特权呢？若说历史传统和儒教传统有受到压制的危险，同性恋、女权主义就不然了？蒋庆所谓传统合法性和超越合法性之说完全是一个狂热的儒家信徒自己的观念。绝大多数中国的下层老百姓和中国的上层“精英”绝不会认为没有诉诸天道、没有诉诸传统而只诉诸民意，这个政权就没有了合法性，就不会得到衷心拥护。君权神授的影子仍然活跃在蒋庆脑海中，但即便蒋庆自己离不开神意，也没有任何理由认为今日中国大多数人也离不开神意。实际上，根本不用仔细调查，只需一点常识就不难知道，在中国，一个政权如果真的已经建筑在民意（民意不只包括下层百姓的意愿，而且包括上层精英的意愿）的基础上，它就足以得到绝大多数人的衷心拥护。（当然，左右两翼的狂人分子可能不会满意，那也是无可奈何之事）因此，蒋庆的合法性理论落实下来似乎不过是为帝王圣贤后裔和当代儒生谋取政治特权提供合法性而已。帝王后裔何许人也，为何较平民后裔更能代表天道神意？孔孟后裔何许人也，为何比我辈更适合代表中国历史文化？当代儒生何许人也，为何为之专设一议院？

显而易见，蒋庆思想中最缺少的也许就是现代平等观念了。蒋庆以儒家“实质理性”反对西方“形式理性”。殊不知，西方“形式理性”远不止于讲究客观程序而已。“形式理性”这一屡遭左右两翼极端分子肆意攻击的理性类型乃是平等精神的别名。“形式理性”与“人人平等”的现代信仰直接相关。比如，法治精神就是形式理性的表现。现代法治之所以不同于中国古代的“法制”（蒋庆常常忽视法治与法制的根本区别），一个基本原因就在于法制往往并不与特权相悖甚至就是特权的维护者，而法治则与反对任何形式特权、维护个人平等权利有关。中国古人有“王子犯法与庶民同罪”之说，表现出对法治的渴望绝不限于西方，但真正的法治却远不限于“王子犯法与庶民同罪”，即使“皇帝犯法与庶民同罪”，也不能概括法治的内涵。法治的精神是全面的“法律面前，人人平等”。托克维尔就曾把反对特权看成“民主”的基本含义，视之为现代精神。① 像蒋庆那样以为“法律面前，人人平等”是虚假的和表面的，实为毫无根据的偏见。他把起点平等与结果平等混为一谈。我们知道，除了激进主义之外，现代社会一般把结果不平等看成是人类的宿命。真正的平等则只意味着在起点上“一视同仁”，无论你是儒教徒还是佛教徒、基督徒、伊斯兰教徒，无论你是帝王后裔、圣贤后裔还是奴隶后裔、魔怪后裔，无论你是亿万富翁还是破落贫民，都给予同等的权利，要求同等的义务，包括参政议政的权利和义务。至于你最终实际上成为何物，那是另一回事。因此，平等就是要忽视差异，因为照顾差异就只能导致特权。忽视差异绝不是拉平差异（这又是蒋庆对平等的误解之一），而是尊重差异，不强行以一种差异来强制其他差异（如用儒

① 见托克维尔：《论美国的民主》和《旧制度与大革命》。

教强制其他信仰)。所以,形式理性远比实质理性优越得多。实质理性在政治上与特权甚至与专制总是形影相随的,因为它的根本特质是不宽容的,是一元主义。蒋庆思想中就明显存在不宽容的毛病,如对同性恋和女权主义。以赛亚·伯林的多元主义和"消极自由"学说很好地阐明了形式理性或起点平等的政治合理性。①

五

所以,我认为,蒋庆所谓的政治儒学是不可能复兴的。不仅如此,我还认为,即使政治儒学可能复兴,也是绝对不应当复兴的。也就是说,用蒋庆经常说的"能不能"与"当不当"两问题来看待政治儒学,我认为答案都断然是否定的。如果政治儒学真的复兴,难免不是中国人的又一次大劫难。在《政治儒学》中,蒋庆谈到韦伯对责任伦理与心志伦理的区别,我们不妨套用这一区别来评价蒋庆自己复兴政治儒学的举动,可以说,蒋庆复兴政治儒学从心志伦理上说是善良的,但从责任伦理上说就未必了。善良的意志并不保证善良的后果,这一点蒋庆也是知道的,但蒋庆怎么能保证政治儒学的复兴不会导致灾难性的后果呢?

不过,我并不认为儒学本身不能够也不应当复兴。我认为,儒学不能够也不应当在政治(或国家)层面上去复兴,而只能够和应当在社会和个人的层面上去复兴。即使依蒋庆的"平列关系"说,儒家"内圣"(个人)、"外王"(社会)二元图式也仍然不足以真切把握现代社会的基本结构,应该代之以个人、社会、国家三元图式。以三元图式看来,在严格意义的心性儒学与严格意义的政治儒学之外,实际上还有社会儒学。心性儒学是个人修身立德之学,政治儒学是国家制度安排之学,社会儒学则是群体教化之学。传统"外王之学"以政教合一为基本特色,所以把政治儒学与社会儒学融合在了一起,蒋庆所谓的政治儒学实际上是包括礼乐教化之学在内的。而政教分离乃是现代共和制度不可缺少的基本原则之一,传统外王之学理当分离出政治儒学和社会儒学两部分来。而狭义的政治儒学已经过时,绝不能复兴。社会儒学则不一定已经过时,也不一定不可复兴。在这里,我还想纠正蒋庆的另一基本错误,就是把政治儒学直接等同于制度儒学。实际上,如果"制度"二字不限于政治制度(或国家制度),还包括宗教制度的话,制度儒学除政治制度外,还包括礼乐教化制度,因此就还包括社会儒学在内。社会儒学不同于政治儒学之处在于它主要指一套礼乐教化的制度性儒学。以群体教化为主的制度性儒学乃是区别于以个体修炼为主的非制度性儒学的,所以,真正的儒教(狭义的礼教)是不同于心性儒学的非政治的制度儒学。现代儒学复兴的对象除了新儒家已经展开的心性儒学之外,还可以是社会儒学(即非政治的儒教、礼教)。我认为,儒家信徒未能认识

---

① 以赛亚·伯林:《两种自由概念》,http://sinoliberal.com。

到在政治儒学和心性儒学之外还有社会儒学，这也是儒学未能有效复兴并以新的面目存在于今日世界的基本原因。蒋庆也是如此。

我重申一遍，社会儒学实为真正意义上的儒教，其不同于心性儒学之处在于它立足于一整套超个人的客观的制度。人们应该想想基督教、佛教、道教等宗教的情况，这些宗教也经历了现代化的洗礼。为什么它们仍然能够延续至今乃至蓬勃复兴呢？显然主要是因为它们有一套客观的建制。社会儒学即儒教（礼教）当年实际上也有这种建制，但它在近现代受到三方面的冲击和破坏。一是由于这种建制曾与古代国家建制融合在一起，从而随着古代国家建制的消失而受到极大的损害（科举制的废除、君主制的颠覆对儒教的打击几乎是毁灭性的）；二是这种建制自宋明以来遭到心性儒学传统的肆意诋毁，导致群体性的客观儒学名誉扫地；三是这种建制遭到20世纪盛行中国的西方启蒙理性主义传统（以科学反对宗教）的猛烈攻击，至今依旧背着"封建迷信"的污名。实际上，儒教可以作为无神的宗教或人文的宗教而重建起来。（儒教应该是立足于丰富的古老传统而非人格神的宗教。蒋庆的所谓"超越性"由于带有过多外在超越性痕迹——多半受到刘小枫影响，未必有利于儒教，儒教的神圣性是内在的而非外在的）其关键在于重建一套客观的能够吸收和容纳众多信徒的制度。比如，可在全国建立各种儒教庙宇（比如孔庙），在庙中设置专门神职人员，并建立全国乃至全球统一的儒教组织进行管理，其规模视信徒多少和实际需要而定。（据我所知，中国某些地方的农村还保留着许多儒家习俗，即婚丧嫁娶等方面的仪式，新的儒教完全可以接收过来，改造为适合现代人需要的日常生活方式。现代儒生们可以把这些民间资源同文化精英发掘出的上层资源结合起来，建立一种有组织地引导中国人日常生活的无神宗教）这样，儒教成为与佛教、基督教、道教、伊斯兰教等等宗教并立，并和它们相互竞争的一种宗教。不是与政治合而为一的宗教，更不具有核心宗教（或官方宗教）的地位。（儒教有什么理由在诸多宗教中占据特权地位呢？即使过去曾经如此，现在也没必要继续如此。儒教徒必须接受现代社会多元化的现实）这是我所能想到的惟一可行的、在心性儒学之外积极复兴儒学的道路。

一种非意识形态的儒教或许将由于免去了政治的污染而成为中国老百姓非常愿意皈依的一种宗教。相反，蒋庆所期望的那种再度与政治融为一体的儒教不仅是不可实现的，而且即便能够实现，也只能再次陷儒教自身于不义之地（过去它已经由于变成君主专制的意识形态而备受非难）。那不仅是国家民族的不幸，也是儒教自身的不幸。愿虔诚的儒生们再三思之！

注定做不了旁观者
——中国现代化进程中的儒学

□王心竹

毋庸置疑,中国现在已经处于现代,但现代的中国是否具有"现代性"呢?这就需要明辨何谓现代性。现代并不等同于现代性。现代只是历史的时间划界,而现代性则是历史性的时间区分。现代性是使现代作为现代成为可能的本性。至于什么是现代的本性,则是一个见仁见智的问题。如果以所谓的理性精神的突显、个人主义的兴起与进步历史观作为现代性最基本的内容,①那么,现代西方国家则具有现代性,而现代中国则没有现代性。正因于此,几乎所有的中国人都认为我们所处的现代尚未成为现代,实现中国现代化仍是我们亟亟以求的目标。但问题是,世界上所有国家的现代化是不是必须沿着西方的现代化老路迈进,全球现代化路途是否仅此一条?弊端日显的西方现代文化会不会将人类带入歧途?西方文化之外的其他文化是否也可以提供别样的"现代性"?这既是现代西方文化对自身现代性的反省,也是世界各古老文化对西方现代性的疑问。

要谈论中国的现代性问题,就必须面对儒学。儒学是中国传统文化的主流,既是中国传统社会政治制度的设计者,也是中国传统社会主导价值观的提供者。中国之所以是中国,在某种意义上就是因为它是儒家文化所塑造的。而中国的民族性,其实质就是儒家(学)性。故在中国的现代化进程中,儒学既无可回避地成为批判对象,也义不容辞地跻身为中国现代性的积极探索者。

---

① 详见唐文明:《何谓现代性》,《哲学研究》(北京)2000年第8期。

一、西风劲吹中的奋然挺立

一个可悲而无奈的事实是,中国的现代化不是自发的,而是外迫和外源的,这似乎就预定了中国现代化进程的曲折多难。鸦片战争后,在西方列强的武力逼迫之下,中国既处于国土被瓜分豆剖的生死关头,又面对着一个从未有过的"先进文化"的强有力的挑战,延续几千年的辉煌文化竟突然间遭遇生存危机。面对这一"数千年未有之变局"(李鸿章语),中国的士大夫阶层和广大儒士以天下为己任,自觉发起了民族自强运动,开始了苦苦探寻中国现代化的艰苦路程。

以曾国藩、李鸿章、张之洞等为代表的"洋务运动"派,试图在保持中国传统社会结构和文化传统的同时,引进西方先进的科学技术和工业文明以富国强兵,最终实现"师夷长技以制夷"(魏源语)。其间张之洞提出"旧学为体,新学为用,不使偏废"①,后被演化成著名的"中学为体,西学为用"的"中体西用"之说,并"挟朝廷之力而行之,不胫而遍于海内"(梁启超语),成为此后保守主义的纲领性口号。在当时,所谓"中体西用",主要着力点乃是"西用",即强调要引进西方的科学技艺以及一些新的制度,主张要虚心学习西方文化的长处,故此论遭到顽固保守派的激烈批评和盲目反对。顽固保守派认为,西方科技乃是"奇技淫巧",将会对中国传统带来极大损害。今日回首观之,"洋务运动派"以及一些进步人士把向西方文化学习的新思想概括为"中体西用",以与顽固派相抗衡,不仅在整个"洋务运动"中具有很大的进步意义,而且对于中国的现代化进程也起到了极大的推动作用。

但在中日甲午战争中,李鸿章苦心经营的北洋水师的惨败,民族救亡危机的进一步深重,同时也使得"洋务运动"陷入困境。而李鸿章"以一人敌一国"(梁启超语)的悲壮情势,进一步激发了中国的士人们不再只追求器物层面的革新,转而强烈呼吁政治制度的改变。康有为、谭嗣同、梁启超等维新改良派从儒学中汲取思想资源,师法英、日,主张君主立宪,但终因措施过于急进而致失败。"百日维新"的失败,使得一部分士人不再对清王朝自我革新抱有希望,孙中山、章太炎等革命党人积极鼓吹"种族革命",以追求共和制为政治目标,并与君主立宪派展开论战。尽管各种历史机缘促使了辛亥革命的成功,但随之而来的袁世凯复辟帝制以及北洋政府的"假共和",中国的现代化并没有如革命党人预期的那样水到渠成,而是举步维艰。这种进退维谷的形势,便促使一部分士人认为,倘若没有价值观念、思维方式等深层次文化理念的根本变革,器物革新和政治制度的变革都是无源之水、空中楼阁;要真正走向现代化,便需要进一步向西方学习,尤其要大力学习西方文化以彻底改造传统文化。这一潜伏涌动的激进西化思潮,终于在五四新文化运动

---

① 张之洞:《劝学篇·设学》,第121页,中州古籍出版社,1998。

中决堤而出了。

以1915年创刊的《新青年》为阵地，陈独秀、李大钊、胡适、鲁迅等人发起的新文化运动，于“五四”时期达到高峰。陈独秀以伦理的觉悟“为吾人最后觉悟”揭开全面批判传统文化的序幕。“打倒孔家店”、“吃人的礼教”、“万恶孝为首”、“万事不如人”、“死心塌地地去学人家”、“欧化汉字”、“把线装书扔进毛厕里”、“不读古书”等口号风行一时。“民主”与“科学”，成为五四新文化运动指引中国现代化的两大旗帜。在五四新文化运动诸子看来，西方文化与中国文化本质上乃新旧之别、古今之异、进步与落后的象征，故引进西学、涤荡旧学乃中国社会和中国文化“出黑暗而入光明”的必要前提。而所谓现代化即欧化或西化，除此之外没有任何其他现代化模式可言。这就是五四新文化运动诸子的思维模式。而把现代化和西化等而同之的最突出表现就是倡言废除汉字，企图通过消灭象征中国文化的语言符号来达到全面西化的目的。基于这种激进观点和混乱认识，五四新文化运动不仅在政治文化层面猛烈抨击以康有为为代表的“孔教派”和以章太炎、刘师培为代表的“国粹派”，而且在思想文化层面对儒家文化全面否定，把儒家伦理与民主政治看成是你死我活的斗争，大有将传统文化连根拔起、斩草除根之决心，且也营造出了一种摧枯拉朽、墙倒众人推的声势。以儒学为代表的中国文化本已在西方文化的强势侵凌下风雨飘摇，如此又猛遭五四新文化运动的自掘，无疑是雪上加霜，真正陷入了“儒门淡薄，收拾不住”之困境。

重压之下必有反弹。一批负有兴亡续绝之志的儒士奋起回应新文化运动的激越批判，以文化保守主义的姿态显身风云激荡的历史舞台。在对五四新文化运动整体性反传统思潮的回应中，先后形成了“东方文化派”、“学衡派”、“中国本位文化派”等传统文化的辩护者，其主要代表有杜亚泉、梁启超、梁漱溟、张君劢、吴宓、章士钊、梅光迪、柳诒徵、胡先骕、陶希圣等，先后与五四新文化运动派及其后续的激进西化派展开过中西文化论战、玄学与科学论战、中国本位与全盘西化论战、以农立国与以工立国论战等笔战。值得注意的一个现象是，传统文化派中不仅有中学功底深厚的鸿儒，也有留学欧美学贯中西的博士。其政治态度大都并不顽固僵化，在政治上也不排斥民主、自由诸理念，并且许多人甚至参加过反清、反袁斗争（如梁启超、梁漱溟、熊十力、章士钊等），可谓是中国现代化探寻道路上一个最大的“文化精英共同体”。

传统文化派对新文化运动全面否定中国文化的态度极为不满，提出颇多疑问。虽然其观点不尽一致，但其所负有的共同理念是：中国的现代化必须根植于中国现有国情与传统文化之上。传统文化派大体上具有的共同主张是：反对新文化运动派“一边倒”的破旧立新，主张新旧调和、中西调和；肯定西方的物质文明成就和科学技术，主张保留东方的精神文明；认同儒家伦理的现代价值或现代意义，排斥新文化运动派所张扬的西方的个人主义精神；反对将儒家伦理与传统的专制主义混为一谈，反对因袁世凯复辟帝制提倡孔教而废弃儒家伦理。传统文化派与新文化运动派及激进西化派之间的论战，不仅在当时引起阵阵轰动，而且对以后的中国现代化发展产生了深刻影响。而在与西化派论战中逐渐形成的以积极传承儒学道统为己任的新儒学，日益成为传统文化派的主流。

肇始于20世纪初、持续到20世纪40年代，现代新儒学作为一个文化哲学流派开始形成，其主要代表人物有梁漱溟、熊十力、张君劢、马一浮、冯友兰、贺麟等。虽然五四新文化运动声势颇大，但几乎与此同时爆发的第一次世界大战亦充分暴露了西方文化的弊端和危机，迫使中外大哲都开始对西方文化予以反思。与激进西化派对西方文化宣介有余、自身理论建树不大的状况不同，文化保守主义的儒学派在对西方文化的批判基础上，在对人类前景的探索中，继承儒学，深潜沉思，形成了诸如熊十力的新唯识论、冯友兰的新理学、贺麟的新心学等一整套承前启后的新儒学体系。

在探讨中国现代化的问题上，新儒学诸子一致反对整体性否定儒学的西化派观点，强调要立足自身文化传统，返本开新，开出足以和西方文化相抗衡的新儒学。如冯友兰在抗战初所写的《新事论》中，一方面主张工业化为中国通向自由之路，另一方面认为传统道德中“不变的道德”仍可用来组织社会和调节精神生活，认为“组织社会的道德是中国人所本有的，现在所添加者是西洋的知识、技术、工业，则‘中体西用’这个话是可说的”①。贺麟不仅着力结合现代生活重新阐释三纲和五伦，对新文化运动对宋儒理欲之辨的抨击给予了哲学家的辨析，还主张吸收西洋哲学、宗教、艺术以发挥儒家的理学、礼教和诗教，谋求儒家思想的新开展，甚至提出“以儒家文化为体，以西洋文化为用”②的口号。

在这一时期，影响最巨且不得不提的是梁漱溟及其著作。1921年，梁漱溟在欧风美雨中发表的反对新文化运动派的《东西文化及其哲学》，不仅是“儒学现代化的一部开路之作”（罗荣渠语）③，也是中国近代文化保守主义的奠基之作。《东西文化及其哲学》一书出版的第一年就印刷五次之多，出版后不到一年就引出了近百篇评论、讨论的文章以及十几本小册子讨论东西文化，而且在短时间内被译成十二国文字。这种影响是1915年《新青年》杂志出版以来任何一本著作都不曾有过的，无怪乎当时人们称其为“震古烁今之著作”，说它“把东西两半球的学者，闹个无宁日”④。《东西文化及其哲学》是在反儒学的高潮中诞生的儒学现代化的第

---

① 冯友兰：《新事论》，《三松堂全集》第四卷，河南人民出版社，1986。

② 贺麟：《文化与人生》，第67页，商务印书馆，1988。

③ 罗荣渠：《中国近百年来现代化思潮演变的反思》，见罗荣渠主编《从“西化”到现代化》，第9页，北京大学出版社，1990。

④ 李石岑：《评东西文化及其哲学》，《民铎》1922年三卷三号。

一部论著，其观点亦为日后的新儒学现代化观定下了基调。

梁漱溟在《东西文化及其哲学》一书中接受并全面发挥了梁启超《欧游心影录》中的新观点，即“拿西洋的文明来扩充我的文明，又拿我的文明去补助西洋的文明，叫它合起来成一种新文明”①，并把它归结成一个新的命题：东方化还是西方化，也就是孔化还是欧化的问题。面对“打倒孔家店”的震天呼声和全盘否定中国文化的偏激心态，梁漱溟力辟时论，旗帜鲜明地肯定东方文化尤其是儒家文化的时代价值。他从西方发生第一次世界大战的严酷事实中看出，西方文化绝非如先前的中国人想像的那么美妙。尽管中国在物质文明方面的成就远不如西方，但在精神文明方面却具有西方文化不可比拟的优长。故他以独创的文化多元论来反对当时西化论的文化一元论，即认为中国、印度、西方三种文化分别代表三种不同的发展“路向”，各自有不同的价值观念和伦理哲学，而否认东西文化属于人类文化发展的不同阶段。这就从根本上否定了西化论的理论根据，即认为西方文化与中国文化是新旧之分、先进与落后之别。另一方面，梁漱溟又认为这三条路向是可以穿行的，并提出了西洋文明、中国文明、印度文明三大文明循序演化的世界文化观，认为在最近未来将有“中国化复兴”，将来继之以“印度化复兴”。梁漱溟极为自信地自白曰：“无论西洋人从来生活的猥琐狭劣，东方人的荒谬糊涂，都一言以蔽之，可以说他们都未曾尝过人生的真味，我不应当把我看到的孔子人生贡献给他们吗？然而西洋人无从寻得孔子，是不必论的；乃至今天的中国人，西学有人提倡，佛学有人提倡，只有谈到孔子羞涩不能出口，也是一样无从为人晓得。孔子之真若非我出头倡导，可有那个出头？”②梁漱溟的自信和抱负，实应为今日有志儒学传承者的榜样。

尤为可贵的是，梁漱溟没有只限于坐而论道、空谈心性，他还对儒家积极投身政治实践和社会改造的优秀传统予以了彻底继承和发扬。辛亥革命以后，由于传统的官僚—教育制度的日趋瓦解，以及对传统礼俗制度的破坏，导致中国乡村的社会结构发生畸变，农村社会传统的自组织功能遭到破坏，乡村土地关系和阶级关系紧张，代之而起的是土豪劣绅与功能低下的基层村保人员等等社会现实。目睹此状，梁漱溟以身弘道，躬行实践，凝聚了一大批信奉者和追随者推行“乡村建设”运动，想通过“乡村建设”恢复农村的礼俗机制并导入科学技术，以造成儒学复兴的社会基础。在抗日战争期间，奔走国事，谋求国共两党团结抗日。1940 年参与发起组建中国民主同盟，穿梭于国共两党之间，力促国共合作，探寻中国的“第三种道路”。其事虽皆未获理想效果，然其为国为民不遗余力、百折不挠之精神意志，在当时和身后俱赢得了世人由衷的尊敬。

---

① 梁启超：《欧游心影录》，转引自罗荣渠主编《从“西化”到现代化》。

② 梁漱溟：《东西文化及其哲学》，第 221 页，商务印书馆，1999。

回顾20世纪的前五十年，是古老中国探索现代化进程最为动荡不明的半个世纪。此间虽有形形色色的思想、主义纷纷登台亮相，但经过一番唇枪舌战乃至你死我活的较量后，最终分化组合成三个最大、最具影响力的社会思潮，即马克思主义、自由主义和文化保守主义。此三大思潮所产生的马克思主义中国化的理论成果即毛泽东思想、自由主义的西化派和文化保守主义的新儒学，俱是中国社会文化转型的产物，也是中国对西方文化冲击的回应。三大思潮的分歧并不是要不要社会变革和现代化，而是怎样实现现代化，其分别代表了中国现代化进程的三种路向。

如牟钟鉴所言，“民国时期新儒学在反传统的大潮中巍然屹立，致力于发掘儒学的‘恒常之道’和‘人文睿智’，融合中西，贯通古今，开展了一场新儒学复兴运动。他们的努力并没有改变儒学衰落的大势，但保存了儒学的文化命脉，在几十年之后成长为一种可观的社会思潮，影响着中国，甚至影响着世界”①。诚哉斯言。文化保守主义的新儒学在西风劲吹中以中国传统文化为依归，力图以价值理性来批判以工业化为主导的西方现代化进程中出现的工具理性的过分膨胀，以及由此带来的人性的疏离、意义的迷失等问题。其主张以儒家文化为现代化的主要思想资源，反对全盘西化，反对激进变革，坚持群体本位的价值观，企图在传统文化框架内实现中国社会的现代化，代表的是一种寻求不同于西方式的以工业化为主导的现代化道路的价值取向。职是之故，文化保守主义的新儒学虽在实力上不如马克思主义中国派，声势上不如自由主义西化派，但却具有强大的传统资源和深厚的社会基础，故能前唱后随，绵延不绝，顽强地影响着中国现代化的进程。

二、一片萧索与薪火相传

因中国特殊的政治环境使然，1949～1978年即新中国建立后至“文革”结束前，这一阶段儒学对中国现代化的探索最为艰苦，并且在中国大陆与港台地区形成了不同的特点。

中华人民共和国成立后，马克思主义无可挑战地成为占据统治地位的意识形态，长期和马克思主义意见不一的新儒学便开始逐渐遭遇厄运，受到更为猛烈、更有组织的批判。如果说1949年以前新儒学尚有坐而论道、激扬文字的生存空间，那么在建国后则逐渐被挤缩至荡然无存。在“发扬五四传统”的口号下，在“以阶级斗争为纲”的思想指导下，在一个个持续不断的政治运动中，儒学作为“封建反动学说”不断受到批判，且日趋严厉。当然，就这三十年而言，从50年代到60年代上半期，虽然政治性的曲解、批判已占据支配地位，但随着政治形势的或明或暗，讨论的气氛还会间或出现，人们也可以在一定限度内表达些微不同的观点，虽然这种

① 牟钟鉴:《大陆当代儒学巡礼》，载于《原道》第二辑，团结出版社，1995。

观点很快就会遭到批判。但是60年代中期以后,对儒学的批判和攻击则持续而猛烈严厉,儒学研究没有任何空间可言。在五四新文化运动时期,儒家的象征性人物孔子的地位猛降,但尚为诸子中的一家。而到了举国疯狂“破旧立新”的年代,对其直呼“孔丘”尚属文雅,更为通行的蔑视性称呼则是“孔老二”,“孔孟之道”亦成为“反动落后”的代名词。此一称呼的转变对于摧毁儒家在人们心目中的权威地位具有巨大作用。既然孔子、儒家提倡“仁者爱人”、“中庸之道”,那么一切源于此思想传统的儒雅、谦让、平和、礼仪、关怀、温情、忠信等,都被视为封建、顽固、僵化、落后的象征,代之而起的是背叛、揭发、斗争、仇恨与你死我活、势不两立,中华民族长期历史积淀而成的人文精神和道德精华俱被视为粪土。更为荒诞的是,政治野心人物硬造出“贯穿中国历史的儒法斗争”来影射现实政治,先后掀起“批林批孔”乃至“批周公”的闹剧,最终将反传统文化的运动推向了历史的顶点。如此对本民族文化进行全民规模的、彻底性的破坏,可谓旷世少有。

在此起彼伏的反传统浪潮中,在人人自危的恐怖气氛中,儒学赞成者、同情者迫于政治高压不得不噤声自辱,步步后退,纷纷“洗心革面”、“脱胎换骨”。新儒学代表人物梁漱溟、冯友兰则被视为封建余孽,长期成为理论界进行批判的靶子,饱受折磨。梁漱溟以犯颜直谏、宁折不弯再次实践了儒家理念,殊为可敬;冯友兰以一介书生不幸失身于诡谲多变的政治漩涡,殊为可叹。故在这一个时期,大陆的新儒学与中国的现代化进程彻底无缘,并被无情地扫地出门,境况凄惨,所谓建树亦无从谈起。至于熊十力、梁漱溟在此期间虽有对儒学的继续探索及少量论著发表,但在反儒批孔恶浪滔天的环境中,根本谈不上任何社会影响。其再一次引起人们的注意,则是“文革”结束以后的事了。

出走港台的新儒学的境遇则有所不同。儒学在一系列的历史变故中虽然处于“花果飘零”、“魂不附体”的惨淡之境,但离乡去土的第二代新儒学诸子唐君毅、钱穆、牟宗三、徐复观、方东美等继承了先圣前贤的儒者精神,愈挫愈奋,自强不息。其要么著书立说,弘扬儒学大义,传承儒学命脉;要么积极投身社会政治实践,招徒讲学,创办书院,品评时政,“以传统主义卫道,以自由主义论政”(韦政通评徐复观语),“一生为故国招魂”(余英时评钱穆语)。

1950年,钱穆、唐君毅等人在香港创办新亚书院,其宗旨依然是弘扬传统文化,开展儒学复兴运动。但新亚书院并没有完全沿袭传统的中国书院制度,而是兼采西方的导师制度,试图沟通世界东西文化,通过讲述中国传统文化精神之现代化来引导青年回归孔孟之道,免受西化思想之害,进而在香港这块英属殖民地上将儒家文化“灵根再造”。新亚书院创办过程极为艰难,院长钱穆自称是用曾国藩“扎硬寨,打死仗”的精神办下来的。该书院是20世纪50年代以来港台新儒家的大本营,并凝结成一种“新亚精神”,即新儒家护定传统文化大厦而不倒的精神。1958年元旦,新儒家做了一件举世瞩目的事情,唐君毅、张君劢、牟宗三、徐复观联名发表《为中国文化敬告世界人士宣言》，理直气壮地向世人宣示儒学的精义，竭力弘扬儒学。此文发表后，在中、西方文化界均引起较大反响，由此新儒学以及第二代新儒家为国际哲学界所重视，尔后多次被邀请参加国际性的哲学大会。

不仅如此，新儒学诸子开始对五四新文化运动的反传统思潮进行深刻省察，如徐复观指出：

> 从历史发展来看五四新文化运动，它是由辛亥革命成果的落空，政治上空前的混乱，一切没有得到正常发展，知识分子的心灵，抑郁而无可宣泄，因而以对外问题为导火线所爆发起的运动。从此运动的本身看，实含有政治革命的强烈因素。但因当时国民党未能接上此一运动，于是对当时现实政治，未能发生积极的作用，只有完全落在文化运动方面。因此，便发生两种结果：一种结果，五四的新文化运动所走的路，不是正常的学术文化发展所走的平实的路，而是走的带有火药气味的文化革命的路，因而其本身的命运，注定了破坏性多于建设性。另一种结果……使它在政治方面的后果，与作为此一运动标志的“科学与民主”脱了节。即是，它是给与了尔后政治的发展以影响，但所给与的却不一定是科学与民主的影响。①

既然激进的西化思潮不会给中国带来民主与科学的现代化果实，那么儒学又意欲何为呢？20 世纪 50 年代以后，新儒学诸子继承先辈衣钵再造儒家理论，他们几乎皆肯定出现于西方社会的“科学”和“民主”的普遍价值和对于中华民族存在与发展的重要意义，并深深思考中国文化的严重缺陷。其中有代表性的是徐复观的“转仁成智”说和牟宗三的“良知自我坎陷”说。

同其师友（徐复观、牟宗三、唐君毅都曾求学于熊十力之门）不同的是，徐复观不愿意把思考的重点放在本体论方面，以免人们把儒学视为难以涉足其间的畏途。照他看来，与其费力地探讨内圣（本体）如何建立，不如探讨外王（科学和民主）如何开出，这样才会使新儒学更具现代感，更有社会影响力。那么，外王如何从内圣开出呢？徐复观提出的方案是“转仁成智”。所谓“仁”是指价值的自我意识，而“智”是指认知理性。他认为由“仁”无法直接开出科学和民主，因此必须转仁成智才能实现儒学的现代转化。

与徐复观不同，牟宗三认为中国先哲缺乏“科学之精神”而偏重于道德理性在德性人格中的“理性之运用表现”，成就出的是“仁智合一而以仁为笼罩者”的文化系统。他使用三个术语评判传统儒学：一是道统，即“道德的形上学”，这是儒学最突出的理论成就；二是学统，即科学知识，传统儒学对此不够重视；三是政统，即民主政治，在这方面只有理性之运用表现而无理性之架构表现。总的结论则是在传统儒学中“有道统而无学统与政统”。牟宗三为此独辟蹊径地提出“道德良知自我

---

① 徐复观：《中国人文精神之阐扬》，第 156 页，中国广播电视出版社，1996。

坎陷”，亦称之为“由知体明觉开知性”，是指道德良知通过自我否定自觉地转出知性主体，以实现科学的认知，从而为科学、民主的发展提供依据。牟宗三“良知坎陷”说论证缜密，但却非常晦涩而曲折，并且如此将“直通”变为“曲通”的道路，亦受到批评者和同情者“多此一举”的质疑。

和第一代新儒家一样，第二代新儒家实际上参照西方知识范型，通过论证传统的知识合法性，论证传统的价值合法性。这里我们姑且不论他们思想理论得失，仅就其积极不辍的社会责任感、历史担当精神和民族文化传承意识而言，个个彰明显著，绝非某些哗众取宠、夸夸其谈者所可比拟。如郑家栋所言：

> 面对一味“妄薄固有”、自贼自戕和民族自尊、自信的丧失，以及所谓“文人”、“名士”们抛却自我、茫无归着和“一意袭外人肤表”的肤浅芜杂，新儒家怀着强烈而悲苦的民族危机意识和使命感，致力于传统文化之精神价值的弘扬、发掘和民族自我的重建。不仅如此，作为20世纪全球性保守主义反应的组成部分，现代新儒家似乎更倾向于在一个普遍性的层面认同于儒学传统的价值，这使得他们能够不仅把自己关联于近代以来中国文化的特殊境遇，而且把自己关联于人类文化在现时代发展中所遭遇的普遍性问题。自早年的梁漱溟、熊十力始，新儒家学者所反复思索的一个问题是：在工业文明和科技高度发展的社会条件下，金钱名利的追求和人际关系的疏离会不会反而使人更多地丧失了自己的本性而成为“物化”的存在？面对科技理性的膨胀、人文价值的失落、意义的迷失、道德的危机、人际关系的疏离和人与自然之间的紧张对立，新儒家所表现的就不只是对民族文化之存亡绝续的忧患，而且是对人本身、人存在的意义、价值及其自我完善问题以及人类文化的前途、命运的苦苦思索，这是一种意义的追求、形上的探索、超越层面的体验、终极层面的反思，其用意则在于终极关怀的层面（形上学和宗教的层面）重建人的意义世界和精神家园。①

故此，我们可以说，第二代新儒学诸子对中国现代化的思想探索，虽未能直接作用于社会政治实践而立见事功，但其对于中国文化命脉的保存和传承，“为往圣继绝学”，功不可没。尤为重要的是，其对于中国乃至全人类未来的发展路向，提供了一种极为有益且精彩的思路，创建了又一个博大精深的思想宝库。

三、走向复兴

物极必反。1976年，持续了十年之久的“文化大革命”终于结束。“文革”是中华民族和中国文化发展进程中的一次巨大灾难。既然“文革”被彻底否定，那被

① 郑家栋：《断裂中的传统》，第1页，中国社会科学出版社，2001。

“文革”所彻底否定的儒学在某种意义上便得到了肯定。

与中国共产党倡导的“思想解放”运动相伴随，国人对传统文化的认识也开始渐入常道。随着改革开放的深入发展，国际文化交流也日益频繁，不仅西方文化再次大量进入中国，海外新儒家的思想成果也开始“反哺”故国。经历了长期的文化专制和文化萧条的中国人，在各种文化思潮相互撞击下，求知欲望极度高涨，思想空前活跃，言论日益大胆，对中国现代化的发展路向开始了又一轮的评议。此一阶段的中国化的马克思主义即邓小平理论，在坚持马克思主义基本理论不变的前提下，结合国情，坚持走中国特色社会主义道路；自由主义的西化派还是主张要毫无保留地学习西方，必须“全盘西化”；回归故里的新儒学依然不懈地探索中国传统的现代转化，执著不已地呼吁国人要“返本开新”。历史在这里似乎转回到了世纪之初，又回到了问题的起点。历史再一次证明，与中国人血脉相连的儒学在中国的现代化进程中注定要扮演主要的文化角色，无论是正面的或者是反面的，或者是争论的对象，它永远都无法作壁上观。

自20世纪80年代始，儒学作为中国传统文化的代表者，再度成为人们关注的热点，渐露“一阳来复”（杜维明语）、“贞下起元”（陈来语）之象。

儒学开始在中国大陆的逐渐复兴，不仅表现在学术界对儒学的研究开始繁荣，大量的儒学典籍被整理出版，而且在官方和民间层面，对儒学也开始逐步认同。颇具有象征意义的事情有：1984年，中国孔子基金会成立；1984年，梁漱溟、冯友兰、张岱年、季羡林、朱伯崑、汤一介等人在北京发起成立民间性的“中国文化书院”；1986年，《孔子研究》杂志创办；1994年，在北京成立了国际儒学联合会；2002年，在中国共产党创办的第一所大学中国人民大学校园内树立了孔子铜像，同时成立了中国人民大学孔子研究院。坚持马克思主义立场的著名学者张岱年主编了《孔子大辞典》及“国学丛书”，罗国杰主编了《中国传统道德》五卷本（由国务院副总理李岚清任顾问，国家教委主任朱开轩任编委会主任），方克立主编了“现代新儒学辑要丛书”等。尤为重要的是，1989年纪念孔子诞辰2540周年的国际学术讨论会在北京召开，中共中央总书记江泽民接见了与会的部分代表并讲了话。这可以看做是在比较完全的意义上结束那一段批孔批儒、反传统的历史的一个重要标志。2002年，江泽民在中共十六大报告中指出：“民族精神是一个民族赖以生存和发展的精神支撑。一个民族，没有振奋的精神和高尚的品格，不可能自立于世界民族之林。”并且号召全党全国人民要大力“弘扬和培育民族精神”。如此，以后任何对传统文化尤其是对儒家的批判都不再具有全局性的意义。

这一时期的儒学复兴，80年代和90年代是两个情形各自不同的阶段。

在80年代，国内先后兴起了“美学热”和“文化热”，人们分别借“美学”和“文化”逐步接近和探讨现实存在的政治思想理论问题。在“文化热”中，不仅大量的西方文化典籍被译介进来，更为重要的是中国传统文化典籍重新得到人们的重视，海外新儒学思想成果也引起了人们的高度关注。杜维明、余英时、刘述先、成中英等第三代新儒家的著作在国内俱是风行一时，从另一个角度启发人们的忧国之思。

1980年，李泽厚在《中国社会科学》发表《孔子再评价》一文，指出孔子所维护的周礼，本是周公所建立的氏族贵族的规范化制度，其中包含着原始人道和民主遗风。但历史向来是在悲剧性的二律背反中行进，文明进步要付出道德的代价，必将消失的氏族社会中的人道意识却构成了孔学的中心。孔子以“仁”释“礼”，将社会外在规范化为个体的内在自觉，是中国哲学史上的创举，为汉民族的文化—心理结构奠定了基础。孔子思想的中心范畴是“仁”而非“礼”，它由血缘基础、心理原则、人道主义和个体人格四因素组成，即基本特征则是实践（实用）理性。李泽厚指出，孔子成为中国文化的象征和代表，绝非偶然。这一转折性评价，在“文革”刚刚结束后春寒料峭的思想界，引起激烈反响。此后，李泽厚陆续出版的《中国古代思想史论》、《中国近代思想史论》、《中国现代思想史论》，在学术、思想界再掀波澜，不仅让人们在理性思考中对中华民族的文化—心理结构有了正确的认识，而且也直接启发了80年代中国大陆的思想启蒙运动。在整个80年代，李泽厚的思想深刻影响了一代人，有忧国之思的年轻人往往“言必称李泽厚”。李泽厚成为大陆青年的精神领袖。

在这期间，曾在台湾进行过的西化派与新儒学之间的论战似乎又移师大陆，再起硝烟。当时大陆的自由主义西化派自命为五四新文化运动继承者，极为欣赏台湾的柏杨、李敖等人的全面否定传统文化的观点。如方励之就再倡“全盘西化”，刘晓波放言“向传统全面开战”、“要使传统文化后继无人”，其固有思路仍然是把中国现代化道路的不畅归咎于儒家思想的阻碍，认为当务之急还是要把儒学批透批倒。在这种观念支配下，西化派掀起了“文革”以后又一次的批儒浪潮，其最大成果就是轰动一时的电视系列片《河殇》（1988）。《河殇》把中国近代的落后归罪于中国的黄色文明，即农业文明和内陆文明，认为黄色文明的代表者儒家文化已经造就不出一个民族的进取精神、一个国家的法治秩序、一种文化的更新机制。《河殇》宣告儒家文化已经被历史所淘汰，黄河文明已经陨落，必将为蓝色文明即工业和商业文明所取代。可以说，以《河殇》为代表的西化派虽有指桑骂槐的策略考虑，但其内在思路仍是民族虚无主义，并且对本民族文化自信心也彻底丧失，对儒家思想多有不实之辞，甚至极尽曲解和诬蔑。

在西化派的一片反传统声浪中，1986年，北京的《哲学研究》杂志刊出“中国传统哲学反思”专辑，牟钟鉴在首篇题为“中国传统哲学的评价及其历史命运”的文章中，批评了随意贬抑传统文化的错误态度，阐述了中国传统哲学具有强烈的社会现实性、博大的系统观、鲜明的主体意识、高度的辩证思维性等优点和特点，这些都是具有生命力的成分，是宝贵的精神财富。此文引发了激烈争论。其后，牟钟鉴等人继续阐述孔子、儒学思想是社会人生的常道，具有普遍意义；认为孔学阐述了中华民族和平、人道的精神发展方向，给人一种崇高的文化价值理想，表现出具有高度预见性的东方智慧，具有永久的魅力。孔子是大宗师式的人物，能够历百代而不衰，跨异域而皆仰。作为中华民族传统文化的代表者，孔子与中华民族的命运是连在一起的。而儒学作为一种人生哲学，不仅将受到极大重视，重新成为中国和东亚人的重要信仰，而且还会向西方发展，在基督教、佛教、伊斯兰教等宗教体系之外另立一个没有"彼岸"的人生价值体系。作为中国人，应该有一种健康的民族心理，即对自己民族的圣哲要倍加爱护，对于自己民族的优秀文化传统要同情理解，同时以开放的心态去迎接一切外来的文明，并有选择地容纳吸收。① 牟钟鉴的这种观点应时而发，很有代表性，道出了很多知识分子的心声，引发了强烈的社会共鸣。

1988 年，余英时在香港中文大学发表题为"中国近代思想史中的激进与保守"的著名讲演，认为中国近代思想史就是一个思想不断激进化的过程，因为过分微弱的保守力量没有起到制衡作用，才使得中国的现代化进程为此付出了惨痛代价，"文革"就是激进化思潮的终点。余英时指出，"五四"第一代的反传统者如陈独秀、胡适、钱玄同、鲁迅等人都是旧学深湛的人。他们反中国传统，是入室操戈以后的事，因此确有所见。"五四"第二代、第三代以至今天的知识分子对于中国人文传统大概只有一个抽象的概念，即使其中有人肯花些工夫去翻阅古籍，他们所戴的"五四"眼镜也使他们很难"与立说之古人，发于同一境界"。至于连古籍都读不大通的人，那就更不在话下了。所以，"五四"以来的反传统风气越到后来便越发展成"一犬吠影，百犬吠声"的情况。余英时呼吁人们思考"在激进思潮仍然高涨的今天，我们是不是能够开始养成一种文化上的雅量，对于'保守的'或近于'保守的'言论不动辄出之以轻薄或敌视的态度？"②可以说，余英时的分析和告诫对许多具有"五四"情结的人起到了醍醐灌顶、当头棒喝的效果。

杜维明在观察、总结东亚儒家文化圈的现代化成果和经验的基础上，提出了名噪一时的"儒家资本主义"说，认为儒学和现代社会完全可以相容共进。杜氏一直不遗余力地论证儒家传统的现代转化问题，认为儒家文化具有普遍价值，并不属于某一阶级："从文化人类学的角度来看，儒家是一个很特殊的生命形态，贯穿于整个中国社会的各个阶层。我根本不能接受这样的论点，即认为儒家是属于中国上层社会的意识形态，即官僚制度或士大夫的意识形态。这种判断和历史事实是完全不相符的。我以前也提到过，为什么西方所谓的大传统和小传统绝然分割的情况，在中国文化中找不到例子呢？因为儒家是把大、小传统结合在一起，乡村文明和都市文明结合在一起而且渗透到各个不同阶层的生命形态。这并不表示在中国儒家是一枝独秀，因为儒家总是和其他很多的思想流派紧密结合的。因此儒家并

① 详见牟钟鉴：《孔子与二十一世纪》，《二十一世纪》（香港）1995 年第 3 期。

② 余英时：《钱穆与中国文化》，第 222 页，上海远东出版社，1994。

不属于某一阶级。”①故此，杜维明设想了儒学第三期发展的途径，认为儒学在未来必须面临美国文化、欧洲文化、东亚文化（即工业东亚）的挑战，并在这些文化中播种生根，然后方可以健康的姿态回到中国。

尤其值得一提的是，杜维明对西化派的反传统策略有精辟分析。其一针见血地指出，“五四”以来的西化论者在比较中西文化时采取的是通常所谓“强人政策”的反程序运作，即地道的“弱者政策”：“用中国文化的糟粕和西方文化的精华进行比较，为的是寻出自己文化的劣根性”。如胡适以缠足娶妾和抽鸦片为国粹；鲁迅把自私、敷衍、无聊、妥协、愚昧、狂傲、庸俗、陈腐等等社会心理中的“奴性”部分归结为国民性，从而以打倒国粹、改造国民性相号召，正是这种“弱者政策”较有象征意义的两个例证。儒学派无意于否认西化派文化策略的最先动机是爱国家爱民族的，改造国民性重塑国民人格也有其必要性，但用丑化中国文化、凸显其阴暗面的办法不是理性的健康之道。②

此一阶段的新儒学在积极探索儒家传统的现代转化进程中，既积极“反哺”故里，又继续对激进西化派进行反击，不断引起激烈争论。这说明自由主义的西化派和文化保守主义的新儒学这两大思潮，在探索中国现代性问题上依然处于紧张的对峙状态。

由于1989年春夏之交的政治风波，进入90年代的中国思想界出现了新的变化，文化保守主义伴随着“国学热”一再高扬，“思想家淡出，学问家凸显，鲁迅、胡适、陈独秀等退居二线，王国维、陈寅恪、吴宓等则被抬上了天”（李泽厚语）。在文化保守主义兴起过程中最有象征意义的事件有：80年代思想界的领军人物、宣扬“西体中用”的李泽厚和持自由主义立场的王元化趋向文化保守主义，且李泽厚自愿被称为“新儒家”；公开高举文化保守主义旗帜的《原道》辑刊在大陆出版；大陆新儒家群体逐渐浮现。

1992年，季羡林发表《二十一世纪：东方文化的时代》一文，认为“东方文化与西方文化的关系是‘三十年河东，三十年河西’”，“到了21世纪，三十年河西的西方文化就将逐步让位于三十年河东的东方文化，人类文化的发展将进入一个新时期”③。此文一出，顿时引发激烈争论，被认为是“大陆东方文化主义的宣言书”。随着国际上“中国威胁论”的出现，90年代国内民族主义思潮兴起，尤其是文化民族主义持续高涨，直至《战略与管理》杂志发表康晓光的《文化民族主义论纲》一文。康晓光倡言：“21世纪的中国需要一种超越民族国家的文化民族主义”，“今日重提‘文化民族主义’，不是要建立一种束之高阁的关于传统文化的理论，而是建

① 杜维明：《现代精神与儒家传统》，第418页，三联书店，1997。

② 详见杜维明：《儒家传统的现代转化》第245～246页，中国广播电视出版社，1992。

③ 季羡林：《二十一世纪：东方文化的时代》，见《文汇报》1992年3月10日。

立一种强有力的意识形态，要发起一场广泛而持久的社会运动。通过继承传统，博采众长，古为今用，洋为中用，继往开来，确立新时代中华民族的理想、价值、道德。这是一场精英领导、国家支持、大众参与、始于本土、遍及全球的中华文化复兴运动。这一运动的核心目标是，把儒学重塑为与现代社会生活相适应的、遍及全球的现代宗教。"①这种以儒学为核心的文化民族主义，是文化保守主义思潮的重要组成，其挟持巨大民间吁求和声势对中国现代化发展的意见参与，促使国人和有关方面进一步思考和重视儒学与现代性的关系问题。

在90年代文化保守主义思潮中，不仅海外新儒家的著作和思想继续保持着影响力，大陆儒学的研究和发展亦开始呈现欣欣向荣的景象，其中发表、出版的有关儒学研究的论文、著作数以千百计。尤其引人注目的是，在这之前，"以马克思主义的立场、观点和方法"进行"批判性研究"儒学的学者、著作居多，此时则开始出现"同情性研究"乃至"传承性研究"儒学的学者、著作，其中，尤以李泽厚、蒋庆、邓小军、陈明等人的著作以及发表在《原道》辑刊上的文章具有代表性。②

李泽厚不仅在90年代对激进主义进行反省、批判，倡言"告别革命"，而且在其著《己卯五说》(1999)一书中针对牟宗三、杜维明提倡的"儒学三期说"提出了"儒学四期说"。首先，李泽厚就牟宗三由道德良知开出民主科学的思路进行了批评：

> 高悬道德心性作为至高无上的本体，宇宙秩序亦由此出发(道德秩序即宇宙秩序)，那又何需现代科学和民主(均与传统道德基本无关)来干预和参与呢？这不是理论上的附加累赘么？想由传统道德开出现代的民主政治和社会生活，以实现儒家"内圣外王"之道，"现代新儒学"无论在理论或实践上，都是失败的。熊十力用《周礼》来套现代政治，梁漱溟以伦理代政治的"乡村建设"是如此，冯友兰写《新世训》、《新世论》来"经世致用"，在理论上却与其强调"经虚涉旷"的纯概念体系的《新理学》打成两橛，没有内在的逻辑联系，甚至互相矛盾，也如此。看来，牟宗三"内圣开外王"的"良知坎陷说"又是一例。与牟承认宋明理学"内圣学强，外王学弱"一样，现代宋明理学(即"现代新儒学")也没能逃出这一理论缺失。③

既然"现代新儒学"所倡言的"第三期"儒学为中国现代化问题开出的药方不

---

① 康晓光：《文化民族主义论纲》，《战略与管理》(北京)2003年第2期。

② 当然，更有许多著名的学者从传统文化与现代化的角度，对中国传统文化如何现代化提出了富有建设性的观点，就继承传统文化而言，有成中英先生的宏观继承、傅伟勋先生的批判的继承与创造的发展等；就传统文化如何创新而言，有林毓生先生的创造性转化、张岱年先生的综合创新论等。其中以张立文先生体现中国文化人文精神精髓和首要价值的和合学，最具代表性。

③ 李泽厚：《己卯五说》，第4~5页，中国电影出版社，1999。

对路，李泽厚提出了糅合“马克思主义、自由主义和存在主义以及后现代”思想资源于一体的“第四期儒学”。李泽厚认为孔子、孟子、荀子为儒学第一期，汉儒为第二期，宋明理学为第三期，现在或未来如要发展，则应为虽继承前三期却又颇有不同特色的第四期。而第四期的儒学要发展，“至少需要从马克思主义、自由主义和存在主义以及后现代这些方面吸收营养和资源，理解而同化之。……总括起来，‘儒学四期说’将以工具本体（科技—社会发展的‘外王’）和心理本体（文化心理结构的‘内圣’）为根本基础，重视个体生存的独特性、阐释自由直观（‘以美启真’）、自由意志（‘以美储善’），和自由享受（实现个体自然潜能），重新建构‘内圣外王之道’，以充满情感的‘天地国亲师’的宗教性道德，范导（而不规定）自由主义理性原则的社会性道德，来承续中国‘实用理性’、‘乐感文化’、‘一个世界’、‘度的艺术’的悠久传统”①。诚如作者所言，第四期儒学与前三期的关系，在于儒学基本精神和特征的延续，而不是概念话语的沿袭和阐释。

邓小军著《儒家思想与民主思想的逻辑结合》（1995）一书，以解决儒家思想与民主思想能否结合的问题，进而解决中国文化与现代化在根本上能否结合的问题。邓小军认为，儒家思想在中国政治史上的正价值大于负价值，对欧洲启蒙运动起过支援作用，是孙中山民主思想的重要资源之一。以儒家的天赋人性本善、人性平等为逻辑前提，正当地接上民主思想的天赋人权人人平等、政治权利人人平等；然后以此为逻辑前提，正当地接上儒家思想的天下为公（即最高政治权力属于天下人民或主权在民），并落实为立法权属于全体人民，立法受人性与人权的限制。最后得出结论：儒家思想在本质上即内在理路与核心逻辑上与民主思想具有一致性，故儒家思想与民主思想可以而且应当逻辑地结合。这样，他就参照西方价值理念，通过论证传统的价值合法性，论证传统的正面意义。尽管邓小军的观点受到了一些学者的质疑，但该书仍被誉为“‘五四’以来大陆学术界第一部专论与详论儒家思想与民主思想可以逻辑结合的著作，亦是近年来中国学术界在中西文化比较研究上罕见的一部力作”②。

陈明在其著的《儒学的历史文化功能——士族：特殊形态的知识分子研究》（1997）一书中借助政治学分析的方法，从国家组织系统与社会组织系统在不同历史时期的关联出发，认为在两者统合结构下的夏商周三代社会，儒学的精神在于以自然形成的文化秩序规范一切，将政治运作及其过程置于文化理想的指导之下；而在两者二元分立且矛盾对抗结构下的秦以后时期，儒者一直执著于王道理想，儒学发挥了批判、调整的功能。陈明最终“试图证明的只是，从具体历史活动过程看，

① 李泽厚：《己卯五说》，第13、30页。

② 蒋庆：《超越西方民主　回归儒家本源——读〈儒家思想与民主思想的逻辑结合有感而作〉》，《中国社会科学季刊》（香港）1996年冬季卷。

儒学发生的作用是积极的:作为一种道,它为社会生活,政治运作,以及个体安身立命确立了价值标准;作为一种术,对于社会整合,社会均衡和发展,都具有不可替代的功能。就目前来说,这是必须做好的第一步工作"①。不仅如此,陈明还论证中体西用是与救亡(俄国模式)、启蒙(欧美模式)并列的第三种关于中国社会发展的文化设计,且被一代一代文化保守主义者所阐发坚持。他这一思考在《浮生论学》中与李泽厚讨论"西体中用"时有所推进,即:中体,就是以中华民族的意志、需要作为社会实践活动的主体;西用,就是一切外来的外在的东西都是用以满足主体意志欲求的手段、工具。将"体"抽象化处理,是为了化解近代以来保教与保种之间的理论紧张。而且,陈明认为中国传统的思想资源与西方有差异,但并不必然就是自由主义的对立面,而同样可以支持自由主义在政治、经济等方面主张的落实。在某种意义上,陈寅恪就是一个例证。故陈明认为:"在今天,对中国未来的发展来说,自由主义与文化保守主义合则两兴,离则两败。"②

而在其主编的《原道》中,陈明强调从中国历史的内在性和一贯性来理解和认识中国,积极探索中华民族自己的文化表达式,从文化与民族的内在关联中重建这样一种话语系统。他将其作为《原道》的责任。他认为,传统作为一套话语,它与民族生命是"表达/塑造"的二重关系。作为表达,它反映了民族的意志、需要以及对世界的理解认知;作为塑造,它是民族自我意识对自身的自觉把握、调整与建构。当代中国文化的危机根本上讲就是我们没有一个能够承担这一"表达/塑造"功能的话语系统。既然文化是民族生命的表征,那么作为中华文化的主体,儒学在当代的理论形貌与我们民族在当代的生命形态之间必然具有某种内在的关联。因此,对于所谓儒者来说,首先需要追问的应该就是,那"未被规定的存在"该如何去进行选择和创造才能获得自己康健畅达的现实形态,获得自己所应有的本质特征?倘若现代性和全球化作为我们所处情境的历史特征确定无疑,那么,接纳现代性、融入全球化而又使自己的主体性高扬不坠应该即是我们别无选择的致思方向。

这一时期最受关注也最具争议的是以儒学传人特别是公羊学传人自居的大陆学者蒋庆。蒋庆因于1989年政治风波后不久在台湾《鹅湖》月刊发表有"大陆新儒家宣言"之称的三万五千字长文《中国大陆复兴儒学的现实意义及其面临的问题》,受到方克立的激烈批评,③同时亦引起国人的注意。其后,蒋庆继续著写《公羊学引论》(1995)和《政治儒学》(2003),宣扬其一贯力主的"政治儒学"。

蒋庆提醒人们,不要把儒学仅仅等同于"心性儒学"而忽视了儒学传统中非常

---

① 陈明:《儒学的历史文化功能》,第396页,学林出版社,1997。

② 李泽厚、陈明:《浮生论学——李泽厚、陈明2001年对谈录》,第156页,华夏出版社,2002。

③ 详见方克立:《评大陆新儒家"复兴儒学"的纲领》,《晋阳学刊》(太原)1997年第4期。

重要的"政治儒学",并且指出"政治儒学"(今文经学)不是"政治化儒学"即"政治化而为意识形态的儒学"(古文经学),而是以儒学指导政治、转化政治、以政治为关注对象的儒学。蒋庆不同意牟宗三一系的"新儒家"苦苦论证由"内圣"开"外王"的做法,认为此路注定走不通,反对将"内圣外王"看做是"体用的因果关系",因为儒家的"内圣外王"实乃是"一平列的结构关系"。并且,若依牟宗三一系的"新儒家"把外王事业理解为开出西方文化所揭橥的科学和民主,如此则儒学不能依其固有之理路开出具有中国文化特色的政治礼法制度,则"何发展之有!发展只能在其固有理路上发展,背离其固有理路求发展,发展只能是歧出或变质"①。故蒋庆认为,"开出新外王并不是开出西方式的自由民主制度,而是开出体现儒家政治理想与价值原则的政治礼法制度。这一制度与西方的自由民主制度有重合也有区别:所谓重合,是指儒家的价值原则与西方的自由民主制度不完全冲突,儒家按照自己的义理可以肯定西方自由民主制度的某些价值,二者是某一阶段的同路人;所谓区别,是指按照儒家的三世学说与大同理想,西方的自由民主制度只是小康之世的产物,并非尽善尽美,儒家追求的是比民主制度更高的政治理想,二者的目标不同"②。蒋庆认为,"王道"是中国政治应当走的路,也是能够走得通的路,呼吁国人继承孔子的王道理想,汲取《春秋》公羊学中的政治智慧及中国传统政治制度中可资利用的政治资源,创立中国式的现代政治制度。

蒋庆对公羊学真诚信仰,对儒学在中国现代化进程中的地位和作用立意甚高,只是,其执拗地坚持"开出新外王并不是开出西方式的自由民主制度,而是开出体现儒家政治理想与价值原则的政治礼法制度",此一观点,亦给人以"复古"之嫌。从近代西方的历史发展来看,一个社会的制度结构,完全可能由原来在不同社会中生成的文化传统或制度安排结合而成。据盛洪研究并得出的结论,西方文化有两个基本传统,一个是希腊传统,一个是希伯来传统,这两个传统之间的互动和互补所构成的制度结构,才导致近代西方的崛起。近代以来,在西方文明的冲击下,大多数国家都接受了西方的有形制度,而只有个别国家在特定的条件下也接受了西方的无形制度。反观中国的现代化进程,对于学习和引进西方的有形制度一直没有太大争议,有争议的只是引进何种何国的西方有形制度。但在无形制度方面,却没有一致的意见。按照理论逻辑,大概有以下几种:(1)用希腊传统替代儒学传统;(2)用希伯来传统替代儒学传统;(3)保持儒学传统。第一种选择无异于用唯理主义去破坏传统,最后成为"礼崩乐坏"的原因;第二种选择在历史中曾经做过试探,但以失败告终。尽管两希传统之间的兼容性很高,但希伯来传统不仅与儒学传统,而且与中国人的原始精神很难相容。因此,第三种选择就有可能成为第二种

① 蒋庆:《政治儒学》,第2页,三联书店,2003。
② 蒋庆:《政治儒学》,第22~23页。

选择的替代方案。尽管儒学传统与希腊传统作为形成于不同地域的两个互相外在的传统,存在着显而易见的冲突,但儒学冲突在中国这块土地上却有着至少四千年的根基。因此"西方的有形制度与儒学传统的无形制度构成的制度结构,有可能产生出超越两希传统结构的力量。由于这种结合,外来的有形制度更容易在本土'生根';由于有了'根',这一有形制度更能有效地运转。因而,中国大陆的制度结构,似乎应该是西方的有形制度与儒学传统的无形制度的结合"①。总体来说,蒋庆、盛洪主张的是回到历史上的"书法"、"师法"、"家法"内部,"以中国解释中国"。

至此可见,大陆新儒学借90年代文化保守主义之风开疆拓地,虽谈不上高歌猛进,但终成为众声喧哗中的清朗之音。但与此同时,其也受到自由主义和马克思主义教条派的批评,如李慎之一直坚持认为"中国传统文化就是专制主义";某些教条主义者和假马克思主义者在"阶级斗争"情结作用下坚持马克思和孔子"势不两立",更不容许一些理性中和者提倡"儒家自由主义"或"自由主义儒学"、"儒家社会主义"或"马克思主义儒学"等构想。对此,陈来有中肯的分析:

> 在现代中国,长期以来,妨碍正确理解儒家的历史价值与现代意义的力量,不仅来自于自由主义对儒学的激进否定,教条主义和极左的假马克思主义在近几十年的批判儒学的运动中扮演重要角色。这种批判在批林批孔时期"四人帮"的提法中表现得最为典型和充分。而批林批孔时期的极左文化观在"文革"后并没有得到彻底清理,以致其影响在今天仍可常常看到它的表现。如果说20年代全盘反儒思潮主要来自于以自由主义为背景的文化激进主义,而晚近的批儒呼声主要来自教条主义。他们把儒学仅仅看成一种维护封建专制统治的地主阶级的意识形态,为了把马克思主义与中国文化对立起来,用虚幻的手法把国学与社会主义新文化对立起来。教条主义无视中华民族的历史主体性,无视民族利益和民族前途,无视历史转型中的现实困难,却假意识形态的权威,把赞成正确理解儒学和要求,善用传统资源以对治现实问题的主张扣以"复古主义"的帽子,企图以政治化的话语打击不同的学术意见,这无疑是90年代改革开放潮流中的一种倒退的表现。同时,也可看出,在把儒学视作"农业文明"、"专制意识形态"方面,教条主义与文化激进主义是受同一种启蒙话语所支配的。②

儒学在当代中国虽有复兴之象,但无论是儒学的反对者还是新儒家自己,都承认儒学在20世纪的中国已经丧失了政治制度层面的影响,只仅仅身处社会—文化

① 盛洪:《寻求中华民族新的制度结构》,载于《新原道》第一辑,第74页,大象出版社,2003。

② 陈来:《二十世纪中国文化中的儒学困境》,《浙江社会科学》(杭州)1998年第3期。

层面。不过，颇具深意的一个现象是，自近代以来，中国的政治统治层和思想文化主流在每次处理重大政治现实或思想理论问题时都会拿儒学“祭刀”，或让儒学“陪绑”，即使在儒学已经“臭名昭著”的“文革”时期也不例外。此风至今尚存，典型表现为，许多人形成了这样的思维定式和心理习惯，即往往把现实问题归咎于传统文化尤其是儒学的“阴魂不散”；不仅不敢直面社会政治现实，还常常让古人来承担今人的罪责——真可谓之“荆轲刺孔”（秦晖语）。不过，这也从另一个方面有力证明，儒学作为一种悠久的文化传统已经深深地积淀于中国人的心理习性中，国人“习矣而不察”，“百姓日用而不知”，其或隐或显地对人们的思想和行为产生影响。但也正因为儒学的这种影响始终不能以正面、显性、完整的形式表现出来，不能以正常渠道作用于中国的现代化进程，其特有的社会功能亦得不到充分而健康的发挥，实乃可痛之事。痛定思痛，如何“创造性转化”（林毓生语）或“转化性创造”（李泽厚语）或“和合转生”（张立文语）儒家文化传统，使之积极参与中国国民的道德精神的重建，为中国现代性提供合理的精神资源，仍是摆在今日我辈面前的一项紧迫而重要的历史课题。

四、余论

自近代以来，中国在西方军事、政治、经济的强势逼迫下，在经历了一个多世纪的风风雨雨之后，仍在现代化的路途上苦苦探索。而我们曾经以为，只要引进了先进的政治、经济制度就可以赶超他人。实则不然。西方文化对于积淀深厚的中国文化而言，乃是一种异质性文化。中国的现代化进程，不仅仅是制度层面的转型，更重要的是内在精神的创新。今天，我们的物质生活的确大大丰富了，但我们的精神却在流离失所；经济全球化的浪潮在迅猛蔓延，但人与人之间的关系却更加冷漠疏远。我们今天之所以会遇到如此多的问题，尤其是世人所尤为关注的道德价值观问题的凸现，不仅仅是西方文化内在矛盾的暴露，还因于我们对自身传统的武断撕裂。人类会走向何处？毁灭还是新生？当一种文明不足以为人类的未来指引方向时，各古老文明中的智慧，或许会给今天的我们更加意味深长的启示。

中国今日的危机，主要已是文化的危机；中国文化所面临的困境，实际上是整个人类的困境。当前，中国文化所处的境遇依然是晚清以来的承续，中国文化依然处于秦汉以来从未有过的一个大变局之中，并且较之春秋战国之际更为动荡不明，这，亦迫使国人对传统文化的走向更为关注。西学东迫以来，风雨如晦，鸡鸣不已，无数的忧患之士为了中国文化复兴，自觉地进行了不懈探索和艰苦努力，尽管皆是情真意切，见解却仁智不同。故虽有众声喧哗不断，然黄钟大吕几希。“激进”与“保守”，长期以来亦是辩难不已，是非不明，余波及今。

就思想学说而言，风行一时的未必就能世世传承，遭遇冷落的或许更富蕴生命力。自近代至今的现代化进程中,国人对本族文化从痛心自省到局部修正,从局部修正到全部舍弃,从全部舍弃继而转为热烈地全盘接受西方文化。因为国运的动荡,使得文化传统的传承、创新,始终不能在清澈的理性思考中进行。更有一些人出于对现实的不满和对社会激进改造的需要,多发惊世骇俗之偏激言论;而越是惊世骇俗、哗众取宠,也越容易得到思想浮躁者的吹捧和一知半解者的欢呼。一旦偏激成为时尚,媚俗成为风潮,其所造的汹涌"声势",也就无情地淹没了睿智冷静之音。故而,残酷现实对道德理想的扭曲,急功近利对文化传承的消解,乃是中国现代化进程中,各种发自道德良知以赶超西方文化的学习运动步履艰难的真正原因。对立竿见影的现实功利的热望,往往也会促使革命道德精神的失常。故激进并非绝对正确,保守亦非完全错误。过犹不及。惟有执中用和,因革损益,无过无不及,或许可以帮助我们以较为合理的态度和方法来对待传统文化及其儒学,从而正确处理中国现代化进程中传统文化中各家各派之间的旧有关系,以及传统文化与西方文化之间现有的紧张关系。最终,实现我们大家的共同目的:中华民族的伟大复兴。

发掘宪政转型的古典资源

□秋风整理

时　间:2003 年 12 月 27 日下午

地　点:中国人民大学资料楼 8 层会议室

秋　风:今天我们对话的主题是宪政转型的传统思想资源。这里讲的传统,主要是讲儒家的传统。今天请来了当代新儒家的代表人物陈明先生。范亚峰、刘海波和我,则既是哈耶克式的自由主义者,而同时又都对中国传统抱有一种同情的理解。

一、治理危机与寻求新的思考方向

范亚峰:许章润先生的文章《宪法与账单》中谈到,梁漱溟先生说中国实现宪政需要两个方面的条件,一个是理,一个是势。对这两个概念,我有一个理解,理就是道的问题,势就是力的问题,理与力可以转化为道与势的关系。今天,我们可以基于这样的概念,分析 2003 年的社会现象和社会思潮,社会的实践和社会思潮之间有一个势和理之间的互动,这个互动很有意思。

2003 年大概有这么几个重大事件:年初的 SARS 事件,这是影响很大的事件;第二个是孙志刚事件,三个博士提起的违宪审查的建议;第三个事件香港大游行;第四个事件是今年下半年由刘狄、杜导斌、刘涌案等引发的新民权运动的讨论;第五个是台海危机;还有一个对中国发生重要影响的外部事件,就是伊拉克战争。

对这几个事件,我的初步总结是:如果说孙志刚案件触及到横向的问题、依法行政和司法关系的调整的话,SARS 事件就体现了公共治理的危机,用秋风的话来讲,SARS 危机体现了目前我们的制度上存在着重大缺失。这个可能大家不爱听,但是事实。孙志刚的案件,触及到一个法治的内在矛盾。孙志刚事件及相关的公民维权事件,我在《公民维权与选举权利》一文里归纳出维权的三个层次，第一个是个案解决，第二个是法规的修正，第三个是制度的建设。孙志刚事件实现了个案公正和法规的修正两个层次，而违宪审查的第三个层次没有实现。2003 年末新闻舆论界做了总结，一个代表就是《中国新闻周刊》年末关于维权行动的几篇文章，王怡的《发轫与操练》，秋风的《新民权运动元年》，及发表在《商务周刊》上的《新民权运动和有声的公民》。

秋　风：上述事件，我觉得触及了社会的各个层面。我当时说的 SARS 危机体现了中国制度上的缺陷，我讲的"制度"是比较宽泛的概念。刚才亚峰说的六个事件，涉及到了方方面面。首先在政体层面上，SARS 期间中央政府与地方政府之间的财政安排上的矛盾比较突出。还有一个层面就是道德层面。SARS 期间，人们陷入恐慌的状态，相比美国的"9·11"之后民众的组织和自律，就会形成鲜明的对比。这个对比后面，就是宗教、精神的因素。

陈　明：其实，中国历史上的民间社会有很强的自组织能力，有宗族、乡绅和信仰圈。近代以来，这样一种文化生态被严重破坏，一切的一切都系于政府之维，社会变得很脆弱。

秋　风：在道德方面，还有一个事件，学者不太关注，就是木子美事件。在有关这个事件的讨论中，各种各样的说法都有，这表明，对于将建设一种什么样的道德秩序和精神世界，现在整个知识界和民众的认识极为混乱。

总之，2003 年这些事件突出表明，我们这个社会，我们的政体，整个社会的治理框架，包括人民的精神状态，都处于一种危机中。

陈　明：或者说，50 年前的制度安排，与这 15 年来经济状况和其他社会环境所发生的历史性变化，存在落差。这样一些事件把它凸显出来，引起大家反思也许是件好事。

秋　风：经济在飞速地增长，人民比 50 多年前富裕多了。

陈　明：但精神状态却不太让人乐观。这并不完全是意识形态的问题，而是社会心理和民族精神的成熟与自觉的问题。政府、民间应该培养共识开展合作。

刘海波：补充一点，2003 年还有一个重大的事情就是关于修宪的事情，关于修改宪法的讨论。既然 2003 年的这些事件，凸显了我国政府治理和法治方式方面的深层次问题，如何通过宪法层次的安排，来解决这些问题，就是需要认真考虑的。设计得当，宪法是能够起些实际作用的。

秋　风：2002 年底，胡总书记提出每个人都要尊重宪法，学界就开始了宪法的讨论，一直到夏天，到 7 月份，讨论突然停止。但民间的讨论似乎还是发挥了一定作用，到年底，中共中央提出了宪法修改的 14 条建议。总的来说，建议还是接受了学界的基本意见，包括保护人权，不得侵犯私有财产写入了宪法里面。起码，保护人权这一条款，还是很重要的。

陈　明：进了一步。

秋　风:在现有的框架里面,也做了一些改进。

还有一点,伊拉克战争,也在知识界掀起轩然大波,甚至导致自由主义内部的分裂。而在随后的大半年中,尤其是随着台海危机逐步升级,国内民族主义的浪潮一浪高过一浪。在媒体的推动下,反美、反日,已经成为青年人中的一种时髦。当然,这中间有很大的一个因素,大学生们可能借着民族主义这个还算合法的出气筒,表达对于现实的政治和经济状况的不满。

上述种种事件表明,整个社会,不管是执政党、国家、社会还是道德层面的治理,都出现了一些问题,我们可能需要思考这些问题。起码我自己觉得,在思考这些问题的时候,可能一些古典东西是特别富有启发性的。我经常说一句话,就是越古代的人,他们的头脑越单纯,而越单纯的头脑,却越是能把人类最重大的事情思考清楚。太阳底下真的没有什么新鲜事。几千年来,最伟大的思想家思考的都是差不多同样的问题:怎么样建立一个优良的政体,培育一个健全的道德,一个既能够保障秩序,又保证人的自由的秩序,过一种善的生活,引导每个人追求善的东西,好的东西。越是古典的思想家,对这方面的思考越是整全,看起来比较完整。现代学术日益趋向于破碎和技术化,对于最基本的问题反而无人关注了。在这样的背景下,如果返回到传统领域,会受到很多的启发。

范亚峰:确实,从上述事件中我们看到,在当前的中国,资源的问题,伦理的危机,在社会转型过程中的各种危机,包括政治危机,已经到了非常关键的一个时期。在这样的关键时期,整个社会的变化非常迅速,大家的反思也越来越深。正是在这种情况下,学术界出现了一种新现象。我们知道,90 年代兴起了一股文化保守主义思想潮流,但在当时,它的发展中即使有不健康的一面,也仅仅是一种微弱的声音。当时有代表性的就是陈明先生主持的《原道》杂志。而到了 2003 年,对中国古典思想传统的关注,却似乎成为一种共识。

秋　风:也就是说,保守主义比较广泛地扩散开来。

范亚峰:在这个里面,明显的一点就是出现了一大批对儒家传统持同情和肯定的基本观点。中国古典思想,无论是在自由主义者内部,还是在自由左派中,还有研究政治的青年学者里面,都获得了同情的理解。

比如说自称"自由左派"的甘阳先生,劝学生读中国的传统经典,否则不可能理解现代的一些东西,不可能真正地理解中国和世界。这样的话,在一些论坛,在整个汉语学界的年轻学者中有一定的影响,在政治哲学界形成一定的影响。海裔和我等人合办的《公民科学论坛》,对中国传统比较肯定和同情。但是,这里面有一些现象并不让人满意,比如,一些学者从文化民族主义一下子跳跃到文化帝国主义。虽然他们理解的帝国,不是我们所说的帝国,是罗马帝国王霸兼用的帝国主义。但是,即使是罗马的帝国,也并不是儒家传统倡导的那种天下主义。

陈　明:从正面接近和解读传统,如果是真诚和理性的,那绝对是一个令人鼓舞的现象，因为它意味着知识界思维和心理上的成熟。不过，就我的阅读范围，无论是政治学还是哲学或者经济学方面的文章，对传统文献或思想的历史脉络似乎都不够重视。从知识上说，对其客观性尊重不够。从实践上说，往往抓住一些形式的东西，而忽略遗漏了一些精神的本质的东西。我认为最重要的是法圣人之所以为法，毕竟今天历史条件已是地覆天翻了。

范亚峰：2003 年，清华大学的许章润教授对新儒家的开山祖师梁漱溟的宪政思想进行了研究。还有就是杜刚建老师，很多年来致力于儒家与民主宪政的结合，实际上基本是新儒家宪政主义，不知道概括得是否准确。

秋　风：杜老师似乎有一篇文章的题目就叫做"儒家宪政主义"。

范亚峰：另外，就是现在非常活跃的青年学者王怡，从道家发掘民主宪政的资源，他在年末的一篇文章，就直接援引了老子的话，叫做《宪政之道非常道》。

季卫东先生最近的《宪政的新范式》等几篇文章，提出中国宪政的范式应当从凯尔森金字塔式的法律结构向新的太极图式的法律结构图式转换。季卫东先生对传统的资源向法治转换的过程当中，中国古代法和古代文明的智慧在当下的复兴和新生的可能性，都有研究，而且取得了很大的成绩。

另外，中国社会科学院法学所所长夏勇教授写的《民本新说》、《民本与民权》等一系列文章，对中国的传统和民主宪政的关系给予很深的关注，基本观点是致力于区别民本和民之所本，把民之所本解释成民权。

秋　风：是对民本概念进行了一个创造性的转化和深化。

我今年也做了一些这方面的事情，当然我做得比较浅。主要是写一些短文章，重新读了一下《老子》和司马迁的《史记》，主要是探讨所谓的黄老之学里的一些自发秩序的思想。也重新思考了《盐铁论》里贤良文学提出的一些宪政和政策考虑。从中，我确实看到了很多好的思想资源。我不仅仅是用西方已有的概念来套中国的东西，而是觉得，这里面有很多概念，事实上论述得比西方的概念更清楚一些，说得更透彻。

在我看来，重新阅读中国经典，实际上就是一个思想的对话过程。因为，毕竟，我一开始所接受的是西方的概念和理论体系，现在以这样的背景面对中国经典，有的时候觉得非常刺激。那是一种豁然发现一片新天地之后的激动。这个时候，哈耶克可以与司马迁说个不停，而老子也可以与亚当·斯密坐而论道，贤良文学可以与当代依然具有计划情结的人雄辩滔滔。透过这样一个双向的过程，关于自由、宪政、秩序的知识，变得更加丰满。

刘海波：我自己研究的是宪政理论，或者说是政体理论，按照非常传统的路子做政治学，不是做思想史或者观念史的。在研究过程当中感到，建立一个良好的政治制度的论说，在一种政治哲学或者价值观念的前提下才是可能的。我写文章，有一个主题总是说要恢复我们主流的道德论述传统，我认为没有中国主流的道德言说方式的恢复,想建设良好的政治制度是不可能的。为什么这么讲？主要是理论上的反思得出的结论。

陈　明:我比较关注传统资源对于当代文化建设的价值问题。一是我认为,现实的问题与历史有某种连续性,那么,传统作为前人努力的成果,作为本土性的知识,应该具有某种独特价值。另外,从当代文化建设的各个流派来看,我觉得对传统的轻忽相当普遍,没有谁意识到这是一种缺失,那我就来拾遗补阙吧。这样我就被当作文化保守主义了,实际上我对自由价值的推崇不亚于任何自由主义者。所不同的是,我不仅不把它当成传统的对立面,而且试图通过这一支点,推动传统的转换性创造。所以,当听到范亚峰和秋风讲保守的自由主义、自由主义和传统结合的时候,我特别高兴,因为,这既是当代社会所真正需要的,也是文化发展的希望之所在。我办《原道》、做研究都是围绕这一主旨。

范亚峰:我、秋风、刘海波等一帮同仁、朋友,在2002年提出一个概念,就是中道自由主义。为什么叫"中道"？这两个字有很多朋友认同,有很多人不了解内容是什么。目前经过一年多的探索,对中道自由主义有一个基本的概念,下面我会详细交代一下中道自由主义的脉络。

二、对"五四"反传统的传统的反思与超越

秋　风:一旦涉及到传统问题,就无法回避"五四"反传统的传统。下面我们讨论对"五四"传统的反思和超越,重新思考自由与传统的关系。

陈　明:"五四"的吊诡之处就在,一方面是激烈的反传统的表现形式,另一方面却是民族浴火重生的本质意义。像鲁迅,他主张中国的书"一本也不要读",但是,他的棺材上盖的旗帜却写着"民族魂"。人、书、魂,这三者间究竟是一种什么关系？一定时代的文本,是一定时代的生命意志的表达,是特定的情况下解决现实问题的方案。鲁迅之所以优秀,就是因为体现了中华民族的精神,是以这样一种"魂"去反对新条件下已不足以表达自己生命意志和欲求的"文本"。他的"破"实际是"立"的前奏,体现的是民族生命的新需要和创造能力。他的拿来主义已经暗含了这种意思,但还没形成理论自觉。此前的自由主义与保守主义在"五四"评价上聚讼不已,理解不透,就因为都是一种单边主义思维。我在《新原道》第一辑编发陈永苗《被带入儒学传统中的鲁迅》,就是要彰显这样一种内在的复合的视角。

从这里引出的第二个问题,就是把文化的作用过分夸大。这和我们近代受到的挫折有关。有种说法很典型:保护国粹,首先要国粹能够保护我们。将保种、守土之责统统归诸文化,是不是有点荒唐？文化最繁荣即意味着军事最强大,那么希腊城邦何至于败给马其顿人？制度的责任要哲学家负责？但这确确实实就是我们民族近代以来的共识。这种潜意识甚至形成了为左派和右派共同接受的理论模

型。在80年代以来的"文化热"中，学术界普遍接受了这一解释中国近代史进程的理论框架：传统社会在外力冲击下向现代社会变迁，对应于文化由表及里的器物、制度、价值三层面，洋务运动、戊戌变法和五四运动构成该变迁的三大阶段。它的灵感或许来自曾廉的这段话："变夷之议，始于言技，继之以言政，益之以言教。"实际这里所隐含的文化结构说的理论前提并不成立。物质文化、制度文化与精神文化三者根本不是一回事。它们的互相影响，需通过人这个中介环节才能展开完成。如制度一维，某种程度上乃是一种由社会强势集团支配的对现实利益关系的划分，又怎么能够笼统地以（传统）文化视之，并寄望于通过文化的批判或建设来改变或改造呢？"道者生于心，法者因于事，器者应于物"，如果道、法、器可以对应于前述文化诸要素，那么王夫之说的这些应该才是作为特定文化主体（如民族、人类）与诸文化符号之间的真实关系。它既是生命意志的表达外化，又是意志自觉对生命本身的塑造。文化决定论者无视第一点；文化虚无论者无视第二点。兼顾二者，我们才可以深刻理解所谓的继承与发展的问题，才可以深刻地理解和评价五四运动。我觉得，文化的发展有点像接力赛，每一代都应该尽其所能跑出自己的最大速度，一代一代的成绩就构成一个民族整体的文化景观。

秋　风：刚才你提到器、制、道。近代中国人面对外来的压力，一直在反思这些问题，80年代以来，我们则形成了对于这种反思的一个解释框架。根据这个解释框架，从经济的层面到制度的层面，最后到文化的层面，是一步一步地深入了，好像是一步一步地接近了问题的本质。根据这样的说法，解决问题的结果应该一步一步地提高才对。但是，事实上，中国现代化转型的问题根本没有解决。

范亚峰：台湾问题是帝制王朝崩溃后带来的分裂的问题。现在只能说是真正的统一之前的一个过渡时期。

秋　风：也就是说，一个半世纪来，现代化的各种各样的问题没有一个得到完善的解决。这个时候回过头来考虑，我们有理由提出一个问题：80年代人们给出的解释框架是否恰当？或者说再进一层，这个解释框架所解释的对象，即19、20世纪之交的中国知识分子所形成的变革路径，是否恰当？

回过头来再看和中国几乎同时现代化的国家的情况，比如说日本、土耳其和印度这些国家。据我自己的观察，这些国家没有彻底地去摧毁传统，尤其是没有借助政府的暴力去摧毁传统；至少从经验上看，他们没有建立极权主义政体，他们甚至建立起了自由宪政政体，解决了现代化最核心的问题。这个时候就要反思这个问题，现代化是不是要以清除传统为前提，我自己的思维也许太简单，根据上述经验的事实，我的结论是，根本不需要。陈明刚才说过，"五四"一代及随后整个知识界将文化和制度，包括财富、富裕过于紧密地焊接在一起。

接下来，我们需要对这种全盘反传统的传统进行一个反思。为什么19世纪末和20世纪初的知识分子急剧走向反传统，我觉得，可能和欧洲18世纪和19世纪的“唯理主义”有极大的关系,曾经在欧洲是盛极一时,而在中国都被不假思索地接受了。结果就是反传统。

陈　明:整个西方工商文明的迅速崛起和中国的急剧衰落,甚至惨败于日本,使中国近代知识分子的情绪受到极大刺激和伤害。我认为,古史辨派深层的心理,就是要通过解构传统的知识合法性,来解构传统的价值合法性,从而发泄释放自己的紧张情绪。

秋　风:从知识层面,知识分子受到“唯理主义”的影响。在这种知识背景下,反传统越来越激进,甚至采用暴力摧毁传统。事实上,我在想,假如一个人宣称他是自由主义者,但却反传统,甚至不惜借助国家暴力摧毁传统,那么我认为,他已经陷入了不可救药的自我矛盾当中。因为如果自由主义者用暴力改变一个国家的传统、别人的习惯,这是与自由的理念直接对立的。一个自由主义者不应该是反传统的,尤其是不应该赞同用国家暴力摧毁传统,不管是隐含还是明确。

范亚峰:在“五四”的话语中是专制和自由对立,为了实现自由,必须抛弃专制,彻底地批判专制,所以,“五四”两个核心概念,民主和科学重要的任务,就是反封建的任务,就是相对于民主,要反对专制的东西;相对于科学,要反对愚昧,反对迷信。我们需要理解哈耶克对中国的民主宪政的影响,这是一个核心的问题。

陈　明:启蒙主义和自由主义有个共同的思想或立场,就是从社会的角度考察评价国家和政治的问题。这一思想立场,正是儒家与启蒙主义和自由主义最大的理论接口。《慎子》说,“礼从俗,政从上”。礼是礼俗,所谓的礼制,是标准意义上的哈耶克的自然发生的秩序,历史经验的累积沉淀。儒家的仁与义正是从礼乐传统中提升出来的价值原则。从上的政,则是指以君权为轴心的权力组织及其运作,比较接近我们今天所谓的政治。它是随着经济的发展,军事技术的提升,诸侯中的强势集团在凭借暴力对贵族共和制乃至整个社会格局进行重新组织和划分而发展起来的;它的顶点就是中央集权制的秦国。“从俗”与“从上”,是完全不同的两种制度结构。儒家、法家政治哲学的本质区别,就在于一是社会本位,一是君主本位。

《大学》讲“国不以利为利,以义为利也”,“义”简单地说就是正义,是政府向社会提供的公共产品,指对各种利益关系的协调。这与法家设计的君主“独制天下而无所制”的政治理念完全不同。秦汉霸道体制落稳以后,儒生身份体现为二重性,一方面是民间社会代言人,另一方面又是专制体制辩护士。像董仲舒的思想基本就是“屈民以伸君,屈君以伸天”。天是什么?百姓的意志。为什么如此比附?汉代去古未远,天还有一定神性,这是惟一还能对皇帝有所震慑的东西了。

今天宪政思想里的个体性概念、财产权概念在西方也都是比较晚近才出现的。儒学内部当然没有现成的论说。对它进行改造创造比对它进行批评批判显然更重要也更有意义。英国人讲的自由是从英国人的政治经验中产生的,法国人、美国人讲的自由是从法国人、美国人的政治经验中产生的。中国呢?应该也离不开自己的历史与国情吧？从今天的社会情境和现实需要出发，发展出相应的关于自由和宪政的论说，应该是当代儒者的当务之急。

秋　风：我回过头来补充一下我刚才说的主流历史学的一个解释框架，回答一下中国的传统与自由宪政相容的问题。这里可以从解释学的角度来讨论一下这个问题。所谓的传统是一个整全的概念，传统是什么东西？传统我们只能从记载在书本上的东西中看到。我们所能够看到的传统，只是我们理解的传统。客观的传统，我们无法把握。我们现在所理解的传统，比如说近代的知识分子告诉我们的传统，就是近代知识分子在唯理主义的解释框架下所看到的传统。所以，我们现在所听到的传统，基本就是漆黑一片，因为近代唯理主义知识分子给我们的，就是这么一个解释。包括近代以后，比如说整个几十年或者一百多年，包括学生接受的，一提到传统，马上想到的就是家族私刑、以理杀人、吃人的历史等等。

我们也可以从另外一个角度解释这个传统，作为几千年文明的传统，不可能漆黑一片。假如漆黑一片，无数的事情就无法理解。一个国家如果治理几千万人或者上亿人，如果完全靠暴力的统治怎么可能维持几百年？

范亚峰：你这个论证很难站得住脚。哈佛大学一位教授写了一本书，就是《在中国发现历史》，好像中国没有历史。好像黑格尔说过，东方只有一个人的自由，或者说希腊是少数人的自由，到普鲁士是所有人的自由。现在他们发现不对，发现中国还有历史，于是写《在中国发现历史》。你现在是在“五四”所否定的传统里发现自由。

我提供另外一个论证的思路，就是按照休谟到哈耶克的自生秩序理论，权力从规则上来定义，权力就是制定规则的能力，制定规则、执行规则和监督规则实施的能力，这就是权力。按照这样的定义，什么叫立宪？从这个意义上来讲，宪政是公民权利和国家权力之间按照制定规则的能力进行讨价还价，最后实现一个均衡，所以立宪就实现了。所谓的权力制衡，只不过是另外一种谈判方式。而人类的政治实践证明，这样的规则和资源的安排方式，更有利于政府的良性运转。规则秩序理论对宪政政府，对联邦制的纵向分权和权力制衡的横向分权的论证是基于这样的论证。这可以拿过来分析中国的周代的天命和礼治。对“五四”的超越体现在把中国文明的转型，理解为从礼治秩序经过过渡的党治秩序向法治秩序转型的过程。这个里面看到的是什么？是整个社会的规则和秩序类型的变化。如果你用原有现代化的模式，比如说自由和权利，往中国的传统套，也许会失望，如“五四”传统；也许会像你现在这样欣喜。但是我的看法，打个比方，这就像弄一个圆锥，塞到方的东西里面去。从这个意义上来解释，中国的传统的秩序是不是自生的秩序，我看到台湾一个研讨会上，用哈耶克的自生秩序理论分析，中国周、汉代的秩序就是自生秩序。这样去分析礼治秩序，我们会获得一种新的理解。我们可以这样说，中国的传统秩序就是一种多中心秩序。但是，这样理解，并不意味着否定许多的问题，并不意味着缠足和权力的扩张等问题不能被批判。我们不是否定“五四”,而是超越“五四”反传统和新儒家的两个极端,达到一种中道的理解,实现一种反思性整合。

陈　明:我们的判定是在我们今天的框架里面进行的。实际今天整个的范式都有一个转型的问题。

刘海波:看问题的视角不一样。你是从内在的批判的视角;而“五四”时代,流行的是从外部的视角来看,那些人采取的是对文化、对制度进行完全解释的立场,一个万能的、可以站在文化和传统之外,对它们的来龙去脉进行解释的立场。

范亚峰:不是解释,是科学客观的完备的理解。

刘海波:追求完全客观的理解。但是,这是不是正确的方式?是不是反而忽略了至关重要的事物?这就要进行哲学性的反思,明白做事情错在何处。有时候很精确的办法做了错误的事。当一个人说文化是某种环境的产物,是文化背后某个本质性的东西产生出来的,然后建立一个判断文化优劣的标准或认为一切文化都是相对的,没有高下之分。看来这些说法是建立了完全理性的评判标准,但根据何在?说根据是某个理论,但这个理论的根据何在?追问到最后,这只能是我的信念,我相信这种哲学。但是这个哲学或信念是背谬的,因为文化解释学的逻辑,这种哲学是自我摧毁的,也就是说它本身也没有客观真理的意义。认识不到这一点,人会形成一种非常独断的看法,价值相对主义也是不可救药的独断论。

“五四”的问题,没有以内部批评的视角来看待传统,而是从西学当中的一种或另一种社会学理论,所有的都是社会学理论,用类似的思考方式来看待传统的。“五四”的后果,使得后人——我们,在认同传统之前,先要进行哲学的反思。我对儒家的传统,是在民间当中,从祖母、周围亲戚的言传身教,零散地接受的,因为没有很切身的感受,所以要靠哲学的力量,靠反思来对待这个事情。传统的失落是一件很痛苦的事情,而传统的恢复不能从外部强加,只能在内部自我反思、内在批评的过程中逐渐生成。“五四”的另一个后果,使政治科学成为不可能,政治学和法学都变成了社会学,对古典的政治科学完全遗忘。但是,我说,是传统和人民朴素的正义感、常识部分化解了唯理主义政治在中国的恐怖。与其问传统怎么适应你的政治方案,不如问你的政治方案是否本身就是成问题的。我看来,宪政转型的实际成功,依赖于我们道德传统主流言谈方式的恢复,既不能是社会学的方式,也不能是人权抽象推论的方式;而确立权利的实证性的法律的发展,也只能在具体经验性的道德传统发展和丰富的情况下才不至成为无源之水。

对于中国传统当中具体的思想和制度资源今天怎么来看?是在传统内部进行批评的问题。这个工作,中国古代的大家也做过。例如,理论层面比较高的一个是朱夫子,古典政治科学家顾炎武也仔细研究过我们传统的制度。顾炎武的许多看法,实际上我们现在也未必能够达得到。他的研究工作,要经过辛苦的经验调查,甚至要建立一种经济学的模型,经过推理,发现制度有什么一般性的后果,许多后果一下子看不出来。比如说科举制度,科举制度长期的后果究竟有什么毛病,不能一下子看得出来,甚至要借助现代经济学的知识才行。如果在科举制下,社会最聪明的人,都投资于为了获取国家所分配的权利的活动当中,尽管人力资本的投资非常高昂,但是却没有产出的。不能说,因为有了这样的人力资本的投资,可以导致社会变得更富裕,只能说读书人越多,这个社会越贫穷。如果获得这个结论,肯定对这个制度本身发生一种怀疑了。这样的话,也许就需要某种程度的修正。在这样的思考之下,我说政治科学和法律科学就成为可能的。这样对传统的制度有一个反省,传统制度可能存在着很大的缺陷,但是,也有很多优点。传统礼治的社会治理方式,就有很大的优点。

陈　明:传统和民族的发育是一种存在论意义上的关系。文化是民族在挑战和应战的循环中创造出来的,是生命意志的表达,又是对自身的反思与塑造。从历史学,也就是表达方面讲,我们所谓保守主义者当然有学科的优势,理解比较好一点。在塑造方面讲,我觉得自由主义的传统和精神,是一个很重要的资源和领域,保守主义者有个与时俱进的问题。没有发展满足不了时代的需要,结果是什么也守不住。

秋　风:作为一种更恰当的理解所谓的传统,我们最近都在学习苏格兰启蒙运动,一直到哈耶克,一直到迈克尔·伯拉尼,甚至到施特劳斯,我们可以概括为有限理性的理性主义,一种看到了理性的局限性的理性主义。

陈　明:批判理性主义。

刘海波:反思性的理性主义。

秋　风:就是说他们不认为一个人的理性,对传统、习俗,对周围的东西,可以作出一个非常精细的科学的解剖,把它作为一种数学式的、物理学式的描述,可以找到一个终极的根源,而且可以作出一个终极的判断,说这个传统好还是不好。尤其是哈耶克提出了一个特别重要的观点,就是"理性不及"这个概念。就是对我们的传统、习俗、惯例等等保持一种敬畏。哈耶克自己说,这些东西可能决定着我们的生活,但是我们不能理解它们是怎么发挥作用的,甚至不能精确地作出描述,是属于"默会的知识"。我们无法根据客观的标准来判断它们到底是好还是坏。引申一下,我们对一些传统的思想或者宗教的价值,很难作出判断。因此,我们必须在"理性不及"的领域中保持谦卑的态度。如果从这个视角来去重新看到中国的传统,就会有新的理论出来。

刘海波:是这样的,实际上是这么一个问题。当我们说到宪政转型的时候,我个人认为要避免这样的做法。因为看到了保留了传统的国家,所以他们的宪政转型比较成功,因此,把保留传统这件事情当成一种工具加以利用,这肯定达不到目的。宪法只能当成一种工具来理解,宪法是一个工具性的东西,传统本身是一个价值性的东西,既然是价值性的东西,就不可能实质化。但是宪法可以实质化,比如说宪法的政制结构是怎么安排的,法院是怎么设置的,但是不能对价值本身作一个实质性的规定。这是“欲高之反卑之”。

秋　风:我觉得宪政是理性可以比较自觉地设计的东西。而传统是理性不及的东西。如果说我们能做的,就是政治制度的层面我们设计一个比较优良的政体,一个优良的法律制度,包括司法制度、保障最基本的权利或者是自由。整个制度框架本身可以提供一个让人们遵守或自发地改变这个传统的框架。所以,我有时候说,立宪是一个知识的过程,一个宪政、一个宪法、一个政体怎么算优良,怎么算比较差,根据人类几千年的经验,我们可以作出一个大致的判断。但是传统到底什么好什么差,我们无法作出一个理性的判断。所以,如果说在治理方面,有什么可以去努力追求的话,那也就是去设计一个好的宪政的框架,而不是去跟传统叫劲。

陈　明:强调传统的重要性,对现实的宪政建设有一种提醒作用,即对所谓的中国经验的特点给予足够的重视。批判的时候我们可以参照某某理论某某模式,但建设的时候,问题就绝非同样简单了,而必然表现为一个基于本土经验的创造。国情的具体判断可以仁者见仁,智者见智,但对它给予足够重视在方方面面都应该是确定无疑的。路径依赖并不只有负面的意义,艾森斯塔特对自己早期的发展理论所做调整就是证明。就今天的话题说,它的启示应该是:在历史中寻找自由的真正定义,在历史中求取正义的最大实现,在历史中探寻宪政体制的最佳模式。

三、一个重包容传统的宪政理论

范亚峰:我们最近几年探讨的成果是,理解到易学的五行四时阴阳道的框架,和普通法宪政主义的规则秩序原理,存在着内在的思想气质性的相通之处,相通并不等于等同,但是相通的含义就是二者之间不冲突,这样中国的民主宪政建设,以至整个社会秩序的转型,包括经济、政治、文化、社会、法律等等,整个的中国社会和文明的转型,不再像“五四”那样以反传统为代价,而可以恰当地处理传统与现在、中国与世界,化解中西古今内在的矛盾,不再对传统和现代作一种厚今薄古的处理。我们刚才谈到了很多的方面,为什么说五行阴阳道能够契合,可以讲一下,有三个要点。

第一个是正义观念,这是政治观念的来源,在西方主要是来自于自然法的背景,以及基督教神学的约法的背景,在中国和政治正义相对应的是天命、天道的观念。道的提法很多,天命、道、天、本心、性等等。

在这样的情况下,中国实现民主宪政,关键在于学习民主宪政的规则秩序原理,即普通法宪政主义的普遍规则秩序原理,意味着对中国的传统,从这个角度来讲,天命可以作为创造性的转变,所以要重述天命。我们注意到,在近代以来,为什么首先建立中国的近代的国家,孙中山的三民主义,民族民权民生,是以民代天,很重要的原因是有一个人民取代了上帝的观点，在本土化过程中，用人民置换了天命。三民主义的“民”的概念，进一步在毛泽东思想里面被人民取代。当下，对中国人来讲，沿着这样的思路，重述民本观念，实际上是不足以解决基本问题的。很重要的原因是，现代性危机使人权话语遭遇到很大的危机。现在的危机主义的缺陷，需要对自然、天、上帝生成一种敬畏，正因为这样的缘故，中国的未来的政体的根本观念，需要有一种对天命和民意的反思性整合，基于这样的原因，以中道作为中国宪政的正当性根基是恰当的。

普通法宪政主义的第二点是自由传统。自由传统的含义，就是在英国自由的形成是一个持久的博弈过程，因为宪政的生成过程是不断回到大宪章的传统。当下中国宪政的操作，所谓的中国人的权利，也是要不断地返回到中国的古代，像孟子的“民为贵，社稷次之，君为轻”的民本主义，还有周代的“天道无亲，惟德是辅”的观念。在这样的转化过程中，需要一个对权利的重新定义和生成。如果不经过重新定义，就会有一个误解，就是陷入中国古代有没有民法，中国古代有没有权利等这样的无聊争论之中。

第三点是司法中心。司法中心的体现，实际上是一个重程序的普通法的优良传统，以程序为中心，注重程序正义的。在2003年的刘涌案中，程序正义受到了很大的误解，这实际上是把形式正义和程序正义混为一谈的结果。

西方一个法学家图依布纳提出，整个人类，包括西方法律的危机，导致从形式理性转变到实质理性，到反思理性，反思理性就是强调程序的重要性。我个人的基本观点认为，对中国来说，需要提出程序理性，它包括五个方面的主要内容：第一是程序性，第二是主体间性，第三是实践性，第四是反思性，第五是整体性。从这个角度理解，我们把民主宪政理解为政体复合程序，是社会沟通程序的一部分。那么，实际上程序理性的观点，除了民主宪政之外，还扩展到修身关系的程序。梁漱溟先生提出人类的文化要处理天人、群己、身心三种关系。除了社会沟通程序之外，人的身心沟通和天人关系的沟通，也存在沟通的程序。可以从程序理性的观点，把身心关系、天人关系和个人社会关系合三为一，而不断地反思，从公共之域走向意义之域，从政治走向哲学，重建内圣与外王关系为复杂的互动关系。通过这样的角度，重建中国文明的伦理秩序和宇宙秩序的基本关系。

陈　明：把政治哲学和形而上学和个人的心灵之学沟通起来？我觉得，作为一个学派如此建构是可以的。但这样一个整全的东西操作起来很困难，关键一点就是天命问题。这是一种历史性的存在，现实中已经非常稀少了，也不能人工建构——难道专门为此而将基督教引进来？这显然反而将宪政的门槛提高了。另外，落实到政治实践，技术性不够强。信仰是精神性的内在性的，手按《圣经》宣过誓，就能保证公正执法了？我认为，儒家的心性之学在当代政治哲学中能发挥的作用不多，倒是“以义为利”的义特别重要，可以作为从传统过渡到宪政的很好的接口。

范亚峰:天命的论证有什么意义呢?西方法理学包括自然法学、社会法学和分析法学三个大的学派,为什么需要自然法学?那样的超验之物看上去虚无缥缈不可操作。天命的含义,并不是解决民主宪政的操作性的问题,而是解决民主宪政的文化根基问题,就是正当性问题。这个正当性论证是必要的,但是,他会通过什么样的方式实现呢?这需要司法中心。韦伯最欣赏的法官是清教徒的法官,作为清教徒的法官,他的判决是什么?是通过司法判决,把启示体现在判决当中。那么,中国未来也是一样,法律的目的是什么?是为了实现正义,司法的目的也是为了实现正义。整个的司法过程中,有一个原则和规则的区别,为什么区别?在规则之上要确立原则,而这个原则来源于什么?来源于超验或者是某种历史传统。

陈　明:我并不是反对,而是指出在我们的传统和现实中,神性的东西非常薄弱稀少。

刘海波:这不是一个问题,我们的传统中没有西方那样的宗教形式。但,第一,我们这个传统的主流言说方式不是背谬哲学的方式;第二,形成了大量丰富的具体的规则,现在仍然是我们社会非常基础的一些伦理法则。我不认同像韦伯那样看待中国的传统,也不赞成为了宪政建设的目的引进西方的宗教或因此信仰基督教,那不是真的信仰。我们作为人,问的是如何做正确的事,如何选择一些工具或手段接近正确,在政治上就是对宪法或政体的选择,对此我们初步提出的方案是普通法宪政主义。一般意义的普通法宪政主义,可以在我们传统内部得到论证和肯定,而具体的制度设计,就不仅仅是哲学的问题,还是我说的成为可能的政治科学和法律科学的问题。要考虑普通法司法的一般后果是什么,普通法司法的宪法程序含义是什么。

秋　风:这个背后也有哲学的基础,有限理性的基础。

刘海波:对。解释一下,谈宪政通常人们说立法、司法和行政三权分立,这种功能性的解释有缺失。说有一个立法机构,说它的功能是制定法律。这样法律就变成人的意志,法律的基础就不是超越于任何人的意志的东西,因此就否定了客观正义的实在性。我们说法官首先做的是判断的工作,而不是在执行成文法,否则的话,法院和行政部门有什么区别?判断要求法官面向客观正义。在经验世界,法官实际上是对现有的有冲突的一些具体的原则进行权衡,得出一个具体的判决。他做的不是理论性的推理工作,他是在判断,判断当中包含了推理。这个看法可能具有颠覆性,但只在现代政治思考方式下才这样;在恢复了主流的道德论述传统后,显得很自然。

陈　明:我不知道如何来恢复——儒学孔教化?李泽厚讲过公德和私德的问题,或许有点相关。

范亚峰:除了尊重旧的传统,传统的含义是什么?是不断生成的。这里面包括，我们可能忽略了，很多人容易犯原教旨主义儒家的倾向，中国的传统是什么？他们认为除了儒，佛、道都不是。而基督教从唐朝传入至今已经一千年，难道还没有构成中国传统的一部分吗？

陈　明：这个我和你们一样，非常地赞同。像陈援庵他既是一个虔诚的天主教徒，同时也是一个杰出的爱国者。

刘海波：我们说的宪法安排，可以说是主流传统，也是各种教都支持的一个事物。但不是从中直接推理出来的，它借助了他国经验和政治科学，含有人为设计的成分。

陈　明：我不是反对，只是指出落差。我是从效能来说的。

刘海波：传统制度资源不足问题，我们必须承认。中国儒家的礼治思想是正确的法律哲学，但缺乏合适的制度安排。要借助西方的资源：西方的政治科学、法学；罗马、英国、美国等的经验，在意向上仍然是孔夫子—顾炎武式的政治科学，在制度安排上更加精细。通过某些宪法程序，我们大致可以使司法走向普通法方式。这样也形成了一种法律秩序，它不能被化约为成文法条的遵循，先例自然是首要的法律渊源，中国的传统规则自然被纳入到这个法律秩序当中。我认为这样的法律秩序，其确定性和灵活性都优于大陆法方式。普通法的法治方式与中国传统有着天然的亲和性，经验性的例子如香港。如果考虑到香港在中国文化中的边缘性、其政制结构的殖民地色彩、法官的英国背景、法庭语言为英语等，传统中华法系在香港保存和发挥作用更说明了这一点。中国的传统的礼治秩序的某些成分可以在这种法治形式当中又复活过来，是当事人、法官、律师、社会各方互动当中自然做到的。对普通法法官的素质要求，是儒家君子人格理想和法律推理技术的结合。这种法治形式避免了根据现代流行人权话语抽象推理所形成规则在中国的水土不服，而逐渐生成和我们血脉相通的"中国人的权利"。

一部宪法有两个方面的问题：政制和法治方式。这两者是相互支持和相互协调的。当一个方面较为薄弱的时候，另外一方面也不能更好地发挥作用。这样的宪政制度安排不是从儒家传统中直接推理出来的，但中国主流道德哲学传统的恢复，是其言说和实践可能性的前提，并会被这一传统所肯定，而古老传统会在这种宪政安排中焕发生机。

秋　风：是的，立宪是一个知识过程，是一个理性可及的事务，我们可以根据我们从经验中及逻辑上所得到的宪政知识，进行制度上的设计。在这个时候，传统本身在很大程度上是不相关的东西，或者说，是一个需要被触及的东西。但是任何一个具体的国家的完善的宪政制度，是需要合法性的论证的，是需要社会层面相关的安排提供支撑的。这就需要从传统中发掘本民族的资源，使宪政框架活起来，丰满起来，并获得最厚实的支持。

陈　明：我也有这样的感觉。通过正义，传统和宪政的距离变得可望也可即。

因为它是一个具体的历史性的概念，自由是一种正义，公平也是一种正义。这有助于把讨论和研究引向深入。

秋　风：包括天命。

陈　明：我只是说资源的不足。日常生活中的天地良心，就是这种东西。所谓天理，就是正义。如果说自由派的口号是自由，新左派的口号是公平，保守派最愿意强调的就是正义。

范亚峰：感谢大家的参与，今天下午我们初步总结了一下近几年的思考。希望像陈明兄所说，以后加强这方面的讨论和合作研究。

论吕大临的道统担当精神

□陈海虹

吕大临（1046～1092），北宋理学家，金石学家，今陕西蓝田人。曾先后受业于关学开创者张载与洛学开山二程兄弟，名列"蓝田三吕"（吕大临、吕大均、吕大忠）、"蓝田四贤"（吕大防、吕大均、吕大临、吕大忠）与"程门四先生"（游酢、杨时、吕大临、谢良佐）。吕大临在其短短一生之中，进行了大量的学术研究，他对于理学的发展、中国金石学的研究、考古学的总结以及中国古代乡村社会的规范都做出了重要的贡献。处于理学开创期的吕大临同其师张载、二程一道，对于宋明理学这一中国思想史上最具有思辨性与民族性的传统学术高峰的理论形态进行了艰苦的论证，为理学以后的发展开创了问题意识与思维框架。他们师徒所讨论的问题，成为以后理学家所关注的共同的理学话题。由于吕大临"寿不永"（朱熹语），加之其是张载与二程的弟子，他的思想一般都被研究者界定为关、洛二学之间，其影响也一直为张载与二程所遮蔽。其实，吕大临在生时，就受到当时人重视。他的岳父张载之弟杨戬就说"得颜回为婿矣"，而与他曾有交往的苏东坡在其去世时，也说："言中谋猷行中经，关西人物数清英。欲过叔度留终日，未识鲁山空此生。论议凋零三益友，功名分付二难兄。老来尚有忧时叹，此涕无从何处倾。"（宋施元之《施注苏诗》卷三十三）①而其后的理学大师朱熹在程门弟子中尤重大临。

吕大临作为一名自觉的新儒家学者，在理学的形成过程中，自有其独特的发挥与阐扬。也正因为他与张载、二程一道生逢理学的开创期，他的思想肯定有张载与二程影响的痕迹。本文不欲对吕大临的理学思想与其在中国思想史上的地位作总体的研究，仅

① 转引自陈俊民《蓝田吕氏遗书辑校》第4页，以下各处皆出于本书，不再作注明——笔者。

选其对于儒学在唐五代之后、有宋以来的天人道统的维护与担当中所作的阐述与挖掘。

一、力辟异端的道统意识

吕大临生活的时期，正逢唐五代之后。由于历经连年战火以及佛道之冲击，中国本土的儒家学说在这一过程受到了理论与现实层面的双重打击。在理论上，儒家的学说不论在本体的论证上，天地自然的构成上，还是在心性的内在阐发上，都不及佛道之精致；而在现实的社会中，儒家所一贯倡导的仁义礼智的道德伦理观念，受到了严重的摧残。表现于生活的实际上，则如同吕大临所说："今大道未明，人趋异学，不入于庄，则入于释。疑圣人之未尽善，轻理义为不足学，人伦不明，万物憔悴。"①一方面是曾经是中国文化主导、被儒家学者敬为大道之学的儒学，已不再是人们惟一正确的选择；另一方面，则是维系中国社会几千年的儒家伦常，由于儒学的失势与佛道的世俗化，使人们对于这一调节社会的约束规范不再相信，造成人伦失序。就儒家学者而言，他们在内心深处一直以儒家所倡导的三纲五常作为自己文化的惟一支柱。他们认为学统就是道统，儒家学者本身就是道统的承担者。作为一名高度自觉的知识与道德的实践者，儒家学者虽然对大道至为敬畏，但他们从不将主体的人置于天道的完全笼罩之下。从孔子开始，这一传统就一直成为他们思想的核心。孔子说："人能弘道，非道弘人。"②人是大道的弘毅者，作为客观存在的大道只能通过有自觉担当意识的人来加以体现。儒家认为，大道是自古至今就一直存在于人伦物理之中，它并不因人之意识如否而有变化。本是中国先秦百家学派中一家的儒学，以继承中国传统薪火为自己的理论特色，以实现三代圣王之事业为己任，表现出高度的自我承担意识。他们在自己的理论中，处处以民族文化的承继者自期、自为、自立。虽然久历社会政治的变故，儒家学者却从不以自己学说为末流。他们也在一定的意义上认为，儒家的学统不仅是道统，也是政统得以合法与合理化的惟一的理论形态。中唐的韩愈就以道统来论证儒家学统对于华夏的一贯性与惟一合法性。

理学家们对于自己的传统，有着更深更多的体认，他们较之自己的前辈之不同，在于从更理性化的层面来对此进行论证。理学家们从更充实与超越的理性层面来对自己的道统进行辩护与捍卫。吕大临认为，儒学以外的其他学术，之所以不能代表华夏之道统，倒不在于他们不自觉于大道的体认，他说："墨氏兼爱，杨氏为我，原其设心之初，以为道在乎是，天下之善无以易此，岂欲无父无君之行哉？然卒

① 《蓝田吕氏遗书辑校》，第624页。

② 《论语·卫灵公》。

至于无父无君者，积靡其敝，不至于是则不止也。”①自以为体道的杨墨，不能够对于大道有清醒的认识，他们“其始未有害也，其风之末，则至于无君无父而近于禽兽”②，百家最终不能成为传统的合法的承继者。他说“绝伦离类，无意乎君臣父子者，过而离乎此者也；贼恩害意，不知有君臣父子者，不及而离乎者也；虽过不及有差，而皆不可以行于世，故曰‘可离非道也’”③，而作为大道的承继者的儒家学说，以中为的，既不过也不及，他们才是大道在主体上真正之人格展显。

二、持中守一的理性精神

作为理学家的吕大临，不仅仅自觉以道统意识来对自己的理论给以勇于担当的感情关怀，他更从形上的理性角度加以论证。宋明理学家们不再局限于夷夏之辨的民族本位之角度来对“非我族类其心必异”的异端进行批判，他们从“至一无二”的理之角度来加以展开。这种展开显然具有更多更强的理论之特色与批驳的力度。

新儒家学者们清醒地意识到，仅仅拘泥于两汉董仲舒神学天人相感，已不能再为儒家的伦理思想寻求坚实的立论基础。他们将儒家所倡导的伦理道德，不仅给予天赋之安置；并将这一思想从人心内部给予先验之地位。社会之中的人伦日用、匹夫匹妇的习用而不察，无不有一昭昭天理存在于其中。这一天理贯天贯地、从古通今，从此理实存的角度说，理就是诚。吕大临说：“诚者，理之实，致一而不可易者也，天下万古，人心物理，皆所同然，有一无二，虽前圣后圣，若合符节，是所谓诚，诚即天道也。”④诚即天理之至实、至诚之谓。儒家的伦理从此不仅具有了人伦之意味，它就是天道（天理）在人间的体现与呈现。天下万古、人心物理都有一理，虽然，在吕大临这里，理还不具备朱熹后来所表述的“一理而万殊”的内涵，但吕大临却从理学家所共同的天人合一之角度来对此问题进行了论证。天人合一，不仅仅是一种主观上的观察视角，它有了本体上的依据。“天下通一气，万物通一理”⑤，吕大临从气与理的高度来对自己所认可的天理加以体认。这种体认是基于感性的自觉与理性的自持，它必然给学者从内心深处提供一种理论的力量。有了这一力量，理学家们就能对于道统的持守增加理论上的自信。

吕大临的理，并不具备二程以之作为最高存在之根本的内涵，理在他这里更多的是以理义的面目出现的。理在人伦中的表现称为理义。吕大临说：“所谓一者，

---

① 《礼记解·缁衣第三十三》，第344页。
② 《礼记解·中庸第三十一》，第309页。
③ 《礼记解·中庸第三十一》，第272页。
④ 《礼记解·中庸第三十一》，第272页。
⑤ 《易章句·系辞下》，第182页。

理义而已，人心所同然者也。为君则仁，为臣则忠，为子则孝，与人交则信，乃所谓一，是故君臣之所为虽不同，同归于是理，故可望而知，可述而志。”理是人与人进行交往的内在之原则与标准，君之仁、臣之忠、子之孝、友之信，都是一理之表现，所为虽不同，所以为则都是一理。理因此成为判断是非善恶的标准，“合于理则为善，不合于理则为恶”①。理也是人作为自己人格得以确立的根据，“故臣之事君，无所逃乎天地之间，东西南北，唯命之从；及违于理义，则臣得以争于君，匹夫不可夺其志”②。同命相比，理学家表现出更多的理性精神，大临在这里以理之不可违而高于命之不可改。理是人之为人的内在的根据，遵于理也就成为人得以与命相抗衡的重要指归与依据。君臣上下的等级、贵贱贫富的悬殊，在一理的面前，都不再是最高的价值判断取向。吕大临认为：“彼以其富，我以吾仁，彼以其爵，我以吾义，吾所慊乎哉？此在下位，所以不援上也。”③君子基于理之基础之上的仁义而不役于富爵，儒家学者也正是在自觉体认大道基础上，产生一自立于天地之间的大丈夫气概。孔子的“己立而立人”的思想，在吕大临这里被赋以立于理义之上的理性内涵。而且，理学家的立己，不仅仅是立于一己之私的，他们将这种立于理义之上的个体人格彰显为天地大化之中。张载就提出过“为天地立心，为生民生命”的天下胸怀与抱负，吕大临在其师的影响下，也具有天人合一的精神追求。“至诚与天地同德，与天地同，则其气化运行，与天地同流矣。”④至于至诚的主体，就能够参天地之化育，就能够体天下于一体，无己无物，无彼无我。这种与天地大化相合的境界追求，显然不同于佛家以空为本、以万物为幻的空灵，也不同于道家绝圣弃智的玄远与不动情。理学家所追求的这一至诚的境界，正是他们区别于佛道的一个明显的特征，它从现实的人生走向万物一体的天人相合。

三、温润如玉的君子人格

理学家们的崇高追求，最终是要落实到现实的人间的。他们不把这种高明的境界与理想的社会寄托在超越的彼岸，大道之行，就在人伦日用之间，就在匹夫匹妇之身。理学家们从不认为需要在现实的彼岸设立一至真至善的上帝，他们身上鲜明地体现了中国哲学实践理性的特征（李泽厚先生认为中国思想一重要的特征就是实践理性）。这一理想的社会，儒家将之虚悬于三皇五帝时的记忆之中，他们更多地是要求主体在自觉的道德修养之中实现理想人格的完成。

① 《礼记解·缁衣第三十三》，第 345 页。

② 《礼记解·表记第三十二》，第 332 页。

③ 《礼记解·中庸第三十一》，第 283 页。

④ 《礼记解·中庸第三十一》，第 300 页。

吕大临认为,理想人格的化身就是君子。君子是大道在世间的载体与实践者,大道就体现于君子的一言一行之中。吕大临作为杰出的金石学家,他以美玉喻君子之德性。他说:“君子不贵难得之货,故玉之贵非以寡,碈之贱非以多也。玉者,山川至精之所融结,其德之美有似乎君子,故君子服之用之,所以比德而贵之也。碈,石之似玉者也,似是而非,君子贱之,如紫之于朱,莠之于苗,乡愿之于德也。玉气粹精所发,则温润而泽,如君子之仁,温厚深淳之气形诸外也。玉理密致而坚实,如君子之知,密而不疏而中理,坚而不解则可久也。金之有廉,虽利也,用之则伤;玉之有廉,虽不利也,用之则不能伤。如君子之义,其威虽若不可犯,卒归于爱人而已。玉之体重,垂之则如坠而欲下,如君子之好礼,以谦恭下人为事,故曰礼也。凡声滞浊而韵短者,石也;清越而韵长者,玉也;始洪而终杀者,金也;始终若一者,玉也:此玉之声所以与金石异也。其终诎然,所谓始终若一,所谓玉振之也者,终条理也。乐之始作翕如,至于皦如以成,歌者止如槁木,其合止皆无衰杀之渐,则君子于乐,其终诎然,如玉之声也。玉之瑜者其美也,瑕者其病也,玉之明洞炤乎内外,瑜瑕不能相掩,如君子之忠无隐情,善恶尽露而无所盖,故曰忠也。……玉之明彻,蕴于内而达于外,犹君子之信由中出也。……玉之莹者,光气能达于天,所谓‘气如白虹’也。韫诸石中,则光辉必见,所谓‘精神见于山川’也。如君子之达于天,则与天同德;充实而有光辉,则与地同德也。玉之为璧琮,其用也,必有币以将之;玉为圭璋,特达而已,不用币也,如君子之德,无待乎外也。莫非物也,玉之为物,天下贵之;莫非道也,君子之道,天下尊之。故曰:‘天下莫不贵者道也。’”①君子之仁、知、义、好礼、乐、忠、信、达,无不在此得以形象的展示,而玉如君子最终的原因,在于君子是大道的体现者与推行者。道是君子最内在的本质,君子是道之行的外在的主体。吕大临在这里借君子如玉的人格,表明了自己担当大道的自觉意识,这也是作为理学家的大临以道自期的自我表白,展现了吕大临对于儒家道统的自觉认同与承担。

吕大临以勇于担当的理性精神对儒家道统自觉地进行维护与发挥,其学于关洛之间的学术经历,“修身好学,行如古人”,无意仕进擢用的性格特征,对于儒家道统具有确切的体认与实践,在中国儒学的发展中无疑起着积极的作用与影响。他真正做到了“力振正学,为吾道作干城”②的学术自期,也在一定程度上实现了自己“学如元凯方成癖,文似相如反类俳。独立孔门无一事,唯传颜氏得心斋”③的理学自诩。

---

① 《礼记解·聘义第四十八》第417~418页。

② 《蓝田吕氏遗书辑校》,第650页。

③ 《送刘户曹》,第600页。

乡土中国中的“孝”
——对《论语》中“孝”的观念的人类学考察

□陈璧生

在中国传统文化观念中,“孝”是最重要的伦理观念之一。从《论语》中孔子对“孝”的温情脉脉的描述到《孝经》中“孝”被提升到“天之经也,地之义也,民之行也”的地位,到汉儒董仲舒把父子之情配以五行之道,到“五四”时期吴虞大声疾呼正是“孝”把中国弄成一个“制造顺民的大工厂”,“孝”的观念在两千多年的历史中形成了一套“孝文化”。中国进入现代转型之后,社会的变迁导致思想观念的变化,今天我们看待《论语》、《孝经》等典籍中的“孝”,难免隔着时代与语境的高墙,显得遥不可及而且难以理解,特别是对于“父母在,不远游”、“忠臣必出孝子之门”一类的观念,很难根据今天的生活习惯和社会状况去理解。如果光是用哲学的眼光看待这些观念,只是对这些观念进行一定的整合和阐发,就无法解释由于时代的隔膜造成的疑惑。因此,便需要回到思想观念源发的历史情景,由此去理解思想形成的原因。

一、乡土中国视野中的“家”与“国”

蔡元培先生在《中国伦理学史》中这样解释“孝”:“人之全德为仁,仁之基本为爱,爱之原泉,在亲子之间,而尤以爱亲之情发于孩提者为最早。故孔子以孝统摄诸行。言其常,曰养,曰敬,曰谕父母于道。于其没也,曰干蛊。夫至以继志述事为孝,则一切修身、齐家、治国、平天下之事,皆得统摄其中矣。故曰:孝者,始于事亲,中于事君,终于立身。是亦由家长制而演成伦理学说之一证也。”①这一解释揭示了“孝”从爱亲开始，对内统摄种种修身道德，进而对外推至治国平天下的理论过程，也就是从“家”中的孝到“国”中的孝的过程。

“家”与“国”是传统文化中的两个重要的单位名词。与我们今天的观念不同，传统思想中“家”和“国”都有很强的收缩性。“家”可以小至夫妇二人，大至一个家族，一个血缘村落，甚至推到“四海之内皆兄弟”。而“国”在春秋战国时期，每个诸侯王治下都是一国，秦始皇统一之后的广大疆域也是一国，古代疆土的变化，都是“国”的范围的变化。从自己，到“家”，到“国”，呈一种差序外拓状态。

费孝通先生在《乡土中国》一书中提出了传统社会的“差序格局”这一概念。他说，西洋社会是一种“团体格局”，而中国传统社会的格局，“好像把一块石头丢在水面上所发生的一圈圈推出去的波纹。每个人都是他社会影响所推出去的圈子的中心”②。“家”、“国”、“天下”这些单位名词就是差序格局中的圈子。而圈子中的关系，是“伦”。潘光旦先生在《说“伦”字》中说：“伦，从人从仑。《说文》说：‘伦，辈也。’辈字也有类别与次序的意思。人的类别次序，关系，谓之伦。”③费孝通也说：“我们儒家最考究的就是人伦，伦是什么呢？我的解释就是从自己推出去的和自己发生社会关系的那一群人里所发生的一轮轮波纹的差序。”④中国传统思想中对整个世界的想像，便建立在“伦”的基础上。传统有五伦，而“父子”一伦，实为五伦之重心。父子的理想关系，是“父慈子孝”。“父慈”是生命的自然延伸而产生的情感，“子孝”是生命情感的血缘回溯而产生的敬爱。父子之爱本来是一种天然的情感，即使在动物身上也时有闪现。而儒家思想把这种生命情感转化为伦理价值，孔子一方面把“孝”描述为子对父恭恭敬敬的敬爱，最终把孝落实到“心安”上，一方面在差序格局的“家”与“国”的处理上，以父子类比君臣，以致后来“孝”在“家”的领域被绝对化为父权专制，在“国”的范围内衍化为臣对君的“忠”。由孔子时代的“忠恕”并称到汉代的“忠孝”并称，意味着帝制儒学化与儒学帝制化，帝王的绝对权力在“孝”的观念中取得合法性地位。

二、“家”中之孝：把自然情感提升为伦理价值

我们从猴子、老虎等动物的父子亲情中可以看到，即使是低级动物，它们也会因直接的血缘关系而产生天然的血缘情感。而对人而言，这种血缘情感会因为人有思维而显得更加炽热、稳定。自然的血缘情感有两个特征，首先是直接性，它是

---

① 《蔡元培全集》第一卷，第477页，浙江教育出版社。

② 费孝通：《乡土中国·生育制度》，第26页，北京大学出版社，1998。

③ 潘光旦：《说“伦”字》，见《潘光旦文集》第10卷，第134页，北京大学出版社。

④ 费孝通：《乡土中国·生育制度》，第27页。

一种发诸内心不问根源的直接呈现；其次是真实性，即不经理性而发生的直接呈现，表现出一个澄明清彻的本心。本来，子对父母的感情，首先就是一种自然的血缘情感，而孔子提出来的“孝”，就是把这种血缘情感提升为伦理价值，在子对父母的直接的、真实的情感的基础上建立一种稳定的伦理观念，以形成社会思想，反过来由外在力量规范这种感情。英语世界中只有子对父母的情感而没有产生像“孝”这样的伦理思想专门去说明那种情感，因此把“孝”翻译成英文的时候，便找不到对应的词语，人们往往只是译为“the treatment of parents”。①

1. 孝道的理论基础：直

作为一种伦理观念的“孝”，必须以自然的血缘情感为基础。《论语》有云：“叶公语孔子曰：‘吾党有直躬者，其父攘羊，其子证之。’孔子曰：‘吾党之直者异于是，父为子隐，子为父隐，直在其中矣。”（《论语·子路》）偷羊这一行为本身是完全不符合儒家的伦理道德的。在一个陌生社会或者契约社会之中，对偷羊的揭发，是维护社会秩序的表现，必定得到支持。但是如果是父子互相揭发，那就违反了父子本来的天然情感，因此是违反人性的，孔子并不提倡。“直”是真性情，无论仁、义、礼、孝，都是建立在这种真性情的基础之上。孟子所说的仁之四端，同样建立在人的内在情感的直接呈现的基础之上。《孟子·公孙丑》说：“今人乍见孺子将入于井，皆有怵惕恻隐之心；非所以内交于孺子之父母也，非所以要誉于乡党朋友也，非恶其声而然也。由是观之，无恻隐之心，非人也，无羞恶之心，非人也，无辞让之心，非人也，无是非之心，非人也。”这种“怵惕恻隐之心”，就是内在良知的呈现，也是“仁”的心理源泉。因此我们可以说，儒家的情感，都是从具体的生活世界真切的感知而产生，而且它们构成了一个熟人社会、一种礼治秩序的基础。

2. 孝道的落实：心安

《论语》中多次说到“孝”，但是，与说“仁”一样，孔子每一次都把“孝”落实到具体的实事，从来没有给“孝”下一个明确的概括性的定义。

费孝通在《乡土中国》中说，中国传统社会是一种“熟悉”的社会，“从熟悉里得来的认识是个别的，并不是抽象的原则。在熟悉的环境里生长的人，不需要这种原则，他只要在接触所及的范围之中知道从手段到目的的个别关联。在乡土中国中生长的人们似乎不太追求笼罩万有的真理。……孝是什么？孔子并没有抽象地加以说明，而是列举其具体行为，因人而异地答复了他的学生。最后归结到心安二字。做子女的得在日常接触中去摸熟父母的性格，然后去承他们的欢，做到自己的心安。这说明了乡土社会中人和人相处的基本方法。”②在《论语》中，孔子并没有

---

① 例如“子游问孝”一句，便有人翻译为“Tzu-Yu asked about the treatment of parents”，见Arthur Waley 译《论语》，第15页，外语教学与研究出版社，1998。

② 费孝通：《乡土中国·生育制度》，第11页。

从“孝”的具体行为中归纳出一种抽象的规则、定理，而是从“心安”中演绎出一套因人而异的行为方法，最终的落实是“女安，则为之”。宰我曾对“三年之丧”提出疑问，认为三年之丧导致礼坏乐崩。孔子反问他，在父母之丧三年内，“食夫稻，衣夫锦，于女安乎？”在古代，“父母之丧，既殡，食粥，粗衰。既葬，疏食，水饮，受之以布”，“无食稻、衣锦之理”。① 而宰我回答：“安。”孔子说：“女安则为之！夫君子之居丧，食旨不甘，闻乐不乐，居处不安，故不为也。今女安，则为之。”（《论语・阳货》）也就是说，君子三年之丧的“礼”是出于其“情”的一种真实流露。孔子似乎并不认为“孝”有一种明确的包罗万有的定义，而是只要做得让自己安心，就可以了，而真正的君子，要做到“安心”，便在各种场合都有不同的行为。

“孝”必须摸清父母的喜好，熟悉父母的生活习惯。《论语・为政》有云：“子夏问孝，孔子曰：‘色难。有事，弟子服其劳；有酒食，先生馔：曾是以为孝乎？”“色难者，谓顺承父母颜色乃为难。”“孔子谕子夏，服劳，先食，汝谓此为孝乎？未孝也。顺承父母颜色，乃为孝。”②为人子、弟，有活先干，有酒食先给父母、兄长吃，这还不算孝。孝是顺承父母的颜色，这是对父母的情感的一种尊重。但是，当自己的意见和父母的意见发生冲突的时候怎么办呢？孔子说：“事父母几谏。见志不从，又敬不违，劳而不怨。”（《论语・里仁》）最终是“不违”。事实上，《论语》中对“孝”的强调，一直是从情感意义上进行说教。孝注重的是情感与精神的慰藉，而非物质的满足。“子游问孝。子曰：‘今之孝者，是谓能养。至于犬马，皆能有养；不敬，何以别乎？’”（《论语・为政》）“孝”是承父母的欢心，同时落到一个“敬”之上面。后来人们把“孝”与“敬”合在一起。“顺承父母颜色”的教条发展到了极致，便成为民间《二十四孝图》中的“老莱娱亲”那样畸形的产物。

“孝”要靠“礼”来维持和保障。《论语・为政》云：“孟懿子问孝。子曰：‘无违。’樊迟御，子告之曰：‘孟孙问孝于我，我对曰无违。’樊迟曰：‘何谓也？’子曰：‘生，事之以礼；死，葬之以礼，祭之以礼。’”“无违”即无违于礼。孔子把外在的“礼”通过发自人心的“仁”植入人们的心灵深处，而孝则是“仁”的一种。通过礼，孝也被纳入礼治秩序之中。后来“孝”变成社会上的父权理论，由孝衍生的“忠”变成政治上的君权理论，可以说都是由此开始。

在传统社会的差序格局中，个人始终处于中心位置。因此伦理的重心放在个人，在对父母的关系中，孔子抓住的是人本性的自然呈现。当人面对父母，回溯他的生命根源时，其感情的自然呈现就是承顺父母的喜怒哀乐，并且无违父母之意，是以“敬”囊括对父母的一切责任与尊重，是通过外发为“礼”确立其孝。这种落实于心安的孝文化，可以把人熏陶成为“从心所欲不逾矩”的孝子、君子。在传统的

---

① 朱熹的注释，见朱熹《四书集注》，第263、264页，岳麓书社，1987。

② 《论语注疏》，见《十三经注疏》，第2462页，岳麓书社2003年2月第7次印刷。

基本社区——村落中,孝足以维系人的基本道德。但是,当社会复杂化达到一定的程度,孝之“礼”变成一种外在的力量,尤其是当权力因素渗进来,像魏晋时期那样把体现为礼的孝变成举荐贤良选拔官吏的一个标准,那么,这种以自我为中心的差序格局,便会催发人们无边的利益欲望,使一些读书人为了做官,抽空了“礼”中的仁、孝等内涵,为了利益而仅仅在表面上按照“礼”的要求行事,由此出现了“举孝廉,父别居”的情况。

“孝”还是维护传统大家族制度的基础。传统的乡土社会,“生活是富于地方性的。地方性是指他们活动范围有地域上的限制,在区域间接触少,生活隔离,各自保持着孤立的圈子”,“乡土社会在地方性的限制下成了生于斯,死于斯的社会。常态的生活是终老是乡”①。“孝”观念的基础是乡土社会,并且维护这样的乡土社会。孔子说:“父母在,不远游,游必有方。”(《论语·里仁》)《论语注疏》注解道:“父母既存,或时思欲见已,故不远游,游必有常所,欲使父母呼已得即知其处也。设若告云诣甲,便不得更诣乙,恐父母呼已于甲处不见,则使父母忧也。”②传统乡土社会的流动性极弱,普遍的心理是安土重迁。在农业文明的形态下,土地是生命的根源,人只要拥有土地,便有了安身立命的物质依据,所以古代人们所向往的往往是安居乐业日出而作日落而归的生活。而且人们习惯了熟人社会,熟悉的圈子给人们一种自适的安全感,因此人们也不习惯在流浪中追寻的生活。这与北方的游牧文明、西方的海洋文明是完全不同的。在农业文明中,“孝”就意味着拒绝流动,在父母膝下,早晚请安,侍候终身。而“孝”文化一旦形成,则反过来进一步加固了这种不愿流动的社会形态。老子的理想社会是“小国寡民,使有什伯之器而不用,使民重死而不远徙。虽有舟舆,无所乘之;虽有甲兵,无所陈之;使民复结绳而用之。甘其食,美其服,安其居,乐其俗;邻国相望,鸡犬之音相闻,民至老死不相往来。”③但我们回溯当时的历史情景,这种乌托邦理想不过是对农业文明中的社会原始结构的一种极端化的描述。

3. 追溯生命之源

在契约社会中,父与子的关系,是自然关系与契约关系。卢梭在《社会契约论》中说:“孩子们也只有在需要父亲养育的时候,才依附于父亲。这种需要一旦停止,自然的联系也就解体。孩子们解除了他们对父亲应有的服从,父亲解除了他们对孩子应有的照顾以后,双方就同等地恢复了独立状态。如果他们继续结合在一起,那就不再是自然的,而是志愿的了;这时,家庭本身就只能靠约定来维持。”④

---

① 费孝通:《乡土中国·生育制度》,第9页。

② 《论语注疏》,见《十三经注疏》,第2471页。

③ 《道德经》,见《诸子集成》第三卷,第73页,团结出版社,1999。

④ 卢梭著,何兆武译:《社会契约论》,商务印书馆,1980。

契约理论中的父子关系，在孩子未达到有理智的年龄时是自然关系，在孩子成人之后是一种自愿结合的契约关系。

而在中国传统文化中，“父”与“子”绝非自然关系与契约关系，而是生命、价值关系。牟宗三先生在论述中国哲学的特质时说，中国哲学“是以‘生命’为中心，由此展开他们的教训、智慧、学问与修行”①。这种以“生命”为中心的特征在“孝”的观念中表现得相当透彻。孔子说：“父在，观其志。父没，观其行；三年无改于父之道，可谓孝矣。”（《论语·学而》）为什么要在守孝三年“无改于父之道”呢？这是因为，“父”不止是“子”的自然生命的来源，而且也是“子”的文化生命乃至价值生命的来源。正如林安梧先生说的：“在宗法社会里，‘父’对‘子’而言，绝不是‘养育’与‘依赖’这样的关系，更进一步的，它可以说是‘根源’与‘生长’这样的关系。”②“父在，观其志”，便在于回溯自己的文化生命与价值生命来源，通过这样的回溯确立自己的位置，并且在各种礼的关系中践行自己的义务。而“父没”之后，则是继承、弘扬父之道，在追溯中确立自己的位置之后把从“父”那里继承下来的文化与价值进一步弘扬开去。冯友兰先生把儒家视野中的父子关系描述为“故吾”与“新吾”的关系，他说：“儒者以为结婚之功用，在于造‘新吾’以代‘故吾’。‘故吾’对于‘新吾’之希望，在其能继续‘故吾’之生命及其事业，为其乃‘万世之嗣’。‘新吾’若能副此希望，即为孝子。其所以副此希望之道，即孝子‘嗣亲’之道，谓之孝道。”③儒家伦理中父子的理想关系是“父慈子孝”，“父慈”是“故吾”看到自己生命自然延续的真情流露，“子孝”是“新吾”追溯自己的生命根源发生之处的一种真情流露。民间俗谚有“不孝有三，无后为大”，就是因为一旦“无后”，自己的价值生命就无从延续，祖、父一路传承下来的生命便在自己这一代身上中断，这当然是最辜负自己的生命来源的事。

三、家国同构与“孝”向“忠”的延伸

在传统的差序格局中，“家”一圈向外推便是“国”，“国”事实上是“家”的无数倍扩大，而其内部结构基本一致。这种家国同构的环境中，子对父的孝被推衍成为臣对君的忠，从《论语》到《孝经》，“孝”的观念政治化而成为“忠”的观念的合法性基础。

1.“家”向“国”的拓展

“家”与“国”在我们今天的时代是有明确的概念的。但是在古代，却是两个可

① 牟宗三：《中国哲学的特质》，第6页，上海古籍出版社，1997。
② 林安梧：《儒学与中国传统社会之哲学省察》，第28页，学林出版社，1998。
③ 冯友兰：《中国哲学史》（两卷本上），第265页，华东师范大学出版社，2000。

以无限伸缩的单位。例如“家”，一男一女拜堂成亲之后可以成为一个“家”，这是最微小的单位。而扩大开来，没有“分家”的大家族，只要有一个共同的祖辈还活着，四世同堂、五世同堂的家族，也算一个“家”。继续向外拓展，一个传统的村落往往一开始由一个祖宗哺育繁殖而来，祭祖的时候，这个村落也是一个“家”了。对于凌驾于万人之上的皇帝国王，“溥天之下，莫非王土，率土之滨，莫非王臣”，整个“天下”都是他一家人的。皇帝的臣民称为“子民”，可见“子”与“民”是重合的，儒家为了让皇帝对待“民”像对待“子”一样，于是不得不拼命强调万民确实是“子民”——而从来没有人民。“国父”、“国母”这些称呼，和“家严”、“家慈”相互呼应，可见“国"确实只是“家”的扩大而已。

中国古代的社会形态，从西周到春秋是典型的宗法社会。陈来先生在《古代思想文化的世界》一书中写道，宗法社会是“以亲属关系为其结构、以亲属关系的原理和准则调节社会的一种社会类型”，“古代中国文明中，宗庙所在地成为聚落的中心，政治身份的世袭和宗主身份的传递相结合，成为商周文明社会国家的突出特点。尤其是西周，政治身份与宗法身份的合一，或政治身份依赖于宗法身份，发展出一种治家与治国融为一体的政治形态和传统”①。在传统社会，治国成为治家的扩大。《大学》中的“修身，齐家，治国，平天下”，便是从内修着手，以道德推衍，进而至于家国天下之治。古人认为：“一家仁，一国兴仁；一家让，一国兴让；一人贪戾，一国作乱：其机如是。”②只要“君”之一家能够仁、让，全国都会仿效。有人问孔子为什么不为政，孔子的回答是：“《书》云：‘孝乎，惟孝友于兄弟，施于有政。’是亦为政，奚其为为政?”(《论语·为政》)在家中能够对父母行孝，对兄弟友爱，就是“为政”了。孔子这里说的是“为政之理”，即在国中为政，也不外乎孝父母，爱兄弟。

2.“孝”向“忠”延伸

古代的人们从自己的生活的时代特征出发，在《易序卦》中对天地万物作出这样的描述：“有天地然后有万物，有万物然后有男女，有男女然后有夫妇，有夫妇然后有父子，有父子然后有君臣，有君臣然后有上下，有上下然后礼义有措。”从天地万物到男女、夫妇、父子、君臣、上下，是一个自然推理的过程，也是一个伦理产生的推理过程。在这里，“父子”直接推向“君臣”，“君臣”的政治关系建立在“父子”的伦理关系的基础之上，君臣的不平等关系获得了合法性基础。

孔子开始把父子与君臣放到一起进行讨论。《论语·学而》记载：“有子曰：‘其为人也孝弟，而好犯上者，鲜矣；不好犯上，而好作乱者，未之有也。君子务本，本立而道生。孝弟也者，其为仁之本与!”孝弟之人就不会犯上，不会作乱，由此

① 陈来：《古代思想文化的世界》，第3页，三联书店，2002。

② 朱熹：《四书集注》，第14页。

“孝”与“顺”相通了,家庭领域中的“犯上作乱”与社会、国家领域中的“犯上作乱”相通了。清代的刘宝楠在《论语正义》中据此解释道:“孝弟之人必为忠臣顺下,不好犯上,不好作乱可无疑矣。”①“孝”一旦与“顺”相结合,并且移到政治领域中,就变成“忠臣顺下”的一种品质了。《论语》中把父子君臣放在一起讨论的还有“事父母,能竭其力,事君,能致其身”(《论语·学而》)。“迩之事父,远之事君”(《论语·阳货》)。从我们今天的角度来看,“孝”发生在“家”内部的父母与子女之间,是子女出于血缘亲情对父母的一种天然情感,是伦理领域的问题;“忠”发生在“国”的领域,是君主与臣子之间,臣对君的一种情感,事实上是政治领域的问题。但是,由于古代家国同构,“国”的形成在理论上不是契约的联结,而是“礼”的联结——尽管每个统治者都依靠霸权与武力取得政权,但是大权在握之后,总会做出各种姿态把自己粉饰为“圣王”——因此“国”的问题被当作“家”的问题,“国”的治理被当作“家”来治理,政治学的问题被当作伦理学的问题来处理。于是“家”中对“父”的孝,推衍、转移到“国”中就变成“臣”对“君”的忠。在孔子、孟子那里,与“忠”联系在一起的,还常常是“恕”,“忠”只是表示对对方的信任。而到了汉代,一人专制的政治体制建立以后,“忠恕”并称逐渐变成了“忠孝”并称。可以说,孔子开了一个头,他在《论语》中确立由家到国、从“孝”到“忠”的推衍的大体架构与趋向,而后来,特别是到了《孝经》、汉儒手中,“孝”就变成了“父子之道,天性也,君臣之义也”。

汉朝政治、思想的一个突出特点,是帝制儒学化,儒学帝制化。前者以叔孙通等儒生制定朝仪、汉武帝罢黜百家独尊儒学为主要标志,后者以董仲舒把儒学改造为一种配合政治大一统理论,为一人专制政治体制提供合法性的理论为主要标志。帝制化的儒学的一个突出表现,就是君臣父子化。孔子把君臣与父子相提并论,从思想上为君臣父子化提供了一定的理论基础,尤其是他说的“君君,臣臣,父父,子子”(《论语·颜渊》),更直接把君臣父子列为“礼”的突出角色代表。顺着这一思路,《孝经》更进一步把“孝”钉到了政治领域之中,《孝经》开宗明义有云:“夫孝始于事亲,中于事君,终于立身。”②孝主要分为两种,一是作为统治表率的孝,一是事君如父的孝。

作为统治表率的孝,规劝的对象是“君”。《论语·为政》云:“季康子问:‘使民敬、忠以劝,如之何?’子曰:‘临之以庄则敬,孝慈则忠,举善而教不能则劝。’”“孝慈则忠”的意思是,人君孝敬父母,慈于众人,民就会忠于他。这里指的是一种行为表率,类似于“为政以德,譬如北辰,居其所而众星共之”(《论语·为政》)。

① 刘宝楠:《论语正义》,见《诸子集成》第一卷,第8页,团结出版社,1999。
② 《孝经》,见《十三经注疏》,第2545页。

《孝经》则认为“天子之孝”必须做到“爱敬尽于事亲，而德加于百姓，刑于四海”①。

我们可以根据历史事实来检验这种理论的有效性。很明显，一个人行孝，便要为众人表率，做到一人仁，一家仁，一国仁，这种想法的基础是乡土中国的熟人社会。一个人只有在熟悉的环境中，才能以自己的道德修养去影响别人。也就是说，社会结构、社区单位必须小到一定的程度，小到足以使每个人都充分熟悉的程度，个人道德才有可能在公共生活中扮演一种重要角色。一个道德修养高的人，诚然可以“齐家”，不但齐他的家庭，而且齐他的家族，一个在行为上比较讲究仁义道德的人，也必定在熟人圈子里受到更多的尊敬。但是这种治家的方法，却无论如何也推不到“国"的领域去。因为国的结构无论再简单，也无法和家的简单相比。就如潘光旦先生所说：“居官的人也随时把居家与治家的精神与办法拿出来，其间好的坏的都有，而坏的可能居多。倒不是因为居官的存心要做坏，而是因为适用于家的种种适用到国，势不免一相情愿，捉襟见肘，甚或张冠李戴，完全不着边际，结果非坏不可。”②

事君如父的孝，是君以外一切人的孝。《孝经》中说：“资于事父以事母，而爱同；资于事父以事君，而敬同。”“以孝事君则忠，以敬事长则顺。”③董仲舒则进一步把父子君臣置于五行图式之中。汉代一人专制政治体制的建立基础就是“孝”，通过董仲舒的理论，王被视为贯通天地人的天子，而且子对父的孝变成臣对君的忠，父由于血缘关系而被赋予的对子的绝对权力变成君对臣的绝对权力，皇帝至高无上的政治地位获得了理论上的合法性。

从今天的角度看，儒家的政治学说并没有从伦理的母胎中剥离出来。儒学帝制化的过程中，把君臣的政治关系比附于父子的血缘关系，由伦理上父对子的自然权威与子对父的必要服从，推衍到政治上君对臣的绝对权威与臣对君的彻底服从，为“君臣大义”提供合法性依据。并且，伦理上子对父的“孝”被绝对化，并衍化成为政治上臣对君的“忠”。任何一种将权威绝对化的理论渗入现实，必定导致灾难性的后果。在现实操作中，在“家”的领域，父与子的天然亲情被扭曲了，正如林安梧所说的：“‘父’这时便不只是那血缘性的自然联结的最高象征，而且具有绝对的宰制性、权威性，‘父’不再是家庭里的‘父亲’，而且是整个‘社会’里的‘父权’。”④由此形成了民间“父要子亡，子不得不亡”的说法。而在“国”的领域，由于君权绝对化，一切权力集中于一人之手，一人专制的局面正式形成。在孔子的描述中，是“君使臣以礼，臣事君以忠”（《论语·八佾》）。当君拥有至高无上的权力的

---

① 《孝经》，见《十三经注疏》，第 2545 页。

② 潘光旦：《家制与政体》，见《潘光旦文集》第 10 卷，第 95 页，北京大学出版社。

③ 《孝经》，见《十三经注疏》，第 2548 页。

④ 林安梧：《儒学与中国传统社会之哲学省察》，第 39 页。

时候,“礼”的内涵——“仁”就被抽空了,“礼”变成了君手中的工具,变成“君要臣死,臣不得不死”,不但不得不死,还要高呼“臣罪当诛,天王圣明”。

从《论语》到《孝经》,到董仲舒,再到《白虎通》,我们可以看到一条“孝”观念的发展线索:在《论语》中孝是一种温情脉脉的自然情感,孔子在“孝”与君权的关系问题处理上,是要求“孝慈则忠”,也就是要求君主自己“孝慈”。而到了《孝经》,家庭中“孝”支配下的“父”变成一种“父权”,并且进一步衍生出“父权”与“君权”的绝对性,把政治上君权的绝对性建立在伦理上父权的绝对性之上。而董仲舒则把这种绝对性配以阴阳五行之说,更加形而上化、绝对化。到了《白虎通》,绝对的父权君权与发源于法家韩非子之说的“三纲”合流,于是酿成“父为子纲”、“君为臣纲”的教条。

四、结语

“孝”的观念起源于中国传统的乡土社会,它衍生的丰富的内容也适应并且巩固这种形态的社会。要认识孝的思想来源,只能回到其产生的环境中去。而在中国历史中,一种理论从思想家头脑中的纯理论到现实操作中体现出来的思想经历了很大的变化。“孝”在孔子的描述之中是何等温情脉脉,但是一旦诉诸行动,特别是在现实化、世俗化中渗入权力因素,甚至是国家权力积极推动其世俗化的进行,它便异化为一种对权力者有利的理论。

今天,我们面对社会的急遽转型,要探讨整个传统文化是否适应现代社会并且要以什么样的姿态适应现代社会,我认为首先必须检讨传统观念赖以建立的社会环境。只有先解释了那些观念的历史来源,才能考察它们的现代转化的可能性。

中国文化当代命运的一点思考

□水一方

国可亡,文化不亡而国可复;文化不可亡,文化亡则国亡族亡种亡!

中国文化的现代命运——在碰撞与震荡、挑战与应战中求索再生、更新的可能性,对为此文化所化者而言,是最为切身的问题。

当代中国问题之复杂,有史为最,中国现象之丰富、广阔、渊深,使中国成为人类有史以来最大的主义、理念、制度试验场。在错综复杂得无以复加的社会、文化境域中,不同的立场、杂多的取向,蜂拥的歧见、云起的异说,将前现代、现代、后现代交陈互渗的现实中国,型构成无比巨大、瞬息万变的万花筒。论者基于各自的学思景观与知识结构,由不同立场出发、从不同角度切入、持不同标准衡量,自会聚焦于不同的区域、衍生出不同的思路、归聚成不同的结论。然就中国知识人而言,无论对社会、文化问题的看法何等歧异,传统与现代的紧张对人心的撕扯却是共通的和最为切身的。此种紧张,乃中国百多年来在社会秩序、文化理念域的基本格局,且具现为中/西二元景观。但凡有着自觉价值担当意识的知识人,皆为此备感焦灼、力求突围。

传承久远的文明古国在近代以来的衰落,就其内在而言固然势所难免,但此衰萎、弱化又是蜕变、更新的过程,很大程度上系由异质文明的入侵、吞啮,同时也是启发、改塑所带来的。伴随着经济/技术/信息的全球一体化,后发现代化国家无一能免地卷入了现代性进程,传统的价值信念共同体岌岌可危,濒临碎裂甚至已然崩溃。这一困境自不独中国文化和儒家文化圈为然,基督宗教文化圈亦面临同样挑战,然性质上实有绝大差别。因着语言、思维方式、表达系统、思想景观等方面原因,中国传统的当代困境,较伊斯兰文明和印度文明更为典型,且撕裂和扭曲的程度确是举世为最。

中国之外,没有任何国家是通过疯狂作践自己的古老传统,希图以连根截断的全面异质化、陌生化来实现现代转型的，没有任何国家的历史经验碎裂得如此厉害，文化体质衰萎得如此严重，致以盲目的自大、伪装的乐观、狂躁的民族感、虚幻的集体感来注入强心针和兴奋剂。纵观整个人类文明史，还未曾出现过如此富于戏剧性和悲剧感的场景：一个在巨大的时空整体中影响了亿万人的文明母体，顷刻间为其子孙所唾弃，在讨伐与杀戮中濒临死亡。对此，拥抱蓝色文明者感到庆幸、报以欢呼也好，为固有文化守魂者痛心疾首、欲哭无泪也罢，置身此"三千年未有之大变局"的中国，早不复那维系礼乐精神几千年不变的古中国，已是最为基本的事实。

在此基本事实笼罩下，传统与现代、民族价值与普适理念、本有文化与异质文明间的关系，成为最切实地摆在面前的问题。文化精神和制度理念遭到质疑、颠覆，同时也激起了自我维系、辩护的反应。然问题的根本实在于，如何超越民族自卑与自大（自卑的另一种表征）的神经过敏症，及西方中心主义与东方优越论的无谓对立，冲出所谓中/西二元景观，既不在文化困境中"挥刀自宫"——自断民族文化气脉与元根，又不自限于狭隘的民族性护本意向，向壁虚凿东方盛世的太虚幻境，从而，在社会政经秩序、文化结构和人之精神气质的重新论证中，弃短用长以实现自我更新。此乃一切志在承继先民智慧、古学精微的学人，应系念于心的根本性问题。

这自然就带出了文化心态的转换问题。那种可疑的中/西、先进/落后、传统/现代等二元对置的文化观，使人胶着于非此即彼的格局中，不是在变化了的史境、思境中不合时宜地执守旧的甚至已然死去的文化典范，自大地宣判异质文明的低劣；就是完全脱离民族的文化心理结构与历史积淀，罔顾文化体质差异与时际区别，徒作理论的生硬嫁接与横移。事实证明，在经济制度同质化已渐次推进到政治形态、社会结构的这一人类文明史上规模空前的大变动、大重组中，全面固守旧有的历史经验、理想，显是不可能的拘执，守住的亦无非过往的迹化、已死的教条罢了，即便其中不乏令人感佩的悲情。而近百年来脱中入西的做法，提出了种种曾惊世骇俗其实肤浅空泛的口号，在很大程度上确也有力地撬动了专制传统的铁闸，但其主导思想——阻断传统，却是误入歧途。视传统为仇寇，必欲全盘拒斥而后快，其历史感之缺乏、文化心态之浮躁，也是明摆着的。对不合时代之需的迹化，做这样决绝的抛弃，原亦无可厚非，然因之而株连整个民族文化生命，完全否定其变通求存、转化更新的可能性，岂不是另一方向上的偏执？这，已不止是给中国文化换血，简直在断文化中国的命。

承传文化气脉而不执著旧有经验，吸纳异质文化而不失于盲目套用，在传统与现代、中国与西方、历史承传与时代意识"之间"，走出一条具有连续性的自我更新之路，恐怕才是文明古国在空前困境与契机中获得复苏、重生的正路。文化传统与民族生命，是一种互为体现/表达/塑造的关系，民族生命是本源，文化传统则系此本源不同时代中的迹化。在新的情境、形势下，借助缘和压力以激发民族生命的创造力，扬弃旧的迹化形式，从民族文化土壤中生发出新的文化表达系统，以为民族生命张扬之用，是必要、必须的。倘套用“遗貌取神”的熟语，则可谓遗旧貌而存真神，复开新貌，好比在季候变化的情况下，脱下旧装，换上合适的新衣。

事实上，传统的自我更新既不可能失却民族生命与意志这一根本，也不可能离了异质因素的借镜、激发，而其实现，尤当始于对传统的重新认识。面对传统，应该本着“了解之同情”（陈寅恪）的态度去真切体会、细心推究，且宜着眼于“中国思想传统的现代诠释”（余英时）。“了解”传统的事实性之真是重要的，对传统之“现代”意义的“诠释”却更为重要、迫切，归根结底，出发点与最终归宿都应在现代——现代中国的现代性问题。这“了解”与“诠释”本身，更为着促成“中国传统的创造性转化”（林毓生），在现代性挑战中自我调适、整合，扬弃、更新，最终是要实现“中国传统的转化性创造”（李泽厚）。

此处将“同情之理解”、“中国思想的现代诠释”、“中国传统的创造性转化”、“中国传统的转化性创造”连贯起来，非无见于其立场、偏重的区别，乃借以传达个人对文化更新、再造的一种序列式认知：“理解→诠释→转化→创造”。对我们生养于兹的文化母体，一种“同情之理解”总是必要的；立足于时代情境，带着切身的问题意识对传统思想作“现代诠释”，亦是紧迫的工作；通过诠释，将传统中适应或不适应时代的质素，作或扬弃或转化的处理，且此一转化是创造性的，绝非生般硬套；真正的文化更新不止于此，“创造性转化”工作惟系被动地要求文化质素适应时代需求，而非主动地发掘民族文化的创造性，故“转化性创造”才是问题的归结所在——通过对文化层次的厘清，抛弃局于一时一地的陈迹、教条，俾不为时际、地域所限的文化内核，得以真正发扬，在新的时代情境中创发出新的生命力。

这才是浴火凤凰的涅槃再生，是旧经验、旧因素在新条件、新形势下的转化与更新，融构为新文化中有机的部分，从而使民族生命与意志获得全新的表达。这亦才是真正的剥极而复、贞下起元，才是真正的死而后生、腐朽化为神奇！只有这样，中国独具特色的本土经验才是属于人类整体的，世界的经验也才是真正切合中国体质的。

中国，自古以来即在天下视野中以文化立国，中国的道路，相对于“普遍性”的西方模式来说是“独特的”，且从更高意义上讲，方是人类持续发展、和谐生存的正道。就中国绝不可能为西方所化而言，是独特的；就中国体现了天地化育、物类生长、社会发展的中和、适度、长养持存原则来说，更是普遍的。

庞大的人口，复杂的结构，幅员辽阔的国土，巨大的国家规模，悠久而未中断的历史，尤其独特的文化传统，不仅保证中国终不可能为任何文明、任何宗教所同化，且应以文化自信、民族自尊，摸索出一条全新的发展、长存之路。今在全球化浪潮中，文化中国面临空前的挑战，此亦正是千载难逢的契机。中国在学习、试错中前进，在反省、荡涤和自我批判中探求重塑之方，寻找源于文化根性、适应时代情境、标示人类正途的文化表达方式。

文化中国的历史负重，近代以来的屈辱苦难，举世罕有，化压力为助力，化苦难为悲愿，正是中华民族自古以来的生命传统。吾国吾民，必能在文明冲突、国际关系错综纠缠的当今时代，创发出文化生命力，探索出独特又普适的人类发展模式。

“周虽旧邦，其命维新”（《诗・大雅・文王》）。此新之所以可能，端赖文化中国持久的耐力和绵永的韧性，端赖为此文化所化者的理想主义气质、忧患意识、淑世情怀和中道诉求。虽九死其又生、任摧折而仍存，愈挫愈奋、仆而复起，就是中国文化的性格，就是文化中国的命运。

男子千年志，吾生未有涯

□穆龙人

我18周岁生日的时候，同寝室的一个同学送了我一本书：《中国传统文化精华》。我把书放在床头的书架上，没有翻阅。过了半年，大约是读大二的某一天，我躺在床上，随手翻开，恰好是周敦颐的《太极图说》，我立即被这篇洗练精辟、词约意丰的文章吸引住了。我们的老祖宗居然对宇宙、对人生有如此深刻的认识，我不禁感慨。

从那一天起，我对中国古代思想产生了浓厚的兴趣，课余时间，我阅读了《四书》、《易经》，还有许多史书。在和古圣先贤的思想交流中，我深深被他们济世救民，特立独行，先天下之忧而忧的精神所感动。如何把握有限的今生，如何从有限的生命超越到无限，这是每一个不想虚度此生的人都必须面对的问题。而先贤们，用他们的生命，用他们的血泪，用他们的才智为我们指明了一条超越自己的路径。这就是儒家的心性之学。

周敦颐教导二程时，常让他们寻"孔颜之乐"，可以说，寻找内心的真乐是儒家心性学派薪火相继的火种。人生不如意事十之八九，所以佛教等宗教给人们描绘了光明灿烂的彼岸世界，在那里，人人安居乐业，亲如一家。但是，真儒是不相信来生的，真乐就在身边，彼岸就在此岸（佛教禅宗也这么认为）。如何转苦为乐，其关键在乎一心。我们不能改变命运，但我们可以修心以超脱命运。

渴望不朽的人，认为平凡生活是不值得过的；渴望生活的人，认为追求不朽是徒然的。儒家把二者巧妙地结合起来，"极高明而道中庸"，在日常的躬行实践中，随处体味人生，超越自身。"花瓣泪飘落风中，虽有悲意也从容"，这是真儒的写照，也是真儒的境界。"倚天照海花无数，高山流水心自知"，这是真儒的气象，也是真儒的情怀。

孔子教导子夏要“为君子儒,无为小人儒”,君子儒重视气节,富贵不淫贫贱乐,是真儒;小人儒热衷功名,富贵淫而贫贱移,是伪儒。从历史看出,中国大多数时期执政的都是小人儒,而真儒却散落在民间,继承着儒家的薪火,是中国的脊梁。文天祥至死不屈,刘宗周绝食存节,每读书至此,都为先贤们的真儒精神深深折服。

我们这一代的人,在人生哲学上,从小接受的都是“左”的教育。多年来,思想都处于一片空白,时常反省自己,人生活着是为了什么?当我接触了思孟学派以后,已经找到答案。大丈夫生存于天地间,除了道德上完善自己以外,还要报三重恩:一报父母恩,二报国家恩,三报天地恩。当自我的尊严和价值得到实现以后,即使死去也心甘情愿,所谓的“朝闻道,夕死可矣”就是如此。王阳明先生临终前的遗言“我心光明,亦复何言”真正体现了一个真儒的问心无愧。

我不相信天堂,也不相信来生。我只想用有限的今生,铸就一颗博大的心。富贵不淫,贫贱不移,威武不屈,做回人本有的尊严和价值。

我教学生读《论语》

□申自强

编一编　自己读

按照过去的说法，我是“生在新中国，长在红旗下”那一茬人，读的是与共和国成长同步的书。青少年时代，没见过《论语》，不知道说了些什么。上世纪70年代，和大家伙儿一起批判过孔夫子，是照着报纸念的。那时在中小学教语文课，天天拿着报纸到课堂上念。80年代后，始见到书店里有《论语》卖，想起过去的批判，买一本读读，没有引起兴趣来。虽然失望，心里总觉得内中有宝，就坚持断断续续读，可是一直读不出眉目。90年代，别的书都难以引起兴趣了，仍继续读《论语》，想从其中读出明白。记忆力差了，不能整体融会，一直模模糊糊。为了弄明白孔夫子讲的“仁”、“礼”、“孝”等到底是什么，就把有关章句摘出来单独读。后来，只理解这些还不明白，就把全书五百章都编了一下。心里想，如果仍读不明白，就放弃吧。看来《论语》不能复读了。

我是读《论语》的小学生，就按小学生的理解编顺序。明本第一，明学第二，明正第三，君子第四。读到这里，成君子独立人格，算是“内圣”了。明孝第五，明礼第六，明仁第七，为政第八。读到这里，明白如何为政，算是“外王”了。夫子曰第九，分“德”、“言”、“行”、“人”。弟子曰第十，分“曾子曰”、“有子曰”、“子夏曰”、“子游曰”、“子张曰”。这两篇继续巩固。以上是上卷，讲理论。下卷，是实践。仁者颜回，智者子贡，勇者子路；夫子与弟子，夫子答弟子，夫子行事，夫子礼仪，夫子自论；夫子评议，尧曰。排列完毕，读一读，忽然明白。索性注一注，没想到出来不少新义。

当时很高兴。我想，我能明白，别人也一定能明白。我喜欢读，别人也可能喜欢读。就想找一个地方试试。

先锋学校实验

从北京寻到广州，没找到地方。去年 4 月，在家门口找到了地方。我们郑州市有一个“少年先锋学校”，当时正在学生中推广读“国学经典”，《三字经》、《声律启蒙》、《孙子兵法》、《三十六计》、《老子》、《庄子》、《论语》、唐诗宋词等，已经提倡和推行了好几年。正好刚刚开设了一间“国学启蒙馆”，让学生到里面读《论语》、《老子》。去年 4 月，我找到校长任晓林先生，到国学馆挂了个“顾问”的名字。

在先锋学校的支持下，我把新编的《论语》前四篇，用活页印出。共 83 章，1800 多字。哪一班想读就发给，想到国学馆读也行。学生问了就给讲一讲。没有要求，全是自愿。有几个班的班主任，要求学生用课余时间读，每周抽出一节自习，到国学馆上“国学课”。5 月份读了一个月，6 月份进入复习考试，读《论语》停了下来。时间不长，结果出来了。以下是几个实验班的诵读结果：

小学三五班，班主任陈宝玲。一个月课余时间，全班背完四篇。（该班升四年级后继续读，上学期背完八篇，读完半部《论语》十篇）接任前是差班，很快变成优秀班。

三四班，班主任侯超（兼国学馆主持）。学生除背完四篇，还背了《老子》等。（升级后背完半部，继续背《老子》等）班风很好。

四一班，班主任张子秋。四周时间，全班轻松背完四篇。

四三班，班主任秦志红。四周时间，全班轻松背完四篇。

四二班，班主任史小燕。全班按原本诵读，每周到国学馆问一次，热情很高。

二五班，班主任刘永秀。该学期读《老子》，升三年级后读新编《论语》，在班上读，一学期读完半部。

三三班，班主任白雪。升四年级后学生读新本，反复诵读前四章，班风好，学生气质、精神好。

经过实验得知：

1. 四年级小学生，开始能理解而读。年级越高，理解越多，背得越快。只要理解一点，就会非常喜欢。因为《论语》章句都是孔子用日常行事教人、讲道，生动而不抽象，具体而不空泛，可行而非仅可言，所以学生能理解，能用于行。学生在诵读和听讲后，能马上用于待人处事，修仪习言。气质变，班风变。家长在学生学习前有持异议的，但学生一经学习，就变成一致支持。

2. 只有《论语》能同时起到“教书”、“育人”的作用，实现两者的完美合一与统一。经过讲，《论语》培养的是全新的现代独立人格。

3. 讲和读能实现互动。只读不讲，读而复停，即使在督促要求下，学生也会在读了几十章后停下来。但老师不可多讲，更多留给学生。

4.《论语》章句,只有背下来才能言讲,才能起作用。

5. 四年级以上学生,一学期课余时间读,每周一节"《论语》讲读"课,一学期可粗背会半部《论语》。如果坚持下去,以后每学期再来一遍,直至小学毕业,半部《论语》于胸,就会大见成效。

6. 只诵读,听讲,不可考试学生。

讲读形式

先锋国学馆不在先锋学校院内,在其教师公寓一楼,临街,隔"天明路"和学校大门相对,有四间大。馆内北墙,面南是一幅占满墙壁的孔子画像。室内铺地毯,设仿古课桌。每张桌上,都放有《四书五经》等国学经典,铺书画毡。墙上挂国画、书法。

学生是这样到国学馆读国学的:

某班学生从校园排队穿越马路,我在国学馆门口迎候。

学生在门外列队,齐声问:"老师好!"鞠躬敬礼。

我答:"同学们好! 欢迎你们。"向学生鞠躬还礼。

学生入座后,我说:"上课!"班长喊:"起立!"同学们站起。

班长喊:"礼仪!"同学们齐声说:"毋不敬,俨若思,安定辞!"

这时我还不答礼,学生还不能坐下。班长要说"子曰",学生齐背一章《论语》。然后再说"子曰",学生再背一章。如是者三。所背每节课不一样,都是新学篇的前三章。

背完了,我说:"谢谢!"向学生鞠躬还礼。学生坐下,国学课正式开始。

学生都极其安静。

学生无比可爱,一个个腰板笔直,面容俨若思。我总要先夸几句。然后学生集体背诵,把读过的分篇次背完。每篇停一次,可以有一个学生问一句,我给解释一下,接着继续背。背完开始新课。新课则要求学生先齐读,学生读完了,我把学生读错的字音纠正一下。接着,学生问,我或略解释,或只告诉学生如何在家里、在学校使用。如此而已,重在诵读。

下课时的礼仪是这样的:

我说:"下课!"班长喊:"起立!"学生站起。

班长喊:"礼仪!"同学们说:"君子慎始敬终。"

班长又喊"子曰",同学们背规定的一句《论语》。各班规定不同,由班上规定。比如:"三军可夺帅也,匹夫不可夺志也。"

这时,我说:"君子慎始敬终。谢谢!"鞠躬还礼。

同学们收拾桌面,检查地面,拿好东西,一切回复原样,离开国学馆。

去年5月份，正是“非典”时期，各单位“戒严”。在这种环境下，国学馆开课了。到国学馆上课的班级，学生都非常高兴。班主任和学生一块儿学。因为即使大学毕业生，对《论语》之知，也近于“文盲”。我更高兴。因为我看见了，我亲历了，所以我知道了：只要组织得当，讲解得法，学生就会很喜欢读《论语》，而且背得很快。马上就能用来改变气质，指导学习、生活。没有经历其境的局外人，即使近在咫尺，也是怎么也料想不到的。

6月份学生进入总复习，准备“教育部教材”的考试，读《论语》停了下来。

后来有的班，上课前还加进了“养威仪”和“静省”的礼仪形式，实验效果也很好。

讲读例举

学生问“君子不重则不威”，我这样说：

“君子指人格独立的人。不重则不威，‘则’不是‘又’，是‘就’。先师不是让你做既不重又不威的人，而是告诉你‘不重的人就不会威’的道理，让你做又重又威的人。威人，别人见了就重视，重看，又敬，又怕。老虎，威，百兽敬畏。小白兔，不威，没人害怕，还敢欺负。老虎的威是动物之威：个头大，身体重，声音响，跑得快，有爪牙，能吃动物，敢吃大活人。我们是人，而且是文明人。什么是文明人？动物性加上神性。文明人之威，没有老虎的野蛮，却比老虎还厉害。孔夫子在这一章书里讲了四句，让你从四方面致重达威，达文明人之威。我们照着做，小小年纪，大人见了也敬畏三分，因为你内里有货，威气逼人，谁还敢小看你？”

“威必有仪，脸上身上都能看见。威要内外俱练，身心双修。视听言动，都不能忘了你是威人，不是弱者。”

说话期间，同学们一个比一个坐得直，一个比一个庄重。

有学生问“言忠信，行笃敬”，我讲了后他又说：“那不适应社会咋办？”我说：

“社会上有教人走小道的许多方法，孔夫子教的是走大道。你看那猴子，在森林里走小道，在地上爬，从一块石头跳到另一块石头，一枝树枝到另一枝树枝。你逮住一只，来到大马路上，教它学走大道。它东张西望，找不到石头跳，找不到树枝攀，很害怕。你踩住它的脚，拉着它的手，把它身体拉直，说：‘站起来走，达尔文先生说啦，你会变成人的。’它扭扭捏捏，不能理解。你又教育它：‘猴子是从站直身体变成人的，人是从走在大路上，开始创造文明的。’它听不懂，直摇头。你刚一松手，它哧溜跑了，转眼上了树梢，它的道在那里。走小道，让人一直走向破窑洞，废品站，茅草屋；家庭落后，国家落后，民族落后。走大道，让人一直走进汽车，走进飞机，走进高楼大厦；家富国强，民族腾飞。社会上那些走小道，是育三流人材的方法。有的父母傻，认为那办法不赖，用来教孩子，有点儿糊涂呀！让社会上的一些人,做三流人材吧！我们要言忠信,行笃敬,做一流人材。”

一个孩子把发的活页用力摁到桌上,坐得更直。

学生常能解释出专家注不出的新义。

四年级一个学生讲“学而”三句,说:“你好好学习,学得好,就会自己高兴。再学得好,会有人来学习你,和你交朋友,你更高兴。别人不知道你,你别急,看淡些,继续学,别人知道不知道都平淡,别人也看不出你高兴不高兴,你就成大人物了。”我说:“从哪儿读的?”他说:“不知道。”我说:“看来《论语》不须专家注解了,咱们学生自己注解。”

四二班集体来问,下课了走出国学馆。忽然后边一个男孩儿说:“老师,我握你手!”接着又有三个学生过来,我们一起握手。孩子主动伸出的手告诉我:《论语》可以复读了。

国学百花开

上学期,国学经典诵读在先锋学校全面铺开,各班诵读,百花纷呈。我写了一首《修身歌》,侯超老师带领的四四班首先诵读起来。许多班级也诵读,作为上课时的“课前诵”。

天地灵秀生成我,智仁勇德在我中。
天之历数在我身,担负人生大使命。
视思明,听思聪。色思温,貌思恭。
言思忠,事思敬。学思为,行思成。
面容俨若思,形体威庄重。出口真诚信,动手美良精。
学则习问思,行则笃敏敬。心能安虑得,身能止定静。
坐如钟,站如松。看如凝,听如倾。
起如升,走如登。立如山,行如风。
仁义礼智信,刚毅强威勇。忠孝敬和耻,勤敏正直公。
浩浩中正气,烈烈君子风。中华好少年,完成人生大使命。
止,定,静!

接着,各年级都举行了“中华国学经典诵读大赛”。诵读大赛就以这首“修身歌”开场。集体背诵,声势壮阔。

先锋学校学生还走上街头,把自己的诵读成果向社会展示。

经实践,程度好的中学生,更喜欢《论语》,接受能力更强。郑州市金水区地税局的王虹,路过国学馆,要了几页活页。星期六,她把13岁的女儿毛明鉴带来。明鉴在郑州八中上初一,八中是省重点中学,她成绩优秀。她先把“明本第一”二十章背完,然后我问她说,她问我讲。她不断发出“哦”的回应声。她的妈妈也在一边听、记。第二个星期六，她准时到来。她妈妈来了，还有她奶奶也来听。第三周来的，还有她的爸爸、班主任语文老师。第四周，语文老师把她的儿子带来了。

开封市大鹏房地产公司总经理贾广文来郑州办事，看见先锋学校有个"国学馆"，就把要上六年级的儿子贾泽鹏从开封市最好的小学转校，要求他儿子一学期背完《论语》。他每星期日从开封赶到郑州，陪儿子读。我为他爷儿俩讲，他比他儿子听得还劲儿大，听着问着记着。我说：你就别来学了，会挣钱花钱就行了。他说要用于企业管理和发展。又说到上海初试《论语》，人家马上高看，港商撵着要和他做生意。

这两个小实验说明，《论语》在公立中学和社会上，都有广大的读者群，等待有人去开发、推广。

中国本位的文化建设宣言

□王新命等十教授

一、没有了中国

在文化的领域中，我们看不见现在的中国了。中国在对面不见人形的浓雾中，在万象蜷伏的严寒中：没有光，也没有热。为着寻觅光与热，中国人正在苦闷，正在摸索，正在挣扎。有的虽拼命钻进古人的坟墓，想向骷髅分一点余光，乞一点余热；有的抱着欧美传教师的脚，希望传教师放下一根超度众生的绳，把他们吊上光明温暖的天堂。但骷髅是把他们从黑暗的边缘带到黑暗的深渊，从萧瑟的晚秋导入凛冽的寒冬；传教师是把他们悬在半空中，使他们在上不着天下不着地的虚无境界中漂泊流浪，憧憬摸索，结果是同一的失望。

中国在文化的领域中是消失了；中国政治的形态、社会的组织和思想的内容与形式，已经失去它的特征。由这没有特征的政治、社会和思想所化育的人民，也渐渐的不能算得中国人。所以我们可以肯定地说：从文化的领域去展望，现代世界里面固然已经没有了中国，中国的领土里面也几乎已经没有了中国人。

要使中国能在文化的领域中抬头，要使中国的政治、社会和思想都具有中国的特征，必须从事于中国本位的文化建设。日本的画家常常说："西洋人虽嫌日本画的色彩过于强烈，但若日本画没有那种刺目的强烈色彩，那里还成为日本画！"我们在文化建设上，也需要有这样的认识。

要从事中国本位的文化建设，必须用批评的态度、科学的方法，检阅过去的中国，把握现在的中国，建设将来的中国。我们应在这三方面尽其最大努力。

二、一个总清算

中国在文化的领域中，曾占过很重要的位置。从太古直到秦汉之际,都在上进的过程中。春秋战国形成了我们的希腊罗马时代,那真是中国文化大放异彩的隆盛期。但汉代以后,中国文化就停顿了。宋明虽然还有一个新的发展,综合了固有的儒、道和外来的佛学,然而并未超出过去文化的范围,究竟是因袭的东西。直到鸦片战争才发生了很大的质的变动。巨舰大炮带来了西方文化的消息,带来了威胁中国步入新时代的警告,于是古老的文化起了动摇,我们乃从因袭的睡梦中醒觉了。

随着这种醒觉而发生的,便是曾国藩李鸿章的“洋务”运动,康有为梁启超的“维新”运动,孙中山先生的“革命”运动。

曾李的洋务运动只知道“坚甲利兵”和“声光化电”的重要,完全是技艺的模仿。康梁的维新运动在于变法自强,不过是政治的抄袭。这都可以说是“中学为体西学为用”的见解,虽在当时也自有其除旧布新之历史的使命,然毕竟是皮毛的和改良的办法,不能满足当时的要求,于是有孙中山先生所领导的辛亥革命。他以把中国固有的“从根救起来”,把人家现有的“迎头赶上去”为前提,主张对中国的社会、政治、经济作彻底的改造。

民国四五年之交,整个的中国陷在革命顿挫、内部危机四伏、外患侵入不已的苦闷中,一般人以为政治不足以救国,需要文化的手段,于是就发生了以解放思想束缚为中心的五四文化运动。经过这个运动,中国人的思想遂为之一变。

新的觉醒要求新的活动,引导辛亥革命的中华革命党遂应时改组,政治运动大为展开。打倒军阀打倒帝国主义的声浪遍于全国。由此形成了一个伟大的国民革命。其间虽有种种波折,但经过了这几年的努力,中国的政治改造终于达到了相当的成功。

这时的当前问题在建设国家。政治经济等方面的建设既已开始,文化建设亦当着手,而且更为迫切。但将如何建设中国的文化,确是一个急待讨论的问题。有人以为中国该复古,但古代的中国已成历史。历史不能重演,也不需要重演;有人以为中国应完全模仿英美,英美固有英美的特长,但地非英美的中国应有其独特的意识形态,并且中国现在是在农业的封建的社会和工业的社会交嬗的时期,和已完全进到工业时代的英美,自有其不同的情形;所以我们决不能赞成完全模仿英美。除却主张模仿英美的以外,还有两派:一派主张模仿苏俄,一派主张模仿意、德。但其错误和主张模仿英美的人完全相同,都是轻视了中国空间时间的特殊性。

目前各种不同的主张正在竞走,中国已成了各种不同主张的血战之场;而透过各种不同主张的各种国际文化侵略的魔手,也正在暗中活跃,各欲争取最后的胜利。我们难道能让他们去混战么?

三、我们怎么办?

不,我们不能任其自然推移,我们要求有中国本位的文化建设!

在建设的进程中，我们应有这样的认识：

1. 中国是中国，不是任何一个地域，因而有它自己的特殊性。同时，中国是现在的中国，不是过去的中国，自有其一定的时代性。所以我们特别注意于此时此地的需要，就是中国本位的基础。

2. 徒然赞美古代的中国制度思想，是无用的；徒然诅咒古代的中国制度思想，也一样无用；必须把过去的一切，加以检讨，存其所当存，去其所当去；其可赞美的良好制度伟大思想，当竭力为之发扬光大，以贡献于全世界；而可诅咒的不良制度卑劣思想，则当淘汰务尽，无所吝惜。

3. 吸收欧、美的文化是必要而且应该的，但须吸收其所当吸收，而不应以全盘承受的态度，连渣滓都吸收过来。吸收的标准，当决定于现代中国的需要。

4. 中国本位的文化建设，是创造，是迎头赶上去的创造；其创造目的是使在文化领域中因失去特征而没落的中国和中国人，不仅能与别国和别国人并驾齐驱于文化的领域，并且对于世界的文化能有最珍贵的贡献。

5. 我们在文化上建设中国，并不是抛弃大同的理想，是先建设中国，成为一整个健全的单位，在促进世界大同上能有充分的力。

要而言之，中国是既要有自我的认识，也要有世界的眼光，既要有不闭关自守的度量，也要有不盲目模仿的决心。这认识才算得深切的认识。

循着这认识前进，那我们的文化建设就应是：

不守旧；

不盲从；

根据中国本位，采取批评态度，应用科学方法来

检讨过去，

把握现在，

创造未来。

不守旧，是淘汰旧文化，去其渣滓，存其精英，努力开拓出新的道路。不盲从，是取长舍短，择善而从，在从善如流之中，仍不昧其自我的认识。根据中国本位，采取批判态度，应用科学方法来检讨过去，把握现在，创造未来，是要清算从前的错误，供给目前的需要，确定将来的方针，用文化的手段产生有光有热的中国，使中国在文化的领域中能恢复过去的光荣，重新占着重要的位置，成为促进世界大同的一支最劲最强的生力军。

王新命　何炳松　武堉干　孙寒冰　黄文山

陶希圣　章　益　陈高傭　樊仲云　萨孟武

民国二十四年一月十日

——原载《文化建设》第1卷第4期

编 后

已经过去的2003年可谓多事之秋，但其所引发的诸多思索尚在继续，并更趋深入。本辑在此背景下，彰显问题意识，突出了对话与交流。

如果说李慎之先生在非典肆虐时期的遽然辞世成为一个引人注目的社会事件，那么，因李慎之先生辞世而引发的身后评价则成为一个众说纷纭的思想文化现象。众所周知，李慎之先生不仅对自由、民主的政治理念坚信不易，而且对中国传统文化的攻讦亦堪称不遗余力。但吊诡的是，李慎之先生的盖棺之论却为“最后一个士大夫”——就如曾将中国传统文化抨击得一无是处的鲁迅先生，其灵柩却被国人覆以“民族魂”！何谓真正的儒者？传统文化、个体生命、民族精神三者究竟是何关系？传统文化的创造者与消费者的身份应该如何辨明？中国传统与现代宪政到底有无关联？王瑞昌的文章以及秋风、范亚峰、刘海波和陈明的对话，或许能给我们一些启示。

蒋庆对心学的传承，陈明对“以义为利”的透视，丁为祥对儒家血缘亲情与仁爱观念形成理路的阐发，陈壁生对《论语》中“孝”的观念的人类学考察等，都体现出一种对推进民族文化的自我理解和自我更新的自觉意识，都是一种力图在传统的基础上重新塑造民族文化，从文化与民族的内在关联中重建一种具有“表达/塑造”功能的话语系统的积极努力。因为，传统作为一套话语，它与民族生命是“表达/塑造”的二重关系。作为表达，它反映了民族的意志、需要以及对世界的理解认知；作为塑造，它是民族自我意识对自身的自觉把握、调整与建构。当代中国文化的危机从根本上讲就是我们没有一个能够承担这一“表达/塑造”功能的话语系统。我们今天的责任，就是要从文化与民族的内在关联中重建这样一种话语系统，对“我们从哪里来？到哪里去?”的问题做出回应。

在这样的目标下和过程中，东方与西方、左派与右派的区分仅有相对的意义。所谓先立乎其大者，则其小者不能夺也。以此态度来关注全球化背景下中国所面临的诸多问题，如在文化认同问题上，赵汀阳论证出“中国的‘天下模式’可能是惟一超越了文化自身认同局限性的文化模式”；在民族主义问题上，高全喜对民族主义问题进行了自由主义的考察；在宪政与法治问题上，秋风等人对宪政转型的古典资源进行了发掘；在儒学与现代化问题上，既有黄应全对政治儒学的否定性批判，也有王心竹对中国现代化进程中儒学角色的肯定性定位。对上述问题的对话与交流，并非只是简单的立场、态度、身份的非此即彼的选择，而是在现代性潮流的喧闹中立足于现实问题的冷静分析。认识上的歧义绝非最关键的，因为我们都是为了达到同一个目标，那就是从中国历史的一贯性和民族的内在性来理解和认识中国；我们不仅要积极探索中华民族自己的文化表达式，也要从我们自身历史的具体性和差异性中创造出不同于西方经典资产阶级民族主义的新型民族国家。

值得庆幸的是，这样的追求已成为越来越多人的共识。前些日子在张家界旅游开发股份有限公司作关于文化旅游的演讲，这种十分儒家的理念居然在上上下下得到相当程度的认同。当时讨论的问题是：中国的孩子们在麦当劳和迪斯尼之外，是不是还应该知道点别的什么？希望所有对这些议题感兴趣的朋友到我们的网上论坛发表自己的见解——网址是 www. yuandao. com。

编委会

稿 约

《原道》辑刊，创刊于 1994 年，自 2003 年第八辑起改名为《新原道》。

《新原道》立足传统资源进行文化建设。这不仅因为我们相信古圣先贤的智慧今天仍富启迪，还因为我们认为当代文化成就的获得从本质上说必然是民族意志和创造力的体现与验证，而此二者乃我们所理解的传统之核心。

《新原道》认为，传统作为一套话语，它与民族生命是“表达/塑造”的二重关系。作为表达，它反映了民族的意志、需要以及对世界的理解认知；作为塑造，它是民族自我意识对自身的自觉把握、调整与建构。当代中国文化的危机从根本上讲就是我们没有一个能够承担这一“表达/塑造”功能的话语系统。《新原道》的责任，就是要从文化与民族的内在关联中重建这样一种话语系统。在这样的目标下和过程中，东西、左右的区分仅有相对的意义。所谓先立乎其大者，则其小者不能夺也。从中国历史的一贯性和民族的内在性来积极探索中华民族自己的文化表达式，即是《新原道》的追求目标。

既然文化是民族生命的表征，那么作为中华文化的主体，儒学在当代的理论形貌与我们民族在当代的生命形态之间必然具有某种内在的关联。因此，对于所谓儒者来说，首先需要追问的应该就是，那“未被规定的存在”该如何去进行选择和创造，才能获得自己康健畅达的现实形态，获得自己所应有的本质特征？倘若现代性和全球化作为我们所处情境的历史特征确定无疑，那么，接纳现代性、融入全球化而又使自己的主体性高扬不坠应该即是我们别无选择的致思方向。《新原道》尤其欢迎海内外宿儒鸿生、青年才俊对此问题发表高见，不吝赐稿。

《新原道》常设有以下栏目：“专题与评议”、“思想探索”、“学术史研究”、“研究生论坛”、“横议集”、“访谈录”、“文化评论”、

“书评”、“随笔与杂感”、“旧文新刊”等。

同时,《新原道》同人自费创建原道网站 www. yuandao. com,力图发挥以下功能:

1. 一个讨论心得交换信息的茶室;

2. 一个结交天下豪杰之士的管道;

3. 一个参与各种文化论争的平台。

欢迎各界朋友来原道论坛畅谈,到原道网站投稿。

士尚志,志于道。

中国五千年一以贯之的文化之道是什么?

或者说,应该是什么?

原道即是找路,找一条通往精神家园的路,

找一条通往理想世界的路。

孔子曰:人能弘道,非道弘人。

孟子曰:凡民待尧舜而后起,若夫豪杰则自奋起!

《新原道》坚信:路是这样走出来的——走的人很多,目标一定。

投稿信箱:100732 北京. 中国社会科学院宗教研究所 陈 明

电子邮箱:postmaster@ yuandao. com

原道书房

●《己卯五说》,作者:李泽厚。

北京:中国电影出版社,1999 年出版。

思想家李泽厚对走向现代化的中国所面临的种种文化问题进行了哲学的观照,力图为未来中国的精神建设探求一条民族化的、有生命力的道路。在该书中,李泽厚沿用了"六经注我"的写作方法,不追求对某一问题作详细的分解,而着重在问题的提出和省察视角上提供思路。一度引起关注和争议的"儒学四期"说,在该书中有详细论述。

●《公羊学引论——儒家的政治智慧与历史信仰》,作者:蒋庆。

沈阳:辽宁教育出版社,1995 年出版。

一部以公羊学的精神与风格阐发公羊学的著作。诚如蒋庆在自序中所言:"是书为公羊学著作,而非客观研究公羊学之著作。公羊学为今文经学,故是书亦为今文经学。"梁治平指出,该书"于此特标出'公羊学',以为'公羊学'乃政治儒学,制度儒学,为儒家政治智慧集大成者,其内蕴宏富,义理精微,足以为今人所用,重构儒学,重建中国文化"。

●《儒家思想与民主思想的逻辑结合》,作者:邓小军。

成都:四川人民出版社,1995 年出版。

该书以解决儒家思想与民主思想能否结合的问题,进而解决中国文化与现代化在根本上能否结合的问题,从而得出结论:儒家思想在本质上即内在理路与核心逻辑上与民主思想具有一致性,故儒家思想与民主思想可以而且应当逻辑地结合。该书被誉为"'五四'以来大陆学术界第一部专论与详论儒家思想与民主思想可以逻辑结合的著作,亦是近年来中国学术界在中西文化比较研究上罕见的一部力作”。

●《儒学的历史文化功能——士族:特殊形态的知识分子研究》,作者:陈明。

上海:学林出版社,1997 年出版。

该书借助政治学分析的方法,从国家组织系统与社会组织系统在不同历史时期的关联出发,认为在两者统合结构下的夏商周三代社会,儒学的精神在于以自然形成的文化秩序规范一切,将政治运作及其过程置于文化理想的指导之下;而在两者二元分立且矛盾对抗结构下的秦以后时期,儒者一直执著于王道理想,儒学发挥了批判、调整的功能。该书最终“试图证明的只是,从具体历史活动过程看,儒学发生的作用是积极的:作为一种道,它为社会生活,政治运作,以及个体安身立命确立了价值标准;作为一种术,对于社会整合,社会均衡和发展,都具有不可替代的功能”。

●《政治儒学——当代儒学的转向、特质与发展》,作者:蒋庆。

北京:生活·读书·新知三联书店,2003 年出版。

该书是作者对《公羊学引论》一书中一些观点的进一步拓展和深化。该书不仅对自由主义的全盘西化方案进行了批评,而且对牟宗三一系的“新儒家”以中国之“内圣”开出西方式之“外王”的思路也作了检讨,提出中国儒学有心性儒学和政治儒学两大传统,“新儒家”继承发扬了心性儒学,但忽视了政治儒学,在构想“外王”时,没有顾及政治儒学所具有的丰富政治智慧。该书对“王道政治”的基本原则作了深入探讨,认为“王道”是中国政治应当走的路,也是能够走得通的路。该书为关心中国政治前途和命运者提供了崭新的视角,对思想界许多重大焦点问题作了独特的评析,令人耳目一新。